Una Luz a las Naciones

La iglesia misional y el relato bíblico

Michael W. Goheen

Traducción por Micaela Ozores

Colección
Ministerio y Teología Misional

Tampa, Florida

Editorial Doulos
1008 E Hillsborough Ave
Tampa, Florida 33604
www.editorialdoulos.com
Correo electrónico: editor@editorialdoulos.com

Publicado originalmente en inglés con el título *A Light to the Nations: The Missional Church and the Biblical Story* por Baker Academic, a division of Baker Publishing Group, PO Box 6287, Grand Rapids, Michigan 49516-6287. ©2011 Michael W. Goheen. Traducido y publicado con permiso.

Copyright © 2018 Editorial Doulos para la edición en español

All rights reserved.

ISBN-13: 9780999777022

Contenido

1	La identidad y el rol de la iglesia ¿de quién es el relato? ¿cuáles son sus imágenes?	7
2	Los orígenes de Israel. Dios funda un pueblo misional	41
3	Israel encarna su identidad y rol misionales en medio de las naciones	84
4	Jesús reúne al pueblo escatológico que asumirá el llamado misional	124
5	La muerte y la resurrección de Jesús y la identidad misional de la iglesia	167
6	La iglesia misional en el relato del Nuevo Testamento	198
7	Imágenes de la iglesia en el Nuevo Testamento	254
8	La iglesia misional en el relato bíblico: Un resumen	312
9	La iglesia misional hoy	326
	Lecturas suegeridas	372

Para Howard McPhee, Andrew Zantingh, Tim Sheridan, Peter Sinia, David Groen y Andrew Beunk – Colegas pastorales en el fomento de la iglesia misional

1

La identidad y el rol de la iglesia
¿De quién es el relato? ¿Cuáles son sus imágenes?

Por qué la eclesiología es tan importante
Imagina que no existe el cielo...
Podrán decirme soñador,
pero no soy el único.
Espero que algún día te unas a nosotros,
así en el mundo habrá unidad.

En esta balada icónica de los años 70, John Lennon imagina un mundo mejor, donde no haya guerras, injusticia, conflictos, pobreza, desigualdad, quebranto y dolor, como sí hay *en este mundo*. Él ansía —y se oye el anhelo en su voz— vivir en un mundo en el que haya unidad en paz y justicia, que haya una «hermandad entre los hombres», que se acaben la avaricia y el hambre, que las personas compartan el planeta en paz y armonía. En este mundo, todas las barreras que impiden alcanzar nuestra *shalom* serían quitadas de en medio, y eso incluye a un cristianismo egoísta y místico, otras religiones que fomentan y aprueban la violencia, y las naciones que sacrifican miles de millones de dólares en armamentos sobre el altar del ídolo de la seguridad garantizada.

Lennon reconoce que para que esto se haga realidad, hace falta trascender las meras palabras e ideas: su sueño debe concretarse de forma visible en una comunidad, un grupo de personas que «imaginen» lo mismo que él y estén dispuestas a vivirlo en carne propia. Al decir «no soy el único», Lennon se identifica de un modo explícito con este tipo de comunidad: el movimiento contracultural de las décadas de 1960 y 1970, un grupo creciente de personas que (él cree) ya han empezado a mostrar en su propia vida la paz y la justicia que él anhela. Él nos invita a abrazar este sueño y engrosar las filas de aquellos que lo viven. La comunidad de la que Lennon se define como partícipe es un pueblo que sigue un modelo de «vengan y únanse a nosotros» y que, en sus palabras y vida, presentan una alternativa tentadora en contra de la cultura violenta, avara y egocéntrica que predomina en su época.

Sin embargo, tomando distancia histórica, sabemos que la gran mayoría de quienes se identificaron con este movimiento contracultural —los *hippies* de los años 60 y 70— acabaron siendo los *yuppies* de los 80, abandonaron el idealismo de su juventud inconformista y abrazaron una ideología que prioriza el bienestar económico. También sabemos lo destructiva que esta ideología demostró ser desde entonces, y conocemos los efectos que tuvo sobre la paz y la justicia a nivel mundial. La visión de Lennon fue un sueño hermoso y una ambición noble, pero si no había esperanzas de cumplirla, quizás fue cruel plantear siquiera la posibilidad.

El problema es que la injusticia y el egoísmo se alojan en los lugares más recónditos del corazón humano. La juventud contracultural de hace cuatro o cinco décadas no pudo encarnar el cambio que soñaba porque, más allá de sus buenas intenciones, la avaricia y la decadencia que ellos tanto aborrecían estaban profundamente arraigadas a sus propios corazones, al igual que a las estructuras e instituciones religiosas, militares y políticas —el sistema o *establishment*— que ellos repudiaban. Por lo tanto, a pesar de su percepción de los peligros de la cosmovisión científica convencional que dio forma a la tecnocracia occidental, el movimiento contracultural de mediados del siglo XX no fue, ni podía ser, la vanguardia de una nueva humanidad que abrazara la verdadera paz y justicia.[1] Simplemente no tenía forma de serlo, solo sueños y buenas intenciones; *ninguna comunidad* podía vivir el sueño de Lennon.

Sin embargo, no hay duda de que todos desearíamos vivir en el tipo de mundo que él describe. La iglesia cristiana, ¿no es precisamente el tipo de sociedad que los *hippies* de su época soñaban? ¿Por qué Lennon llegó a considerar que la «religión» misma —que para él seguramente incluía a la iglesia cristiana— era un obstáculo que impedía alcanzar la paz y justicia para todos? Según la opinión de muchos, las largas y costosas guerras entre facciones cristianas rivales de la Europa del siglo XVII demostraron que la iglesia no tenía nada más que ofrecer al mundo moderno: al parecer, el cristianismo había echado a perder la oportunidad de brindar paz, justicia y armonía social. En los años subsiguientes, la violencia constante de quienes vinculaban sus causas con las religiones que defendían —violencia que se manifestó en el terrorismo, el genocidio y atrocidades similares— constituyó un argumento convincente de que nuestro mundo no debía depositar sus esperanzas en la fe religiosa tradicional. Por otro lado, durante los últimos siglos, el desfile de falsos mesías seculares —la ciencia, la tecnología, la educación, la política liberal, la economía del libre mercado, entre otros— no logró instaurar el mundo soñado y prometido del siglo XVIII.[2] Por consiguiente, muchas personas dejaron de soñar con un mundo mejor, a pesar de que Lennon los alentara a no darse por vencidos («es fácil si lo intentas», rezaba su canción). No obstante, Lennon tenía razón en un punto: aquellos sueños y esperanzas son creíbles solo si hay una comunidad que ya pone de manifiesto ese estilo de vida aquí y ahora en sus interacciones sociales.

Es precisamente por eso que la eclesiología es tan importante. Desde los principios del relato bíblico, Dios prometió que convertiría este mundo en un mundo nuevo. Él escogió y formó a una comunidad para que encarnara esta obra de sanidad en medio de la historia humana, un pueblo que realmente pudiera decir «espero que algún día te unas a nosotros» para manifestar el conocimiento de Dios y el gozo, la rectitud, la justicia y la paz de este mundo nuevo que un día cubrirá la faz de la tierra. En esta comunidad, uno podría ver los inicios de la clase de mundo que Dios había pensado originalmente para su creación, y que aún piensa hacer realidad en el final de la historia por medio de su obra salvadora. Durante el período histórico del Antiguo Testamento, Israel fue el pueblo escogido para ser esa comunidad, y el regalo divino de la ley y el conocimiento que Dios le otorgó se expresó en un estilo de vida que tenía por finalidad hacer que este mundo nuevo fuera tangible entre los demás pueblos del antiguo Cercano Oriente. Sin embargo, una y otra vez, Israel faltó a su responsabilidad y fracasó en el intento de ser la comunidad ejemplar que Dios pensó, porque el viejo mundo aún gobernaba su corazón.

Vez tras vez Dios renovó a Israel, pero mediante los profetas prometió que un día llevaría a cabo un acto decisivo para renovarlos de forma definitiva, lidiar con su pecado y moldearlos para que fueran una sociedad nueva de personas restauradas. Eso es lo que hizo en Cristo Jesús y por medio del Espíritu, y en eso consisten las buenas nuevas: en la cruz Dios obtuvo una victoria decisiva sobre todo aquello que Lennon aborrecía. El mundo nuevo al que él aspiraba comienza en la resurrección. Jesús envió a la nueva «Israel» que había reunido (que pronto incluiría gentiles), investida del poder del Espíritu, a habitar en medio de las culturas de cada rincón de este mundo, como señal tangible y visible de que el mundo nuevo prometido por Dios realmente vendría y estaba en camino. Las palabras y acciones, la vida comunitaria y *las mismas vidas* de cada uno de los seguidores de Jesús habrían de dar un mensaje: «Somos el anticipo de un nuevo día, un nuevo mundo; porque llegará el día en que en el mundo *realmente habrá unidad*. ¿Vendrás y te unirás a nosotros?».

Por eso es que la iglesia ha sido escogida y ha probado un anticipo de la salvación. *Esto es lo que somos*.

La eclesiología y nuestra identidad misional

Entender y expresar el rol y la identidad de la iglesia en estos términos es lo que se ha denominado modelo «misional», un término que, si bien es relativamente nuevo para describir a la iglesia, actualmente se ha extendido bastante entre las distintas tradiciones confesionales. Su uso capta lo superficial junto con lo profundo, la cautividad cultural a la par de una percepción hondamente bíblica. No obstante, la popularidad que ha adquirido deja entrever que, por alguna razón, el término ha tocado una fibra sensible en muchos cristianos.

Para muchos cristianos, la palabra «misión» aún tiene la connotación de *expansión* geográfica, una actividad que se realiza en una región extranjera, basada en la iniciativa humana, por medio de la cual se lleva las buenas nuevas a quienes todavía no las han oído en el exterior. Por lo general, ese movimiento ocurre en una dirección: del Occidente hacia otras regiones del mundo. El misionero es un agente de expansión evangelística; el campo misionero es cualquier región fuera del Occidente donde se lleva a cabo esa actividad.

Los acontecimientos de fines del siglo XX han hecho que este concepto de misión se vuelva obsoleto. Quizás el más importante de estos acontecimientos fue el crecimiento drástico (demográfico, en vitalidad y en visión misionera) de la iglesia del tercer mundo y, en paralelo, un declive en la iglesia occidental. El concepto tradicional de misión no cuadra con el mundo del siglo XXI, lo cual no significa que debamos descartar la idea de llevar las buenas nuevas a personas de otras culturas que no las hayan oído —¡desde luego que hay que hacerlo!—, pero sí que ser una iglesia *misional* es mucho más que eso.

La palabra «misional» se entiende de una manera distinta cuando describe la naturaleza de la iglesia. En el mejor de los casos, no describe una *actividad* específica, sino la misma *esencia e identidad* de la iglesia cuando, en el contexto de su cultura, asume el rol que le corresponde en el relato de Dios y participa en la misión de Dios en el mundo. Este libro es un intento de definir la «misión» como el rol y la identidad de la iglesia en el contexto del relato bíblico.

Hay dos razones por las que las imágenes que evoca el término «misión» son una representación adecuada de lo que la iglesia del siglo XXI debería ser. Primero, la palabra «misión» ha cautivado a muchos porque, desde una perspectiva histórica, la iglesia occidental en demasiados casos ha sido un cuerpo introvertido que se preocupa principalmente de sus propios asuntos internos y de su vida institucional. La palabra «misión» nos recuerda que la iglesia debe estar *orientada al mundo* y existir para servir a los demás. Los misioneros interculturales de los últimos siglos fueron enviados a realizar una tarea que en principio no era para su propio beneficio sino para el de aquellos a quienes eran enviados. Por lo tanto, decir que la iglesia es «misional» es definir a toda la comunidad cristiana como un cuerpo que es *enviado al mundo* y que no existe para su propio beneficio sino para llevar las buenas nuevas al mundo.

Segundo, la palabra «misión» también se ha vuelto popular porque la iglesia occidental empezó a admitir cada vez más que ha transado bastante con los ídolos de su cultura. Para que la iglesia sea un pueblo que llame a las personas a «venir y unirse» a ella y que encarne el reino venidero de Dios en medio de este mundo, inevitablemente la vida de sus miembros debe poner de manifiesto que hay una tensión con las culturas idolátricas del mundo —incluida la cultura occidental— en relación con la redención, y desafiarlas. La iglesia tiene el llamado a participar en su entorno cultural con una mirada crítica, mostrando solidaridad y planteando cuestionamientos. Si el misionero entiende su propósito como agente de la misión de Dios entre los pueblos a los que es enviado, por naturaleza tendrá ambas características. Por ende, también sabrá que no debe echarse atrás ante las corrientes espirituales de la cultura receptora: es el relato de Dios (y no el relato de la cultura receptora) lo que da sentido a su labor misionera. En la actualidad, la iglesia occidental ha hallado su identidad y rol demasiadas veces en el relato de la cultura dominante con la que convive. La palabra «misión» nos recuerda como iglesia quiénes somos, por qué estamos aquí y a quién pertenecemos.

Por consiguiente, el término «misional» nos recuerda que la iglesia debe estar orientada al mundo y permanecer fiel a su identidad como agente de la misión de Dios y participante del relato de Dios. Solo cuando la iglesia sea una fiel personificación del reino —siendo parte de la cultura que la rodea y a la vez confrontando su idolatría—, su vida y palabras se volverán un testimonio convincente y atrayente de las buenas nuevas de que en Cristo Jesús un nuevo mundo ha venido y ha de establecerse. La palabra «misión» atrae a los cristianos de nuestros días porque desafía a la iglesia a asumir su rol y dejar atrás la *preocupación por sus propios asuntos* y *el hábito pecaminoso de transar* con la cultura circundante y su relato.

La eclesiología juega un papel importante en la recuperación de nuestro rol e identidad: «Cuando nosotros, la iglesia, estamos confundidos y no sabemos quiénes somos y de quién somos, podemos convertirnos en cualquier cosa y obedecer a cualquier entidad».[3] La eclesiología se trata de entender nuestra identidad, *quiénes somos* y por qué Dios nos escogió, es decir, *a quién pertenecemos*. Si la comprensión de nuestra propia identidad no se basa en el rol al que fuimos llamados en el marco del relato bíblico, lo que nos moldee será el relato idolátrico de la cultura dominante.

John Stackhouse cita numerosos casos históricos en que la iglesia se ha dejado moldear por la cultura circundante: la iglesia de la Alemania nazi, la iglesia sudafricana bajo el régimen del *apartheid*, la iglesia de Ruanda durante el largo período de violencia tribal que atravesó el país, y la iglesia occidental que convive con la cultura secular moderna y posmoderna, entre otros casos. En cada uno de esos ejemplos, la iglesia olvidó su rol bíblico y, en su lugar, adoptó la identidad que la cultura circundante le atribuyó, es decir, aceptó su lugar dentro del relato cultural. Lesslie Newbigin dedicó las últimas décadas de su vida a demostrar que esto mismo sucedió en la iglesia occidental. En 1985, él insinuó con palabras provocadoras que la iglesia de Occidente es «un caso avanzado de sincretismo» y se preguntó: «¿Podrá convertirse la iglesia occidental?».[4] Se ha rendido ante los ídolos de la cultura que la rodea; ¿podrá ser restaurada a su llamado bíblico? La solución parcial que propone Stackhouse para la iglesia domesticada de Occidente es la correcta: «Necesitamos eclesiología —la doctrina de la iglesia— para traer claridad a nuestra mente, motivar nuestro corazón e instruir nuestras manos. Necesitamos eclesiología para poder ser quienes realmente somos y pertenecer a quien realmente pertenecemos».[5]

A lo largo de la historia, el estudio de la iglesia se ha ocupado principalmente de asuntos como el orden de la iglesia, los sacramentos, el ministerio y la disciplina.[6] Esas cuestiones son importantes, pero la eclesiología trata primeramente de nuestra identidad y nuestra comprensión de esa identidad; solo después de haber determinado esos dos puntos, la iglesia debería considerar qué hacer y cómo organizarse para cumplir ese llamado. Como dice George

Hunsberger: «En esencia, la eclesiología consiste en el entendimiento que la comunidad cristiana tiene de sí misma, en el que luego se basa para ordenar su vida de una determinada manera. Simplemente, es lo que esa comunidad piensa sobre *qué es* ella misma y *por qué* lo es».[7] Por lo tanto, el propósito primario de este libro es reflexionar sobre las preguntas que plantean nuestra comprensión de nosotros mismos como iglesia y nuestra identidad según la definen las Escrituras.

Wilbert Shenk escribe: «La Biblia no ofrece una definición de la iglesia ni nos da un fundamento doctrinal para entenderla. Más bien, *la Biblia se vale de imágenes y narraciones para develar el sentido de la iglesia*».[8] Esa cita es *la principal clave interpretativa* de este libro. La iglesia halla su identidad al jugar un papel en un relato, pero ¿*el relato de quién* será el que la moldee? Además, ese relato que le da forma impone una serie de imágenes que nutren su comprensión de sí misma y, por ende, determinan nuestro comportamiento y vida en comunidad. ¿*Qué imágenes* definen la visión de nuestra vida en comunidad? En el Occidente, el relato y las imágenes de nuestra cultura son lo que muchas veces ha dominado la autopercepción de la iglesia y ha determinado su estilo de vida. Si la iglesia ha de recobrar la identidad y el rol que Dios le dio en este mundo, tendrá que accionar deliberadamente para recuperar el relato bíblico y sus imágenes.

La iglesia occidental y el relato que rige nuestra vida
Si es cierto que somos cautivos del relato de nuestra cultura y que la cautividad ha oscurecido nuestro entendimiento de la identidad misional fundamental de la iglesia, ¿cómo fue que esto sucedió? Un breve repaso de nuestra historia quizás eche luz sobre la cuestión.

Los primeros cristianos: extranjeros y residentes

Los miembros de la iglesia de los primeros tres siglos después de Cristo, que vivían rodeados del paganismo y, en muchas ocasiones, experimentaban la hostilidad del Imperio romano, se definían a sí mismos como extranjeros residentes (*paroikoi*).[9] El sentido fundamental de *paroikoi*[10] es que hay una tensión entre la iglesia y su contexto cultural en torno a la redención. Los cristianos primitivos se entendían a sí mismos como personas diferentes a las demás de su cultura, y vivían juntos conformando una comunidad alternativa que se nutría de un relato alternativo —el relato de la Biblia—, que quedaba grabado en los catecúmenos durante su formación.[11] Todo el proceso de catequesis tenía un propósito pastoral: investir de poder a un pueblo distinto cuya identidad se basaba en el relato de la Biblia.[12]

Una comunidad moldeada así por las Escrituras era una señal atrayente del reino de Dios en medio del Imperio romano. En la iglesia primitiva, «los ritos y las prácticas cristianas tenían por finalidad reformar a los paganos que se unían a la iglesia, para que fueran un pueblo distinto que, como individuos y como comunidad, se pareciera a Cristo Jesús. Así, estas personas reformadas al cristianismo llamarían la atención».[13] Y en efecto, eso sucedía. Un cristiano del siglo II o III d. C. afirma: «La belleza de nuestra vida hace que desconocidos se unan a nosotros. [...] No hablamos de grandes cosas; las vivimos».[14] La evidencia no se halla solo en el testimonio de la iglesia primitiva: incluso los enemigos de la iglesia —Celso y el emperador Juliano el Apóstata, por ejemplo— admitían que su vida comunitaria resultaba atrayente.[15]

¿En qué consistía esa vida ejemplar?[16] La iglesia primitiva derribó las barreras que el mundo antiguo había erigido entre ricos y pobres, hombres y mujeres, libres y esclavos, griegos y bárbaros, mediante una «imposibilidad sociológica» creativa y desconcertante;[17] puso en práctica un poderoso «evangelio de amor y caridad» con pobres, huérfanos, viudas, enfermos, mineros, presos, esclavos y viajeros.[18] La vida moral ejemplar de cristianos comunes y corrientes se destacaba frente a la inmoralidad desenfrenada de Roma. La esperanza, el gozo y la confianza de los cristianos resplandecían en medio de la desesperación, la ansiedad y la incertidumbre que caracterizaban a un imperio que se desmoronaba. Había un agudo contraste entre la unidad cristiana y una Roma fragmentaria y pluralista. Los cristianos mostraban pureza, fidelidad matrimonial y dominio propio en medio de un imperio decadente y saturado de sexo.[19] Se caracterizaban por ser generosos con sus posesiones y recursos, y por un estilo de vida sencillo en un mundo dominado por la acumulación y el consumo.[20] El amor y el perdón entre unos y otros y hacia sus enemigos daban testimonio del poder del evangelio. La vida de la comunidad creyente, moldeada y sostenida por el relato bíblico, les permitió vivir como extranjeros residentes, como luminarias en un mundo oscuro. En el contexto cultural del Imperio romano, sus «valores antitéticos» dieron a la iglesia «una imagen de comunidad disidente» que la volvía atractiva.[21] Los *Cánones de Hipólito* expresan el deseo de que la vida de los cristianos «brille por su virtud no solo entre unos y otros, sino también ante los gentiles, para que los imiten y se conviertan al cristianismo».[22]

El testimonio de la iglesia primitiva era públicamente subversivo,[23] puesto que la iglesia no se dejó arrastrar a la esfera privada ni a algún rincón oscuro de la sociedad romana. Se rehusó a adherirse a la doctrina pública del Imperio romano y vivió conforme al relato bíblico. Su confesión «Jesús es el Señor» se erguía en férrea oposición a la que unía al imperio, «el César es el Señor». Se llamó a sí misma *ekklesia* —una asamblea pública escogida por

Dios para ser la vanguardia de una nueva humanidad—en rechazo explícito de la noción de una comunidad religiosa privada que solo se interesara en la salvación futura y fuera de este mundo.

En la iglesia primitiva, vislumbramos una comunidad que entendía su identidad como pueblo llamado a dar testimonio del reino de Dios, en el mundo y para salvación del mundo. Los primeros cristianos vivieron según el relato bíblico y, en consecuencia, contrastaban con la cultura pagana que los rodeaba. Su vida comunitaria alternativa yacía en los márgenes de la sociedad pero aun así atraía a muchos y desafiaba públicamente la idolatría reinante del imperio.

La cristiandad: la iglesia oficial

En el año 312 d. C., el emperador Constantino se convirtió al cristianismo y legalizó la fe cristiana; en los años subsiguientes, la iglesia tuvo que hacer muchos ajustes de gran alcance para adaptarse a su nueva posición de influencia dentro de un imperio debilitado. Entre los años 391 y 392, Teodosio instauró el cristianismo como religión oficial del imperio: la iglesia pasó de ser marginal a jugar un papel dominante en la sociedad; de ser considerada política, social e intelectualmente inferior a ocupar una posición de poder y superioridad; de tener pocos recursos a gozar de enormes riquezas; de ser *religio illicita* a convertirse en la única religión reconocida por el imperio. Aquellos que alguna vez se habían identificado como extranjeros residentes en medio de un entorno pagano ahora eran miembros de la iglesia oficial de un estado que declaraba ser cristiano.

Estos cambios de estatus político, social y económico inevitablemente comprometieron el concepto que la iglesia tenía de sí misma. Bajo la unión entre iglesia y estado que se denominó «cristiandad», rodeada de una cultura en apariencia cristiana, la iglesia fue perdiendo paulatinamente su percepción de sí misma como una comunidad distinta que encarnaba un relato alternativo. La dimensión profética y crítica de la relación entre iglesia y cultura pasó a un segundo plano y la identidad de la iglesia se vio cada vez más afectada por el relato de su cultura y cada vez menos por la misión de Dios. En lugar de constituir un instrumento para los propósitos redentores de Dios, se volvió otro brazo y agente de las políticas estatales en la constelación de poderes que integraban el imperio «cristiano», a la par de las autoridades políticas, económicas, militares, sociales e intelectuales. Shenk sostiene que, entonces, la iglesia «renunció a esa mirada crítica hacia la cultura que es indispensable para mantener un sentido de misión».[24]

En consecuencia, la identidad misional de la iglesia oficial —la iglesia de la cristiandad— empezó a marchitarse. Puesto que se daba por sentado que la sociedad entera era cristiana, ya no había un llamado a ser luz en medio de una cultura oscura. Por lo tanto, la iglesia empezó a preocuparse por su propio bienestar y sustento; la dimensión pastoral y la vida interna de la institución eran lo que ahora definía su identidad.

Debemos ser cuidadosos en este punto para identificar bien el problema. Ha habido mucho debate acerca del legado de la cristiandad para las misiones de la actualidad. Con frecuencia se da por sentado que la pérdida de la identidad misional es la consecuencia inevitable del movimiento social de la iglesia, de los márgenes al centro del poderío cultural. Sin embargo, es más útil examinar el problema del surgimiento de la cristiandad en términos de *cómo respondió la iglesia* a su nueva ubicación en la pirámide social. Asumir una responsabilidad en el orden sociopolítico no fue un error.[25]

El problema no era tan solo que la iglesia pasó de ser marginal a central, ni que adquiriera estatus oficial, sino que muchas veces sucumbió ante las tentaciones que le ofrecía esta nueva posición social. Pudo haber sucedido lo contrario: que la iglesia ejerciera esta mayor influencia con fidelidad. No obstante, al verse en un entorno cultural más acogedor, los cristianos olvidaron su relato e identidad únicos.[26]

La iglesia del siglo XXI ya no goza de una posición oficial o de prestigio en la sociedad occidental, pero muchas presuposiciones sobre su identidad que se forjaron durante la era de la cristiandad siguen vigentes e influyen en la vida de la iglesia hasta el día de hoy. La iglesia actual «creció a la sombra de la cristiandad histórica» y «el legado de la cristiandad ha condicionado la respuesta de la iglesia ante los enormes desafíos que le plantea la cultura moderna».[27] Los vestigios de la cristiandad en la Norteamérica moderna no son «oficiales» pero sí «funcionales».[28] Pasado el período de la Ilustración, la iglesia aún conserva muchas características y actitudes de la cristiandad, pero ha perdido el poder formativo que tenía sobre la cultura.

Después de la Ilustración: la cautividad cultural de la iglesia

Hacia el siglo XVIII, la cristiandad histórica había llegado a su fin: el surgimiento de la Ilustración presentaba una visión alternativa de la vida pública que se basaba en el humanismo racionalista, y la fe cristiana empezó a correrse del centro de la vida pública hacia los márgenes y la esfera privada. Antes de la Ilustración, el triunfo del humanismo clásico era evidente, aunque hasta cierto punto seguía amoldado a la fe cristiana. Sin embargo, el credo del humanismo ilustrado era *la fe en el progreso mediante el esfuerzo humano y a través de la ciencia y la tecnología*. Richard Tarnas observa con mucha razón: «el Occidente "perdió la fe [cristiana]" y halló una nueva: la fe en la ciencia y el hombre».[29]

En el siglo XVIII, la visión de la Ilustración se veía promisoria. Por demasiado tiempo, las guerras religiosas habían destrozado Europa. Parecía que el evangelio o la fe cristiana no podían ser el fundamento para la unidad de la sociedad europea. En contraste, tras el éxito de las ciencias naturales para explicar el mundo físico y astronómico, brotaba la esperanza de que el razonamiento científico *sí pudiera* brindar una visión que unificara a toda la sociedad humana.

Durante este período, el rumbo de la iglesia aún estaba determinado por el legado de la cristiandad, que la llevó por una senda de conformidad. Había sido un elemento establecido de la cultura por tanto tiempo que ya no concebía la posibilidad de tener otro tipo de relación con ella. De la Ilustración en adelante, el papel de la iglesia en la cultura occidental fue perdiendo prominencia, cada vez más, hasta que se convirtió ni más ni menos que en un capellán de la cultura, que se ocupaba de las necesidades religiosas de los individuos y daba consejo de forma privada en cuestiones de moralidad, pero que ya no ejercía una influencia cultural de gran alcance.

La paz de Westfalia y la nueva visión de Descartes

En 1648, los tratados de la Paz de Westfalia terminaron con una de las guerras religiosas más atroces de la historia europea. Durante las tres décadas previas, estados luteranos, calvinistas y católicos pelearon entre sí y empaparon el continente con la sangre de cristianos muertos a manos de otros cristianos. Las bajas humanas y materiales fueron abrumadoras. ¿Qué fue lo que condujo a esa violencia brutal y a tanto derramamiento de sangre? ¿Cómo podía ser que los cristianos se mataran unos a otros?

La respuesta está en el estrecho vínculo que había entre la iglesia y el estado durante la cristiandad, donde el pueblo obedecía a un gobernante cuya autoridad estaba subordinada a una religión. Si bien la Reforma Protestante del siglo XVI terminó con la unidad de la iglesia, las iglesias protestantes no abandonaron el modelo territorial y político del estado cristiano. Por ende, desde el siglo XVI en adelante, Europa quedó dividida en estados confesionales luteranos, calvinistas y católicos que se disputaban la supremacía. En la Paz de Augsburgo (1555) se acordó una tregua inicial, no sin cierto malestar, que obligaba a los soberanos de cada estado a definir la religión de su territorio y permitir que los disidentes emigraran a zonas más hospitalarias. No obstante, la tregua no duró mucho. Entre 1618 y 1648, Europa sufrió los estragos de la sanguinaria Guerra de los Treinta Años, hasta que la Paz de Westfalia, con su promesa de tolerancia, trajo sosiego al conflicto religioso. Este tratado constituye un buen símbolo del fin de la cristiandad como configuración política.

Si la visión cultural que sostuvo la sociedad europea por siglos ahora había perdido vigencia, ¿cuál sería el nuevo centro de gravedad social? René Descartes articuló una alternativa que más adelante le valdría el título de «padre de la modernidad»: *cogito ergo sum*, «pienso, luego existo». Allí, en la capacidad de razonamiento de la mente humana, yacía el punto de partida de una nueva Europa.

Es importante destacar que Descartes buscaba hallar tal conocimiento que permitiera implementar mejoras sociales para la humanidad. Su proyecto no era la especulación filosófica de quien piensa desde el aislamiento de una torre de marfil. Él coincidía con Francis Bacon en la convicción de que «el conocimiento es poder», es decir, que el conocimiento científico del mundo permitiría a la humanidad, primero, controlar el mundo y, a largo plazo, construir un mundo *mejor*. Rodeado de una profunda incertidumbre, Descartes anhelaba hallar cierta medida de conocimiento del mundo y creía que el hombre podría alcanzarlo solo si se despojaba de toda la subjetividad que había corrompido su búsqueda de un conocimiento verdaderamente objetivo, lo que a su vez implicaba rechazar toda autoridad y tradición para seguir un método de investigación riguroso mediante el cual pudiera hallar y validar la verdad. Uno podía edificar el templo de la verdad racional, ladrillo por ladrillo, si sometía todas las presuposiciones tradicionales a las leyes de un método supuestamente neutral y racional.

El proyecto cartesiano cautivó a la generación de la Ilustración, ya que parecía ofrecer certezas y un método que se desharía de las tradiciones y autoridades religiosas que habían generado tanta destrucción. En consecuencia, Europa halló en el racionalismo científico un nuevo centro gravitacional para su vida social y política. Esta nueva doctrina pública modificaría cada vez más la totalidad de la cultura europea.

Quien seguía el modelo cartesiano ya no podía admitir ninguna afirmación de verdad basándose solo en la autoridad tradicional o eclesiástica; toda afirmación debía ser llevada a juicio ante el tribunal de la razón científica. Los supuestos que podían validarse mediante la razón humana llevaban el prestigioso nombre de «hechos»; los que no, quedaban relegados a la esfera inferior de los (meros) valores, las opiniones y los gustos. Este compromiso idolátrico con la racionalidad metodológica como *único* parámetro de la verdad dio origen a un dualismo que persiste en el centro de la cultura occidental y separa de forma artificial los hechos de los valores, el conocimiento de las creencias, lo público de lo privado, la verdad de la opinión, y la ciencia de la religión. En cada par binario, la primera entidad adquirió mayor valor y solo a ella se le adjudicaba el poder para moldear la vida pública. Desde entonces, esta dicotomía se volvió un dogma incuestionable de la cultura occidental, un supuesto subyacente que da forma a nuestra experiencia en comunidad. Es como una placa tectónica, que aunque no se ve, da forma y dirección a la topografía cultural, política y social que está a la vista.

EL NUEVO LUGAR DEL EVANGELIO Y EL NUEVO ROL DE LA IGLESIA

La revolución cartesiana fue «el principio de un mundo nuevo con nuevos ideales eclesiásticos».[30] Las afirmaciones del evangelio y el rol de la iglesia necesitaban hallar su lugar dentro de la nueva doctrina pública de la cultura occidental. Puesto que el evangelio no es susceptible de ser probado mediante el método científico, su mensaje ha quedado relegado a la esfera inferior de los meros valores privados, las opiniones subjetivas y las preferencias personales. Puede que uno piense en la esfera privada que el evangelio es interesante, pero no se lo puede considerar seriamente como verdad universal y, desde luego, no puede tener lugar en el desarrollo de la vida pública de una nación.

Del mismo modo, cambió también la percepción pública acerca del rol de la iglesia: el consenso posterior a la Ilustración afirmaba que la iglesia debía tener libertad como comunidad voluntaria para ejercer sus funciones únicamente dentro de la esfera privada de los valores, las opiniones y las preferencias. La cristiandad había perdido vigencia; pero si la iglesia ya no estaba definida por límites políticos y territoriales, ¿qué la sostendría? ¡La experiencia religiosa individual! Entonces surgió un nuevo énfasis en la relación personal del individuo con Dios, que se obtiene al responder libremente al evangelio. A su vez, la iglesia pasó a ser una asamblea de individuos que habían tenido esa experiencia religiosa y que, en consecuencia, se reunían y conformaban una sociedad voluntaria de individuos con ideas afines. La iglesia ya no era considerada una sociedad pública que encarna el orden social de Dios por el bien de las naciones.

La sentencia de Newbigin es que, en lugar de resistirse a ese compromiso idolátrico con la fe en la razón científica, la iglesia occidental se amoldó a él. Se amoldó dócilmente a la visión de la Ilustración y aceptó el papel de sociedad voluntaria privada, donde podía ofrecer una salvación totalmente futura y fuera de este mundo a los miembros individuales que lo desearan, podía formarlos en asuntos de moralidad y podía suplir sus necesidades religiosas. No obstante, según el papel que le asignó la sociedad occidental, la iglesia no debía creer ni proclamar que el evangelio es el verdadero punto de partida para comprender toda la vida humana, lo cual incluye la vida pública de una nación.

Richard Tarnas (quien de hecho no profesa la fe en Cristo), en su explicación de la cosmovisión occidental, observa que la iglesia limitó su comprensión de la fe cristiana y la adaptó a la cosmovisión humanista. A partir del siglo XVIII, la fe cristiana «se concentró exclusivamente en los asuntos espirituales internos del individuo»: «La antigua creencia cristiana de que la Caída y la Redención conciernen no solo al hombre sino al cosmos entero —doctrina que ya empezó a debilitarse después de la Reforma— ahora desaparecía por completo: el proceso de la salvación, si en efecto tenía algo de sentido, concernía únicamente a la relación personal entre Dios y el hombre».[31] En consecuencia, la esfera de alcance del evangelio se restringió hasta abarcar solamente una relación personal entre Dios y el individuo humano. ¿Cómo puede ser que la iglesia, si realmente cree que el relato bíblico es cierto, consienta con las imposiciones de la cultura circundante y acepte el terreno marginal que ella le asigna? Sin duda alguna, ya es hora de que la iglesia occidental examine con un ojo crítico la cosmovisión secular moderna que surge a partir de la Ilustración; ya es hora de que se arrepienta de su propia complicidad con esa cosmovisión y vuelva al relato bíblico que define su verdadera identidad y rol como pueblo de Dios.

Después de la Ilustración: la iglesia y el consumismo

La Ilustración dotó a Europa de una nueva narrativa que guiaría sus pasos: el progreso hacia un mundo mejor por medio de la ciencia. Primero, la razón científica debía traducirse en tecnología (la naturaleza debía someterse al uso de la sociedad); luego, la tecnología debía aplicarse a la sociedad humana para organizarla de una forma racional. En los subsiguientes siglos revolucionarios, esta visión transformó el panorama político, social y económico de Europa y sus colonias. No ha habido ideal ilustrado más significativo que la versión *económica* de este movimiento reflejada en la teoría de Adam Smith (1723-1790), que ha prevalecido hasta el día de hoy y se ha vuelto la fuerza cultural más poderosa del proceso de globalización del siglo XXI.[32]

Quizás sea útil enumerar las tres fuerzas espirituales que moldearon la vida pública de la cultura occidental actual: la globalización, la posmodernidad y el consumismo. La globalización es la expansión mundial de un modelo económico que refleja la fe moderna en la Ilustración. Sin embargo, a la par del triunfo de la modernidad económica a escala mundial, se halla la profunda insatisfacción de la posmodernidad y su rigurosa crítica de la cosmovisión ilustrada. En este punto hallamos una paradójica pérdida de la confianza en el relato moderno del progreso: la globalización ha generado enormes riquezas en Occidente —especialmente gracias a las injusticias del mercado mundial— y, al mismo tiempo, la posmodernidad ha alentado a muchos a rechazar la noción de que hay un relato o una cosmovisión que abarca toda la existencia y da sentido a nuestras vidas. Estos dos elementos de la vida moderna occidental —la riqueza y una drástica pérdida del sentido— se han unido para dar a luz al consumismo, que quizás sea el movimiento *religioso* operante más poderoso de Occidente hoy en día. El consumismo se ha convertido en la «metanarrativa dominante que pretende dar cuenta de la realidad [...]. La mayoría de nosotros ha adoptado esta narrativa como "nuestro relato" hasta tal punto que apenas somos conscientes de su influencia».[33]

Como relato cultural, el consumismo ejerce una influencia que moldea prácticamente todos los aspectos de la vida. Philip Sampson observa que «una vez que está establecida, tal cultura del consumo no discrimina y hace que todo se vuelva un artículo de consumo».[34] Don Slater expresa la misma idea: «Si no hay principios que restrinjan quién puede consumir qué cosa, tampoco hay restricciones sobre qué puede consumirse: todas las relaciones sociales, las actividades y los objetos, en principio, pueden intercambiarse como mercancía».[35] Incluso el evangelio y la iglesia pueden verse impregnados del espíritu consumista. Cuando la iglesia asume el rol que le asigna la cultura consumista y se deja moldear de acuerdo a ese relato, se convierte en un simple vendedor de bienes y servicios religiosos. Claramente, la iglesia no debe aceptar este rol en la sociedad; como sostiene Sampson: «en este punto, el desafío para la iglesia es asumir su responsabilidad de trabajar por la reforma y renovación de todas las vidas, en lugar de volverse otro centro de consumo aislado».[36]

Las imágenes que moldean a la iglesia

Avery Dulles dice que la Biblia, «cuando busca echar luz sobre la naturaleza de la iglesia, habla casi exclusivamente por medio de imágenes».[37] Es claro que narrativa e imagen son dos conceptos estrechamente relacionados. El papel que la iglesia desempeña en un gran relato determina su identidad y, a su vez, su identidad se expresa mejor por medio de las imágenes que surgen de ese gran relato.[38]

Sin embargo, hay ocasiones en que las imágenes y metáforas que moldean la identidad de la iglesia se trazan indiscriminadamente y sin una mirada crítica de la sociedad que la rodea y del relato de la cultura dominante. Aun más insidioso es el peligro de reinterpretar las imágenes bíblicas según los términos del relato cultural actual y, de ese modo, atribuirles un sentido que no es bíblico. En ambos casos, la idolatría del relato cultural está grabada en el corazón de la iglesia. John Driver resume estas dos amenazas de la siguiente manera:

> Tanto las Escrituras como la historia cristiana nos recuerdan que la iglesia necesita imágenes para entender su identidad y rol. Sin embargo, el relato de la iglesia también es un recordatorio elocuente de la constante tentación de tomar esas imágenes de la cultura secular. Por otra parte, la iglesia también se ve tentada a distorsionar el significado de las imágenes bíblicas para que se ajusten más fácilmente a las formas que en efecto han adoptado la vida y la misión de la iglesia. En ambos casos, las imágenes que toma la iglesia tan solo reafirman que su vida y misión están distorsionadas y son desleales.[39]

La incorporación de esas imágenes muchas veces es inconsciente, pero no por eso ellas tienen menos poder para moldear la vida de la iglesia cuando pasan inadvertidas (por el contrario, es más probable que en ese caso tengan *aún más poder*). Por consiguiente, es esencial examinar las imágenes bíblicas en su contexto bíblico, para ser más conscientes de aquellas imágenes latentes que subyacen a nuestra consciencia, para someter a un escrutinio crítico las imágenes que nos dominan, y para encontrar nuevas imágenes que sean fieles al relato bíblico y nos hablen de una forma convincente en la actualidad.

Consideremos algunas de las imágenes de la iglesia que reflejan el legado de la cristiandad, la Ilustración y el consumismo:

- La iglesia como centro comercial o patio de comidas: Los centros comerciales ofrecen una gran variedad de bienes de consumo; los patios de comidas ofrecen un buen número de opciones alimenticias. Del mismo modo, la iglesia provee varios programas para satisfacer las necesidades religiosas de la congregación.
- La iglesia como centro comunitario: Hay varias instituciones (clubes de campo, centros deportivos, etc.) que se encargan de suplir necesidades sociales y se organizan en torno a los pasatiempos e intereses de sus miembros. Según este modelo, la iglesia se vuelve un lugar de encuentro donde sus miembros pueden suplir sus necesidades sociales, ya que se organizan en torno a una serie de creencias compartidas y un interés religioso en común. Según las necesidades de cada grupo, se organizan programas pensados para jóvenes, solteros, matrimonios jóvenes, etc.
- La iglesia como empresa: Las empresas se organizan de forma inteligente para crecer, obtener ganancias y trazar un plan de *marketing* efectivo para vender sus productos. Muchas veces, el liderazgo y la organización están más orientados hacia la eficacia que hacia el cuidado pastoral y el liderazgo misional; están diseñados para vender los bienes religiosos que la iglesia ofrece.
- La iglesia como teatro: Los teatros son lugares en los que las personas se sientan y disfrutan de varias formas de entretenimiento desde un rol pasivo. A veces, estructuramos los tiempos de adoración y liturgias de modo tal que nuestra «adoración» acaba pareciendo una forma de entretenimiento.

- La iglesia como aula: Las instituciones educativas siguen dominando la cultura occidental. Dentro de un marco consumista, nos ofrecen enseñanza y conocimientos necesarios para la vida. Ese modelo bien puede reflejarse en uno de los artículos de consumo que la iglesia tiene para ofrecer: el conocimiento de sus elementos constitutivos mediante el estudio bíblico y la enseñanza.
- La iglesia como hospital o *spa*: El hospital es un lugar de sanación; el *spa* nos ofrece la oportunidad de rejuvenecernos en el contexto de un mundo estresante. La iglesia es un lugar de sanación y rejuvenecimiento espiritual.
- La iglesia como seminario motivacional: En un mundo orientado a la autoayuda, nunca faltan seminarios motivacionales que nos ayuden a mejorar en varias áreas de nuestra vida. La iglesia también puede ofrecernos lo mismo, desde consejos para ser mejores padres hasta formas de fortalecer el matrimonio.
- La iglesia como centro de asistencia social: La división de asistencia social del gobierno tiene el propósito de ayudar a los débiles, necesitados y pobres. Una iglesia compasiva que se preocupa por la misericordia mediante el trabajo de los diáconos en el vecindario podría parecerse a este tipo de institución estatal.
- La iglesia como oficina de campaña política o grupo de defensa de causas sociales: Los partidos políticos y los grupos que abogan por una causa social promueven su propia idea de justicia política, económica o ecológica. Según este modelo, la iglesia se organiza para luchar por una sociedad más cristiana.

Claramente, muchas de las actividades representadas por esas imágenes de la iglesia son válidas. La iglesia *debe* enseñar, asistir a los pobres, posibilitar vínculos sociales, etcétera. El problema surge cuando la iglesia olvida el relato bíblico y su naturaleza como comunidad; en ese caso, las actividades se amoldan a un relato distinto y pierden su forma eclesial auténtica.

Las preguntas que debemos plantearnos son: ¿Qué relato moldea la comprensión de nuestra propia naturaleza? ¿Qué imágenes definen nuestra identidad? Cuando una iglesia se amolda a un relato ajeno y se adapta a imágenes impropias de lo que debe ser, la única manera de corregir el daño es volver al relato bíblico y sus imágenes. A veces, la única manera de salir adelante es volver a empezar desde cero.

Puntos de partida para ser una iglesia misional según el evangelio
Si estamos insatisfechos con la cautividad cultural de la iglesia, ¿por dónde empezar nuestro camino hacia la libertad? Hans Küng claramente tiene razón cuando afirma que «la Iglesia debe volver al lugar del que procede; debe volver a sus orígenes, a Jesús, al Evangelio».[40] Empezamos a hablar de la iglesia volviendo al evangelio, a la persona en quien hallamos la mayor revelación acerca de Dios y de su propósito para la creación entera.

Cuando Jesús hace su primera aparición pública en el escenario de la historia, él anuncia las buenas nuevas: «El reino de Dios se ha acercado». Su mensaje trata de una renovación cósmica, de la restauración de toda la creación, de toda vida humana y de la sociedad; *no es* el tipo de anuncio que se esconde en la sección religiosa del periódico. Hoy en día, sigue siendo noticia mundial de primera plana, *siempre y cuando*, desde luego, seamos somos fieles en comprender el evangelio como fue anunciado en su contexto cultural original y no en la forma truncada en que suele presentarse hoy en día.

Jesús habla en el lenguaje de los judíos de su época: el lenguaje *del reino*. Todos están a la espera del momento culminante de la historia universal. Hay una expectación generalizada. Todos aguardan que Dios actúe con amor, ira y poder mediante la intervención de su rey ungido (el Mesías) y su Espíritu, para restablecer su reinado sobre toda la tierra, toda la creación, todas las naciones y toda vida humana. Jesús hace la sorprendente declaración de que él es ese rey, de que el Espíritu de Dios reposa sobre él para restaurar toda la creación y toda la humanidad para que vuelvan a vivir bajo el gobierno del Dios soberano. Estas son realmente buenas nuevas.

Jesús anuncia el clímax de la larga historia de la redención de Dios que se profetizaba desde milenios pasados. Cuando Jesús entra en la escena pública, anuncia que *ese día ha llegado*: el poder de Dios para renovar la creación entera ya está presente en Jesús mismo con el poder libertador del Espíritu de Dios, que se despliega en la vida de Jesús, se manifiesta en sus obras y se explica en sus palabras. Jesús empieza a reunir a las ovejas perdidas de Israel —el pueblo de Dios anunciado de los últimos tiempos—, los convierte en una pequeña comunidad de discípulos y los invita a participar en su misión de dar a conocer el reino. Entonces viene la cruz y parece que la misión se acaba antes de comenzar. Jesús es humillado, torturado y asesinado por los medios más crueles que uno pudiera imaginar.

Sin embargo, muy poco tiempo más tarde, sus seguidores proclaman que la muerte de Jesús es el triunfo del plan de Dios; que allí en la cruz Dios batalló contra el poder de la maldad y venció. De entre todas las obras poderosas de Dios, esta es la más poderosa, dado que pone fin al viejo mundo dominado por el pecado. Los discípulos de Jesús —a pesar de ser una comunidad pequeña y débil— ahora dicen ser la vanguardia de una nueva humanidad que un día cubrirá la faz de la nueva tierra. ¿Cómo se atrevieron a hacer declaraciones tan escandalosas?

La confianza de los primeros cristianos descansaba sobre la certeza de que Jesús está vivo y ha resucitado de entre los muertos. Al levantarse nuevamente a la vida, Jesús se ha vuelto el primogénito de la resurrección que ha de experimentar toda carne. El futuro de la historia cósmica ya está determinado. Aun así, antes de ascender a los cielos para asumir su autoridad legítima como Señor de toda la creación y la historia, él se reúne con su pequeño grupo de discípulos, aquellos a quienes él escogió, y los comisiona nombrándolos «la Israel renovada», una nueva humanidad encargada de continuar su misión de dar a conocer las buenas nuevas del reino en todas las naciones hasta que él vuelva. Solo entonces él toma su lugar a la diestra de Dios Padre para reinar en amor, justicia y poder sobre toda la creación y la historia. Él derrama su Espíritu sobre su pequeña comunidad, la Israel restaurada, para dar a conocer su gobierno sanador y absoluto en ellos, a través de ellos, mientras ellos encarnan y proclaman las buenas nuevas hasta los confines de la tierra. Los deja con una promesa: un día él volverá como juez de todas las cosas para completar su obra de restauración. Toda rodilla se doblará ante él y toda lengua confesará que Jesús es Creador, Redentor y Señor.

No obstante, hasta que llegue ese día culminante, los miembros de su iglesia están inmersos en la obra del Espíritu de dar a conocer en sus vidas, hechos y palabras las buenas nuevas de lo que Dios ha hecho por el mundo en Jesús.

Puntos de partida para entender la iglesia según el evangelio

En este breve resumen del evangelio se hallan cinco puntos de referencia que nos orientarán al elaborar nuestra eclesiología. Primero, el evangelio demanda de quienes lo oyen que lo acepten como el verdadero relato de nuestro mundo, el acontecimiento único de la historia al que todos los demás sucesos apuntan; como observa Newbigin: «En Jesús se revela el significado de toda la historia».[41] El evangelio proclama que Jesús, en su vida, muerte y resurrección (en el medio de la historia) revela hacia dónde apunta toda la historia: la historia humana y cósmica culminará un día en el reino de Dios.

Si creemos en las buenas nuevas de Cristo, la consecuencia lógica es creer que el relato bíblico es la verdadera historia del mundo. Esta declaración es *normativa*; es una verdad pública, la clave para entender cada aspecto de la creación de Dios. El relato bíblico no es una simple leyenda local acerca de un grupo étnico determinado o una religión: empieza con la creación de todas las cosas y termina con la renovación de todas las cosas, y en el medio ofrece una interpretación de la historia cósmica. Además, hace una declaración que *abarca todas las cosas*: nuestras historias, nuestra realidad, la identidad de la iglesia —de hecho, toda realidad, sea humana o no—, todo debe hallar su lugar dentro de este relato y en ningún otro.

Para entender la verdadera identidad y el verdadero rol de la iglesia en el mundo, debemos hacer caso de *este relato*. ¿Cuál es el papel asignado a la iglesia dentro de la gran obra teatral divina que narran las Escrituras? ¿Cuál es la identidad que este relato le da al pueblo de Dios?

El segundo punto de referencia del evangelio es el tema central de su relato: *el propósito de Dios y su actividad para renovar la creación entera y toda la vida humana*. Hoy en día, muchas personas denominan «misión de Dios» a la determinación de Dios de cumplir su propósito en la historia. Ese término también da nombre al relevante libro de Christopher Wright, quien afirma: «Mi principal objetivo ha sido elaborar una aproximación a la hermenéutica bíblica que considere que la misión de Dios (y la participación del pueblo de Dios en ella) es el marco de interpretación dentro del cual debemos leer toda la Biblia. La misión es [...] la llave que nos abre paso a toda la gran narrativa del canon de las Escrituras».[42]

Esta es la misión de Dios: restaurar la creación y la

humanidad y deshacer los estragos del pecado.[43] La función de la iglesia en este relato es participar en la misión de Dios; debemos involucrarnos totalmente en la obra divina de restauración y sanidad.

El tercer punto de referencia para nuestra investigación eclesiológica es el tema central del mensaje de las buenas nuevas: la venida del *reino de Dios*. Pero ¿en qué consiste exactamente ese reino que Jesús dice que ha irrumpido en la historia? El reino es primeramente todo el poder de Dios que obra en el Mesías y mediante el Espíritu para restaurar toda la creación y toda vida humana, limpiándolas de la contaminación del pecado y deshaciendo sus efectos devastadores. En sus palabras y hechos, Jesús revela que toda la historia apunta a esta restauración. El poder sanador de Dios finalmente vencerá el pecado, la muerte y la maldad en el final de todas las cosas, pero incluso ahora, *a la mitad de la historia*, las personas pueden probar un poco de la liberación y bendición del reinado de Dios.

La identidad de la iglesia se define por *este evangelio*: el evangelio del reino revelado en Cristo Jesús. La iglesia es la comunidad que experimenta en medio de esta vida el poder de la obra renovadora de Dios y, en consecuencia, vive en carne propia *la salvación integral y restauradora* del reino, para que el mundo lo vea.

En cuarto lugar, el evangelio nos revela que Dios lleva a cabo sus propósitos redentores en la historia mediante *un pueblo escogido por él* para mostrar hacia dónde apunta la historia. Jesús no escribe un libro para transmitir las buenas nuevas a la posteridad, sino que escoge, prepara y comisiona a una comunidad para que ella proclame cuál es el propósito de la historia universal. Esta obra mediante comunidades es central a la misión de su reino y comienza desde los primeros días de su ministerio. Después de los sucesos centrales de la historia de la salvación

—su muerte y resurrección—, Jesús comisiona a esta comunidad pequeña: «Así como el Padre me envió, también yo los envío a ustedes» (Juan 20:21). Cristo comisiona al núcleo de la comunidad que hoy llamamos «iglesia» para que ellos den a conocer lo que Dios ha hecho por todo el mundo en Cristo Jesús. La tarea de estas personas es seguir reuniendo a todas las naciones para hacerlas parte de la comunidad del pacto de Dios. Wright logra plasmar la importancia del pueblo de Dios en el relato bíblico: «*La Biblia entera nos muestra la historia de la misión que Dios lleva a cabo mediante su pueblo, que se involucra con el mundo de Dios para bendecir a toda la creación de Dios*».[44]

La identidad y el rol de la iglesia se definen por *esta elección*, este propósito dentro de la misión de Dios por el bien del mundo. Como anticipo de la vida en comunidad del reino y como instrumento del reino en sus palabras y hechos, la iglesia es una señal del reino venidero.

Por último, el quinto punto de referencia: el evangelio revela que esta comunidad que Jesús escoge y envía es *tanto el principio de algo nuevo como la continuación de algo mucho más antiguo*. Es claro que, por un lado, está sucediendo algo nuevo. La muerte y resurrección de Jesús son el punto de inflexión de toda la historia. Su muerte pone fin a un mundo corrompido por el pecado; su resurrección y el regalo del Espíritu inauguran un mundo nuevo. El nuevo cuerpo de creyentes que él reúne es llamado y escogido para participar en estos sucesos culminantes y darlos a conocer. Son enviados a vivir entre las naciones e invitar a todos los pueblos a unirse a la comunidad del pueblo de Dios. El resultado es un cuerpo conformado por personas de toda tribu y nación, que reside en todos los países del mundo, algo totalmente nuevo en la historia de la redención.

Sin embargo, por otro lado, esta comunidad es la continuación (y renovación) de un pueblo que ha existido por varios miles de años. Jesús viene al mundo en el medio de la historia. En los siglos antes de su llegada, los profetas prometieron que la Israel dispersa volvería a reunirse y sería renovada para cumplir su llamado hacia todas las naciones. Cuando Jesús vino, su misión se centró en reunir a las ovejas dispersas en un rebaño que heredaría el reino. Esta Israel reunida y renovada es la que Jesús envía a las naciones, y es a ella a quien las naciones se ven atraídas.

Gerhard Lohfink hace una observación útil acerca de la comunidad de discípulos formada por Jesús: «Después del transcurso de más de un milenio de historia, el pueblo de Dios no podía ni fundarse ni establecerse, sino únicamente *reunirse* y *restaurarse*».[45] La iglesia no fue fundada ni establecida por primera vez con la llegada de Jesús y el Espíritu; la eclesiología en realidad no empieza en el Nuevo Testamento. Por el contrario, la iglesia es una comunidad sujeta a un pacto que ha sido reunida nuevamente y restaurada a su llamado original. Una comprensión adecuada de la iglesia empieza por Israel —su rol e identidad, su relación con las demás naciones— porque la iglesia es heredera de Israel.

Primero debemos volver atrás a observar al pueblo de Dios en el relato del Antiguo Testamento y entonces mirar hacia adelante en el relato del pueblo de Dios y ver cómo se despliega después de la llegada de Jesús. Nuestro propósito será discernir el rol y la identidad de la iglesia de Cristo Jesús examinando tanto lo que es antiguo de ella —su relación con el pueblo de Dios del Antiguo Testamento— como lo que es radicalmente nuevo en la iglesia a partir de la obra culminante de Jesucristo y la venida del Espíritu. Mediante este proceso, quedará en claro que la identidad y el rol misionales siempre han sido parte del plan de Dios para su pueblo.

Notas

1. Theodore Roszak, *The Making of a Counterculture: Reflections on the Technocratic Society and Its Youthful Opposition* (Garden City, NY: Doubleday, 1969), 205.
2. Ver Michael W. Goheen y Craig G. Bartholomew, *Living at the Crossroads: An Introduction to Christian Worldview* (Grand Rapids: Baker Academic, 2008), 103-106.
3. John G. Stackhouse, Jr., prefacio del libro *Evangelical Ecclesiology: Reality or Illusion*, ed. John G. Stackhouse Jr. (Grand Rapids: Baker Academic, 2003), 9.
4. Lesslie Newbigin, «Can the West Be Converted?», *Princeton Seminary Bulletin* 6, nro. 1 (1985), 25-37; Lesslie Newbigin, *A Word in Season: Perspectives on Christian World Missions* (Grand Rapids: Eerdmans, 1994), 67. En este último libro, el título del capítulo en el que se encuentra la frase «un caso avanzado de sincretismo» es «The Cultural Captivity of Western Christianity as a Challenge to the Missionary Church» [La cautividad cultural del cristianismo occidental: un desafío para la iglesia misionera].
5. John G. Stackhouse, Jr., prefacio del libro *Evangelical Ecclesiology: Reality or Illusion*, ed. John G. Stackhouse Jr. (Grand Rapids: Baker Academic, 2003), 9.
6. Ver, por ejemplo, James Bannerman, *The Church of Christ* [2 vols.] (1869; reimpr., Edimburgo: Banner of Truth, 1960).
7. George R. Hunsberger, «Evangelical Conversion toward a Missional Ecclesiology», en John G. Stackhouse, Jr., *Evangelical Ecclesiology: Reality or Illusion* (Grand Rapids: Baker Academic, 2003), 107.
8. Wilbert R. Shenk, prólogo del libro *Images of the Church in Mission*, por John Driver (Scottdale, PA: Herald Press, 1997), 9 [énfasis mío].
9. Ver Alan Kreider, *Worship and Evangelism in Pre-Christendom* (Cambridge, Reino Unido: Grove Books, 1995); Adolf Harnack, *The Mission and Expansion of Christianity in the First Three Centuries*, trad. y ed. James Moffatt (1908; reimpr., Nueva York: Harper and Brothers, 1962).
10. *Paroikoi* es la palabra griega que se encuentra en el Nuevo Testamento (ej.: 1 P. 2:11) y con frecuencia en la literatura de la iglesia primitiva. Tiene el sentido de estar en casa en un lugar y, al mismo tiempo, ser extranjero. Ver K. L. Schmidt y M. A. Schmidt, «παροικος» en *Theological Dictionary of the New Testament*, ed. Gerhard Kittel y Gerhard Friedrich, trad. Geoffrey W. Bromiley (Grand Rapids: Eerdmans, 1967), vol. 5, 842.
11. Everett Ferguson, «Irenaeus' Proof of the Apostolic Preaching and Early Catechetical Tradition», *Studia Patristica* 18, nro. 3 (1989), 119-140.
12. Alan Kreider, *Worship and Evangelism in Pre-Christendom* (Cambridge, Reino Unido: Grove Books, 1995), 24.
13. Ibid., 10.
14. Minucius Felix, *Octavius* 31:7; 38:5, citado en Alan Kreider, *Worship and Evangelism in Pre-Christendom* (Cambridge, Reino Unido: Grove Books, 1995), 19.
15. G. W. Bowersock, *Julian the Apostate* (Londres: Duckworth, 1978), 87-88; Henry Chadwick, *The Early Church* (Nueva York: Penguin Books, 1967), 54-

60, 157; Rodney Stark, *Cities of God: The Real Story of How Christianity Became an Urban Movement and Conquered Rome* (Nueva York: HarperCollins, 2006), 31.

16. Ver Adolf Harnack, *Mission and Expansion of Christianity in the First Three Centuries*, trad. y ed. James Moffatt (1908; repr., Nueva York: Harper and Brothers, 1962), 147-198; Michael Green, *Evangelism in the Early Church* (Grand Rapids: Eerdmans, 1970), 178-193 [disponible en español con el título *El Evangelismo en la iglesia primitiva*. Buenos Aires: Nueva Creación]; David Bosch, *Transforming Mission: Paradigm Shifts in the Theology of Mission* (Maryknoll, NY: Orbis Books, 1991), 48-49, 191-192 [disponible en español con el títitulo *Misión en transformación*.Grand Rapids: Libros Desafío].

17. Johannes Hoekendijk, *Kirche und Volk in der deutschen Missionswissenschaft* (Munich: Chr. Kaiser Verlag, 1967), 245, citado en David Bosch, *Transforming Mission: Paradigm Shifts in the Theology of Mission* (Maryknoll, NY: Orbis Books, 1991), 48.

18. Adolf Harnack, *Mission and Expansion of Christianity in the First Three Centuries*, trad. y ed. James Moffatt (1908; reimpr., Nueva York: Harper and Brothers, 1962), 147.

19. Ver Robin Lane Fox, *Pagans and Christians* (San Francisco: Harper and Row, 1988), 336-374. Después de describir el entorno sexualizado del Imperio romano, Fox examina los escritos cristianos que hablan de las prácticas en cuanto al sexo y comenta que era «un mundo distinto» (351).

20. En el año 251 d. C. en Roma, alrededor de 154 ministros de distintos órdenes estaban en las listas de solicitud de ayuda financiera, junto con 1500 personas entre pobres y viudas. Henry Chadwick, *The Early Church* (Nueva York: Penguin Books, 1967), 57-58; Robin Lane Fox, *Pagans and Christians* (San Francisco: Harper and Row, 1988), 268.

21. Robin Lane Fox, *Pagans and Christians* (San Francisco: Harper and Row, 1988), 323.

22. Alan Kreider, *Worship and Evangelism in Pre-Christendom* (Cambridge, Reino Unido: Grove Books, 1995), 19.

23. David Bosch, *Transforming Mission: Paradigm Shifts in the Theology of Mission* (Maryknoll, NY: Orbis Books, 1991), 47-48.

24. Wilbert R. Shenk, *Write the Vision: The Church Renewed* (Valley Forge, PA: Trinity Press International, 1995), 34.

25. Lesslie Newbigin, *Foolishness to the Greeks: The Gospel and Western Culture* (Grand Rapids: Eerdmans, 1986), 100-101. [Para más información sobre las ideas de Lesslie Newbigin consúltese su obra traducida al español *Confianza apropiada*. Tampa: Editorial Doulos.]

26. Oliver O'Donovan, *The Desire of the Nations: Rediscovering the Roots of the Political Theology* (Cambridge: Cambridge University Press, 1996), 212-213.

27. Wilbert R. Shenk, *Write the Vision: The Church Renewed* (Valley Forge, PA: Trinity Press International, 1995), 3.

28. Darrell Guder, ed., *Missional Church: A Vision for the Sending of the Church in North America* (Grand Rapids: Eerdmans, 1998), 46-60.

29. Richard Tarnas, *The Passion of the Western Mind: Understanding the Ideas That Have Shaped Our World View* (Nueva York: Ballantine, 1991), 320.

30. Bruce Hindmarsh, «Is Evangelical Ecclesiology an Oxymoron? A Historical Perspective», en John G. Stackhouse, Jr., *Evangelical Ecclesiology:*

Reality or Illusion, ed. John G. Stackhouse Jr. (Grand Rapids: Baker Academic, 2003), 20.

31. Richard Tarnas, *The Passion of the Western Mind: Understanding the Ideas That Have Shaped Our World View* (Nueva York: Ballantine, 1991), 306-307. [disponible en español con el título *La Pasión de la mente occidental*. Girón, España: Ediciones Atalanta.]

32. Michael W. Goheen, «Probing the Historical and Religious Roots of Economic Globalization», en *The Gospel and Globalization: Exploring the Religious Roots of a Globalized World*, ed. Michael W. Goheen y Erin G. Glanville (Vancouver, BC: Regent Press y Geneva Society, 2009), 69-90.

33. Susan White, «A New Story to Live By?», *Transmission* (Spring 1998), 3-4.

34. Philip Sampson, «The Rise of Postmodernity», *Faith and Modernity*, ed. Philip Sampson, Vinay Samuel y Chris Sugden (Oxford: Regnum Books, 1994), 31.

35. Don Slater, *Consumer Culture and Modernity* (Cambridge, Reino Unido: Polity, 1997), 27.

36. Philip Sampson, «The Rise of Postmodernity», *Faith and Modernity*, ed. Philip Sampson, Vinay Samuel y Chris Sugden (Oxford: Regnum Books, 1994), 42.

37. Avery Dulles, *Models of the Church*, ed. exp. (Garden City, NY: Image Books, 1987), 19.

38. T. Howland Sanks, *Salt, Leaven, and Light: The Community Called Church* (Nueva York: Crossroad, 1992), 30-34.

39. John Driver, *Images of the Church in Mission* (Scottdale, PA: Herald Press, 1997), 21.

40. Hans Küng, *The Church* (Garden City, NY: Image Books, 1976), 14.

41. Lesslie Newbigin, *The Open Secret: An Introduction to the Theology of Mission* (Grand Rapids: Eerdmans, 1995), 88.

42. Christopher J. H. Wright, *The Mission of God: Unlocking the Bible's Grand Narrative* (Downers Grove, IL: InterVarsity, 2006), 17. [disponible en español con el título *La Misión de Dios: Descubriendo el gran mensaje de la Biblia*. Buenos Aires: Ediciones Certeza.]

43. Hemos detallado esta historia en Craig G. Bartholomew y Michael W. Goheen, *The Drama of Scripture: Finding Our Place in the Biblical Story* (Grand Rapids: Baker Academic, 2004).

44. Christopher J. H. Wright, *The Mission of God: Unlocking the Bible's Grand Narrative* (Downers Grove, IL: InterVarsity, 2006), 51.

45. Gerhard Lohfink, *Jesus and Community: The Social Dimension of the Christian Faith*, trad. John P. Galvin (Filadelfia: Fortress Press, 1984), 71.

2

Los Orígenes de Israel
Dios funda un pueblo misional

Para tener una comprensión correcta de la iglesia, nuestro punto de partida debe ser el Antiguo Testamento, no solo porque «los calificativos [más] característicos que se les atribuyeron a los creyentes en Cristo [del Nuevo Testamento]» son «los nombres que recibió la antigua Israel»,[1] sino también porque la naturaleza *misional* de la iglesia halla sus orígenes en el llamamiento de Israel. La relación del pueblo de Dios con quienes no pertenecen a su comunidad se establece a lo largo del relato de Israel y de acuerdo con su llamado entre las naciones; en el Nuevo Testamento, el pueblo de Dios adopta la identidad y el rol de Israel.

> Cuando decimos que la Iglesia es «el pueblo de Dios en el mundo» e inquirimos acerca de su verdadera naturaleza, no podemos hacer caso omiso de sus *raíces*, que se encuentran en el Antiguo Testamento, en la noción de que Israel es el pueblo del pacto. Por ende, no podemos resolver la cuestión de la naturaleza *misional* de la Iglesia, es decir, de la verdadera relación entre el pueblo de Dios y el mundo, sin antes investigar cuál es la relación de Israel con el resto de las naciones de la tierra.[2]

Lamentablemente, muchas veces se trata el tema de la iglesia misional sin prestar mucha atención a los fundamentos asentados en el Antiguo Testamento. Semejante recorte de la mayor parte del relato bíblico nos impide oír los abundantes ecos del Antiguo Testamento que resuenan en el Nuevo Testamento y en sus imágenes de la iglesia, y nos vuelve inconscientes de la rica herencia que la iglesia, como pueblo misional, recibe de la tradición israelita. En este capítulo y el siguiente, nos remontaremos al relato del pueblo de Dios del antiguo pacto y buscaremos en él las raíces de la iglesia. Comenzaremos por examinar en este capítulo cómo instituyó Dios al pueblo de Israel y le dio, en el contexto de su obra redentora, una identidad y un rol misionales.

El significado de la misión en el Antiguo Testamento
El uso de la palabra «misional» para referirse al rol y la identidad de Israel demanda una explicación, ya que la «misión», según los términos del Antiguo Testamento, tiene un significado distinto que cuando se refiere a actividades intencionales orientadas a incorporar a la comunidad de fe a personas ajenas a ella. Robert Martin-Achard hace una diferenciación entre la misión y otros tres conceptos relacionados que se manifiestan en el relato del Antiguo Testamento: el universalismo, la incorporación de extranjeros y el proselitismo. El *universalismo* afirma que el Dios de las Escrituras es el único Dios, Creador y Señor de toda la tierra y todos los pueblos, pero no le asigna ninguna responsabilidad específica respecto de llevar a las naciones a reconocer a Dios. Sin lugar a dudas, la Biblia proclama el señorío universal de Dios, pero tampoco da lugar a dudas de que Israel tiene un rol asignado en relación con las naciones. Asimismo, *la incorporación de extranjeros* a la comunidad israelita también sucede con frecuencia en el relato escritural.[3] Los extranjeros asumían las obligaciones —étnicas, sociales y religiosas— del pueblo de Israel y se volvían miembros plenos de la comunidad.[4] Si bien las leyes que regían la incorporación eran coherentes con el carácter misional de

Israel (y por lo tanto, distintas de las leyes de las naciones circundantes),[5] este proceso natural de asimilación no era consecuencia del llamado único de Israel en el mundo, ya que también era una práctica de los pueblos vecinos. Del mismo modo, el *proselitismo* de los judíos hacia los gentiles creció vigorosamente y alcanzó su clímax durante la época de Jesús y los apóstoles.[6] Era una actividad individualista y nacionalista, una iniciativa personal llevada a cabo por individuos y orientada a incorporar a ciertos gentiles a la nación judía. Por el contrario, «el concepto de misión supone la creencia de que la comunidad entera tiene una responsabilidad en favor de toda la humanidad».[7]

La identidad misional de Israel se define por el papel que la nación es llamada a cumplir en la iniciativa redentora de Dios. Tal como propone Christopher Wright: «*En esencia, nuestra misión (en tanto halle fundamento y validez en la Biblia) consiste en nuestra participación comprometida como pueblo de Dios, por invitación y mandato de Dios, en la misión que el mismo Dios tiene en la historia del mundo, para redención de la creación de Dios*».[8] La misión es la obra que Dios está llevando a cabo para beneficio del mundo: su propósito a largo plazo de renovar la creación. El pueblo de Dios es misional porque asume esta tarea para beneficio del mundo.

Wright ofrece una segunda definición que nos permite empezar a ver más claramente el rol del pueblo de Dios en el Antiguo Testamento: «La misión de Dios implica que el pueblo de Dios viva según los caminos de Dios a la vista de las naciones».[9] Por consiguiente, la nación de Israel debía ser un pueblo que expusiera y mostrara en carne propia, por medio de su vida en comunidad, el modelo original que Dios pensó para la creación y su propósito escatológico para la humanidad. Él vendría, habitaría entre ellos y les daría su Torá para regir la vida en comunidad según sus propósitos divinos. El pueblo de

Dios habría de ser entre las naciones un símbolo atrayente de lo que Dios había ideado desde el principio y del objetivo hacia el que él se dirigía: liberar a toda la creación y toda vida humana de la corrupción de pecado y restaurarlas. Israel tomaría su lugar en la misión de Dios, principalmente, siendo lo que él la había llamado a ser, puesto que «la misión no se trata primeramente de *ir*. Tampoco se trata en primera instancia de *hacer* nada. La misión consiste en *ser*. Se trata de ser un pueblo distinto, [...] una comunidad contracultural entre las naciones».[10]

Markus Barth bien dice que el pueblo de Dios «no tiene otro destino ni propósito más que vivir públicamente para la alabanza de Dios».[11] La palabra «públicamente» indica que han de vivir su vida ante la mirada de las naciones. Sin embargo, como aclara Barth, vivir según los caminos de Dios es vivir *para alabanza de su gloria*. El pueblo de Dios ha sido «creado y reunido, iluminado y comisionado, sostenido y preparado con un solo propósito: "que seamos para alabanza de su gloria"».[12] La vida del pueblo de Dios tiene por fin manifestar la gloria de Dios ante la mirada atenta de las naciones.[13]

Para ser un pueblo distinguible y desplegar un estilo de vida atrayente que glorificara a Dios ante las naciones circundantes, Israel necesitaba mirar en tres direcciones al mismo tiempo: *hacia atrás en dirección a la creación*, para encarnar el designio y la intención originales de Dios para la vida humana; *hacia adelante a la espera de la consumación*, para llevar en sí misma la promesa de Dios acerca del objetivo de la historia universal, a saber, una humanidad restaurada habitando en una nueva tierra; y *hacia afuera con la mirada puesta en las naciones*, para confrontar su idolatría, puesto que Israel había sido escogida para bendecirlas. El propósito de todo esto era bendecir al mundo, para que las naciones alabaran y conocieran al Dios vivo y verdadero.

***Figura 2.1.* La mirada en tres direcciones**

Backward	Hacia atrás
creation	*la creación*
embody	*encarna*
God's People	**El pueblo de Dios**
preview	*anticipa*
Kingdom of God	*Reino de Dios*
Forward	**Hacia adelante**
engage	*se involucra*
cultural idolatry	*idolatría cultural*
Outward	**Hacia afuera**

El pueblo escogido de Dios no existe para sí mismo, sino para dar gloria a Dios, llevar a cabo la misión de Dios, y bendecir a aquellos hacia quienes está orientada esa misión. En efecto, son «escogidos por Dios» para jugar un papel prescrito en su misión, que es restaurar la creación y glorificarse a sí mismo; pero su elección es «para beneficio del mundo». El pueblo de Dios «tiene la mirada puesta en dos frentes: en Dios *y también* en el mundo».[14] Ambos son necesarios; pasar por alto uno basta para distorsionar la identidad del pueblo de Dios. La comunidad llamada por Dios es el lugar donde Dios empieza su obra de restauración y el canal mediante el cual esa salvación fluye hacia todos los pueblos, todo para alabanza de la gloria de Dios.

El Antiguo Testamento cuenta la historia de cómo Dios se glorifica a sí mismo mediante su misión en y por medio de su pueblo. En este capítulo, consideraremos la formación de Israel como una nación santa cuyo rol e identidad misionales se fundaron especialmente en las promesas dadas a los patriarcas y las descritas en el libro de Éxodo. En el capítulo siguiente, observaremos tres contextos en los que Dios puso a Israel para que cumpliera su rol y viviera conforme a su identidad como pueblo misional.

La promesa abrahámica: bendecido para ser bendición

En Génesis 12:2-3, Dios le hace a Abraham una promesa que se volvería central en las narrativas de los patriarcas y tomaría la forma de un pacto (Gn. 15), que luego se explicitaría y confirmaría mediante la señal de la circuncisión (Gn. 17). Dios luego la repite a Abraham (Gn. 18:18-19), Isaac (Gn. 26:3-5) y Jacob (Gn. 28:13-15). Esta promesa es esencial para entender cómo Dios despliega su plan de redención.

Génesis 1-11: el contexto de la promesa abrahámica

En Génesis 12:2-3, Dios revela la estrategia que seguiría en su misión de restaurar la creación: él elige a un hombre, Abraham, y promete hacer de él una gran nación, por medio de la cual todas las naciones de la tierra serán benditas. Sin embargo, es importante entender que las palabras de Dios a Abraham están situadas en el contexto de una narrativa estructurada muy meticulosamente, de un orden que en sí mismo se inscribe en el mensaje teológico del libro.

Podríamos delinear la estructura básica del libro de Génesis dividiéndolo en dos partes: los capítulos del 1 al 11 (que suelen denominarse «la historia primitiva») y los capítulos del 12 al 50 (la historia de los patriarcas de Israel: Abraham, Isaac y Jacob). La promesa abrahámica de Génesis 12:2-3 es un pasaje que sirve como «puente» entre las dos secciones.[15] Adán encabeza la primera sección y Abraham, la segunda. Una interpretación judía destacada es que el rol de Abraham es ordenar el desorden que Adán había generado. En un *midrash* rabínico acerca de Génesis, se ilustra a Dios diciendo: «Crearé primero a Adán y, si él se descarría, enviaré a Abraham para solucionarlo».[16] Los primeros capítulos de Génesis instauran el problema para el que la promesa abrahámica es la solución. Como observa Gerhard von Rad: «Las palabras de apertura del relato de la redención nos dan la respuesta al problema planteado en los principios de la historia del mundo, que involucra la relación de Dios con las naciones en su conjunto. El principio del relato de la redención en Génesis 12:1-3 no solo pone fin a la historia primitiva [...] sino que es la clave para entenderla y responder a su problemática».[17]

Génesis 1 al 11 cuenta la historia de cómo Dios crea el mundo (dándole un lugar especial en él a la humanidad), la rebelión humana (que deshace la armonía y corrompe lo que es bueno del mundo), el amenazante crescendo del pecado que se propaga por toda la tierra, la respuesta de Dios al pecado mediante juicio, y la promesa y el compromiso de Dios de preservar y restaurar la creación. Hay tres características de este relato que son importantes para definir el escenario en que Dios hace la promesa abrahámica de Génesis 12.

La primera característica es la trama de *creación-caída-restauración*. El relato comienza con la creación del mundo: la obra es muy buena, tal como Dios la pensó y diseñó, y los seres humanos gozan de mayor jerarquía, dado que son la imagen de Dios llamada al desarrollo cultural. Cuando la desobediencia del hombre corrompe toda la creación (incluida la cultura humana), Dios enseguida promete que destruirá todas las fuerzas malignas que Adán y Eva desataron con su rebelión (Gn. 3:15). Dios emprende un largo camino de restauración, firme en su promesa de sanar la creación a pesar del constante fracaso del ser humano y su persistente infidelidad. La elección de Abraham y la promesa de hacer de él una gran nación deben entenderse dentro del marco global del relato: el plan de Dios es hacer que la creación entera y toda vida y cultura humana sean, mediante Abraham, «muy buenos» otra vez. Por consiguiente, la promesa que Dios hace en Génesis 3:15 y mantiene a pesar del fracaso humano de

Génesis 3 a 11 se expresa a Abraham (en Gn. 12) en términos renovados. Dios aún busca la restauración de la creación, pero ahora pretende alcanzarla de una manera distinta, por medio de Abraham.

La segunda característica que define el escenario para Abraham es que la historia primitiva establece el alcance *universal* del propósito y la obra de Dios. Los primeros capítulos de Génesis describen a Dios no como una deidad tribal (como los dioses de las naciones vecinas de Israel) sino como el Hacedor y Soberano de toda la creación, Señor sobre todas las naciones. Solo hay un Dios y es el gran Rey que gobierna sobre toda la tierra. Puesto que él es Creador de todo (incluso de los padres de la humanidad), toda vida humana le debe a él completa lealtad y obediencia. La rebelión de Adán y Eva, y de todas las naciones después de ellos, es una sublevación contra su legítimo Señor. El mundo entero es culpable ante este Dios y debe rendirle cuentas. Él es el Señor de todos los pueblos, por lo cual su respuesta ante la insurrección humana abarca a todas las naciones. Él es Juez sobre toda la tierra, por lo que su juicio en el Diluvio y Babel recae sobre toda la humanidad. Asimismo, la redención de Dios alcanza a todos; Dios extiende su promesa a todos los pueblos, para que todas las naciones vuelvan a reconocerlo y conozcan su gloria.

En Génesis 12, el centro de atención de pronto se reduce y el relato, que antes comprendía el trato universal de Dios con todas las naciones, ahora se concentra en la relación personal de Dios con un hombre. Desde este punto en adelante, por el resto del Antiguo Testamento, el relato se enfoca en la obra de Dios en una nación y a través de ella. No obstante, el alcance universal de los primeros once capítulos de Génesis nos recuerda que Dios presta particular atención a Abraham e Israel en el Antiguo Testamento en favor de *todas* las naciones y de *toda* la creación. Dios se vale de un medio particular para concretar un propósito universal.

La tercera característica del relato primitivo es su énfasis en las *agravantes consecuencias del pecado*, que profana toda la vida humana y la creación entera. Von Rad habla de la «increíble hamartiología» del autor,[18] la enseñanza acerca del pecado, que se observa en Génesis 3 a 11. El relato ilustra el oscuro origen del pecado en la rebelión de Adán y Eva, la subsiguiente propagación de esta mancha —que atraviesa todas las naciones e invade hasta el último rincón de la vida humana— y las calamitosas consecuencias del pecado para toda la creación. Toda la humanidad y toda la creación están en rebelión contra Dios y experimentan su juicio. Génesis 3 a 11 retrata a todo el mundo y todas las naciones en *su relación con Dios* y, en especial, muestra la enajenación entre Dios y la humanidad entera.

Así, los primeros capítulos presentan el problema universal; la solución llega con la promesa a Abraham que les sigue. En contra de las malas noticias de maldición y enajenación de Génesis 3 a 11, en Génesis 12:1-3 oímos las buenas nuevas de bendición y reconciliación (cf. Gá. 3:8). Las malas noticias se manifestaron vívidamente: todas las naciones están alienadas de Dios, el pecado devastó cada parte de la vida social y cultural y corrompió la creación no humana; el juicio no puede erradicar la maldad (cf. Gn. 6:5 y 8:21, por ejemplo); la promesa de Dios se ve continuamente amenazada por la infidelidad del hombre. La primera sección de Génesis termina con el juicio culminante de Dios sobre todas las naciones (Gn. 10-11). Entonces llega el punto de inflexión, las buenas nuevas: Dios elige a Abraham y le promete que la bendición y la armonía de su buena creación serán restauradas a las naciones por medio de Abraham. Von Rad comenta:

¿Acaso la relación de Dios con las naciones quedó deshecha para siempre? ¿Acaso se ha agotado la clemente paciencia de Dios? ¿Acaso ha rechazado a las naciones en su ira para siempre? Tales son las gravosas preguntas que ningún lector atento del capítulo 11 puede eludir; de hecho, podríamos decir que nuestro narrador pretendía, mediante el esquema de su historia primitiva, suscitar precisamente esas preguntas y plantearlas con todo el peso de su gravedad. Solo entonces el lector está bien preparado para adoptar el extraño y nuevo concepto que sigue al incómodo relato sobre la construcción de la torre: la elección y bendición de Abraham. Por consiguiente, nos hallamos aquí en el punto donde la historia primitiva y la historia sagrada se entrelazan y, por ende, en uno de los puntos más importantes de todo el Antiguo Testamento.[19]

También nos hallamos en uno de los puntos más importantes de la Biblia para la eclesiología, donde podemos empezar a entender la naturaleza y el propósito de la comunidad escogida de Dios.

Génesis 12:1-3: escogidos para bendecir a todas las naciones

La historia de Israel comienza con las palabras de la promesa:

> Pero el Señor le había dicho a Abram: «Vete de tu tierra y de tu parentela, y de la casa de tu padre, a la tierra que te mostraré. Yo haré de ti una nación grande. Te bendeciré, y engrandeceré tu nombre, y serás bendición. Bendeciré a los que te bendigan, y maldeciré a los que te maldigan; y en ti serán benditas todas las familias de la tierra». (Génesis 12:1-3)

Es difícil exagerar la importancia de esta «formidable declaración»[20] para el ámbito de la eclesiología o, de hecho, para todo el relato de la Biblia. El rol del pueblo de Dios se halla aquí: fue escogido para bendecir al mundo. En contraste con el trasfondo universal de las setenta naciones de esa época, que representan a todos los pueblos de la tierra, alejados de Dios y a merced del juicio divino (Gn. 10 y 11),[21] «Dios elige a Abraham precisamente para que la bendición recaiga sobre todas las naciones, sobre cada una de las setenta naciones que Dios ha dispersado sobre la faz de la tierra».[22] La elección de uno tiene por finalidad la salvación de todos: «Es particularmente significativo pensar que la historia de Abraham desde un principio estuvo orientada a la salvación universal. Es eso lo que habría de darle verdadero sentido al llamado de Abraham y a la elección de Israel, que solo pueden entenderse como parte del plan completo de Yahweh: la salvación de todos».[23]

La promesa de Dios a Abraham de Génesis 12:2-3 contiene tres elementos, y los tres se reiteran en una síntesis de la promesa que se halla en Génesis 18:18-19. El primer elemento de la promesa revela que el plan redentor de Dios tiene dos fases: «Abraham va a ser una nación grande y fuerte, y en él serán bendecidas todas las naciones de la tierra» (Gn. 18:18). Como vemos, aquí las cláusulas oracionales de Génesis 12:2-3 se resumen en dos objetivos. El primero es hacer de Abraham una nación grande y poderosa que contara con los regalos divinos de descendencia, tierra y bendición.[24] El segundo es, por medio de la gran nación de Abraham, bendecir a *todas* las naciones de la tierra.

El plan de redención se desenvuelve en estas dos fases, tal como lo indica la estructura gramatical de Génesis 12:2-3.[25] La última cláusula («en ti serán benditas todas las familias de la tierra») es «la afirmación principal de esos tres versículos [...], [ya que] las promesas personales que Dios hizo a Abraham tienen un objetivo último: la bendición del mundo».[26] Abraham es escogido y Dios lo convierte en una gran nación con el propósito explícito de que todas las naciones sean bendecidas. Por eso, Paul Williamson habla de que Génesis 12:1-3 traza un «plan de motivación doble».[27] Abraham es primeramente receptor de la bendición de Dios y luego mediador de esa bendición.

«Bendición» es un término bíblico de profunda resonancia, que implica la revocación de la maldición del pecado y la restauración de la creación a su plenitud. Las palabras «bendecir» y derivadas aparecen cinco veces en Génesis 12:2-3; Hans Walter Wolff considera que la repetición es intencional, dado que las palabras «maldición» y derivadas aparecen cinco veces entre Génesis 1 y 11.[28] De este modo, el autor de Génesis intenta dejar en claro que, en Abraham, Dios revocará los efectos el pecado: «La nueva y poderosa palabra ["bendición"], que en Génesis 12:1-3 es la sustancia del pacto abrahámico, anulará la maldición de Génesis 1 a 11».[29] La bendición restaura todo lo bueno que Dios depositó sobre la creación en el principio (ej.: Gn. 1:22, 28) y, por ende, anticipa la subsiguiente obra redentora que Dios llevará a cabo en los seres humanos, en su relación con Dios, los unos con los otros y con la creación no humana.[30]

El segundo elemento de la promesa abrahámica es la elección orientada a la misión: «Porque yo lo he escogido *para que* [...]» (Gn. 18:19a, LBLA; énfasis mío). La doctrina escritural de la elección ha suscitado un amplio debate en la historia de la iglesia, pero pensar la elección a la luz del relato abrahámico aclara muchas cuestiones. La elección de Abraham e Israel se ubica en un contexto universal: «La elección de Israel es una iniciativa divina que tiene el objetivo de que Dios sea reconocido entre todas las naciones de toda la tierra».[31] La elección particular de Abraham es el instrumento del propósito universal de Dios con todo el mundo. Por lo tanto, en el relato bíblico, podemos ver que privilegio y responsabilidad, salvación y servicio, recepción y mediación de bendiciones, van de la mano cuando hablamos de elección. El pueblo de Dios es el pueblo del «para que»: son escogidos *para que* conozcan la salvación de Dios y luego inviten a todas las naciones a experimentarla.

La tentación constante a lo largo de la historia de Israel y también de la historia de la iglesia ha sido olvidar el propósito misional de la elección y hacer hincapié únicamente en el privilegio, la salvación y nuestra condición de receptores. La historia de Jonás ilustra de una forma drástica y conmovedora el verdadero significado de la elección de Israel, y la trágica realidad de que Israel no logró entenderlo.[32] En todo el Antiguo Testamento, cuando Israel olvida su responsabilidad, servicio y misión, vemos que Dios la reprende: «Solo a ustedes los he elegido de entre todas las familias de la tierra. Por lo tanto, yo los castigaré por todas sus maldades» (Am. 3:2).

La observación final en cuanto a la promesa abrahámica es la forma en que esa promesa habría de cumplirse: Abraham «ordenará a sus hijos y a sus descendientes que sigan el camino del Señor, y que sean justos y rectos, para que el Señor cumpla en Abraham su promesa» (Gn. 18:19). No se nos dice con precisión cómo sucederá. Aun así, las frases «que sigan el camino del Señor» y «que sean justos y rectos» nos dan una pista importante: ambas frases aparecen con frecuencia en el Antiguo Testamento y apuntan a una vida que se caracteriza por ajustarse al orden y la ley de Dios en la creación. El contexto de estas frases es el «clamor contra Sodoma y Gomorra» por su injusticia y opresión. En oposición a este gravoso pecado, la bendición llegará mediante el pueblo de Dios, que encarnará el propósito justo y recto de Dios para la vida humana. Abraham e Israel habrían de ser la «verdadera humanidad del creador» o la «verdadera humanidad adámica».[33] Sus vidas habrían de proclamar el designio creacional de Dios para la vida humana y el objetivo hacia el que su plan de redención apunta.

Por consiguiente, Abraham, su familia y la nación de su descendencia fueron escogidos para ser partícipes de la misión de Dios: disfrutar la bendición redentora de Dios y seguir los caminos del Señor *para que* las naciones puedan recibir esa bendición.

El Éxodo: la creación de un pueblo santo

El relato de la misión de Dios en su pueblo y a través de él continúa en el libro de Éxodo. Dios oye los gemidos de Israel desde la esclavitud de Egipto y recuerda su pacto con Abraham (Éx. 2:23-25). La narración subsiguiente nos muestra cómo Dios obra para rescatar a Israel y nos cuenta que él establece un pacto con ellos y habita entre ellos, todo en cumplimiento de su promesa a Abraham. Su plan de doble motivación (primero, hacer de Abraham una gran nación y, luego, bendecir a todas las naciones por medio de ella) queda clarificado por los sucesos de Éxodo, los primeros pasos que Dios da para cumplir la promesa abrahámica. Por lo tanto, los movimientos principales del libro —la redención, el pacto y el tabernáculo— deben interpretarse a la luz del propósito misional de Dios, tal como fue revelado a Abraham.

John Durham observa que el libro de Éxodo «no es una ensalada literaria o teológica. Los sucesos no se combinan al azar, sin el hilo conductor de un propósito, o sin un concepto cohesivo que les dé unidad». Más bien, tiene una «unidad teológica» que se refleja en la estructura literaria.[34] La estructura literaria del Éxodo tiene profundas implicancias teológicas para la comprensión de la identidad y el rol del pueblo de Dios según el propósito divino. Dios los redime de la esclavitud (capítulos 1 a 18), crea un lazo que los une a él mediante el pacto (capítulos 19 a 24) y viene a habitar entre ellos (capítulos 25 a 40).

Un pueblo redimido (Éxodo 1-18)

Los primeros dieciocho capítulos de Éxodo describen la redención del pueblo de Dios (Éx. 6:6, 15:13). Muchos creen que «redención» es tan solo una palabra más del léxico teológico que describe la salvación. Por el contrario, en Éxodo —de hecho, en toda la Biblia— su uso evoca una imagen cultural y social reconocida entre los pueblos del antiguo Cercano Oriente que habría expresado con exactitud lo que Dios estaba haciendo. Un redentor era un miembro de la familia responsable de recuperar personas y bienes que la familia había perdido por algún tipo de yugo o atadura.[35] Por ejemplo, la redención podía consistir en liberar a un familiar de la esclavitud y restaurarlo a su relación original con la familia (cf. Lv. 25:47-55). Al parecer, ese es el sentido primario de la obra libertadora de Dios en Éxodo: en condición de Redentor divino, Dios obra para liberar a su primogénito de la esclavitud al faraón y lo restaura a su lugar legítimo en la familia de Dios (Éx. 4:22-23). La redención de un hijo «en esencia resume el significado de todo el relato de Éxodo».[36]

En Éxodo, la redención ha sido interpretada como una imagen de liberación espiritual o (según la tradición de la teología de la liberación) como una imagen de liberación política. Sin embargo, tanto la interpretación espiritual como la política pierden de vista la profunda naturaleza *religiosa* del conflicto que está implícita en las imágenes de Éxodo. La cosmovisión secular y dualista de la cultura occidental hace que nos resulte difícil ver el mundo desde la mirada profundamente religiosa que tenían los pueblos del antiguo Cercano Oriente. Para ellos, la religión estaba estrechamente ligada a las dimensiones social, económica y política de la vida. El faraón era la imagen y el representante de Ra,[37] el dios egipcio del Sol, un rey dios que gobernaba en nombre de los dioses para preservar la justicia, el orden y la armonía en la sociedad.[38] Vivir bajo la autoridad del faraón no era un mero asunto político, sino también fundamentalmente religioso. Como súbditos del Faraón, los israelitas vivían bajo su autoridad divina y, por ende, estaban envueltos en un sistema idolátrico; no podían servir y adorar al Señor (Éx. 8:1). Moisés llegó como representante del Señor —el Rey Dios vivo y verdadero— a exigir la liberación de su pueblo para adorar y servir a Dios (Éx. 4:23; 7:16; etc.). La negativa de Faraón acarreó juicio: el Señor derramó plagas sobre Egipto, Faraón y los dioses egipcios (Éx. 12:12; cf. Nm. 33:4)[39] para que toda la tierra supiera que solo Dios es el Señor (Éx. 6:7; 7:5; etc.). Por lo tanto, la redención del pueblo de Dios en el éxodo es fundamentalmente religiosa. El pueblo de Israel es librado del servicio y la lealtad a otros dioses para servir al Señor en cada área de su vida: social, económica y política. Dios estableció una comunidad alternativa frente al idolátrico Egipto.[40] «En Éxodo, el poder del estado soberano se quiebra; el faraón, el rey dios de Egipto, es derrotado y, por lo tanto, pierde el derecho a ejercer su señorío sobre Israel; el Señor venció al faraón y, por ende, ahora gobernaba como Rey sobre Israel (Éx. 15:18). Puesto que era su libertador, Dios reclamó el derecho a llamar a su pueblo a un compromiso de obediencia a él en el pacto.»[41] Ser redimido es ser libertado para rendir lealtad absoluta solo a Dios. Dios liberó a su pueblo de un modo de vida idolátrico para que fuera una comunidad que marcara un contraste. Si Israel había de vivir con la bendición de Dios e invitar a otros a unírsele, tenía que ser libre del servicio a otros dioses al que estaba atada. Solo entonces podría encarnar el designio creacional y original de Dios y el propósito escatológico de una humanidad restaurada. La redención liberó a Israel para que cumpliera con su rol e identidad abrahámicos.

El pueblo del pacto (Éxodo 19-24)

El pueblo de Dios no es solo una comunidad redimida sino también una comunidad de pacto. El pacto es quizás *la imagen central* que las Escrituras usan para definir la relación de Dios con su pueblo. Al valerse de esta imagen, Dios toma una noción prevalente de las culturas que rodean a Israel para describir su relación con él. Sin embargo, en el uso bíblico, la imaginería se transforma. Es importante prestar atención a ambos aspectos del pacto bíblico: sus similitudes con las prácticas sociales del antiguo Medio Oriente y el modo en que fue transformado para amoldarse a los propósitos de Dios.

EL CONTEXTO DEL ANTIGUO CERCANO ORIENTE

El término «pacto» solía usarse en las culturas paganas del antiguo Cercano Oriente para designar un acuerdo vinculante que regía la relación entre dos partes, ya sea que fueran amigos (1 S. 18:3), naciones (Gn. 14:13; 1 R. 5; 20:34) o cónyuges (Pr. 2:17; Mal. 2:14). Era un tratado solemne y vinculante en el que cada parte se comprometía a ser fiel a los términos establecidos de la relación.

A mediados del siglo XX, los arqueólogos descubrieron numerosos documentos de pactos efectuados por poderosos reyes de imperios de gran alcance como el hitita y el egipcio. Las coincidencias entre esos documentos y el pacto que Dios hizo con Israel (en particular en Éx. 19-24 y Deuteronomio) son extraordinarias.[42]

El estudio de esos pactos ha echado luz sobre el vocabulario con que Dios describe la relación con su pueblo.[43] Los pactos eran instrumentos mediante los cuales los reyes de los imperios administraban y ordenaban sus reinados, puesto que detallaban los términos de la relación entre ellos y otras naciones. Había pactos de paridad entre partes iguales, es decir, entre imperios igualmente poderosos; por ejemplo, en el año 1290 a. C. dos grandes imperios —el hitita y el egipcio— hicieron un tratado de paz para dar por terminada su guerra en Siria. También había pactos de vasallaje entre partes desiguales, por ejemplo, entre un gran rey y los pueblos súbditos de su imperio, en los cuales el rey soberano dictaba los términos del pacto y llamaba a los pueblos a responder con lealtad. Estos últimos pactos son similares a los del Antiguo Testamento.

El pacto de vasallaje designaba una relación vinculante entre un rey y sus súbditos; era una relación permanente e inquebrantable que exigía el compromiso total de ambas partes. Por lo general, ambas partes ratificaban el pacto haciendo un juramento de lealtad y comprometiéndose a cumplir con los términos acordados. En algunos casos, también se llevaba adelante una ceremonia imprecatoria en la que se derramaba sangre de animales y ambas partes decían que, en caso de no cumplir con su parte del trato, su propia sangre sería derramada igual que la de los animales.[44] Ambas partes tenían responsabilidades: el rey hacía promesas a su pueblo y exigía a cambio fidelidad, obediencia, lealtad total e incluso amor.[45] Había leyes que regían el comportamiento del vasallo en el contexto de la relación, que seguía en pie en tanto el vasallo fuera fiel y conllevaba pena de muerte en caso de quebrantarse. Un pacto era un asunto serio.

Moisés, que había sido educado en las cortes del faraón, seguramente haya sabido de ese tipo de pacto,[46] pero ¿por qué el pacto de vasallaje era una imagen adecuada para definir la relación de Dios con Israel? Peter C. Craigie nos da una respuesta parcial: «El pacto no solo tiene la función de establecer una relación vinculante entre Israel y su Dios, sino que también marca la liberación del pueblo de la sumisión servil a un poder mundano, Egipto. [...] Al igual que las demás naciones pequeñas que la rodeaban, Israel habría de ser un estado súbdito, pero no de Egipto o los hititas; Israel debía su lealtad solo a Dios».[47]

Hay algunas pruebas de que Egipto empleaba el pacto de vasallaje no solo en la relación con naciones externas sometidas, sino también en la relación con grupos de esclavos extranjeros que habitaban en el país.[48] Puesto que Israel constituía un grupo étnico numeroso en Egipto, es posible que el pueblo haya estado sujeto al gobierno y señorío del faraón mediante un pacto. En ese contexto, el pacto de Sinaí habría ilustrado de una forma impactante y convincente que Israel ahora era libre de ese yugo y que desde ese momento en adelante estaba bajo un nuevo señorío; habiendo sido librada del pacto de lealtad al faraón, Israel desde ahora y para siempre tendría un pacto con Dios solamente. Éxodo nos muestra el pasaje «de Faraón a Yahweh, de un amo a otro nuevo».[49]

LA UNICIDAD DE ISRAEL: LA IDENTIDAD MISIONAL DE UN PUEBLO DEL PACTO

No obstante, cabe preguntarse: ¿por qué Dios —el Señor de *todas* las naciones— liberaría a *esta* nación, Israel, y se uniría a ella mediante un pacto? Quizás el mismo pueblo de Israel se haya preguntado lo mismo al ver a Dios en acción sacándolos de Egipto a través del Mar Rojo y llevándolos hasta Sinaí. Dios, por medio de Moisés, da a Israel un mensaje que responde ese interrogante: «Habla con la casa de Jacob. Diles lo siguiente a los hijos de Israel: "Ustedes han visto lo que he hecho con los egipcios, y cómo los he tomado a ustedes y los he traído hasta mí sobre alas de águila. Si ahora ustedes prestan oído a mi voz, y cumplen mi pacto, serán mi tesoro especial por encima de todos los pueblos, porque toda la tierra me pertenece. Ustedes serán para mí un reino de sacerdotes y un pueblo santo". Estas mismas palabras les dirás a los hijos de Israel» (Éx. 19:3-6). En este pasaje hallamos la «identidad única del pueblo de Dios»,[50] el rol especial que el pueblo de Dios tendrá en el resto del relato bíblico. En Génesis 12:2-3, Dios había prometido que haría de

Abraham una gran nación que bendeciría a toda la tierra; el libro de Éxodo nos habla de esa «gran» nación formada, llamada y redimida para ser bendición. Específicamente, Éxodo 19:3-6 nos cuenta *cómo* cumplirá Israel su rol de propagar la bendición de Dios. Esta sección consta de tres partes: un prólogo histórico a las poderosas obras de Dios (v. 4), las condiciones del pacto (vv. 5-6) y la respuesta de Israel, que se compromete a cumplir con los términos del pacto (vv. 7-8).[51]

Dios se dirige a Israel por primera vez con un breve prólogo histórico, característico de los documentos de pactos del antiguo Cercano Oriente. Dios hace un bosquejo de sus poderosas obras a favor de Israel: las que hizo en Egipto y su cuidado hacia los israelitas en su camino por el desierto y hasta atraerlos hacia sí mismo en Sinaí.

¿Por qué Dios hizo esto por Israel? Dios revela las condiciones del pacto con Israel y las razones de su elección en los versículos 5 y 6. Estas palabras son cruciales para entender el rol y la identidad de Israel. Terence Fretheim observa: «Uno bien puede leer el libro entero de Éxodo a la luz de las declaraciones que Dios hace en Éxodo 19:3-6. De hecho, se ha dicho que, en toda la tradición de Moisés, es muy probable que este discurso sea el más programático para la fe israelita».[52] La importancia de estos versículos es evidente cuando descubrimos que todo el relato de Éxodo apunta al momento en que el Señor revela su propósito para Israel y el rol que le asigna: «Es como si todo lo que sucedió antes, desde que YHWH llamó a Moisés a sacar a su pueblo de Egipto (Éxodo 3), nos condujera a este momento».[53] En este pasaje es donde Dios anuncia a Moisés, y revela a Israel, el propósito de su redención, de su cuidado providencial y de haber reunido a su pueblo y haberlo atraído hacia sí mismo mediante el pacto. Sin embargo, el relato no solo avanza *hacia* este momento; también se mueve *en dirección opuesta*. El resto del Antiguo Testamento nos muestra cuánto éxito tuvo Israel en el cumplimiento de su llamado: «Este rol especial que le fue asignado se vuelve el lente a través del cual vemos a Israel por el resto de la Biblia».[54]

Hay tres términos que describen el rol especial de Israel: ella había de ser el «tesoro especial» de Dios, «un reino de sacerdotes» y «un pueblo santo» para él. El primer término —«tesoro especial»— se refiere al tesoro personal de un rey. Aun cuando todo el reino en cierto sentido le pertenezca, el rey también posee un tesoro apartado para su uso personal. Aun cuando Dios gobierna sobre todas las naciones, Israel le pertenece de un modo especial y fue escogida para llevar a cabo una tarea especial.[55] Su elección tiene lugar en un contexto universal: «porque toda la tierra me pertenece».[56] Por eso Dios elige a Israel: la tierra entera le pertenece y está volviendo a tomar posesión de ella. Israel es el medio de Dios para alcanzar ese objetivo: la renovación de la creación y todas las naciones. Como observa Williamson: «La elección de Israel como el "tesoro especial" de Yahweh no es un fin en sí mismo, sino un medio para alcanzar un fin mucho más grande. Desde ese punto de vista, el objetivo del pacto de Sinaí es establecer una nación especial mediante la cual Yahweh se dé a conocer a todas las familias de la tierra».[57]

La forma en que Israel desempeñaría ese rol se ilustra en dos imágenes: había de ser un reino de sacerdotes y una nación santa. Consideremos primero el término «reino de sacerdotes»: «Israel como pueblo cumpliría un rol sacerdotal entre los demás pueblos: representar a Dios entre todas las naciones. Lo que el sacerdote es para un pueblo, el pueblo de Israel lo es para el mundo».[58] A fines instructivos, es útil considerar tres características del rol del sacerdote en el Antiguo Testamento: debía estar apartado en santidad, ser mediador de la presencia y bendición de Dios, y hacerlo todo para beneficio de otras personas.[59]

El sacerdote está apartado y es totalmente devoto al Señor: esa es la mismísima esencia de lo que ha de ser y hacer. Debe cumplir la función de mediador y canal de la santa presencia de Dios para la comunidad, a través de su propia vida y conducta santas, que son un modelo de consagración y devoción a Dios. Jo Bailey Wells observa que la santidad de los sacerdotes significa que «los sacerdotes viven en una relación especialmente estrecha con Dios (son quienes se acercan a Dios y acercan a las personas a él [...]); y que la cualidad de la santidad de Dios ha de reflejarse de una forma especial a través de ellos y a los ojos del pueblo (Lv. 21:8)». Por consiguiente, «tienen la responsabilidad de encarnar la santidad de Dios ante el pueblo».[60] Del mismo modo, Dios llamó a Israel a ser mediadora de su presencia ante las naciones que la rodeaban, a ser una demostración tangible de la viva realidad de que Dios habita entre su pueblo escogido.

El sacerdote llevaba a cabo toda su tarea en servicio a los demás. No vivía para sí mismo: vivía para bendecir a Israel. Dios le ordenó a Aarón y a sus hijos que bendijeran a los israelitas: «de esta manera bendecirán a los hijos de Israel. Les dirán: "¡Que el Señor te bendiga, y te cuide! ¡Que el Señor haga resplandecer su rostro sobre ti, y tenga de ti misericordia! ¡Que el Señor alce su rostro sobre ti, y ponga en ti paz!"» (Nm. 6:22-26). De igual manera, Dios prometió que la nación de la descendencia de Abraham bendeciría a todas las demás naciones; así, Israel también cumpliría una función sacerdotal ante las naciones vecinas. Dumbrell incluso afirma que el llamado de Éxodo 19:4-5 es «prácticamente una reformulación de Génesis 12:1-3».[61]

En pocas palabras, Israel era un reino de sacerdotes que vivía para bendecir a las naciones; su deber era ser totalmente devota en el servicio a Dios y, en su vida en comunidad, ser un modelo de la lealtad al Dios verdadero y de la vida de bendición que Dios pensó para todos los pueblos.

El segundo término, «un pueblo santo», expresa una comprensión similar de la identidad y el rol de Israel. La santidad es la cualidad de aquello que ha sido apartado de su uso natural y es consagrado al servicio a Dios. En su condición de nación santa, Israel debía ser un pueblo apartado entre las naciones, por así decirlo. La vida de los israelitas debía ser notablemente distinta de la de los pueblos que los rodeaban. Durham observa que ellos «debían ser un pueblo apartado, distinto de todos los pueblos por lo que eran y aquello en lo que estaban siendo transformados: una comunidad que manifiesta ante el mundo que vivir en pacto con Yahweh puede cambiar a un pueblo».[62] Como nación santa, su vida debía constituir ante el mundo un modelo o paradigma de lo que Dios tiene pensado para todos, «un modelo de sociedad para el mundo [...], el paradigma del gobierno teocrático que es el objetivo bíblico para el mundo entero».[63]

Los israelitas debían ser santos porque pertenecen a un Dios santo: «Ustedes deben ser santos porque yo, el Señor su Dios, soy santo» (Lv. 19:2). Después de esa exhortación sigue una lista exhaustiva de exigencias que marcarían a Israel como pueblo distinguible. Cada aspecto de la vida debía ser santo para el Señor: el respeto en las relaciones familiares (v. 3); la libertad de la idolatría (v. 4); el cuidado de los pobres (vv. 9-10), los indefensos (v. 14), los ancianos (v. 32) y el extranjero (v. 33); la justicia en los tratos económicos (v. 13); la integridad interpersonal (v. 11); la justicia en las cortes (v. 15) y al hablar (v. 16); la preocupación por la seguridad y el bienestar del prójimo (v. 16), incluso el amor por el prójimo (v. 18); la fidelidad sexual (vv. 20-22); el cuidado de la creación no humana (vv. 23-25); el distanciamiento de la religión pagana (vv. 26-28, 31); la honestidad comercial (vv. 35-36); y más. Así, Israel viviría como una nación santa entre las naciones, como un pueblo cuya vida había sido transformada.

El llamado misional de Israel, descrito en Éxodo 19 en términos de ser una nación santa y un reino de sacerdotes, es *centrípeto*. Israel habría de encarnar el propósito creacional de Dios para toda la humanidad, y lo haría para bendición de todo el mundo, viviendo de tal manera que atraería a las naciones a un pacto con Dios. O en términos del lenguaje que Isaías usa más adelante, Israel fue llamada a ser «una luz para las naciones» (Is. 42:6).

Por consiguiente, el llamado de Dios a que Israel fuera una comunidad sacerdotal y una nación santa coloca al pueblo de forma explícita en una posición intermedia entre Dios y las naciones. Por un lado, los israelitas fueron apartados *para la gloria y el propósito de Dios* y su vida estaba orientada hacia él, de modo que dieran a conocer su majestad y así cumplieran su rol en la misión de Dios; por otro lado, fueron apartados *para bendecir a las naciones*, con lo cual estaban orientados hacia los pueblos que los rodeaban para así ser los mediadores de la bendición de Dios para ellos. El pacto de Éxodo 19:3-6 confiere a Israel este rol y su identidad misional entre todas las naciones; Moisés reunió a los ancianos para responder al llamado divino y ellos afirmaron, en nombre de todo el pueblo: «Haremos todo lo que el Señor ha dicho» (Éx. 19:8).

LA VIDA ATRAYENTE DE UN PUEBLO DISTINTO

Luego del llamado misional, Dios estableció las condiciones del pacto con Israel (Éx. 20-23). La Torá, o enseñanza, que Dios dio a su pueblo tiene la finalidad de ayudarlos a vivir su llamado como nación santa, un pueblo que contrastara con las naciones circundantes. El «éxodo sacó al pueblo de Egipto para convertirlos en una sociedad nueva y la Torá constituye el modelo».[64] Antes que nada, Israel recibió diez «palabras» o directrices creacionales abarcadoras (Éx. 20:1-17) que habrían de moldear la vida de Israel. Acto seguido, Israel recibió una legislación social (Éx. 20-23) que explicita las implicancias de los diez mandatos a Israel dentro de su situación cultural particular. Por un lado, la Torá es para Israel *universal*, puesto que manifiesta el designio creacional de Dios y su propósito para toda la humanidad; pero por otro lado, también es *particular*, en tanto que es un ejemplo de una contextualización social y cultural específica de ese orden, en un período, un lugar y una cultura dados. La ley es el modo de vida, el camino que Dios quiere que siga la vida humana.

Para entender el llamado misional de Israel y la iglesia, debemos prestar atención a la relación que une la ley con la creación. La misión de Dios desde el Edén ha sido restaurar su buena creación limpiándola de la contaminación del pecado: lo prometió a Adán y emprendió el largo camino de redención para cumplir su promesa. Israel se vuelve portadora de esa promesa y encarna el compromiso de Dios de renovar la creación. Por esa razón, la vida de Israel apunta hacia atrás, al designio y propósito creacional para la humanidad, y hacia adelante, al objetivo último de Dios de restaurar la creación.

Por eso es que la enseñanza de la ley para Israel abarca cada esfera de la vida humana. El pueblo de Israel ahora servía al Señor de un nuevo pacto, el Dios de la creación, a él le debía toda su lealtad y tenía que consagrar sus estructuras sociales, económicas, familiares y políticas —en efecto, toda su vida personal, social y cultural— a él. La Torá dio origen a una comunidad y un pueblo cuya vida había de ser una luz para mundo. Las múltiples estipulaciones de la Torá tienen «la única intención de someter toda la vida al señorío inmediato, directo y radical de este Dios. No hay área de la vida que su propósito y voluntad no abarquen».[65] En vívido contraste con el dualismo de la actualidad, por medio del cual limitamos la obediencia a Dios a un ámbito individual y privado de la vida al que podríamos calificar de «ético» o «moral», la Torá recordaba a Israel que Dios gobierna toda la vida humana: «No hay ámbito de la vida humana que escape a la perspectiva de la ley y el pacto. En el mundo moderno, se suele separar lo religioso de lo secular, lo sagrado de lo profano. Para Israel, tal distinción hubiera sido artificial, no porque no se distinguieran las esferas de la vida a las que se aplicaba la ley, sino porque toda la vida estaba bajo el dominio de Dios, el Señor del pacto».[66]

La naturaleza contextual de la ley deja ver otra dimensión importante de la identidad misional de Israel: el pueblo estaba en una posición desde la cual confrontaba la idolatría de las naciones que lo rodeaban. Dios llamó a Israel a vivir precisamente en el contexto cultural del antiguo Cercano Oriente, pero para plantear un desafío a la idolatría de esa sociedad. Las leyes no son directivas universales y abstractas aisladas del contexto cultural más amplio en que Israel se movía. El designio creacional de Dios para la humanidad, que tiene validez universal, se contextualiza en el entorno cultural particular de Israel. La vida de obediencia de Israel habría de constituir un contacto misionero con el espíritu religioso pagano de la cultura cananea, por lo cual es evidente que Israel tiene una tercera orientación: mira hacia atrás al designio creacional y hacia adelante al objetivo redentor de Dios, pero también mira *hacia afuera* para confrontar la idolatría que corrompe y socava la vida humana. Por ese motivo, justo antes de que Israel entrara a la tierra prometida, la ley de Deuteronomio se amplió para tratar los numerosos peligros que el pueblo encontraría en esa tierra. Puesto que Israel se atuvo a la ley, marcaría un contraste entre las naciones: «La santidad de Israel también dependía de si realmente viviría de acuerdo con el orden social establecido por Dios, un orden social que marca un agudo *contraste* con el de todas las demás naciones».[67]

Según este orden social contrastante, por ejemplo, todas las personas, pobres y ricos, tendrían oportunidades para prosperar; la tierra sería un lugar donde todas las personas estarían protegidas y tendrían recursos para proveer para sí mismas. Esto último se manifiesta especialmente en las leyes acerca del derecho inalienable de todas las familias israelitas a poseer una tierra. La tierra no se vendería de forma permanente, de modo que todas las familias tendrían un capital con el que producir riqueza y, por ende, no podrían caer en la pobreza crónica. Si una familia atravesaba momentos difíciles y vendía su propiedad, le sería devuelta en el año de jubileo. La acumulación de tierras o el afán de aumentar las posesiones a costas de otra persona estaban estrictamente prohibidos: «No codiciarás» (Dt. 5:21). El fundamento de esas leyes era que Dios es dueño de toda la tierra: «La tierra no podrá venderse a perpetuidad, porque la tierra es mía» (Lv. 25:23). Christopher Wright observa: «El Señor se atribuye a sí mismo el papel de terrateniente y, a los israelitas, el de sus súbditos inquilinos».[68] Cuando comparamos esas leyes con las prácticas de las naciones cananeas, vemos que sin duda son revolucionarias. Los gobernadores cananeos eran dueños de toda la tierra de sus pequeños reinos y permitían a otras personas cultivar la tierra a cambio de un abultado tributo.[69]

Había aun más leyes que garantizaban la justicia social y económica: las leyes de la rebusca implicaban que parte de la cosecha era destinada a los pobres (Lv. 19:9); el diezmo proveía para levitas y pobres (Dt. 26:12); había leyes que ordenaban un trato justo a los trabajadores (Dt. 24:14) e incluso a los animales (Dt. 25:4). Así, la ley demandaba justicia pero iba más allá del cuidado benevolente de los débiles e indefensos: «no habrá pobres entre ustedes» (Dt. 15:4, DHH). La responsabilidad de cada israelita de cuidar de los oprimidos, los hambrientos, los presos, los ciegos, los caídos, los extranjeros, los huérfanos y las viudas se basaba en el cuidado especial que Dios tenía por ellos (Sal. 146).

La vida social mosaica, basada en la justicia y la misericordia, tenía el propósito de despertar la admiración y envidia de las naciones, que exclamarían a la par de Dios: «¿qué nación grande hay que tenga estatutos y decretos tan justos como toda esta ley que hoy pongo delante de vosotros?» (Dt. 4:8). La injusticia y la desobediencia a la Torá equivaldrían a abandonar la identidad misional de Israel.

Siglos atrás, Dios le había dejado en claro a Abraham que la promesa que le había hecho se cumpliría solo en tanto anduviera en los caminos del Señor, en justicia y rectitud (Gn. 18:19). Ahora el pueblo de Israel también tenía la responsabilidad de cumplir con su llamado, viviendo una vida conforme al designio creacional de Dios para la humanidad, que mirara hacia el propósito final de Dios de restaurar su creación y confrontara la idolatría de las naciones paganas. Al igual que Abraham, Israel debía ser un pueblo santo, cuya vida de justicia, rectitud, misericordia y *shalom* demostrara que el Dios Creador habitaba en medio de ellos (Dt. 4:5-8).

LA CONFIRMACIÓN DE LA IDENTIDAD DE ISRAEL: LA VIDA MISIONAL DE UN PUEBLO DE PACTO

Dios e Israel confirmaron su pacto en dos ceremonias (Éx. 24:3-8, 9-11) y ambas pueden entenderse en términos de las prácticas que se realizaban en los pactos de aquel entonces. Primero, Moisés ofreció un holocausto y esparció la sangre del animal sobre el altar, el símbolo de la presencia de Dios. Luego le pidió una vez más al pueblo que se pronunciara respecto del pacto, a lo cual ellos respondieron: «Acataremos todas las cosas que el Señor ha dicho, y las obedeceremos» (Éx. 24:7). Entonces Moisés roció sangre sobre ellos diciendo: «Esta es la sangre del pacto que el Señor hace con ustedes al darles todas estas cosas» (Éx. 24:8). Puede ser que esparcir la sangre haya sido una ceremonia imprecatoria que se celebraba en los pactos para invocar la maldición de la muerte en caso de que una de las partes quebrantara sus obligaciones: «Si no cumpliera con mi parte del pacto, que mi propia sangre sea derramada igual que la de este animal». El hecho de que se rociara tanto sobre el altar como sobre el pueblo demuestra que hay dos partes que participaron del pacto: Dios e Israel. Ambas ahora debían atenerse a sus términos: es un vínculo mediado por sangre.[70] Sin embargo, el derramamiento de sangre sobre el pueblo también puede indicar su consagración a un llamado misional como nación santa y reino de sacerdotes.[71] Así como se consagraba a un sacerdote rociando sangre sobre él, Israel fue consagrada para su rol sacerdotal mediante la sangre rociada (Éx. 24:6-8; cf. Éx. 29:1, 21).

La segunda ceremonia fue una comida que Dios compartió con los líderes de Israel, los representantes de toda la nación. Después de la ratificación de un pacto mediante la sangre, la comida unía a las partes del pacto para que disfrutaran de la comunión y celebraran el nuevo vínculo que se había establecido.[72]

Israel ahora estaba unida a Dios mediante un pacto y así Dios cumplió su promesa a Moisés: «Los tomaré como mi pueblo, y seré su Dios» (Éx. 6:7). Israel ahora tenía el llamado de dar a conocer a Dios a las naciones. Por consiguiente, el pacto define la relación de Israel con Dios, su identidad como pueblo y su rol de mediador de la bendición de Dios para las naciones. El resto del Antiguo Testamento relata la historia de cuán fiel fue Israel a este llamado.

Presencia de Dios en medio de su pueblo (Éxodo 25-40)
La identidad del pueblo de Dios se define no solo por la redención y el pacto, sino también por la presencia de

Dios que habitaba en medio de ellos (Éx. 25-40).[73] Después de todo, este es el relato de la misión *de Dios*. Los últimos capítulos de Éxodo interrumpen la liberación de Egipto y el pacto de Sinaí con el relato de cómo Dios viene a habitar entre su pueblo. Esta sección puede dividirse en tres partes: (1) las instrucciones de Dios a Israel sobre la construcción del tabernáculo que sería el lugar de su morada (Éx. 25-31); (2) el registro histórico de la desobediencia de Israel con el becerro de oro y las consecuencias (Éx. 32-34); y (3) la construcción del tabernáculo según las instrucciones de Dios (Éx. 35-40). El conjunto de este excepcional relato tripartito acaba con el momento en que la gloria de Dios llenó el tabernáculo (Éx. 40:34-38).

Dios ordenó a los israelitas por medio de Moisés: «harán un santuario en mi honor, y yo habitaré en medio de ellos. El diseño del tabernáculo y de todos sus utensilios lo harán todo en conformidad con todo lo que yo te muestre» (Éx. 25:8-9). Las dos palabras que aquí designan a la tienda de Dios son muy significativas. La palabra que se traduce como «santuario» se deriva del término «santo», lo que indica que sería un lugar santo, «que dejaría en los antiguos israelitas (y en el lector moderno) la impresión de la santidad de Dios y de su interés por la santidad de su pueblo».[74] La palabra que se traduce como «tabernáculo» está asociada al verbo «habitar» e indica que esta tienda sería la habitación de Dios en medio de Israel: «yo habitaré en medio de ellos» (Éx. 25:8). Una tercera palabra que designa al tabernáculo en Éxodo 25 es la que se traduce como «tienda», una palabra del lenguaje habitual que también describe las tiendas donde los mismos israelitas vivían, pero que en este caso se refiere a una tienda *de reunión*. «A la entrada del tabernáculo de reunión, delante del Señor, [...] yo me reuniré con ustedes para hablarles. Allí me reuniré con los hijos de Israel, y el lugar será santificado con mi gloria. [...] Yo habitaré entre los hijos de Israel, y seré su Dios. Así sabrán que yo soy el Señor su Dios, que los sacó de la tierra de Egipto para habitar en medio de ellos. Yo soy el Señor su Dios» (Éx. 29:42-46).

Las cuidadosas instrucciones acerca de la estructura, los materiales y el mobiliario expresan mediante símbolos lo que significa para un Dios santo vivir en medio de su pueblo. Cada detalle de las instrucciones de Dios muestra lo que implica una relación de pacto entre Dios y su pueblo.

Hay un parecido sorprendente entre el plano del tabernáculo y el de las tiendas de guerra del faraón egipcio Ramsés II (quien probablemente haya sido el faraón que gobernó durante los tiempos de Moisés).[75] Además, al igual que en los campamentos militares de los egipcios, el tabernáculo estaba ubicado en el centro del campamento,[76] lo que habría dejado una fuerte impresión en el pueblo israelita de que había venido a habitar entre ellos el señor de un nuevo pacto, un nuevo rey a quien debían su completa lealtad y una obediencia absoluta.

Éxodo 25 a 31 presenta las instrucciones de Dios a Moisés respecto de la construcción del tabernáculo; Éxodo 35 a 40 registra el cumplimiento de estas órdenes por parte de Israel, que edificó el tabernáculo en estricta conformidad con esas instrucciones. Sin embargo, entre esos dos pasajes encontramos una narración extraña que parece estar fuera de lugar, «una interrupción histórica y literaria al relato de la construcción del templo».[77] Es fácil pasar por alto la profunda relevancia teológica de que estos hechos ocupen ese lugar en la estructura literaria.

La «interrupción» de los capítulos 32 a 34 de Éxodo nos ofrece información relevante sobre *cómo* habita Dios entre su pueblo. Empieza relatando un acto de apostasía que atenta contra la mismísima posibilidad de que Dios fuera a habitar en medio de su pueblo: Israel fabricó un becerro de oro y lo estaba adorando. Dios amenazó con destruir al pueblo, pero Moisés intercedió por ellos basándose en el pacto y en la reputación de Dios entre las naciones, y el Señor desistió (Éx. 32:7-14). Después de traer juicio sobre Israel, Dios dijo que les daría la tierra pero que no iría con ellos (Éx. 33:1-3) porque, dado que eran un pueblo pecador, estarían en constante peligro de muerte en la presencia de un Dios santo. Sería como almacenar explosivos en un taller de soldadura: la misma presencia de Dios podría destruirlos si él viviera entre ellos. Sin embargo, Moisés volvió a suplicar ante Dios, ante lo cual Dios nuevamente desistió y dijo que su presencia iría con Moisés («Mi presencia irá contigo» [singular], Éx. 33:14).[78] Entonces Moisés rogó a Dios que fuera no solo con él sino con *toda* Israel («con nosotros» [plural]). Después de eso, le hizo a Dios un planteo realmente sorprendente, que arroja una claridad extraordinaria sobre toda esta sección de la Palabra de Dios y sobre nuestra comprensión de lo que significa ser el pueblo de Dios: «¿Cómo se sabrá que me miras con agrado —a mí y a tu pueblo— si no vienes con nosotros? Pues tu presencia con nosotros es la que nos separa —a tu pueblo y a mí— de todos los demás pueblos de la tierra» (Éx. 33:16, NTV). Por muy peligroso que fuera, es precisamente *la presencia de Dios con su pueblo* lo que lo distingue de los demás pueblos. Cuando Dios prometió hacer eso mismo que Moisés había pedido, él rogó a Dios que confirmara su promesa mediante una nueva revelación de su presencia.

Esa revelación (Éx. 34:6-7) se convirtió en la base de una confesión importante, un credo que resuena en toda la historia de Israel (2 Cr. 30:9; Neh. 9:17; Sal. 86:5, 15; 103:8; 145:8; Jl. 2:13; Jon. 4:2): «El Señor, el Señor, Dios clemente y compasivo, lento para la ira y grande en amor y fidelidad, que mantiene su amor hasta mil generaciones después, y que perdona la iniquidad, la rebelión y el pecado» (NVI). Hasta este punto de Éxodo, se hizo hincapié en la santidad de Dios y el mandato de que su pueblo fuera santo. Por el contrario, aquí los términos de amor y gracia se apilan uno sobre el otro para asegurarle a Israel que él habitaría entre su pueblo como un Dios clemente, amoroso, compasivo, paciente y fiel que perdona. El nombre Yahweh ahora está asociado con el amor que revela su pacto (*hesed*). Este término «suele traducirse como "misericordia", "fidelidad [al pacto]" o formulaciones similares. De ahora en adelante, esta es la palabra que sintetiza el compromiso divino con la relación».[79] Dios mismo se une a Israel con lazos de amor.

Luego Moisés le pidió a Dios que habitara entre su pueblo y que los acompañara como el Dios que perdona la maldad, un Dios santo que ama conforme a su pacto. Ahora podía comenzar la construcción de la habitación de Dios; cuando se completó, la nube de la presencia de Dios cubrió la tienda de reunión y la gloria de Dios llenó el tabernáculo (Éx. 40:34-38). Desde ese entonces, Dios estuvo presente entre Israel mediante la nube y el fuego, que guiaban y protegían a su pueblo.

La presencia del Señor acompañándolos era importante para la identidad del pueblo israelita por al menos tres motivos. Primero, su vida se caracterizaría por una relación constante de amor y obediencia. El Señor, el rey que por pacto gobernaba sobre los israelitas, vivía entre ellos de la misma manera en que Faraón, el rey dios, vivía entre sus tropas y ellas debían someterse a su señorío por el pacto que los constreñía. Sin embargo, la unión entre Israel y Dios no se limitaba a una relación política: desde ese punto de la historia israelita, el amor de Padre e hijo se volvió un elemento prominente de la relación de pacto.[80]

Segundo, la vida de Israel desde ese entonces se caracterizaría por la adoración en comunidad. Fretheim observa que «indiferentemente del significado que tengan los detalles del tabernáculo, todo demuestra la importancia de la adoración y de la presencia especial de Dios en ese contexto».[81] Solo un pueblo que adora a Dios puede anunciar su salvación. Moisés debía darle a Faraón un mensaje: «Ya te he dicho que dejes ir a mi hijo para que me rinda culto» (Éx. 4:23, NVI). Siete veces pronunció ante él: «Deja ir a mi pueblo para que me rinda culto» (Éx. 8:1, 20, etc.). El propósito de la redención es crear un pueblo adorador: la presencia de Dios, que habitaba de continuo con el pueblo israelita, ahora los llamaba a adorar de continuo a su rey divino. La adoración es un elemento central de la identidad del pueblo de Dios: «La finalidad última de la iglesia no es la misión, sino la adoración. La misión existe cuando la adoración no. La adoración [...] es el fuego que aviva las misiones. Es su objetivo porque en las misiones simplemente buscamos que las naciones se deleiten intensamente en la gloria de Dios. [...] Sin embargo, también es el fuego que las aviva. [...] No podemos alabar aquello que no valoramos. [...] Las misiones empiezan y terminan en adoración».[82] El pueblo de Dios celebra la presencia de Dios entre ellos como comunidad adoradora.

Tercero, Dios estaría presente entre ellos para obrar en y a través de ellos y así llevar a cabo su misión. Constituirse en una nación santa y un reino de sacerdotes para bendecir a las naciones no era un rol que Dios pondría sobre los hombros de Israel para que el pueblo lo cumpliera según sus propias fuerzas. Dios habitaría entre su pueblo y obraría con poder de diversas maneras para darse a conocer a sí mismo a las naciones.

Sería YHWH, el Señor, quien vendría a habitar en medio de Israel. Ese es el nombre con que Dios se dio a conocer cuando llamó a Moisés (Éx. 3:14), el nombre por el que se dio a conocer a Israel en Sinaí (Éx. 6:2-3) y el nombre con que Israel seguiría refiriéndose a él (Éx. 3:15). En las culturas del antiguo Cercano Oriente, el nombre de una deidad describía lo que él o ella era y sería para sus adoradores. El nombre YHWH se deriva del verbo «ser» y podría significar «YO SOY EL QUE SOY» (Éx. 3:14) o «YO SERÉ EL QUE SERÉ» (nota al pie de la Biblia NBD). Pareciera que el sentido que intenta transmitir es que Dios estaría presente entre el pueblo israelita[83] o que el carácter de Dios se revelaría mediante sus poderosas obras futuras.[84] La presencia de Dios es activa y poderosa, y obra en y a través de Israel. Otra posibilidad es que signifique que Dios será visto por lo que haga.[85] La plenitud de lo que él es no puede resumirse en un nombre; su esencia solo podía comprenderse observando sus poderosas obras en el futuro. El nombre es como un vaso vacío que se llenaría en la medida en que Israel viera las maravillas de Dios. El poderoso Dios que obra había ido a habitar entre Israel.

Su plan de acción o misión era obrar primero *en Israel*, pero su misión proseguiría en la obra que haría *a través de Israel*, que traería salvación a la creación y a todas las naciones. Johannes Blauw afirma que «en el Antiguo Testamento, lo que vemos en primer plano no es la actividad humana, sino las obras divinas por la redención de Israel. Estas obras no afectan únicamente a Israel, puesto que la existencia y redención de Israel tienen consecuencias para las naciones».[86] Asimismo, Martin-Achard deja en claro que sería la presencia de Dios obrando con poder en y a través de Israel lo que completaría la misión de Dios:

El modo en que Dios convierte a las naciones es obrando en su propio pueblo. Sus intervenciones, y nada más que eso, vuelven a Israel la luz del mundo. La Iglesia hace su trabajo de evangelización en la medida en que el Señor le da vida; cuando ella vive a través de Él, su misma existencia es eficaz. En contraposición con lo que en ocasiones se ha creído, la misión no tiene nada en común con ningún tipo de campaña comercial o política; depende por completo de la actividad invisible de Dios dentro de su Iglesia, y es el fruto de una vida que realmente está cimentada en Dios. La evangelización del mundo no es en principio una cuestión de palabras o hechos; es una cuestión de presencia: *la presencia del pueblo de Dios en medio de la humanidad y la presencia de Dios en medio de su pueblo*. De seguro no es en vano que el Antiguo Testamento recuerde esta verdad a la Iglesia.[87]

El libro de Éxodo nos habla de que Dios libertó a Israel de esclavitud, relata «el acto a través del cual Israel se convierte en un pueblo». Él estableció un lazo con ellos mediante un pacto y definió el rol especial que tendrían en la historia a partir de entonces. La relevancia de este hecho para la eclesiología queda demostrada en el resto del relato bíblico, que cuenta cuán fiel ha sido Israel en su rol. «Este rol especial se vuelve una especie de lente a través del cual vemos a Israel a lo largo de la Biblia. [...] En efecto, este rol es la razón por la que Éxodo se entreteje tan firmemente en el entramado canónico que empieza en Génesis y termina solo en Apocalipsis».[88]

Conclusión

En este capítulo hemos detallado el rol y la identidad del pueblo de Dios en el Antiguo Testamento, que son la base indispensable para tener un entendimiento sólido de la iglesia del Nuevo Testamento. Hay muchos puntos de continuidad entre los pueblos de Dios del antiguo y el nuevo pacto. El *nuevo pacto* (o *nuevo testamento*) es la última de una larga serie de renovaciones del pacto por medio de las cuales el pueblo de Dios fue llamado a volver a su misión.

Blauw nos recuerda que es «muy relevante traer a memoria la tarea universal que le fue asignada a Israel, en el mundo y para bendición del mundo, no solo para elaborar una "teología de las misiones" sino también para elaborar una *teología de la Iglesia*»,[89] debido a que la iglesia hereda ese llamado. Sin embargo, antes de pasar a hablar del pueblo de Dios del nuevo pacto, debemos tratar la historia de Israel y el modo en que llevó adelante su llamado misional entre las naciones.

Notas

1. Hans Küng, *The Church* (Garden City, NY: Image Books, 1976), 162.

2. Johannes Blauw, «The Mission of the People of God», *The Missionary Church in East and West*, ed. Charles C. West y David M. Paton (Londres: SCM Press, 1959), 91.

3. Ver Richard R. De Ridder, *Discipling the Nations* (Grand Rapids: Baker Academic, 1971), 41-48.

4. David M. Eichhorn, *Conversion to Judaism: History and Analysis* (Nueva York: Ktav, 1965), 3-8.

5. Richard R. De Ridder, *Discipling the Nations* (Grand Rapids: Baker Academic, 1971), 47.

6. Joachim Jeremias, *Jesus' Promise to the Nations*, trad. S. H. Hooke, Studies in Biblical Theology 24 (Londres: SCM Press, 1958), 11-19. Ver Mt. 23:15.

7. Robert Martin-Achard, *A Light to the Nations: A Study of the Old Testament Conception of Israel's Mission to the World*, trad. John Penney Smith (Londres: Oliver and Boyd, 1962), 5.

8. Christopher J. H. Wright, *The Mission of God: Unlocking the Bible's Grand Narrative* (Downers Grove, IL: InterVarsity, 2006), 22-23.

9. Ibid., 470.

10. Howard Peskett y Vinoth Ramachandra, *The Message of Mission* (Downers Grove, IL: InterVarsity, 2003), 123.

11. Howard Peskett y Vinoth Ramachandra, *The Message of Mission* (Downers Grove, IL: InterVarsity, 2003), 123.

12. Ibid., 182.

13. John Piper, *¡Alégrense las naciones!: La supremacía de Dios en las misiones* (Barcelona: Editorial Clie, 2007).

14. Markus Barth, *The Broken Wall: A Study of the Epistle to the Ephesians* (1959; reimpr., Vancouver, BC: Regent Press, 2002), 182.

15. Hans Walter Wolff, «The Kerygma of the Yahwist», trad. Wilbur A. Benware, *Interpretation* 20, nro. 2 (1966): 136.

16. *Gen. Rab.* 14:6. Este *midrash* es una compilación de interpretaciones rabínicas homiléticas del libro de Génesis que datan del siglo VI. *Midrash Rabbah: Genesis*, trad. H. Freedman y Maurice Simon, 2 vols. (Londres: Soncino Press, 1939).

17. Gerhard von Rad, *From Genesis to Chronicles: Explorations in Old Testament Theology*, trad. Lloyd Gaston, ed. K. C. Hanson (Minneapolis: Fortress Press, 2005), 49.

18. Gerhard von Rad, *Old Testament Theology*, trad. D. M. G. Stalker (Nueva York, 1962), 1:154.

19. Gerhard von Rad, *Genesis: A Commentary*, trad. John H. Marks, ed. rev. (Filadelfia: Westminster, 1972), 153.

20. Hans Walter Wolff, «The Kerygma of the Yahwist», trad. Wilbur A. Benware, *Interpretation* 20, nro. 2 (1966): 140.

21. «Las setenta naciones de Génesis 10 son representativas y el número setenta, que refiere de forma muy específica a setenta naciones reales, representa a todas las naciones de la tierra» (Richard Bauckham, *Bible and Mission: Christian Witness in a Postmodern World* [Grand Rapids: Baker Academic, 2003], 59).

22. Ibid., 28.

23. André Rétif y Paul Lamarche, *The Salvation of the Gentiles and the Prophets* (Baltimore: Helicon, 1966), 22.

24. Una interpretación común de Gn. 12:2-3 es que la promesa está compuesta de tres elementos: descendencia, tierra y bendición. Sin embargo, pensar que la promesa está compuesta de dos elementos nos lleva a destacar los principales propósitos del pacto: (1) la formación de Israel, que incluye descendencia, tierra y bendición; y (2) la bendición de todas las naciones. Como bien dice Gordon Wenham: «La interpretación de Von Rad y Cline de que la promesa es tripartita y comprende descendencia, tierra y bendición para Israel nos impide prestar suficiente atención al punto culminante de la promesa: "en ti serán benditas todas las familias de la tierra"» («The Face at the Bottom of the Well», *He Swore an Oath: Biblical Themes from Genesis 12–50*, ed. Richard S. Hess, Gordon J. Wenham y Philip E. Sattherthwaite, 2da ed. [Grand Rapids: Baker Academic; Carlisle, Reino Unido: Paternoster, 1994], 203).

25. Encontrará un análisis más detallado de la estructura gramatical del hebreo en William J. Dumbrell, *Covenant and Creation: A Theology of Old Testament Covenants* (Nashville: Nelson, 1984), 64-65; Jo Bailey Wells, *God's Holy People: A Theme in Biblical Theology* (Sheffield, Reino Unido: Sheffield Academic Press, 2000), 193-204; P. D. Miller, «Syntax and Theology in Genesis xii 3a», *Vetus Testamentum* 34 (1984), 472-475.

26. William J. Dumbrell, *Covenant and Creation: A Theology of Old Testament Covenants* (Nashville: Nelson, 1984), 65.

27. Paul R. Williamson, «Covenant», en *Dictionary of the Old Testament Pentateuch*, ed. T. Desmond Alexander y David W. Baker (Downers Grove, IL: InterVarsity, 2003), 145.

28. Hans Walter Wolff, «The Kerygma of the Yahwist», trad. Wilbur A. Benware, *Interpretation* 20, nro. 2 (1966): 145-146.

29. William J. Dumbrell, *Covenant and Creation: A Theology of Old Testament Covenants* (Nashville: Nelson, 1984), 71.

30. Richard Bauckham, *Bible and Mission: Christian Witness in a Postmodern World* [Grand Rapids: Baker Academic, 2003], 34-35; K. H. Richards, «Bless/Blessing», en *The Anchor Bible Dictionary*, ed. D. N. Freedman (Nueva York: Doubleday, 1992), 2:754.

31. Johannes Blauw, *The Missionary Nature of the Church: A Survey of the Biblical Theology of Mission* (Nueva York: McGraw-Hill, 1962), 24.

32. Lesslie Newbigin, *The Open Secret: An Introduction to the Theology of Mission* (Grand Rapids: Eerdmans, 1995), 32-33; Howard Peskett y Vinoth Ramachandra, *The Message of Mission* (Downers Grove, IL: InterVarsity, 2003), 124-139.

33. N. T. Wright, *The New Testament and the People of God* (Londres: SPCK, 1992), 262.

34. John I. Durham, *Exodus*, Word Biblical Commentary (Waco: Word, 1987), xxi.

35. O. Procksch, «λύτρον», en *Theological Dictionary of the New Testament*, ed. Gerhard Kittel, trad. Geoffrey W. Bromiley (Grand Rapids: Eerdmans, 1967), 4:330.

36. Jonathan Magonet, «The Rhetoric of God: Exodus 6.2–8», *Journal for the Study of the Old Testament* 27 (1983): 65.

37. Edward Mason Curtis, *Man as the Image of God in Genesis in the Light of Ancient Near Eastern Parallels* (Ann Arbor, MI: University Microfilms International, 1985), 86-96, 226-228; J. Richard Middleton, *The Liberating Image: The Imago Dei in Genesis 1* (Grand Rapids: Brazos Press, 2005), 108-111.

38. Henri Frankfort, *Kingship and the Gods: A Study of Ancient Near Eastern Religion as the Integration of Society and Nature* (Chicago: University of Chicago Press, 1948), 51, 157-158, 278. Según el pensamiento egipcio, *maat* era «el orden correcto: la estructura inherente a la creación y de la cual la justicia era una parte integral» (51; cf. 157-158).

39. Quizás las plagas, o al menos algunas de ellas, estuvieran dirigidas contra los dioses egipcios. En la primera plaga, en que el agua del Nilo se convierte en sangre, Dios juzga al dios egipcio Osiris: los egipcios creían que el mismo río Nilo era el torrente sanguíneo de Osiris. En la segunda plaga, la de las ranas, Dios juzga a la diosa egipcia Heket, cuya apariencia era la de una rana. Quizás la plaga sobre el ganado haya sido o bien contra la diosa madre Hathor, representada con forma de vaca, o contra el dios Apis, el toro sagrado. La plaga de granizo fue juicio contra Nut, la diosa del cielo; y la plaga de las langostas, contra Seth, dios protector de las cosechas. En la novena plaga, Dios juzga al más poderoso de los dioses egipcios, el dios sol Ra, dejando a Egipto sumido en tinieblas. Respecto de este tema, las dos o tres palabras hebreas que describen el obrar de Dios en las diez plagas (que en todos los casos se traduce como «plaga») se valen de la metáfora de un golpe (ej.: Éx. 9:14; 11:1; 12:13). Acerca de los dioses egipcios, ver Henri Frankfort, *Kingship and the Gods: A Study of Ancient Near Eastern Religion as the Integration of Society and Nature* (Chicago: University of Chicago Press, 1948): sobre el dios sol Ra, páginas

148-161; sobre los dioses del ganado, páginas 162-180; sobre Osiris en el Nilo, páginas 190-195.
40. Cf. Gerhard Lohfink, *Does God Need the Church? Toward a Theology of the People of God*, trad. Linda M. Maloney (Collegeville, MN: Liturgical Press, 1999), 68-73.
41. Peter C. Craigie, *The Book of Deuteronomy*, New International Commentary on the Old Testament (Grand Rapids: Eerdmans, 1976), 83.
42. Gerhard von Rad, *Old Testament Theology*, trad. D. M. G. Stalker (Nueva York, 1962), 1:132. Cf. Peter C. Craigie, *The Book of Deuteronomy*, New International Commentary on the Old Testament (Grand Rapids: Eerdmans, 1976), 36-45.
43. Para obtener información más detallada acerca de la relación entre los tratados políticos del antiguo Cercano Oriente y la noción bíblica de pacto, ver George E. Mendenhall, «Ancient Oriental and Biblical Law», *Biblical Archaeologist* 17, nro. 2 (1954): 26-46; Mendenhall, «Covenant Forms in Israelite Tradition», *Biblical Archaeologist* 17, nro. 3 (1954): 49-76; Dilbert R. Hilliers, *Covenant: The History of a Biblical Idea* (Baltimore: Johns Hopkins University Press, 1969); Dennis J. McCarthy, *Old Testament Covenant: A Survey of Current Opinions* (Oxford: Blackwell, 1972).
44. O. Palmer Robertson define el pacto como «un vínculo establecido mediante sangre que se administra soberanamente» (*The Christ of the Covenants* [Phillipsburg, NJ: P&R, 1980], 4).
45. Es interesante observar que las Escrituras dedican más espacio que los tratados antiguos a hablar de las responsabilidades del soberano en el pacto (es decir, de Dios).
46. K. A. Kitchen, «Egypt, Egyptians», en *Dictionary of the Old Testament: Pentateuch*, ed. T. Desmond Alexander y David W. Baker (Downers Grove, IL: InterVarsity, 2003), 213.
47. Peter C. Craigie, *The Book of Deuteronomy*, New International Commentary on the Old Testament (Grand Rapids: Eerdmans, 1976), 28.
48. Ibid., 23, 79-83.
49. Walter Brueggemann, «The Book of Exodus», *New Interpreters Bible* (Nashville: Abingdon, 1994), 834.
50. Jo Bailey Wells, *God's Holy People: A Theme in Biblical Theology* (Sheffield, Reino Unido: Sheffield Academic Press, 2000), 34.
51. Brevard Childs, *The Book of Exodus* (Louisville: Westminster, 1974), 366.
52. Terence E. Fretheim, «"Because the Whole Earth Is Mine": Theme and Narrative in Exodus», *Interpretation* 50, nro. 3 (julio, 1996): 229.
53. Jo Bailey Wells, *God's Holy People: A Theme in Biblical Theology* (Sheffield, Reino Unido: Sheffield Academic Press, 2000), 37.
54. John I. Durham, *Exodus*, Word Biblical Commentary (Waco: Word, 1987), xiii.
55. Dumbrell observa que este término «contiene, inherentemente, connotaciones acerca de la elección». Israel es un pueblo escogido y apartado «como un

medio para alcanzar un fin» (*Covenant and Creation: A Theology of Old Testament Covenants* [Nashville: Nelson, 1984], 86).

56. Dumbrell bien observa que la frase «porque [*ki*] toda la tierra me pertenece» debe entenderse «no como la afirmación del derecho de Dios a elegir sino como el *motivo* u *objetivo* de su elección» («The Prospect of the Unconditionality of the Sinaitic Covenant», en *Israel's Apostasy and Restoration: Essays in Honor of Roland K. Harrison*, ed. A. Gileadi [Grand Rapids: Baker Academic, 1988], 146.). Cf. Terence E. Fretheim, quien también traduce esta frase como «porque toda la tierra me pertenece» y afirma que la frase vincula este pasaje con el propósito misional de Dios que se expresa por primera vez a Abraham en Gn. 12:3 («"Because the Whole Earth Is Mine": Theme and Narrative in Exodus», *Interpretation* 50, nro. 3 [julio, 1996]: 237).

57. Paul R. Williamson, «Covenant», en *Dictionary of the Old Testament Pentateuch*, ed. T. Desmond Alexander y David W. Baker (Downers Grove, IL: InterVarsity, 2003), 150.

58. Johannes Blauw, *The Missionary Nature of the Church: A Survey of the Biblical Theology of Mission* (Nueva York: McGraw-Hill, 1962), 24.

59. Ver el esclarecedor capítulo de Bailey Wells, «"Holy to the Lord": Priesthood according to the Torah» en *God's Holy People: A Theme in Biblical Theology* (Sheffield, Reino Unido: Sheffield Academic Press, 2000), 98-129.

60. Ibid., 113-114.

61. William J. Dumbrell, *Covenant and Creation: A Theology of Old Testament Covenants* (Nashville: Nelson, 1984), 89.

62. John I. Durham, *Exodus*, Word Biblical Commentary (Waco: Word, 1987), 263.

63. William J. Dumbrell, *Covenant and Creation: A Theology of Old Testament Covenants* (Nashville: Nelson, 1984), 87.

64. Gerhard Lohfink, *Does God Need the Church? Toward a Theology of the People of God*, trad. Linda M. Maloney (Collegeville, MN: Liturgical Press, 1999), 74-75.

65. Richard R. De Ridder, *Discipling the Nations* (Grand Rapids: Baker Academic, 1971), 39.

66. Peter C. Craigie, *The Book of Deuteronomy*, New International Commentary on the Old Testament (Grand Rapids: Eerdmans, 1976), 42.

67. Gerhard Lohfink, *Jesus and Community: The Social Dimension of the Christian Faith*, trad. John P. Galvin (Filadelfia: Fortress Press, 1984), 123.

68. Christopher J. H. Wright, *Old Testament Ethics for the People of God* (Downers Grove, IL: InterVarsity, 2004), 94.

69. Encontrará una comparación entre la ética social de Israel y la de las naciones circundantes en Moshe Weinfeld, *Social Justice in Israel and in the Ancient Near East* (Jerusalén: Hebrew University Magnes Press, 1995). Weinfeld observa que hay tanto similitudes como diferencias que demuestran que Israel se sentía *como en casa* y a la vez *en pugna* con su entorno cultural.

70. O. Palmer Robertson, *The Christ of the Covenants* [Phillipsburg, NJ: P&R,

1980], 135.

71. E. W. Nicholson, «The Covenant Ritual in Exodus XXIV 3-8», *Vetus Testamentum* 32 (1982): 80-83.

72. Gerhard von Rad, *Old Testament Theology*, trad. D. M. G. Stalker (Nueva York, 1962), 1:254; Brevard Childs, *The Book of Exodus* (Louisville: Westminster, 1974), 507; William J. Dumbrell, *Covenant and Creation: A Theology of Old Testament Covenants* (Nashville: Nelson, 1984), 94.

73. Para Durham, este es el principal tema teológico que unifica el libro de Éxodo: «El eje de esta unidad es la teología de la presencia de Yahweh acompañando a su pueblo Israel y habitando en medio de ellos» (*Exodus*, Word Biblical Commentary [Waco: Word, 1987], xxi).

74. R. E. Averbeck, «Tabernacle», en *Dictionary of the Old Testament: Pentateuch*, ed. T. Desmond Alexander y David W. Baker (Downers Grove, IL: InterVarsity, 2003), 809.

75. K. A. Kitchen, «Egyptians and Hebrews, from Ra'amses to Jericho», en *The Origin of Early Israel—Current Debate: Biblical, Historical, and Archaeological Perspectives*, ed. Shmuel Ahituv and Eliezer D. Oren (Jerusalén: Ben-Gurion University of the Negev Press, 1995), 95.

76. K. A. Kitchen, «The Tabernacle—A Bronze Age Artifact», *Eretz-Israel* 24 (1993): 123. Ver también K. A. Kitchen, «The Desert Tabernacle», *Bible Review* 16, nro. 6 (diciembre 2000): 14-21; y M. M. Homan, «The Divine Warrior in His Tent», *Bible Review* 16, nro. 6 (diciembre 2000): 22-33, 55.

77. R. E. Averbeck, «Tabernacle», en *Dictionary of the Old Testament: Pentateuch*, ed. T. Desmond Alexander y David W. Baker (Downers Grove, IL: InterVarsity, 2003), 816.

78. Dios dice: «Mi presencia irá contigo». El «contigo» expresa que se dirige a un sujeto singular, es decir, a una sola persona, que podría ser Moisés, quien luego pide a Dios que vaya «con nosotros» (plural) (Peter Enns, *Exodus*, New International Version Application Commentary [Grand Rapids: Zondervan, 2000], 581). No todos los comentaristas perciben la importancia del uso del singular, que parece referirse a Moisés.

79. William J. Dumbrell, *Covenant and Creation: A Theology of Old Testament Covenants* (Nashville: Nelson, 1984), 106.

80. Peter C. Craigie, *The Book of Deuteronomy*, New International Commentary on the Old Testament (Grand Rapids: Eerdmans, 1976), 41.

81. Terence E. Fretheim, «"Because the Whole Earth Is Mine": Theme and Narrative in Exodus», *Interpretation* 50, nro. 3 (julio, 1996): 230. Durham habla del tabernáculo y de su mobiliario y se refiere a ellos como «los medios de adoración» (*Exodus*, Word Biblical Commentary [Waco: Word, 1987], 350).

82. John Piper, *Let the Nations Be Glad: The Supremacy of God in Missions*, 3ra ed. (Grand Rapids: Baker Academic, 2010), 35-36. Edición en español: John Piper, *¡Alégrense las naciones!: La supremacía de Dios en las misiones* (Barcelona: Editorial Clie, 2007).

83. Por ejemplo, Durham, *Exodus*, Word Biblical Commentary (Waco: Word,

1987), 39-40: El nombre Yahweh «se define en términos de una existencia o Presencia activa». Cf. J. Alec Motyer, quien considera que el uso del verbo *ser* «descansa plenamente en el sentido de una "presencia activa". [...] Por lo tanto, la presencia de Dios no es un simple "ser" sino una fuerza viva, vital y personal» (*The Message of Exodus: The Days of Our Pilgrimage* [Downers Grove, IL: InterVarsity, 2005], 69).

84. Brevard Childs, *The Book of Exodus* (Louisville: Westminster, 1974), 76: «Dios dice a Moisés: "Yo seré el que seré". [...] Dios anuncia que sus intenciones se revelarán en sus obras futuras, que por el momento se rehúsa a explicar». Cf. Dumbrell, *Covenant and Creation: A Theology of Old Testament Covenants* (Nashville: Nelson, 1984), 84: «La naturaleza de Yahweh se conocería a partir de sus obras futuras y, en particular, mediante la inminente liberación de Egipto».

85. Charles R. Gianotti, «The Meaning of the Divine Name YHWH», *Bibliotheca Sacra* 142, nro. 565 (enero-marzo 1985): 45. En este artículo, Gianotti repasa las cinco interpretaciones primarias del nombre YHWH y opta por la interpretación «fenomenológica», que entiende que la relevancia del nombre se halla en que «Dios se revelaría a sí mismo en sus acciones a lo largo de la historia».

86. Johannes Blauw, *The Missionary Nature of the Church: A Survey of the Biblical Theology of Mission* (Nueva York: McGraw-Hill, 1962), 42.

87. Robert Martin-Achard, *A Light to the Nations: A Study of the Old Testament Conception of Israel's Mission to the World*, trad. John Penney Smith (Londres: Oliver and Boyd, 1962), 79.

88. John I. Durham, *Exodus*, Word Biblical Commentary (Waco: Word, 1987), xxiii.

89. Johannes Blauw, *The Missionary Nature of the Church: A Survey of the Biblical Theology of Mission* (Nueva York: McGraw-Hill, 1962), 28, *énfasis mío*.

3

Israel Encarna su Identidad y Rol Misionales en medio de las Naciones

Génesis 12:2-3 y Éxodo 19:3-6 son una lente hermenéutica a través de la cual podemos ver con claridad el rol y la identidad del pueblo de Dios en el Antiguo Testamento, ya que es en estos pasajes donde Dios «vuelve a la minúscula Israel el centro de la tierra, el foco de atención de la historia y el objetivo hacia el que tiende la creación». Dios cumplirá sus propósitos para toda la creación a través de Israel, primero haciendo de Abraham una gran nación y luego bendiciendo a *todas* las naciones y toda la creación por medio de esa nación. La nación descendiente de Abraham habría de vivir de un modo que contrastara con la idolatría pagana que la rodeaba, encarnando las intenciones creacionales de Dios y así volviéndose una señal que indicara en qué dirección avanza la historia de la redención. Duane Christensen observa que «la temática de "Israel como luz a las naciones" no es un asunto periférico dentro del proceso canónico. Las naciones son la matriz de la vida de Israel, son su mismísima razón de ser».[1] De forma similar, Christopher Wright comenta que «la misión de Dios es lo que salva la brecha entre la dispersión de las naciones de Génesis 11 y la sanidad de las naciones de Apocalipsis 22. Podría decirse que *la misión de Dios en relación con las naciones*, más que ningún otro tema, es la clave para desentrañar la gran narrativa bíblica».[2] Dios elige llevar adelante su gran misión *en su pueblo y a través de él*; la misión de Dios jamás debería quedar aislada del pueblo que él elige y usa para llevar a cabo sus propósitos redentores.

El llamado misional de Israel en distintos contextos

Los primeros capítulos del relato de Israel nos muestran cómo fundó Dios a su pueblo y le dio una identidad y un rol misionales dentro de su propósito redentor. El resto del Antiguo Testamento describe cuánto se ciñó Israel a esa misión. Para los fines de la eclesiología misional, necesitamos indagar en cómo encarnó Israel su llamado en las eras sucesivas de la historia de la redención, en entornos y situaciones variados. En cada contexto, la relación de Israel con los pueblos circundantes y el testimonio que les dio fueron distintos. Cada uno de esos escenarios es importante si queremos entender las raíces de la iglesia que se asientan en el Antiguo Testamento, puesto que cada uno nos permite ver distintas dimensiones de la identidad misional de Israel y nos deja una rica enseñanza sobre cómo llevar adelante nuestro llamado misional en la actualidad.

Lohfink observa la importancia que tiene para la eclesiología explorar las diversas formas de vida comunitaria que adoptó Israel, y considera que los escritos de Israel registran la historia de un pueblo que estaba en busca de una estructura social adecuada «que dejara en claro a todos cómo habría de ser el mundo según la voluntad e intención original de Dios». No obstante, cabe preguntarse qué estructura social en particular es la adecuada para dar un testimonio fiel de la intención creacional de Dios. Lohfink cree que el Antiguo Testamento «describe el largo camino que el pueblo de Dios recorrió en búsqueda de la forma de sociedad correcta, pasando incluso por la amargura del exilio y la diáspora»,[3] lo cual nos indica que se ensayaron muchas estructuras sociales antes de que Israel por fin encontrara la «correcta». Sin embargo, Walter Brueggemann tiene una interpretación bíblica que parece más plausible. Al igual que Lohfink, Brueggemann presta atención a las diversas estructuras sociales que adoptó el pueblo de Dios; sin embargo, para él no estaban realmente en busca del modelo «ideal», sino más bien del modelo más apropiado para cada uno de los contextos culturales en los que se encontraron a lo largo de su extenso camino. En cada situación, debían ser el pueblo de Dios para bendecir a las naciones, ya sea que fueran una confederación de tribus independientes, o un reino fuerte y unido, o un pueblo disperso entre las naciones. Según Brueggemann, no hay una forma de sociedad israelita que sea ideal o correcta, sino que cada contexto en que Israel vivió y cada orden social que adoptó nos ofrece una mirada particular acerca del llamado misional del pueblo de Dios.

Además, Brueggemann observa que la imagen de Israel que predomina en el Antiguo Testamento es la de un reino (c. 1000-587 a. C.) y suele considerársela *el paradigma* de la vida de Israel.[4] De hecho, en la mayor parte de los tratamientos, la figura de «la comunidad del templo, la realeza y los profetas» es central, desde David y Salomón hasta el exilio. Sin embargo, ese no es el único orden social que encontramos en la historia del Antiguo Testamento. Por ejemplo, muchos de los modelos de iglesia del Nuevo Testamento son tomados del período del exilio, lo cual nos recuerda una vez más que solo podemos entender cabalmente la naturaleza de la iglesia si prestamos atención al pueblo de Dios del Antiguo Testamento y su relación con las naciones. Para entender los matices de esta relación, necesitamos tener en cuenta los distintos contextos en los que vivió Israel y las formas que adoptó a lo largo de su historia. En este capítulo, repasaremos brevemente tres de esas formas: Israel como confederación de tribus, como reino y como pueblo disperso en el exilio.

La confederación de tribus: un pueblo santo «en el centro de las naciones»

La promesa de Dios a Abraham comprende un pueblo y una tierra. El libro de Josué muestra la conquista de Canaán: el regalo de Dios de una tierra para su pueblo, conforme a la promesa que recibió Abraham (Jos. 21:43-45; ver Gn. 13:14-17; 15:7-21). Sin embargo, debemos recordar que las promesas abrahámicas (pueblo, tierra y bendición) no son sino medios necesarios para llevar a cabo el propósito final de Dios, que es bendecir a *todas* las naciones. Este objetivo universal define la identidad y el rol de Israel.

Israel estaba ubicada en medio de una tierra de naciones paganas para que su luz resplandeciera sobre ellas. Ezequiel lo expresaría siglos después diciendo: «Así ha dicho Dios el Señor: "¡Aquí tienen a Jerusalén! La establecí en medio de las naciones y de los países a su alrededor"» (Ez. 5:5). Estaba ubicada en la encrucijada de las naciones y el ombligo del universo;[5] era un pueblo visible y expuesto ante las naciones.[6] «Israel sabía que vivía bajo la constante vigilancia del mundo contemporáneo de aquel entonces» y que su historia debía desenvolverse «como una obra representada a los ojos de los pueblos circundantes, siempre conscientes de que la gloria de Dios estaba en tela de juicio».[7] El mensaje de la vida en comunidad de Israel habría de ser: «este es el punto hacia el que apunta la historia: vengan y únanse a nosotros». Por lo tanto, «la visibilidad de Israel era *parte de su identidad teológica* y de su rol como reino de sacerdotes de YHWH entre las naciones».[8]

El libro de Deuteronomio registra los tres «sermones» con que Moisés hizo un llamado misional al pueblo cuando estaba a punto de entrar en la tierra prometida. Quizás sea útil concentrarnos en Deuteronomio 4, ya que constituye un «microcosmos de lo que es Deuteronomio en su totalidad».[9] Lo que este capítulo dice sobre la identidad y el rol de Israel en medio de las naciones es muy instructivo:

> Miren, yo les he enseñado los estatutos y decretos que el Señor mi Dios me mandó enseñarles, para que los cumplan en la tierra en la cual van a entrar para tomar posesión de ella. Cumplan con ellos, pónganlos por obra, porque esta es su sabiduría y su inteligencia a los ojos de los pueblos, los cuales oirán todos estos estatutos y dirán: «Ciertamente, éste es un pueblo sabio y entendido; es una gran nación». Porque ¿dónde hay una gran nación, cuyos dioses estén tan cerca de ellos como lo está de nosotros el Señor nuestro Dios en todo lo que le pedimos? Y ¿dónde hay una gran nación, cuyos estatutos y juicios sean justos, como lo es toda esta ley que hoy les expongo? *Deuteronomio 4:5-8*

La vida de Israel debía distinguirse porque encarnaba los estatutos y juicios de Dios: la Torá, que venía del corazón amoroso de un Padre que no busca restringir la vida de su pueblo, sino conducirlos a la vida abundante que él pensó para toda la humanidad en la creación, la vida que él restaurará en la nueva creación.

La ley habría de regir toda la vida comunitaria de Israel y eso los conduciría a la confrontación con los ídolos de las naciones circundantes, que representaban un peligro permanente para Israel. La idolatría despoja la vida de su plenitud y abundancia y destruye lo que Dios pensó para su pueblo. Por eso, Moisés exhortó a Israel: «Ten cuidado. Ten mucho cuidado» (Dt. 4:9) y «tengan mucho cuidado de no corromperse haciendo ídolos» (Dt. 4:15-16, NVI). De hecho, los versículos finales del capítulo son una advertencia sostenida: «Tengan cuidado de no olvidarse del pacto que el Señor su Dios estableció con ustedes. No se hagan ninguna escultura ni imagen de todo lo que el Señor tu Dios les ha prohibido, pues el Señor su Dios es un fuego consumidor; es un Dios celoso» (Dt. 4:23-24). El Señor es el único Dios verdadero; una vida de obediencia a su ley por parte de Israel demostraría a las naciones esta realidad fundamental. Sus ídolos debían ser confrontados sin hacer concesiones al paganismo. El pueblo de Israel recibió la advertencia de que si fallaran en este punto serían dispersados entre las naciones, porque habrían olvidado su identidad, habrían abandonado su rol en la misión de Dios y, por ende, habrían perdido su llamado: «Las estipulaciones específicas [de la ley de Deuteronomio] establecen la totalidad de las normas para la vida que serían adecuadas para un pueblo que afirma tener una relación con el Señor del pacto. Entre las estipulaciones específicas encontramos advertencias acerca de los peligros de las prácticas religiosas extranjeras, que ilustran las formas en que Israel podía faltar en su lealtad a Dios y en que podía peligrar su relación de pacto con Dios».[10]

La lucha contra la idolatría es un hilo temático importante en el relato de la vida de Israel en la tierra prometida y, como tal, también debe entenderse en un contexto misional. De nuevo, la misión consiste en que el pueblo de Dios viva a la manera de Dios públicamente ante la mirada de las naciones. Sin embargo, esas naciones no son observadores neutrales o pasivos: en su propia sociedad y cultura *no sirven* al Señor sino a ídolos. Por eso, el llamado de Israel era a tener un «encuentro misional»[11] con las culturas paganas de las naciones circundantes, mediante el cual confrontaría la idolatría con la verdad del Dios vivo. Su vida seguía el modelo de la Torá divina para contrastar con las naciones y ser una luz que brilla en medio de la oscuridad pagana. Lamentablemente, la historia muestra reiteradas situaciones en que

Israel no fue la luz de Dios: al sucumbir ante otros espíritus religiosos, se volvió parte de la oscuridad que había sido enviada a disipar.

Deuteronomio 4 expresa otra temática importante respecto del llamado misional: Israel debía tomarse en serio la tarea de instruir a la generación siguiente. No era solo la idolatría lo que amenazaba la fidelidad del pueblo israelita, sino también el peligro de olvidar las maravillas de Dios y la forma de vida que él les encomendó en la Torá (Dt. 4:9) y, por ende, no enseñárselas a sus hijos y a *los hijos de sus hijos* (Dt. 4:9-10). No hay comunidad misional fiel que pueda sobrevivir sin tomar en serio la tarea de instruir a la generación más joven para que siga los caminos del Señor y encuentre otras formas de vida. Sin esa enseñanza, la generación siguiente se vuelve terriblemente vulnerable a las prácticas idolátricas de las naciones circundantes.

El relato de los libros históricos está marcadamente centrado en la lucha de Israel con la idolatría en medio de las naciones y en la obra de Dios entre los israelitas para hacer de ellos un pueblo fiel. Sin embargo, no debemos olvidar el contexto más amplio en el que se insertan los acontecimientos: la misión de Dios, en Israel y a través de ella, para bendecir a las naciones.

La primera forma de sociedad que adoptó Israel en su tierra y durante el período de los jueces es una confederación de tribus independientes. Lohfink considera que era «simplemente revolucionaria», porque todas las demás naciones eran monarquías cuyos reyes eran el foco de su religión pagana. Israel sería distinta, sería «un modelo que deliberadamente contrastara con la monarquía de las ciudades estado cananeas». Una de las expresiones más antiguas que describen al «pueblo de YHWH» se encuentra en Jueces (5:11, 13) e ilustra a un pueblo que «se une libremente en solidaridad común y se pone al servicio de YHWH sin temor».[12]

Al ser una comunidad contrastante, esta liga de tribus manifestaba igualdad y libertad entre las partes que la componían. Puesto que carecía de una autoridad central rigurosa, para poder vivir conforme a su llamado, Israel necesitaba regir su vida por el consenso y no por la coacción.[13] Las tribus habrían de ser «comunidades unidas por un compromiso común con el relato central de Israel y su distintiva pasión social. [...] Dado que carecía de elementos visibles que mostraran las maravillas pasadas de Dios, la comunidad dependía de que el relato se contara y escuchara con regularidad».[14] Israel debía ser un pueblo cimentado sobre el relato del éxodo.

No obstante, el libro de Jueces nos cuenta la trágica historia de Israel y su intento fallido de vivir en conformidad con su relato. Cual camaleón, una y otra vez adoptó el color de su entorno pagano. En Siquem, Israel prometió atenerse al pacto con Dios y no transar con la idolatría de naciones incrédulas (Jos. 23-24); sin embargo, los primeros capítulos de Jueces nos dicen que Israel no purificó la tierra de sus ídolos (Jue. 1:27-36) y no instruyó a la generación más joven en la fe (Jue. 2:10). Por eso, Dios los llamó a comparecer ante el tribunal y pronunció su sentencia: las naciones y sus dioses se quedarían en la tierra y serían para ellos trampa y confusión (Jue. 2:1-5).

Entre tanto que los israelitas se adaptaban a su nueva vida en esta tierra, era inevitable que conocieran las prácticas de los habitantes cananeos, cuya vida agraria estaba impregnada por los dioses paganos de la fertilidad. La triste historia de Israel es que se adaptó a la oscuridad de la religión pagana y a sus prácticas sociales. El libro de Jueces (3-16) registra los ciclos de su idolatría, el juicio de Dios, su clamor al Señor y la liberación de Dios a través de sus líderes (Jue. 2:11-17). El libro termina con dos historias que ilustran la decadencia absoluta de una Israel que se revolcó en la inmundicia de la idolatría y la inmoralidad paganas (Jue. 17-21). En vez de ser una luz, sucumbió ante la oscuridad. En vez de ser una comunidad contrastante, se volvió como las demás naciones.

El libro de los Jueces también muestra la misericordiosa determinación de Dios a conservar al pueblo de Israel para cumplir su propósito. Envió un líder militar (o juez) tras otro para restaurarlos a su llamado, y así impidió que el paganismo cananeo los absorbiera por completo. La frase con que concluye el libro también deja entrever lo que Dios haría en el futuro para que pudieran ser un pueblo fiel: «En aquellos días no había rey en Israel, y cada quien hacía lo que le parecía mejor» (Jue. 21:25). La sociedad tribal había fracasado a causa de la rebelión que estaba profundamente arraigada en el pueblo. Lo que hacía falta era una forma de liderazgo más estable que librara a Israel de su idolatría para que pudiera cumplir su llamado misional.

La monarquía: un reino de sacerdotes «en el centro de las naciones»

La forma que adopta la sociedad israelita en el siguiente período (1000-586 a. C.) es «la comunidad del templo, la realeza y los profetas».[15] Esta descripción tripartita nos permite entender tres características centrales de la comunidad israelita de los siguientes cuatro o cinco siglos. El templo, el rey y los profetas son regalos de Dios que nutrieron a Israel para que pudiera cumplir su llamado de ser un pueblo sacerdotal ante las naciones paganas; son tres instituciones cuya función fue alimentar una vida de fidelidad y mantener la mirada de Israel puesta en el horizonte universal de las naciones.

El libro de Jueces termina con el clamor por un rey (Jue. 21:25). Durante el período tribal, «hubo amenazas tanto internas como externas que constituyeron importantes impedimentos para el desarrollo de la historia bíblica, ya que impedían que Israel llevara a cabo la misión por la cual Dios la eligió. Por lo tanto, el interrogante que nos deja Jueces es si una monarquía podría erradicar esas amenazas».[16] ¿Podría un rey ayudar a Israel a cumplir su vocación misional? Si bien el clamor del pueblo por un rey halla respuesta en el relato de Samuel, en un principio no hubo muchas esperanzas de que un rey fuera lo que Israel necesitaba para volverse realmente una bendición para las naciones, dado que Israel quería un rey como las demás naciones (1 S. 8:5). La motivación de Israel revela su apostasía, un abandono de su llamado misional: «Queremos un rey que nos gobierne. *Así seremos como las otras naciones*, con un rey que nos gobierne y que marche al frente de nosotros cuando vayamos a la guerra» (1 S. 8:19-20, énfasis mío). Querían ser «como las otras naciones», es decir, precisamente lo que Dios los había llamado a *no ser*.

No obstante, Dios finalmente les dio a David, la clase de rey que sabía que necesitaban para ser fieles al pacto. Dios era el verdadero rey de Israel que habitaba en medio de ellos, pero un rey terrenal debía mediar el gobierno de Dios. David constituye el modelo de cómo debía ser un rey para que Israel fuera una nación santa: él venció a los enemigos de Israel (así quitó la amenaza de la idolatría), fomentó la participación del pueblo en el templo (así garantizó que la adoración y el sacrificio nutrirían a los israelitas) e hizo cumplir la Torá (de modo que el pueblo reflejara la voluntad de Dios para la vida humana) (2 S. 5-8). Por consiguiente, David fue llamado a ser mediador del pacto y el gobierno de Dios y a enriquecer la identidad y el llamado misionales de Israel, para que fueran una nación fiel ante los demás pueblos.

La nueva institución de la monarquía permitiría que Israel tuviera la independencia y el espacio para convertirse en un pueblo que reflejara el orden social de Dios, y para vivir como una nación unida sometiendo todas las áreas de su vida a la Torá de Dios. A contar con un rey comprometido a hacer del pacto y de una ley exhaustiva el fundamento de la vida de un pueblo de pacto, Israel ahora tenía la oportunidad de ajustarse a la voluntad de Dios en todos los ámbitos: social, político, económico, legal y religioso.[17]

El rey no solo fomentó la fidelidad de Israel al pacto de Dios sino que restableció el horizonte universal de su llamado: un rey del linaje de David se volvió objeto de esperanza futura. Dios hizo un pacto con David y prometió que, un día, uno de los descendientes de David gobernaría sobre un reino universal y eterno (2 S. 7:11-17). Una promesa así no solo anuncia el éxito político, sino que también anticipa el propósito de la obra redentora de Dios a través de Israel: la incorporación de las naciones al pueblo del pacto con Dios. Por eso, los salmistas celebraban la promesa del reinado universal de Dios mediante el rey de Israel (ej.: Sal. 2:7-9; 72:11-17). Es especialmente interesante hallar términos del pacto abrahámico en Salmos 72:17: «¡Que su nombre sea siempre recordado! ¡Que su nombre permanezca mientras el sol exista! ¡Que todas las naciones sean bendecidas por él, y que lo llamen bienaventurado!». El lenguaje abrahámico nos remonta al propósito original por el que Israel fue escogida y por el que ahora recibía un rey: a través del reinado de un soberano descendiente de David, Israel cumpliría su llamado misional de bendecir a las naciones. Los profetas también anticiparon un tiempo en el que Dios gobernará el mundo mediante un hijo de David (ej.: Is. 11; 55:3-5; Jer. 33:14-22). Luego las naciones se incorporarán a Israel y juntos recibirán la bendición y la salvación del pacto (Is. 55:3-5).

Por consiguiente, hay dos maneras en que el rey jugó un papel decisivo en el rol y la identidad misionales de Israel: primero, por su responsabilidad de derrotar a las naciones idólatras que amenazaban a Israel y de así fomentar la justicia conforme a la ley y la participación en la actividad del templo; segundo, por ser un símbolo del misericordioso reinado universal futuro de Dios sobre todas las naciones, el destino final de la misión de Israel.

El templo cumple un papel similar en la historia israelita, ya que es el símbolo de la presencia de Dios en medio de su pueblo. Gregory Beale es persuasivo al argumentar que el templo fue diseñado para cultivar en Israel su identidad y rol misionales de propagar la gloriosa presencia de Dios en la totalidad del cosmos.[18] Su finalidad era «servir de motivación para que Israel fuera ante el mundo un testigo fiel de la gloriosa presencia y verdad de Dios, que habrían de extenderse hacia afuera desde su templo». El templo constituye «un símbolo de su tarea de irradiar la presencia de Dios a todas las naciones».[19]

Salomón se hizo eco de esta comprensión simbólica cuando, durante la dedicación del templo, pidió no solo que Dios los oyera a él y a Israel cuando oraran (1 R. 8:27-30) sino también que Dios prestara oídos a los extranjeros que se acercaran a ese lugar para conocer y servir a Dios (1 R. 8:41-43). Isaías prevé un tiempo cuando esa oración se cumplirá y la casa de Dios «será llamada casa de oración para todos los pueblos» (Is. 56:7). Desde esta perspectiva podemos ver lo trágico que fue en los tiempos de Jesús que el templo se hubiera convertido en un lugar de privilegio etnocéntrico, violencia y división. Beale comenta: «Éxodo 19:6 dice que los israelitas como pueblo habrían de ser para Dios "un reino de sacerdotes y un pueblo santo", que saldrían a las naciones y serían mediadores entre ellas y Dios, llevándoles la luz de la revelación. En lugar de ver el templo como un símbolo de su tarea de propagar la presencia de Dios en todas las naciones, Israel confundió el templo con un símbolo de que ellos fueron escogidos como el único y verdadero pueblo de Dios y de que la presencia de Dios estaba limitada a ellos como nación y etnia».[20]

Tanto 1 Reyes 8 como Isaías 56 destacan otra característica importante del templo: es un lugar de adoración y sacrificio. Ambos elementos son esenciales para la identidad y el llamado misionales de Israel. El sistema de sacrificios había sido diseñado para restablecer el pacto cuando una parte lo quebrantaba. En Levítico 9 lo vemos puesto en práctica: Aarón presentó un sacrificio de expiación, un holocausto y un sacrificio de paz (Lv. 9:15-17, 22). El sacrificio de expiación asegura el perdón: se transfiere el pecado al animal poniendo las manos sobre él y luego se mata al animal en lugar de al ser humano pecador. El holocausto, una ofrenda que se consume por completo, es una imagen de la consagración y dedicación total que sigue al perdón.[21] Por último, el sacrificio de paz celebra e ilustra la comunión restaurada entre Dios y el pecador.[22] Para que Israel cumpliera su llamado hacia las naciones, el perdón, el compromiso renovado y la comunión con Dios eran esenciales, y el sacrificio era la forma de asegurar los tres elementos.

El templo también es un lugar de adoración. Podemos vislumbrar la riqueza de la adoración israelita cuando leemos el himnario de su templo: los salmos, que promueven la acción de gracias, la sabiduría, el compromiso, el arrepentimiento, el gozo y la obediencia. Los salmos nutrían la *fidelidad* de Israel en todo sentido, para que llegara a ser un pueblo atrayente ante las naciones. La adoración y la liturgia también creaban una cosmovisión alternativa respecto de la de sus vecinos paganos, y proponían una forma muy distinta de vivir y ver el mundo; nos dan una visión nítida del mundo según la cual el único Dios verdadero, el Dios de Israel, es creador de todas las cosas, soberano de la naturaleza y la historia, el salvador misericordioso. Rodney Clapp plasma esta perspectiva en el título de su capítulo sobre la adoración de la iglesia: «Bienvenidos al mundo real».[23] En medio de la tierra y ante las naciones, la adoración de Israel celebraba al único Dios verdadero y sus maravillas en la historia. Sin duda, lo que

Paul Jones dice sobre la iglesia es primeramente cierto sobre Israel: «En la medida en que la Iglesia está anclada en las obras de la gracia de Dios, la adoración en comunidad sostiene y transmite la formación de una identidad cristiana».[24] De ese modo, la identidad de Israel y su comprensión de sí misma, su rol y su llamado entre las naciones, se celebraban y alimentaban constantemente mediante su liturgia.[25]

Sin embargo, por sobre todo, la adoración de los salmos recordaba a Israel el horizonte universal de su llamado: las naciones. Desde esa perspectiva universal, W. Creighton Marlowe llama a los salmos «la música de las misiones»[26] y Mark Boda se refiere a ellos como una «compilación misional».[27] George Peters enumera en ellos más de 175 referencias universales a las naciones del mundo.[28] Tal vez la más clara de esas referencias sea el Salmo 67:

> Dios tenga misericordia de nosotros, y nos bendiga; Haga resplandecer su rostro sobre nosotros; *Para que* sea conocido en la tierra tu camino, En todas las naciones tu salvación. Te alaben los pueblos, oh Dios; Todos los pueblos te alaben. *Salmos 67:1-3 (RVR60)*

Craig Broyles comenta acerca de la relevancia misional de este salmo: «El Salmo 67 nos nuestra que la elección no significa que Dios tenga favoritismos, sino que simplemente él ha escogido un canal de bendición para todos. La elección [...] está relacionada con sus medios para extender esa bendición a todos».[29]

Este salmo dista de ser un ejemplo aislado. El salterio está repleto de imágenes que orientan a Israel hacia las naciones: se exhortaba al pueblo que cantara sobre las maravillas de Dios entre las naciones (Sal. 9:11; 18:49; 96:2-3; 105:1); los salmistas guiaban a Israel a responder a las exhortaciones con un compromiso personal a cantar entre las naciones (Sal. 18:49; 57:9; 108:3); hay numerosos llamados a que las naciones alaben a Dios (Sal. 47:1; 66:8; 67:3; 96:7, 10; 100:1; 117:1); y hay promesas que presagian un futuro en que las naciones se unirán a Israel en alabanzas al Señor (Sal. 22:27; 66:4; 86:9).

El templo nutría la identidad y el rol misionales de Israel porque ponía delante de sus ojos la finalidad de la redención de Dios: llenar toda la tierra de su gloriosa presencia. El templo proveía el sistema de sacrificios como el medio para remediar los errores de las personas y ponerlos nuevamente en el camino correcto; proveía la adoración para cultivar la fidelidad, celebraba una cosmovisión alternativa frente al paganismo, daba testimonio del Dios verdadero y del mundo real, y exhortaba a Israel a adoptar una visión universal. Pasar por alto la relevancia misional del templo conlleva una profunda malinterpretación del rol del templo en la vida israelita.

El último regalo que Dios dio a Israel para impulsar el ejercicio de su rol misional y cultivar su identidad es el don de los profetas, los «guardianes del pacto».[30] En principio, su tarea era llamar la atención de los israelitas y amonestarlos cuando quebrantaban el pacto y olvidaban su identidad. Cuando Israel falla y deja de ser una nación santa, escuchamos la voz de los profetas implorando al pueblo que vuelva al propósito de su existencia: «En esencia, el trabajo del profeta era comunicarle a Israel qué significaba ser Israel».[31] Por consiguiente, los profetas denunciaban la infidelidad de Israel según se revelaba en los distintos ámbitos de su vida, como la hipocresía en la adoración, la profanación del día de reposo, la necedad del servicio a los ídolos, la acumulación de riquezas en medio de una pobreza extrema, la injusticia y la opresión a los pobres, y el maltrato del vulnerable. Hans Walter Wolff sugiere que los profetas confrontaron el pecado de Israel principalmente en tres áreas: la explotación en todos los niveles de la vida comercial, las alianzas políticas y militares con agentes externos a cambio de protección, y la corrupción de las prácticas religiosas. Estas conductas con que los israelitas incumplían el pacto hallaban su origen en que Israel había olvidado o rechazado a su Dios[32] y había incorporado hábitos y costumbres completamente opuestas a su llamado misional de ser una luz a las naciones. Por eso, los profetas advertían al pueblo que volviera a su llamado y que Dios les demandaba «hacer justicia, amar la misericordia» (Mi. 6:8) y «que fluya la justicia como un río, y que el derecho mane como un impetuoso arroyo» (Am. 5:24).

El anuncio de que la fidelidad de Israel algún día devendrá en la salvación de toda la creación y los pueblos de todas las naciones se explicita ocasionalmente en los profetas. Jeremías decía que si Israel se volviera a Dios, se deshiciera de los ídolos y viviera en verdad, juicio y justicia, el Señor bendeciría a las naciones:

> Si te volvieres, oh Israel, dice Jehová, vuélvete a mí. Y si quitares de delante de mí tus abominaciones, y no anduvieres de acá para allá, y jurares: Vive Jehová, en verdad, en juicio y en justicia, entonces las naciones serán benditas en él, y en él se gloriarán. Jeremías 4:1-2 (RVR60)

Aquí vemos que «la lógica de toda la sentencia es sorprendente: la misión de Dios para las naciones se ve entorpecida por el continuo fracaso espiritual y ético de Israel; pero si Israel se vuelve a *su misión* (a saber, ser el pueblo de YHWH, adorarlo de forma exclusiva y vivir conforme a sus demandas morales), entonces Dios podrá retomar *su misión*: bendecir a las naciones».[33]

El propósito universal de Dios queda claro en los profetas no solo por sus llamados a la fidelidad en el presente, sino también por sus promesas respecto del futuro, ya que ellos interpretan la identidad y el rol israelitas en términos de la misión hacia las naciones. Quizás la mirada al futuro es la característica más prominente y distintiva de las profecías del Antiguo Testamento.[34] Incluso si Israel fallara en la tarea que Dios le encomendó, Dios no fallaría en su misión de traer salvación a las naciones (Is. 19:23-25), sino que marcaría el inicio de un reinado mundial mediante el Mesías, descendiente de David, y el Espíritu, tal como había prometido. En ese entonces, él reuniría al pueblo israelita, lo restauraría a su rol y lo usaría para atraer a las naciones a sí mismo (Ez. 36:24-27), para que fueran parte del reinado universal de Dios (Is. 2).

Exilio, subyugación y diáspora: un pueblo santo disperso entre las naciones

Los profetas no pudieron frenar el aluvión de la rebelión israelita, que finalmente resultó en el juicio de Dios. En el año 722 a. C., los asirios dispersaron por todo su territorio a las diez tribus del norte (denominadas «Israel» en los libros de Reyes). En el 586 a. C., las dos tribus restantes (denominadas «Judá» en Reyes) fueron exiliadas a Babilonia. En este punto de la historia israelita, parecía que el propósito de Dios, bendecir a las naciones por medio de su pueblo, había quedado estancado. Sin embargo, incluso en ese punto Dios no había terminado con Israel: su identidad y rol misionales adoptaron una nueva forma al ser despojados de su soberanía nacional y el pueblo ahora debía aprender a vivir como una pequeña minoría en medio de las culturas paganas. El nuevo contexto de su llamado misional comienza en el exilio de Babilonia y continúa en la subyugación al Imperio persa,[35] los griegos y Roma.

No debemos subestimar la crisis de identidad precipitada por el exilio, ni los dos grandes peligros a los que quedó expuesta esa identidad: el aislamiento o la asimilación. David Burnett comenta sobre estas dos tentaciones permanentes: «La primera era aislarse de las naciones circundantes para proteger sus propias creencias y prácticas, pero al actuar así dejarían de ser bendición para las naciones y contravendrían la voluntad de Dios. La segunda era identificarse tanto con las naciones circundantes que no hubiera nada que los distinguiera».[36] Por un lado, aislarse en una sociedad cerrada podría haberles permitido preservar la pureza de la fe, pero habría vuelto irrelevante su mensaje; por otro lado, identificarse con la vida de las naciones paganas y participar en ella podría haberlos despojado de sus rasgos distintivos como pueblo de Dios. La literatura del exilio se pronuncia contra ambas amenazas.

La amenaza más evidente para Israel era *asimilarse* al imperio pagano. En particular, la religión y cosmovisión babilónicas constituían una tentación continua para Israel. Richard Middleton y Brian Walsh describen cómo el poderoso relato cultural babilónico se reflejaba en el orden político y social israelita y se traducía en un peligro para Israel: «Puesto que acababan de perder el mundo literal y simbólico de su tierra, ciudad y templo, que la credibilidad del relato de su elección había quedado por los suelos, y que incluso el poder y la fidelidad de su Dios estaban en duda, era esperable que los israelitas del exilio hubieran quedado sumidos en una *crisis de identidad abismal*. El nuevo mundo ideológico que los rodeaba les ofrecía una visión alternativa, abarcadora y constante de lo que significa ser humano, que seguramente haya sido poderosa y atrayente».[37]

Esta identidad pagana representó un desafío para Israel, quien debía concebirse a sí misma como el pueblo del Dios verdadero que debía encarnar los propósitos divinos para bendecir a todas las naciones. El pueblo se vio en la necesidad de aprender a cultivar su identidad y rol misionales y únicos en este nuevo contexto para «mantener una *identidad alternativa*, una *visión alternativa* del mundo y una *vocación alternativa* en un entorno social donde las principales fuerzas culturales buscaban negar, desacreditar o menospreciar aquella identidad extraña. El gran dilema para los exiliados fue la asimilación cultural. Para los ancianos judíos, la amenaza principal era que los miembros de la comunidad concluyeran que el judaísmo era demasiado exigente, demasiado peligroso, o que el costo era demasiado alto, y acabaran sin más aceptando las definiciones babilónicas y sus formas de ver la realidad».[38] Para que Israel perseverara en su rol de nación santa y reino de sacerdotes en medio de las naciones, la formación de su propia identidad y la resistencia frente a la asimilación eran esenciales.[39] Debían primero aprender a reformular su identidad, basándose en los ricos recursos de su historia y tradiciones para reafirmarse y redefinirse como pueblo misional en estas nuevas circunstancias.[40] Además, debían resistirse con firmeza ante las presiones religiosas, políticas y sociales de sus conquistadores, que amenazaban con debilitar su identidad y rol en la misión de Dios.

Daniel Smith arguye que, durante el período del exilio, Israel logró resistirse a la asimilación elaborando estrategias y mecanismos —estructuras, líderes, instituciones, narraciones, ejemplos históricos, literatura y rituales— que alimentaran la consciencia de que su identidad y rol era únicos en medio de poderosos imperios extranjeros.[41] Podemos observar brevemente dos ejemplos: el rol de los ancianos en el exilio y el rol de la literatura de la diáspora.

Durante este período, los profetas del exilio se dirigían a los «ancianos» de Israel (ej.: Jer. 29:1; Ez. 20:1-3). Es interesante que cuando Jeremías tenía un mensaje del Señor se lo comunicaba a una asamblea de ancianos para que ellos lo transmitieran a la comunidad. Smith observa que «la autonomía y autogestión locales son muy importantes para que la identidad de una comunidad sobreviva en el exilio y para fomentar la consciencia de grupo en un pueblo desplazado que, de otro modo, sería dominado».[42]

La asamblea de ancianos había sido una forma de liderazgo común antes de la monarquía, pero la figura del anciano fue debilitándose progresivamente gracias a la concentración de poder en manos del rey.[43] Su resurgimiento en el exilio permite a los judíos adaptarse al nuevo entorno y les facilita la autogestión necesaria para conservar su identidad única.[44] Las cartas que Jeremías escribió a los ancianos para que ellos las leyeran a la comunidad nos indican que los judíos se reunían para tomar decisiones importantes y también para escuchar la palabra del Señor a través de los profetas, lo cual nos muestra la importancia del liderazgo y las estructuras sociales para resguardar la identidad única del pueblo del pacto en medio de una nación pagana. La preservación del cargo de «anciano» y las asambleas del pueblo de Dios nos demuestran que, «aun dispersos entre las naciones, los judíos organizaban su vida social y religiosa de modo tal que pudieran seguir siendo un pueblo distinguible»,[45] y lo hacían no solo para preservar su etnia sino para proteger su propia identidad y rol en el relato de Dios.

Otro «mecanismo» importante por medio del cual el pueblo israelita mantuvo viva la consciencia de su identidad y propósito es la vasta literatura que surge en el exilio. Para preservar su identidad, Israel necesitaba «obras teológicas nuevas e imaginativas» que le permitieran «recuperar las antiguas tradiciones teológicas y restructurarlas en términos adecuados para la nueva situación que atravesaba su fe en una cultura extranjera».[46] Era necesaria una contextualización acorde al nuevo escenario.

Uno de los objetivos esenciales de esta literatura es construir una visión alternativa del mundo, narrando un relato que contrargumentara el relato del imperio dominante, algo que se logra tanto en los libros históricos como en los profetas. Un ejemplo es el de Crónicas, que vuelve a contar la historia de Israel.[47] Empieza con una genealogía que se remonta hasta Adán, avanza hasta Moisés y termina con la generación del exilio. Este recuento generacional «puede considerarse un intento de asentar lo importante que es el principio de continuidad del pueblo de Dios a través de un período de disrupción nacional», con el fin de dejar «la impresión de que los movimientos históricos apuntan a un propósito divino».[48] Así, el cronista posiciona a la generación posterior al exilio en medio de una historia que se remonta a los principios, al «Dios de Israel, que es quien guarda a su pueblo y lo guía al destino que él tiene preparado para ellos».[49] Dios está haciendo que la historia universal avance hacia un punto culminante y la comunidad israelita, que vivía en sujeción a un imperio extranjero, es parte de esa historia.

Los profetas cumplen un rol similar. Jeremías y Ezequiel desafían a sus contemporáneos a ver a Dios como el soberano de la historia. John Bright nos muestra también que los últimos capítulos de Isaías ofrecen una esperanza tripartita: Dios es un Dios que gobierna la historia y dirige los acontecimientos conforme a sus propósitos justos; Dios obró en el pasado a favor de Israel e hizo un pacto con ella con el fin de cumplir su propósito redentor; la historia está avanzando hacia el objetivo de establecer de forma definitiva el gobierno de Dios sobre todos los pueblos y toda la tierra, y Dios usará a Israel para alcanzar ese objetivo. Israel bien sabía que «la elección tiene un destino y requiere cumplir una responsabilidad. Por eso es que, a la luz de esta teología triunfal que llena de sentido la historia, [Isaías] llama a Israel nuevamente a su destino como pueblo de Dios».[50]

El libro de Daniel da ánimos y visión a un pueblo minoritario que estaba en medio de un imperio impío y vivía bajo la amenaza de la asimilación. Las historias de Daniel, Sadrac, Mesac y Abednego son magníficos ejemplos de una resistencia exitosa frente a la cosmovisión pagana de una potencia mundial abarcadora y envolvente.

Daniel y sus amigos se negaron a corromperse con la comida pagana (Dn. 1). Daniel siguió orando solo al Dios verdadero aunque su vida estuviera en riesgo (Dn. 6). Un relato especialmente conmovedor es el de los amigos de Daniel, que se negaron a postrarse ante la estatua de oro de Nabucodonosor: «Sepa Su Majestad que no serviremos a sus dioses, ni tampoco adoraremos la estatua que ha mandado erigir» (Dn. 3:18). Cuando entendemos que el rey babilonio era escogido para cumplir su mandato real como representante de los dioses y que imágenes como la estatua de oro de Nabucodonosor tenían por finalidad «mediar la presencia y bendición de las deidades, y hacerlas visibles y tangibles para sus adoradores»,[51] comprendemos la importancia de la resistencia de los jóvenes israelitas, que se estaban oponiendo a toda una cosmovisión pagana. Los sueños y visiones de la segunda mitad del libro nos muestran quién mueve realmente los hilos de la historia. Un día, todos los reinos servirán al Dios verdadero o serán arrasados por él. En resumen, las visiones e historias de Daniel proveyeron al pueblo de la diáspora tres resonantes afirmaciones de fe: hay una clara oposición entre el reino de Dios y los imperios blasfemos y arrogantes del mundo a los que están sometidos; el resultado final es una confrontación inevitable, donde Dios saldrá victorioso sobre todos sus enemigos; y por último, «el imperativo de la fe es vivir el presente con una confianza y obediencia que reflejen la victoria final de Dios, o en palabras de Abraham Heschel: "vivir el futuro de Dios en tiempo presente"».[52]

Por consiguiente, la religión de la comunidad exiliada y minoritaria no se limitaba a la esfera privada. Cuando Israel se vio enfrentada por la aparente supremacía de los dioses de Babilonia y el poder de la religión pagana, hubiera sido fácil dejar de insistir en sus afirmaciones universales acerca del Señor. Toda comunidad religiosa minoritaria está expuesta a ese peligro, en especial cuando convive con la creencia henoteísta de que el dios más poderoso es el que sale victorioso en batalla. Sin duda, se habrán visto tentados a decir que la derrota de Israel ante Babilonia demuestra que los dioses babilónicos eran superiores.

Brueggemann observa que uno de los puntos que más destacados acerca del exilio y su literatura es que los judíos no «se refugiaron en una religión aislada al ámbito privado».[53] La literatura del exilio animaba a Israel a desempeñarse en su llamado misional: presenta el relato del Antiguo Testamento como la verdadera historia del mundo, afirma que el Dios de Israel es el único Dios verdadero, ridiculiza a los dioses paganos y, por el contrario, describe a Dios como el Creador y Soberano de la historia. Los israelitas no estaban exiliados porque los dioses extranjeros los habían vencido, sino porque el único Dios verdadero los estaba castigando y, cuando fuera el momento, él los reuniría para continuar su obra redentora, tendiente a la restauración de su reinado universal. Mientras tanto, el llamado de Israel era ser fiel a su identidad como el pueblo del único y verdadero Dios.

A la par de la amenaza que presentaba la asimilación, Israel enfrentaba el peligro de simplemente *aislarse* de la cultura dominante como en una suerte de gueto, a riesgo de evitar la asimilación huyendo al aislamiento. Israel bien sabía del poder formativo de la religión babilónica pagana sobre toda la vida pública del imperio. De seguro, la participación cultural intensificaba la tentación de asimilarse y, por ende, era peligrosa para la identidad israelita. Sin embargo, en este contexto, Jeremías llamaba a Israel a participar de forma activa en la vida cultural del imperio babilónico. Él escribió una carta a los ancianos, los sacerdotes, los profetas y la comunidad del exilio:

> Esto dice el Señor de los ejércitos celestiales, Dios de Israel, a los cautivos que él desterró de Jerusalén a Babilonia: «Edifiquen casas y

hagan planes para quedarse. Planten huertos y coman del fruto que produzcan. Cásense y tengan hijos. Luego encuentren esposos y esposas para ellos para que tengan muchos nietos. ¡Multiplíquense! ¡No disminuyan! Y trabajen por la paz y prosperidad de la ciudad donde los envié al destierro. Pidan al Señor por la ciudad, porque del bienestar de la ciudad dependerá el bienestar de ustedes». *Jeremías 29:4-7 (NTV)*

La exhortación de Jeremías es clara: busquen la prosperidad y *shalom* de Babilonia. Oren para que crezca y florezca. El llamado abrahámico de ser bendición seguía en pie; traducido a un contexto distinto, adoptó una forma distinta para la comunidad del exilio.

Una vez más, el libro de Daniel nos da un ejemplo de cómo se ve esto en la práctica. Daniel y sus amigos debieron prestar sus servicios al imperio babilónico en cargos públicos y pudieron llevar a cabo su tarea precisamente porque se arraigaron a un relato distinto. En consecuencia, recordaron su identidad, recordaron a qué comunidad pertenecían y recordaron a qué Dios servían. Daniel y sus compañeros eran «"bilingües", conocían el discurso del imperio y estaban siempre listos para usarlo, pero nunca olvidaron las cadencias de [su] "lengua materna"».[54] Puesto que luchaban para ser fieles en la encrucijada entre el relato bíblico y el imponente y poderoso relato del imperio, comprometidos con el Señor y a la vez sirviendo en favor del *shalom* de un arrogate reino mundano, sus vidas consistieron en una «continua negociación» respecto de cuándo consentir y cuándo resistir. ¿Cómo seguir siendo fieles en medio de un mundo pagano?

En los libros de Esdras y Nehemías surge una problemática similar que se expresa en dos sentidos. Primero, vemos una tensión entre el separatismo y el servicio. Por un lado, observamos en pasajes como Esdras 9 y 10 que «se insta a la comunidad judía a seguir un estricto plan de separación de la cultura pagana para preservar su identidad»;[55] por otro lado, también se les exhorta que vivan en paz en el *statu quo*, sirviendo a la cultura que los acoge. Segundo, vemos una tensión entre la aceptación el presente y la esperanza de un cambio futuro. Advertimos ambas en las controversias entre los estudiosos de Esdras y Nehemías, que debaten si estos libros en conjunto tienen una orientación «teocrática» o «escatológica».[56] Una lectura teocrática concluye en que el autor exhortaba a Israel que aceptara su condición presente y fuera fiel a Dios en el servicio a sus soberanos extranjeros; una lectura escatológica advierte la insatisfacción de los profetas con la situación presente y el deseo de librarse del dominio extranjero y restablecer un reinado independiente. Williamson observa que estos dos puntos de vista no son mutuamente excluyentes: «Es posible aceptar, incluso abrazar, la situación presente sin por ello dejar de pensar que no es perfecta y buscar un cambio en el largo plazo. Esa [...] parece ser la postura de Esdras y Nehemías».[57] Por lo tanto, los libros de Esdras y Nehemías, al igual que Jeremías y Daniel, instaban a los israelitas a preservar su identidad con fidelidad en el presente y procurar el cumplimiento de los propósitos de Dios. Mientras tanto, no debían retraerse ni aislarse, sino que debían involucrarse en la vida del imperio.

El llamado misional de bendecir a las naciones no quedó silenciado cuando los israelitas fueron cautivos a Babilonia, ni cuando vivieron en medio de los poderosos imperios de Persia, Grecia y Roma, ni en la diáspora de Egipto, ni en ningún otro lugar. Su vida social adoptó distintas formas según el nuevo contexto y su identidad misional se nutrió de nuevas maneras. No obstante, siguieron siendo el pueblo del «para que», bendecidos *para que* a su tiempo fueran bendición. Siguieron siendo un pueblo que invitaba al mundo a «venir y unirse» a ellos para participar en el propósito y la misión de Dios.

Israel, reunida y renovada: la promesa de Dios a su pueblo escatológico

La identidad y el rol misionales de Israel durante el exilio se mantuvieron vivos gracias a una robusta esperanza inspirada por los profetas. Uno de los mensajes que quedan en claro tanto en los libros proféticos como en los históricos es que el motivo de la dispersión y el exilio fue la rebelión de Israel. Los profetas señalan un tiempo cuando Israel volverá a ser reunida y todas las naciones se le unirán en el pacto para servir al Dios verdadero. Lohfink reclama que la teología del Antiguo Testamento ha prestado muy poca atención al tema de «reunir» al pueblo o «recogerlo» de entre las naciones, sin considerar que «la "reunión del pueblo disperso de Dios" ha sido [...] una de las declaraciones fundamentales de la teología de Israel». Leemos sobre la promesa de reunir al pueblo desde los principios de la Biblia, empezando por Deuteronomio 30:1-6, luego de prever que Dios castigaría a su pueblo dispersándolo (Dt. 29:28). El mismo patrón de dispersar y recoger se repite en muchos pasajes de Isaías, Jeremías y Ezequiel, «siempre con un enorme peso teológico». Reunir y recoger se vuelven términos técnicos con el sentido de salvación, lo cual se manifiesta en que ambas palabras aparecen en contextos donde hallamos términos como «rescatar», «liberar», «sanar» y «redimir».[58] Dios, el pastor escatológico, reunirá a sus ovejas dispersas (Jer. 31:10; Ez. 34:11-13).

En los libros proféticos vemos un desplazamiento del presente al futuro: lo que Dios ya ha hecho por Israel en el éxodo, volverá a hacerlo al redimirlos de la esclavitud y establecer un nuevo pacto con ellos (Jer. 31:31-34).[59] Los profetas ponen nuestra mirada en un futuro en el que veremos al pueblo de Dios volver a estar reunido como nación. Por lo tanto, «Israel como pueblo de Dios se convierte en un concepto escatológico: Yahweh *volverá* a ser el Dios de Israel; Israel *volverá* a ser el pueblo de Yahweh».[60]

Este cuadro de un futuro escatológico es una promesa tanto de reunir al pueblo como de renovarlo. Ezequiel nos permite vislumbrar ambas en su descripción del futuro que Dios pensó para Israel. Aunque Israel haya fallado en su misión y haya profanado el nombre del Señor entre las naciones (Ez. 37:16-21), Dios dice que obrará de tal modo que las naciones sabrán que él es el Señor cuando «delante de sus ojos [él] sea santificado *en medio de* [Israel]» (Ez. 36:22-23):

> Yo los recogeré de todas las naciones y países, y los traeré de vuelta a su tierra. Esparciré agua limpia sobre ustedes, y ustedes quedarán limpios de todas sus impurezas, pues los limpiaré de todos sus ídolos. Les daré un corazón nuevo, y pondré en ustedes un espíritu nuevo; les quitaré el corazón de piedra que ahora tienen, y les daré un corazón sensible. Pondré en ustedes mi espíritu, y haré que cumplan mis estatutos, y que obedezcan y pongan en práctica mis preceptos. *Ezequiel 36:24-27*

La congregación y reconstitución del pueblo de Dios sucederá en los últimos días, cuando Israel sea restituida a su llamado original. Entonces las naciones conocerán al Señor y la Israel restaurada, reunida y purificada cumplirá su vocación de ser una luz a las naciones. Habrá un «peregrinaje de las naciones» a Jerusalén (Is. 2:3; 19:23; Zac. 8:20-23) e Israel jugará un papel crucial:

> Hay un elemento que es decisivo para la concepción profética del peregrinaje de las naciones a Sion: los gentiles, fascinados por la salvación que ven en Israel, se acercan al pueblo de Dios voluntariamente. No se convierten a causa

de la actividad misionera, sino por la fascinación que despierta en ellos el pueblo de Dios. Es a esto a lo que se refieren los textos proféticos cuando hablan de una luz radiante que resplandece desde Jerusalén.[61]

> La tierra está cubierta de tinieblas, y una densa oscuridad envuelve a las naciones; pero sobre ti brilla el Señor, como la aurora; sobre ti se puede contemplar su gloria. Tu luz guiará los pasos de las naciones; los reyes se guiarán por el resplandor de tu aurora. Isaías 60:2-3

> Así ha dicho el Señor de los ejércitos: Cuando lleguen esos días, diez hombres de diferentes naciones y lenguas se aferrarán al manto de un judío y le dirán: «¡Permítannos acompañarlos, pues sabemos que Dios está con ustedes!». Zacarías 8:23

Los profetas prevén que en los últimos días, el propósito misional de Dios en Israel y a través de ella se cumplirá. La incorporación de las naciones al pueblo de Dios congregado y renovado será un acontecimiento escatológico que tendrá lugar cuando venga el reino de Dios de la mano del Mesías y el Espíritu.

El período intertestamentario: el eclipse de una visión misional

El relato del Antiguo Testamento concluye tanto en fracaso como en esperanza. Israel fracasó en el cumplimiento de su llamado, ser una luz a las naciones; quedó opacada por las tinieblas de las naciones circundantes. Dios la había juzgado y desterrado al exilio. No obstante, los profetas encendieron en el corazón de los israelitas dispersos una pequeña llama de esperanza. En los últimos días, Dios obraría nuevamente con poder mediante el Mesías y su Espíritu para restaurar su reinado sobre todas las naciones y toda la creación. Dios recogería, reuniría y purificaría a Israel, el templo sería reconstruido, la tierra quedaría limpia y el pueblo obedecería la Torá. Dios volvería a ser el Rey sobre toda la tierra.

La esperanza de Israel se concentraba en la imagen de un futuro en el que Dios gobernaría sobre un reinado mundial y universal, y ardió como un fuego en tiempos de continua ocupación extranjera y exilio. Más adelante, los imperios aqueménida, griego y romano tiranizaron y oprimieron a los israelitas en su propia tierra. Israel no tuvo cómo resistirse al poderío político y militar de Roma, ni pudo enfrentar el poder cultural del helenismo, que trascendió incluso al Imperio griego y continuó siendo una poderosa fuerza que seducía al pueblo y lo atraía al paganismo.

Esta subyugación constante por parte de potencias extranjeras contrastaba de forma evidente con el relato de Israel, su historia y sus creencias más preciadas. El pueblo creía que existe un solo Dios, Creador y Soberano del mundo entero, que los había elegido para que fueran su tesoro especial y que en la Torá les proveía una guía exhaustiva para vivir la vida. Su misma tierra (a pesar de haber sido invadida por paganos) era, en esencia, sagrada: Dios mismo se la había dado y su foco de atención era el templo donde Dios mismo habitaba. Entonces ¿cómo es posible que Dios permitiera que humillaran tanto a su pueblo? ¿Por qué permitió que su tierra y templo santos fueran profanados por la inmundicia pagana? ¿Cómo pudo tolerar que un gobierno de gentiles amenazara la vigencia de la Torá y pusiera la identidad y el estilo de vida distintivos de Israel bajo un constante peligro de asimilación?

Firme en la promesa de que Dios los recogería y renovaría y de que establecería un reinado mundial, a pesar del sufrimiento, Israel mantuvo viva la esperanza, a la espera de que Dios enviara su Mesías y Espíritu para librarlos de la servidumbre. Hacia los tiempos de la ocupación romana, contando las setenta semanas de Daniel (Dn. 9:24-27), el pueblo aguardaba la llegada inminente de un rey que gobernara sobre toda la tierra.[62] Durante el período intertestamentario, Israel fue un «agitado hervidero»[63] de esperanza escatológica. Esperaba de la venida del reino, desgarrada en facciones que se dividían según sus distintas nociones del reino venidero: diferían respecto de cómo y cuándo obraría Dios y cómo debían vivir hasta ese entonces. Los zelotes eran activistas que estaban a favor de ejercer la violencia contra sus opresores a modo de guerra santa; creían que Dios traería el reino por medio de sus heroicas proezas militares. Por el contrario, los esenios eran quietistas que abogaban por apartarse de la contaminación del paganismo y orar por la venida del reino de Dios. Los fariseos eran una secta que buscaba poner límites a la amenaza del paganismo mediante la aplicación estricta de prácticas culturales como la circuncisión, el día de reposo y las leyes de pureza, que impedirían que se profanara la identidad del pueblo del pacto. Creían que si Israel se guardaba de las prácticas paganas, Dios sin duda obraría para librarlos de su enemigo. Los saduceos optaron por la complicidad oportunista y transaron con sus invasores; para ellos, mantener el *statu quo* y actuar por conveniencia era lo más importante si no querían que los extranjeros destruyeran la nación entera (cf. Jn. 11:48-50).

Si bien había gran diversidad entre las distintas facciones israelitas respecto de cómo concebían el reino que había de venir y su propio llamado anticipándolo, había algunos puntos en común sobre los cuales todas las facciones podían construir una vida en comunidad. (De hecho, Jesús desafió y sacudió ese fundamento y por eso es que las facciones, dispares, pudieron unirse en oposición a él.) Paradójicamente, el elemento que tenían en común las facciones judías era una profunda *confusión* en la interpretación de su elección: un exclusivismo etnocéntrico que afirmaba el privilegio de Israel por sobre todas las demás naciones. Durante la opresora ocupación extranjera, cultivaron actitudes separatistas, de odio y de venganza hacia los gentiles: «Las actitudes de oposición a los gentiles [...] inspiraron a muchos grupos distintos, se impregnaron en toda la población judía y diferían solo en su intensidad».[64] Joachim Jeremias observa: «La expectativa popular predominante consistía en una ansiosa espera del día de la venganza divina, en especial hacia Roma, y la destrucción final de los gentiles. "Ningún gentil tendrá parte en el mundo venidero" era la enseñanza del rabí Eliezer ben Hyrcanus (*circa* 90 d. C.), aquel firme defensor de la tradición antigua. Además, él afirmaba que el destino de los gentiles es el infierno: "No hay rescate para los gentiles"».[65]

A pesar de estar divididas en todos los demás sentidos, las facciones israelitas hallaban unidad en el odio y la fuente de su aversión a los gentiles no era difícil de adivinar. Durante cientos de años, Israel había estado constantemente en el exilio o bajo el poderío de un ocupante que la oprimía en su propia tierra, una vez tras otra. Las tropas extranjeras no solo habían invadido la tierra santa de Israel, sino que también estaban sometiendo al pueblo a atrocidades e injusticias, a abusos sexuales, a la destrucción y expropiación de sus propiedades, a extorciones y robos, y mientras tanto, la nación se vio forzada a servir y alojar a sus conquistadores. Martin Hengel comenta que «para el rudimentario pueblo judío, todo eso fue casi una historia entera de explotación y opresión [...], de una brutalidad indescriptible, de decepciones y desengaños».[66] Cualquier pueblo habría sentido tal opresión como una sufrida carga, pero para Israel, que tenía una percepción privilegiada de sí misma, fue particularmente exasperante: el pueblo de Dios tenía un estatus especial, un Dios excepcionalmente poderoso y una tierra santa. Durante el período intertestamentario, la esperanza israelita, frustrada por la tardanza de su cumplimiento, degeneró en odio, amargura y sed de venganza contra sus opresores.

La esperanza de Israel sobre el destino final de las naciones estaba estrechamente ligada a lo que Dios hará cuando su reino venga en los últimos días. Los profetas del Antiguo Testamento dan un mensaje doble. Por un lado, vemos promesas de bendición y salvación para las naciones a través de Israel:

> Te he puesto también como luz de las naciones, para que seas mi salvación hasta los confines de la tierra. *Isaías 49:6*

> Cuando llegue ese día, Israel será, junto con Egipto y Asiria, el tercer motivo de bendición en la tierra, pues el Señor de los ejércitos los bendecirá con estas palabras: «Benditos sean Egipto, que es mi pueblo; y Asiria, que es la obra de mis manos; e Israel, que es mi heredad». *Isaías 19:24-25*

Por otro lado, los profetas se refieren al destino de las naciones hablando de juicio, subyugación y destrucción:

> Yo solo he pisado las uvas del lagar. De los pueblos, ninguno estaba conmigo. En mi enojo, aplasté esas uvas; en mi furor las pisoteé, y su sangre me salpicó la ropa y me manché mis vestiduras. Y es que sólo pienso en el día de la venganza; ¡ha llegado el año de mi redención! [...] En mi enojo aplasté a los pueblos; ¡los embriagué con mi furor, y derramé su sangre por el suelo! *Isaías 63:3-6*

Los profetas del Antiguo Testamento no proponen una forma de reconciliar estos dos destinos aparentemente incompatibles, juicio y salvación. Quizás J. H. Bavinck estuvo en lo cierto al escribir que la salvación viene *después* del juicio: «Los profetas del Antiguo Testamento anticiparon la salvación de las naciones y previeron que sería un acontecimiento de los últimos días, después de que ellas perdieran la batalla contra el Mesías. En ese momento, las naciones se acercarían con humildad a la Israel renovada y espiritualmente renacida, y entonces adorarían en el monte del Señor».[67] En cualquier caso, queda claro que, en los tiempos de Jesús, Israel esperaba ansiosamente la venida de un mesías que «aplastara» a los gentiles, que «[gobernara] a las naciones con cetro de hierro, y las [despedazara] como a un vaso de alfarero», y no que las *salvara*. En un documento del primer siglo llamado *La asunción de Moisés*, se afirma que el Altísimo se levantará a «castigar a los gentiles» (10:7-9). George Ladd dice respecto de la literatura judía de esos tiempos que «en unos pocos pasajes [...] se extiende la salvación a los gentiles que se arrepienten; pero es algo poco común. Más habitual es leer: "Me alegraré por el pequeño número [de israelitas] que será salvo [...] y mi corazón no se entristecerá a causa del gran número de los [gentiles] que perecerán" (Esdras IV 7:60-61)».[68]

Muchas de las oraciones de Israel exponen el anhelo de que Dios juzgue a los gentiles. En la decimosegunda bendición de la oración principal de Israel, se halla la petición de que Dios se apresure a destruir, arrancar, aplastar y humillar a sus enemigos gentiles.[69] El escritor de los *Salmos de Salomón*, un libro del primer siglo, ora pidiendo que Dios levante un rey y lo dote de «fuerza para quebrantar a los príncipes injustos, para purificar a Jerusalén de los gentiles que la pisotean y la destruyen, para expulsar con [su] justa sabiduría a los pecadores de [su] heredad, para quebrar el orgullo del pecador como vaso de alfarero, para machacar con vara de hierro todo su ser, para aniquilar a las naciones impías con la palabra de su boca».[70]

El trato de Israel con las naciones no solo se caracterizaba por el odio y la venganza, sino también por una actitud separatista y segregacionista. La identidad distintiva de Israel y su estilo de vida, prescrito en la Torá, peligraban debido al extraordinario poder de la cultura helenista, que se había instalado en Roma. La transigencia de algunos judíos frente a la cultura pagana despertó la acusación reaccionaria y la recriminación amarga de las facciones israelitas. Es en este contexto donde debemos entender los debates sobre el día de reposo, la circuncisión y las leyes de pureza y de alimentación que tanto espacio y tiempo ocupan en los escritos judíos y que incluso tienen un lugar importante en los Evangelios. Quizás esta mentalidad judía de separación y segregación de los gentiles se ve con más claridad en las dieciocho ordenanzas que se aprobaron en el primer siglo para evitar la profanación y contaminación pagana.[71] Las estrictas leyes de alimentación y pureza constituyeron altas murallas culturales, levantadas para separar a los judíos de los gentiles. Todas las casas y pertenencias de gentiles eran impuras para los judíos, quienes también debían guardarse de compartir la mesa con gentiles y debían prohibir a sus hijos casarse con ellos. A su vez, el pueblo no judío tenía prohibido entrar al templo más allá del atrio de los gentiles. De hecho, el templo se había vuelto una cueva de revolucionarios violentos que exigían una estricta segregación de los odiados gentiles, y no una casa de oración a la que todas las naciones eran invitadas para adorar al Dios de Israel (Mr. 11:17).

Los profetas del Antiguo Testamento habían predicho que en los últimos días Dios recogería y purificaría a Israel. La relación profética entre el reino y la congregación de Israel reunida siguió siendo un elemento fundamental sobre el que se cimentó la esperanza de Israel durante el período intertestamentario.[72] Emil Schürer afirma que, para los judíos de aquel entonces, la esperanza de que

Dios reuniera a la Israel dispersa para que fuera partícipe del reinado mesiánico era «tan certera que ellos la habrían abrigado aunque no hubieran contado con las profecías del Antiguo Testamento».[73] Dios o el Mesías[74] recogerían a los israelitas dispersos y los reunirían para participar del reinado mesiánico. La décima bendición del «Padre Nuestro» israelita dice: «Levanta un estandarte para reunir a tu pueblo disperso y recogernos desde los cuatro confines de la tierra. *Bendito eres tú, Señor, que recoges a los desterrados de tu pueblo Israel*».[75] Jesús ben Sira, en su libro *Eclesiástico*, oraba: «Congrega todas las tribus de Jacob, dales su heredad como al principio» (36:11).[76]

Según los profetas, la salvación de Israel ocurriría en los últimos tiempos *para bendición de las naciones*. Sin embargo, Israel había perdido esta perspectiva y esperaba, por el contrario, un futuro apocalíptico de salvación y bendición reservado solo para Israel, y un destino de venganza e ira para los gentiles. *Israel había olvidado su identidad y rol misionales en la historia de la salvación: ser un canal de bendición para las naciones.*

Conclusión

La identidad y el rol de Israel quedaron establecidos desde el principio de su historia. Dios escogió a Abraham y a Israel para que experimentaran la plenitud de su bendición y fueran un canal de esa bendición para otros pueblos. El resto del relato narra cuán fiel fue Israel en esa tarea. Dios los había puesto en medio de la tierra para brillar como una luz para las naciones: primero como una confederación de tribus independientes, luego como un reino y finalmente como una minoría apátrida dispersa entre las naciones. A lo largo de su historia, Dios les proveyó los medios para que cumplieran su llamado —líderes, instituciones y escritos, entre otros—; sin embargo, continuamente fallaron y dejaron de actuar como un pueblo santo. Middleton y Walsh reflexionan al respecto:

Cuando el propósito original de Dios —bendecir a todas las criaturas por medio de la humanidad (creada como *imago Dei*)— se vio frustrado por la violenta búsqueda de autonomía y control registrada en Génesis 3 al 11, Dios eligió a Abraham y su descendencia para bendecir a las naciones, con el fin de restaurar a la humanidad a su vocación original. Sin embargo, como pueblo escogido de Dios, Israel fue un fracaso estrepitoso. Ya sea que los impedimentos fueran externos y militares o internos y éticos, Israel jamás logró cumplir el propósito para el que fue escogida. Una y otra vez Dios envió agentes designados para resolver los problemas, empezando por Moisés, seguido por los jueces y los reyes del linaje de David, hasta la larga lista de profetas. Todos ellos tenían un llamado en común: restaurar al pueblo a *su llamado* de bendecir a las naciones y, en consecuencia, restaurar a todos los seres humanos a *su llamado* de mediar la bendición de Dios para toda la tierra y todas las criaturas.[77]

Tal como entendieron los profetas, el gran problema era que el corazón del pueblo era profundamente perverso (Jer. 17:9). Israel necesitaba un nuevo corazón y un nuevo espíritu; necesitaba la ley de Dios escrita en su interior. Solo entonces podría llevar a cabo el llamado que Dios le había encomendado: ser una imagen tangible y visible del propósito divino para la vida humana. El relato del Antiguo Testamento apunta a un tiempo cuando un pueblo de esas características será reunido y renovado y, a través de ellos, Dios cumplirá sus propósitos.

Notas

1. Duane L. Christensen, «Nations», en *Anchor Bible Dictionary*, ed. David Noel Freedman et al. (Nueva York: Doubleday, 1992), 4:1037.
2. Christopher J. H. Wright, *The Mission of God: Unlocking the Bible's Grand*

Narrative (Downers Grove, IL: InterVarsity, 2006), 455, énfasis mío.
3. Gerhard Lohfink, *Does God Need the Church? Toward a Theology of the People of God*, trad. Linda M. Maloney (Collegeville, MN: Liturgical Press, 1999), 106-107.
4. Walter Brueggemann, *Cadences of Home: Preaching among Exiles* (Louisville: Westminster John Knox, 1997), 100.
5. Hay una serie de textos judíos y rabínicos que sitúan a Israel en el centro del mundo y la denominan el ombligo del universo. Por ejemplo, en el *Midrash Tanjuma* (un comentario rabínico sobre la Torá), la Parashat Kedoshim (una sección de lectura semanal de la Torá que hace hincapié en Lv. 19:1-20:27) dice: «Así como el ombligo se encuentra en el centro del cuerpo del hombre, la tierra de Israel es el ombligo del mundo». La frase «ombligo del mundo» proviene de Ez. 38:12 (ver versión LBLA).
6. Richard R. De Ridder, *Discipling the Nations* (Grand Rapids: Baker Academic, 1971), 43-44.
7. J. H. Bavinck, *An Introduction to the Science of Missions*, trad. David Hugh Freeman (Phillipsburg, NJ: P&R, 1979), 14.
8. Christopher J. H. Wright, *The Mission of God: Unlocking the Bible's Grand Narrative* (Downers Grove, IL: InterVarsity, 2006), 379, énfasis mío.
9. Ibíd., 377.
10. Peter C. Craigie, *The Book of Deuteronomy*, New International Commentary on the Old Testament (Grand Rapids: Eerdmans, 1976), 43.
11. Esas son las palabras que usa Lesslie Newbigin, ej.: *Foolishness to the Greeks: The Gospel and Western Culture* (Grand Rapids: Eerdmans, 1986), 1.
12. Gerhard Lohfink, *Does God Need the Church? Toward a Theology of the People of God*, trad. Linda M. Maloney (Collegeville, MN: Liturgical Press, 1999), 107-108.
13. Rainer Albertz, *A History of Israelite Religion in the Old Testament Period*, trad. John Boden (Louisville: Westminster John Knox, 1994), 1:75.
14. Walter Brueggemann, *Cadences of Home: Preaching among Exiles* (Louisville: Westminster John Knox, 1997), 103.
15. Ibíd., 106.
16. J. Richard Middleton y Brian J. Walsh, *Truth Is Stranger than It Used to Be: Biblical Faith in a Postmodern Age* (Downers Grove, IL: InterVarsity, 1995), 131.
17. Esta oportunidad se volvió a presentar durante el difamado período de la cristiandad, lo cual llevó a algunos comentaristas del Antiguo Testamento a tener una opinión más negativa de la monarquía. Ver, por ejemplo, Walter Brueggemann, *Cadences of Home: Preaching among Exiles* (Louisville: Westminster John Knox, 1997), 100-101.
18. Gregory K. Beale, *The Temple and the Church's Mission* (Downers Grove, IL: InterVarsity, 2004); Gregory K. Beale, «Eden, the Temple, and the Church's Mission in the New Creation», *Journal of Evangelical Theological Studies* 48, nro. 1 (marzo 2005): 5-31.
19. Gregory K. Beale, «Eden, the Temple, and the Church's Mission in the New Creation», *Journal of Evangelical Theological Studies* 48, nro. 1 (marzo 2005): 19.
20. Ibíd.
21. Es probable que este sea el tipo de sacrificio al que Pablo se refiere en Ro. 12:1-2 cuando llama a los cristianos de Roma a ofrecer todo su cuerpo como

sacrificio vivo.

22. Anson F. Rainey, «The Order of Sacrifices in the Old Testament Ritual Texts», *Biblica* 51, nro. 4 (1970): 485-498.

23. Rodney Clapp, «The Church as Worshiping Community: Welcome to the (Real) World», en *A Peculiar People: The Church as Culture in a Post-Christian Society* (Downers Grove, IL: InterVarsity, 1996), 94-113.

24. Paul H. Jones, «We Are *How* We Worship: Corporate Worship as a Matrix for Christian Identity Formation», *Worship* 69, nro. 4 (julio 1995): 347.

25. Michael Goheen, «Nourishing Our Missional Identity: Worship and the Mission of God's People», en *In Praise of Worship: An Exploration of Text and Practice*, ed. David J. Cohen y Michael Parsons (Eugene, OR: Pickwick, 2010), 32-53.

26. W. Creighton Marlowe, «Music of Missions: Themes of Cross-Cultural Outreach in the Psalms», *Missiology* 26 (1998): 445-456.

27. Mark Boda, «"Declare His Glory Among the Nations": The Psalter as Missional Collection», en *Christian Mission: Old Testament Foundations and New Testament Developments*, ed. Stanley E. Porter y Cynthia Long Westfall (Eugene, OR: Pickwick, Wipf and Stock, 2010), 13-41.

28. George W. Peters, *A Biblical Theology of Missions* (Chicago: Moody Press, 1972), 116.

29. Craig Broyles, *Psalms*, New International Biblical Commentary (Peabody, MA: Hendrikson), 280.

30. Michael D. Williams, *As Far as the Curse Is Found: The Covenant Story of Redemption* (Phillipsburg, NJ: P&R, 2005), 191-193.

31. Walter Brueggemann, *Tradition for Crisis: A Study in Hosea* (Richmond: John Knox Press, 1968), 25.

32. Hans Walter Wolff, «Prophecy from the Eighth through the Fifth Century», *Interpretation* 32, nro. 1 (enero 1978): 26-28.

33. Christopher J. H. Wright, *The Mission of God: Unlocking the Bible's Grand Narrative* (Downers Grove, IL: InterVarsity, 2006), 241.

34. Hans Walter Wolff, «Prophecy from the Eighth through the Fifth Century», *Interpretation* 32, nro. 1 (enero 1978): 23.

35. El pueblo de Israel confesaba, a pesar de que había vuelto a su tierra: «somos esclavos en nuestra propia tierra, la tierra que prometiste a nuestros antepasados» (Neh. 9:36; cf. Esdras 9:7-9). El retorno a su tierra no había cambiado sustancialmente su posición entre las naciones.

36. David G. Burnett, *The Healing of the Nations: The Biblical Basis of the Mission of God* (Carlisle, Reino Unido: Paternoster Press, 1986), 75.

37. J. Richard Middleton y Brian J. Walsh, *Truth Is Stranger than It Used to Be: Biblical Faith in a Postmodern Age* (Downers Grove, IL: InterVarsity, 1995), 117, énfasis mío.

38. Walter Brueggemann, *Cadences of Home: Preaching among Exiles* (Louisville: Westminster John Knox, 1997), 41.

39. Daniel L. Smith, *The Religion of the Landless: The Social Context of the Babylonian Exile* (Bloomington, IN: Meyer-Stone Books, 1989), 49.

40. Ibíd.; Walter Brueggemann, *Cadences of Home: Preaching among Exiles* (Louisville: Westminster John Knox, 1997), 15.

41. Daniel L. Smith, *The Religion of the Landless: The Social Context of the Babylonian Exile* (Bloomington, IN: Meyer-Stone Books, 1989), 69-126. Ver también John M. G. Barclay, «Jewish Identity in the Diaspora: A Sketch», en

Jews in the Mediterranean Diaspora: From Alexander to Trajan (323 BCE–117 CE) (Edimburgo: T&T Clark, 1996), 399-444.

42. Daniel L. Smith, *The Religion of the Landless: The Social Context of the Babylonian Exile* (Bloomington, IN: Meyer-Stone Books, 1989), 94.

43. J. L. McKenzie, «The Elders in the Old Testament», *Analecta Biblica* 10 (1959): 405.

44. Daniel L. Smith, *The Religion of the Landless: The Social Context of the Babylonian Exile* (Bloomington, IN: Meyer-Stone Books, 1989), 96-97.

45. David G. Burnett, *The Healing of the Nations: The Biblical Basis of the Mission of God* (Carlisle, Reino Unido: Paternoster Press, 1986), 111.

46. Walter Brueggemann, *Cadences of Home: Preaching among Exiles* (Louisville: Westminster John Knox, 1997), 116.

47. Para saber más sobre la función que cumplieron los libros de Esdras y Nehemías en la preservación de la identidad fundamental de Israel, ver Philip F. Esler, «Ezra-Nehemiah as a Narrative of (Re-invented) Israelite Identity», en *Biblical Interpretation* 11, nro. 3/4 (2003): 413-426. Ver también Daniel L. Smith-Christopher, *A Biblical Theology of Exile* (Minneapolis: Fortress Press, 2002), 35-45; y H. G. M. Williamson, *Ezra, Nehemiah*, Word Biblical Commentary 16 (Waco: Word, 1985), l–lii.

48. M. D. Johnson, *The Purpose of Biblical Genealogies* (Nueva York: Cambridge University Press, 1969), 80. Williamson observa que las relaciones genealógicas de Esdras 1 al 6 cumplen una función similar (*Ezra, Nehemiah*, Word Biblical Commentary 16 [Waco: Word, 1985], li).

49. Roddy Braun, *1 Chronicles*, Word Biblical Commentary 14 (Waco: Word, 1986), 5

50. John Bright, «Faith and Destiny: The Meaning of History in Deutero-Isaiah», *Interpretation* 5, nro. 1 (enero 1951): 22.

51. J. Richard Middleton y Brian J. Walsh, *Truth Is Stranger than It Used to Be: Biblical Faith in a Postmodern Age* (Downers Grove, IL: InterVarsity, 1995), 114.

52. James A. Wharton, «Daniel 3:16–18», en *Interpretation* 39, nro. 2 (abril 1985): 171.

53. Walter Brueggemann, *Cadences of Home: Preaching among Exiles* (Louisville: Westminster John Knox, 1997), 3.

54. Ibid, 11.

55. H. G. M. Williamson, *Ezra, Nehemiah*, Word Biblical Commentary 16 (Waco: Word, 1985), l.

56. Ibid, li

57. Ibid.

58. Gerhard Lohfink, *Does God Need the Church? Toward a Theology of the People of God*, trad. Linda M. Maloney (Collegeville, MN: Liturgical Press, 1999), 51-52.

59. Encontrarán una excelente exposición sobre este pasaje, con algunos comentarios precisos acerca de la iglesia como cuerpo misional, en John Bright, «An Exercise in Hermeneutics: Jeremiah 31:31–34», *Interpretation* 20, nro. 2 (abril 1966): 188-210.

60. Hans Küng, *The Church* (Garden City, NY: Image Books, 1976), 161.

61. Gerhard Lohfink, *Jesus and Community: The Social Dimension of the Christian Faith*, trad. John P. Galvin (Filadelfia: Fortress Press, 1982), 19.

62. N. T. Wright, *The New Testament and the People of God* (Londres: SPCK,

1992), 313.
63. J. Massyngbaerde Ford, *My Enemy Is My Guest: Jesus and Violence in Luke* (Maryknoll, NY: Orbis Books, 1984), 1.
64. Martin Goodman, *The Ruling Class of Judaea: The Origins of the Jewish Revolt against Rome A.D. 66–70* (Cambridge: Cambridge University Press, 1987), 108.
65. Joachim Jeremias, *Jesus' Promise to the Nations*, trad. S. H. Hooke, Studies in Biblical Theology 24 (Londres: SCM Press, 1958), 41.
66. Martin Hengel, *Victory over Violence*, trad. David E. Green (Filadelfia: Fortress Press, 1973), 45.
67. J. H. Bavinck, *An Introduction to the Science of Missions*, trad. David Hugh Freeman (Phillipsburg, NJ: P&R, 1979), 23.
68. George Eldon Ladd, *Jesus and the Kingdom* (Waco: Word, 1964), 105. Los dos libros que Ladd cita, *La asunción de Moisés* y *Esdras IV*, son libros judíos apocalípticos de alrededor del primer siglo.
69. Emil Schürer, *The History of the Jewish People in the Age of Jesus Christ (175 BC–AD 135)*, rev. y ed. Geza Vermes, Fergus Millar y Matthew Black (Edimburgo: T&T Clark, 1979), 2:457.
70. Salmos de Salomón 17:24, citado en N. T. Wright, *The New Testament and the People of God* (Londres: SPCK, 1992), 267.
71. Hyam Maccoby, *Ritual and Morality: The Ritual Purity System and Its Place in Judaism* (Cambridge: Cambridge University Press, 1999), 10-12, 153-156.
72. Joachim Jeremias, *Jesus' Promise to the Nations*, trad. S. H. Hooke, Studies in Biblical Theology 24 (Londres: SCM Press, 1958), 63-65
73. Emil Schürer, *The History of the Jewish People in the Age of Jesus Christ (175 BC–AD 135)*, rev. y ed. Geza Vermes, Fergus Millar y Matthew Black (Edimburgo: T&T Clark, 1979), 2:530.
74. Salmos de Salomón 17:28.
75. Emil Schürer, *The History of the Jewish People in the Age of Jesus Christ (175 BC–AD 135)*, rev. y ed. Geza Vermes, Fergus Millar y Matthew Black (Edimburgo: T&T Clark, 1979), 2:457.
76. Citado en ibíd., 2:530.
77. J. Richard Middleton y Brian J. Walsh, *Truth Is Stranger than It Used to Be: Biblical Faith in a Postmodern Age* (Downers Grove, IL: InterVarsity, 1995), 135

4
Jesús reúne al pueblo escatológico que asumirá el llamado misional

Joachim Jeremias afirma con audacia que «el *único* sentido de todo lo que hizo Jesús en su vida terrenal fue reunir al pueblo escatológico de Dios».[1] Una declaración tan contundente destaca el importante rol que cumple el pueblo escogido dentro del plan redentor de Dios. Desde el principio del relato bíblico, el propósito de Dios ha sido restaurar la creación entera —incluidos toda vida humana y los pueblos de todas las naciones— de los efectos corrosivos del pecado. En primera instancia, él escogió a un pueblo entre todas las naciones de la tierra para volverlo una señal verosímil de la salvación, un anticipo que indicara en qué dirección él estaba llevando la historia, para luego reunir a todas las naciones con ese pueblo. No obstante, Israel —el pueblo de Dios— no estuvo a la altura de la tarea: en lugar de ser un pueblo que contrastara con su entorno, se volvió como las demás naciones y se corrompió en la idolatría, por lo cual el juicio de Dios fue dispersarlos entre los pueblos. Si bien hacia el final del período intertestamentario un pequeño número de israelitas había regresado a su tierra, era claro para ellos que todas aquellas promesas gloriosas de los profetas del Antiguo Testamento aún no se habían concretado. El pueblo todavía estaba bajo el juicio de Dios y su tierra sagrada estaba sometida a la ocupación romana. Por consiguiente, durante el período que transcurrió entre los testamentos, Israel aguardaba la venida del reino, cuando Dios reuniría a Israel otra vez y finalmente cumpliría su llamado misional. En efecto, *Dios actuó*: trajo el reino a Israel mediante la persona de Jesús. Por medio de su venida, la promesa de Dios de reunir a un pueblo escatológico empezó a materializarse.

«El hecho de que Dios había escogido y santificado a su pueblo para volverlo una sociedad contrastante en medio de las naciones era para Jesús el fundamento evidente de todas sus acciones», escribe Gerhard Lohfink. En Jesús vemos la «obra escatológica» que Dios hace para «restaurar e incluso restablecer a su pueblo para llevar a cabo, de forma definitiva e irrevocable, su plan de tener un pueblo santo en medio de las naciones».[2]

En este capítulo, examinaremos lo que los Evangelios relatan sobre cómo comenzó la obra escatológica de Dios, es decir, de qué forma Jesús reunió y restauró a Israel a su llamado. En esta obra divina hallamos el germen y la médula de la iglesia del Nuevo Testamento. La forma e identidad que Jesús dio a esta comunidad primitiva son profundamente relevantes para todo el que busque entender el rol y la identidad de la iglesia en la actualidad.

Para entender este aspecto de la misión de Jesús, debemos situarnos en el contexto histórico de los sucesos. Jesús reunió y fundó esta comunidad en un período cuando *la esperanza de que llegara el reino* era la característica que definía a Israel. Distintas comprensiones del reino dieron a luz diversos grupos judíos cuya vida comunitaria estaba cimentada en esa esperanza. Sin embargo, Jesús trajo su propia definición de «reino» y «comunidad», distinta de todas las demás: su enseñanza no se limitaba a instaurar una mera facción más entre tantas, sino que se diferenciaba de forma drástica de todas las demás y amenazaba el mismísimo fundamento que todos los demás grupos tenían en común. En el fondo, Israel había perdido de vista su rol e identidad dentro de la misión de

Dios: bendecir a las naciones. Por el contrario, cuando Jesús anunció la venida del reino, siempre estuvo absolutamente centrado en la esperanza del Antiguo Testamento y se opuso a ultranza a la distorsión de sus contemporáneos: él buscaba reunir y purificar a Israel con el fin de bendecir a las naciones, restaurar a Israel para que se volviera a su llamado misional. *La misión de Jesús en la tierra fue restaurar a una comunidad escatológica para que ella asumiera nuevamente su rol e identidad misionales.*

El reino de Dios ha llegado

Desde el comienzo de su ministerio, Juan el Bautista anunció que el tan esperado reino de Dios estaba por llegar (Mt. 3:11). Luego llegó Jesús proclamando las buenas nuevas de que el reino había llegado: «El tiempo se ha cumplido, y el reino de Dios se ha acercado. ¡Arrepiéntanse, y crean en el evangelio!» (Mr. 1:15). El lenguaje de Marcos es el lenguaje del cumplimiento: los últimos días prometidos por los profetas ahora eran el presente mediante Jesús. Lo mismo encontramos en Lucas: después de citar la profecía de Isaías acerca del Mesías y su salvación venidera (Is. 61:1, 2) en la sinagoga de Nazaret, Jesús dijo a la congregación: «Hoy se ha cumplido esta Escritura delante de ustedes» (Lc. 4:21). Sus palabras no expresan una promesa en tiempo futuro, sino la materialización presente; la esperanza se hizo realidad. Sin embargo, mucho de lo que Jesús afirmó deja en claro que el reino aún está en el futuro: él enseñó a sus discípulos a orar para que el reino *venga* en el futuro (Lc. 11:2), habló de que *en el futuro* habrá un banquete en el reino (Lc. 13:28-30) y exhortó al pueblo sobre entrar al reino *en el fin del mundo* (Mt. 7:21). Ambas líneas temporales atraviesan la enseñanza de Jesús: el reino había llegado en el presente pero todavía estaba por llegar de forma completa en el futuro.

Por eso, se ha vuelto común hablar de una tensión entre el «ya» y el «todavía no» que define el reino: *ya está aquí* pero *aún no ha llegado* en su plenitud. ¿Cómo es posible que algo ya esté presente y aún no lo esté, que esté aquí y no esté aquí? ¿Por qué la consumación final del reino del «ya pero todavía no» se pospone por una era (que ya se ha extendido dos mil años)? Ambas preguntas son importantes para entender la naturaleza de la comunidad que Jesús reúne.

Jesús no se detiene a explicar a qué se refiere con la palabra «reino», sin duda porque esa es la única esperanza que todo Israel comparte. Todos sus oyentes habrían entendido que el reino era la restauración del gobierno de Dios sobre el mundo entero. Sin embargo, más allá ese simple punto de acuerdo, habrían abundado las preguntas acerca del reino. La única forma de entender lo que Jesús quiso decir es prestar atención a sus palabras y hechos.

Jesús describe el reino de al menos dos maneras: (1) como el advenimiento del *poder dinámico* de la presencia de Dios para derrotar a los enemigos de su reinado; (2) como la llegada de la *salvación escatológica*, que se ilustra como un lugar al que sus oyentes pueden entrar y también como un regalo que pueden recibir. Ambas descripciones del reino están íntimamente relacionadas.

En las palabras y hechos de Jesús, el poder liberador y sanador de Dios se hace presente en la historia mediante el Espíritu Santo. Quizás la expresión más clara de este punto sean las palabras de Jesús a los fariseos: «Pero si yo expulso a los demonios por el poder del Espíritu de Dios, eso significa que el reino de Dios ha llegado a ustedes» (Mt. 12:28). La poderosa obra del Espíritu de Dios, que se manifiesta en Jesús para restaurar y salvar del poder demoníaco, es evidencia de que el reino de Dios ha llegado.

El reino como «poder dinámico que está obrando entre los hombres» es el «núcleo de la proclamación [de Jesús] y la clave para entender toda su misión».[3] Es lo que distingue la enseñanza de Jesús de la del judaísmo. De hecho, es instructivo compararlas.[4] En el judaísmo, el gobierno soberano de Dios y su reinado universal constituyen una realidad eterna: «El reino perdura para siempre». Su reino está «aquí» como realidad objetiva, a la espera de que los seres humanos se sometan a su dominio; «viene» a través del reconocimiento humano del gobierno de Dios. Sin embargo, también viene en el futuro como acontecimiento del fin de los tiempos, cuando Dios obrará con poder e instaurará su reino a lo largo y ancho de la tierra. En el presente, el gobierno de Dios aguarda la decisión humana; en el futuro, Dios obrará con soberanía y poder para establecer su reinado. Por el contrario, Jesús proclama que Dios está obrando con poder —*ahora*, en el presente— para restaurar su gobierno sobre toda la creación. Cuando Jesús anunció que el reino de Dios había llegado, quiso decir que el Espíritu ya está obrando la redención de Dios y está estableciendo su gobierno de forma activa en el mundo. El reino ya no es solo una realidad sempiterna, sino que se ha vuelto también local, inmediato e inmanente mediante su poder salvífico efectivo.

El poder de Jesús estaba dirigido contra todo aquello que se oponía al gobierno bueno y misericordioso de Dios sobre la creación. Era el Espíritu de Dios quien hacía que Jesús triunfara sobre los poderes demoníacos (Mt. 12:28). No obstante, su poder salvífico no solo se manifiesta en la victoria sobre Satanás. Cuando Juan empezó a dudar y se preguntó si Jesús era el verdadero Mesías y si el reino había llegado, envió a sus discípulos a preguntarle si era él quien había de venir, a lo que Jesús respondió, en efecto, que informaran a Juan que el poder redentor de Dios estaba obrando de modo visible: los ciegos veían, los cojos caminaban, los leprosos eran limpiados, los sordos oían, los muertos resucitaban y los pobres recibían las buenas nuevas (Lc. 7:22). El poder de Dios estaba en Jesús para vencer toda la maldad del mundo. «Todo lo que [Jesús] dijo e hizo estaba directamente relacionado con la venida del reino. Él revirtió todas las consecuencias de la maldad en el mundo: la enfermedad, la posesión por parte de espíritus inhumanos, la culpa, la religión vacía y ritualista, el sistema de castas basado en la pureza o impureza, la escasez de comida, la naturaleza hostil, la explotación comercial y la muerte.»[5]

La mayoría de los dichos y hechos de Jesús apuntaban a sanar la vida humana; en él, Dios restaura la vida humana a su *shalom* original. E. H. Scheffler estudió el uso de la palabra «salvación» en Lucas y concluyó que la salvación tiene al menos seis dimensiones: espiritual, física, económica, política, social y psicológica.[6] En otras palabras, la salvación del Nuevo Testamento es poder de Dios para sanar y renovar todas las dimensiones de la vida humana: «La salvación consiste en la revocación de todas las consecuencias nefastas del pecado contra Dios y contra el prójimo».[7] No obstante, las poderosas obras de Jesús también apuntaban a la restauración de la creación no humana. Colin Gunton observa que los milagros que Jesús hizo sobre la naturaleza —como calmar la tempestad (Mr. 4:35-41)— son un «restablecimiento militante del gobierno de Dios sobre una creación esclavizada por la maldad».[8]

Por ende, el reino se trata de poder, del poder de Dios en Jesús y por medio del Espíritu para derrocar el reinado de la maldad en todo el mundo. El ministerio del reinado de Jesús «desata una guerra sin cuartel contra la maldad en todas sus manifestaciones. El reino de Dios llega adondequiera que Jesús vence el poder de las tinieblas. En ese entonces, igual que ahora, la maldad adoptaba muchas formas: el dolor, la enfermedad, la muerte, la posesión demoníaca, el pecado personal, la inmoralidad, la pretensión de superioridad moral y falta de amor de quienes decían conocer a Dios, la preservación de los privilegios de clase, las rupturas en las relaciones humanas. Sin embargo, la respuesta de Jesús era: "Si la aflicción humana adopta formas variadas, el poder de Dios también lo hace"».[9]

No debemos permitir que el sesgo individualista del siglo XXI nos ciegue frente a las dimensiones social, política y cultural de la venida del reino de Dios mediante Jesús. El pecado adopta formas comunales y colectivas, y su poder corrompe todos los ámbitos de la vida. La noción de «principados y potestades» que encontramos en el Nuevo Testamento (ej.: Ef. 6:12-13) nos permite apreciar las dimensiones social y estructural del pecado. Las «potestades» son aquellas partes de la creación que originalmente eran buenas y que luego se volvieron absolutas —se convirtieron en ídolos— en la vida social humana. En la comunidad judía, los lazos de parentesco, la ley, la tradición y la religión —todas partes buenas del designio creacional— se habían vuelto esa clase de ídolos y habían tergiversado toda la vida comunal de Israel. Del mismo modo, los ídolos del estatus, el mecenazgo, el poder político, el orden eficiente y el estado de derecho habían distorsionado la vida cultural romana. El poder de Dios en Jesús desafió las estructuras injustas e idolátricas de ambas culturas, judía y romana. Por ejemplo, Jesús confrontó el nacionalismo exclusivista que había corrompido a Israel; insistió en incluir en su ministerio a los marginados y a quienes habían sido privados de sus derechos. Su oposición frente a la idolatría de Israel devino en un «cuestionamiento constante de las actitudes, prácticas y estructuras que tendían a restringir o excluir arbitrariamente a potenciales miembros de la comunidad israelita».[10] Por lo tanto, la venida del reino significó un encuentro misional entre el poder del reino de Dios y los poderes demoníacos e idolátricos que distorsionan las estructuras de la sociedad humana;[11] significó el comienzo de una batalla cósmica entre Dios y Satanás por el gobierno de toda la creación y toda vida humana. El poder de Dios ha sido derramado para librar al mundo entero del poder del pecado, el sufrimiento, la muerte, la idolatría y Satanás mismo. La invitación a seguir a Jesús es una invitación a tomar partido en la batalla: a alinearse con Dios y experimentar su poder redentor.

Aquella salvación que Jesús anunciaba está representada en términos metafóricos como un lugar al que los seres humanos están invitados a entrar y como un regalo que se los invita a recibir.[12] Ambas imágenes se encuentran juntas en Marcos 10:15: «De cierto les digo que el que no reciba el reino de Dios como un niño, no entrará en él». Recibir el reino o entrar en él es comenzar a experimentar el poder de Dios para renovar, sanar y liberar la vida humana del pecado y su poder. «El reino de Dios, su majestuoso gobierno, se ha vuelto activo y dinámico en la historia y ha creado un nuevo territorio de bendiciones al que los hombres pueden entrar».[13] Aquí vemos la relación entre el reino ya presente y el que ha de venir en el futuro. El reino de Dios es el poder de Dios obrando en Jesús y a través del Espíritu para derrotar a todos los enemigos de su buena creación, para restaurar su gobierno sobre toda vida humana y sobre el cosmos entero. El anuncio de la venida del reino significa que el poder salvador de Dios ya está presente y está obrando en Jesús mediante el Espíritu. En el futuro veremos la culminación de su obra cuando el poder salvador de Dios triunfe finalmente y por completo sobre el poder satánico, el pecado, la maldad, la enfermedad y, por último, la misma muerte. La promesa de la victoria definitiva del reino de Dios en el siglo venidero es certera. El «todavía no» dará lugar a una consumación victoriosa.

Israel es reunida y restaurada a su misión: bendecir a las naciones

Una nueva era de la historia de la redención ha comenzado: el reino está aquí pero aguarda su consumación final. La pregunta obvia es: ¿por qué Dios se demora? Al parecer, la razón es que esta era «intermedia» tiene por finalidad reunir primero a los judíos y luego a los gentiles. La revelación completa del reino se retrasa para permitir que primero Jesús y después su pueblo renovado testifiquen de la obra escatológica de salvación que Dios ya ha comenzado a hacer en todos los pueblos. Estamos en el período designado para reunir al pueblo de Dios, una era de misión.

Los profetas habían dejado en claro que, cuando el reino llegara, los gentiles también serían reunidos para incorporarse al pueblo de Dios. *Todas* las naciones experimentarían el poder renovador y la salvación de Dios (Is. 2:2-3; Zac. 2:10-11). Jesús reafirmó esta visión profética muchas veces durante su ministerio: «Yo les digo que muchos vendrán del oriente y del occidente, y se sentarán con Abraham, Isaac y Jacob en el reino de los cielos» (Mt. 8:11). Sin embargo, al tiempo que declaraba que las naciones se incorporarían al pueblo de Dios, Jesús limitó su propia misión y la de sus discípulos al pueblo judío: «Yo no fui enviado sino a las ovejas perdidas de la casa de Israel» (Mt. 15:24; ver también Mt. 10:5-6). ¿Cómo se explica esta aparente discrepancia entre su enseñanza sobre el alcance universal del reino y su ministerio personal, centrado en Israel?

El ministerio de Jesús estuvo limitado a Israel para así cumplir la profecía del Antiguo Testamento; era necesario que observara las pautas del plan de Dios. Puesto que Dios había escogido a Israel para que fuera una luz a las naciones pero ella fue juzgada por su fracaso, el plan de Dios para los últimos días es, *primero*, reunir y restaurar a Israel y, *luego*, atraer a los gentiles e incorporarlos a la familia del pacto. «Hay dos sucesos consecutivos que nos conciernen: primero, el llamado a Israel y, luego, la redención de los gentiles y su incorporación al reino de Dios.»[14] Se trata de primero «ganar a Israel para el Evangelio; luego, una Israel creyente se convertiría en luz para las naciones».[15] Por lo tanto, «el aparente particularismo [de Jesús] es una expresión de su universalismo: su misión atañe al mundo entero y por eso él fue a Israel».[16]

Para que Israel fuera una luz para las naciones, era necesario que ocurrieran dos cosas: primero, que Israel fuera *reunida* en una comunidad y entonces fuera *renovada* para vivir en obediencia a la Torá de Dios. Ezequiel nos permite vislumbrar ambas etapas de la revelación del reino (Ez. 36:24-36; 37:15-28). La tarea de Jesús fue de la mano con la promesa profética que comenzaría reuniendo a los judíos dispersos y convirtiéndolos. «[Su] misión era anunciar que Dios estaba obrando en el presente para cumplir sus promesas y para conducir a Israel a su verdadero destino».[17] La proclamación del reino implicaba que la obra escatológica de reunir al pueblo de Dios estaba comenzando, de modo que Israel se volviera una señal de salvación para las naciones. En este sentido, la obra de Jesús empezó cuando él invitó a Israel a dejar atrás su fracaso, abrazar el reino de Dios y así volverse a su llamado.

La promesa de recoger y reunir a Israel había sido anunciada por los profetas del Antiguo Testamento —en especial Isaías, Jeremías y Ezequiel— como preludio del pacto con todas las naciones. Durante el período intertestamentario, se anticipó que la Israel dispersa sería reunida nuevamente y eso sería una señal de que la esperanza de Israel se cumpliría pronto. En conformidad con esta esperanza, Jesús empezó a reunir al pueblo que experimentará la salvación definitiva del reino.

Sin embargo, Jesús no fue el primero en hacerlo. De hecho, «hubo toda una serie de intentos [previos] que iban en la misma dirección. No es exagerado decir que toda la vida religiosa judía de esa época estaba determinada fundamentalmente por esos esfuerzos».[18] La evidencia se halla, por ejemplo, en los fariseos y esenios. No obstante, lo que hace único al ministerio de Jesús es que él no reunió un pueblo simplemente para que recibieran y disfrutaran la salvación de los últimos días; más bien, los reunió para que canalizaran esa salvación hacia las naciones. La visión universal y coherente de Jesús, junto con su práctica radicalmente inclusiva, marcó un agudo contraste con la teología del «remanente» y las doctrinas exclusivistas de sus contemporáneos. «El contraste entre Jesús y todos los intentos de formar un grupo "remanente" se revela en un punto definitorio y decisivo: la *segregación* de los extranjeros».[19] Jesús reunió una comunidad para que ellos asumieran el llamado del Antiguo Testamento de ser una luz a las naciones.

A lo largo de los Evangelios, encontramos muchas imágenes que describen al pueblo reunido. La primera es la metáfora de las ovejas reunidas en el rebaño, cuyo trasfondo es el tema profético del pastor escatológico que recogerá a sus ovejas esparcidas y las traerá nuevamente al rebaño en los últimos días (Jer. 23:2-3; 31:10; Ez. 34:12). Jesús asumió el rol de pastor escatológico y empezó a reunir a las ovejas perdidas de Israel y a conformar un pequeño rebaño al que le dará el reino (Lc. 12:32); pero no se olvidó de «las naciones», sino que a ellas también un día las reunirá: «También tengo otras ovejas, que no son de este redil; también a aquellas debo traer, y oirán mi voz, y habrá un rebaño y un pastor» (Jn. 10:16).

Una segunda imagen es la del pueblo reunido alrededor de un banquete. En conformidad con la noción común del antiguo Cercano Oriente según la cual los regalos divinos se entregan mientras las personas comen y beben, los profetas describen la salvación del reino venidero como un banquete de manjares suculentos y vinos añejos (Is. 25:6-9), imagen que se volvió más popular a lo largo del período intertestamentario,[20] y que Jesús evocó muchas veces durante su ministerio, tanto en enseñanzas como en profecías. Uno de los comensales que acompañaban a Jesús resumió la comprensión judía del banquete:

«Dichoso el que participe del banquete en el reino de Dios» (Lc. 14:15). En la parábola que sigue a esas palabras, Jesús habló de reunir a un pueblo para ese banquete: los primeros en recibir la invitación son los líderes judíos, pero cuando ellos ponen excusas (Lc. 14:18-20) o simplemente se niegan a asistir (Mt. 22:3-5), el rey da a sus siervos la orden de ir a reunir a todas las personas que puedan encontrar, incluso a los marginalizados.

Esta parábola destaca que reunir a un pueblo es la actividad que caracteriza el intervalo previo a que el reino llegue en toda su plenitud. El reino ya está listo; no queda nada más que preparar por parte de Dios. Sin embargo, hay una dilación entre el anuncio del banquete y su disfrute completo: es el tiempo que lleva la gozosa tarea de reunir a los invitados del banquete. Refiriéndose a esta parábola, J. H. Bavinck comenta que «esa tarea consiste específicamente en salir por caminos y carreteras a invitar a todos a las bodas del rey. Por ende, podríamos decir que en el ínterin estamos absortos cumpliendo el mandato de las misiones y que ese mandato es lo que da sentido al ínterin». También agrega que «las misiones y el ínterin son inseparables» y que el proceso de reunir a un pueblo, que comienza antes del padecimiento y la muerte de Jesús, se explica mucho más abiertamente después de la resurrección.[21] De nuevo, la imaginería del banquete deja en claro que no solo Israel sino también las naciones de todos los rincones de la tierra serán reunidas para sentarse a la mesa (Mt. 8:11). Reunir a las naciones e incorporarlas al reino de Dios es una actividad característica del *eschaton*, los últimos días. Desde el principio de su ministerio, Jesús inaugura el *eschaton*, y aquellos a quienes él reúne se le unen a la tarea de reunir a más personas para que disfruten de la salvación del reino de Dios.

No obstante, este acto de reunir a las naciones tiene un lado oscuro. La venida del reino conlleva también la llegada del juicio, y todos aquellos que recibieron la invitación al banquete se ven obligados a tomar una decisión crítica. Muchos rechazan el mensaje, se rehúsan a reunirse con el pueblo escogido y están bajo juicio. Los profetas prometieron que los últimos días traerían consigo el juicio de Dios, primero sobre Israel (Jer. 25:15-29), y describieron el juicio como un fuego purificador que refinará a Israel para convertirla en un pueblo fiel (Mal. 3:1-5). Después, las naciones gentiles entrarán al reino. «El pueblo de Dios entrará como un torrente al reino de Dios después de ser purificado en el gran juicio, que lo separará de los indignos y hacedores de maldad.»[22]

Por eso es que Simeón profetizó sobre el niño Jesús que él «ha venido para que muchos en Israel caigan o se levanten» (Lc. 2:34). De hecho, muchos realmente «caen» cuando, incrédulos, rechazan el mensaje del reino. Los Evangelios están plagados de parábolas y advertencias de Jesús para Israel acerca de lo que les sucederá si persisten en su incredulidad (ej.: Mt. 21:33-44). Implícita en la imagen del pueblo reunido está la amenaza del juicio para quienes se niegan a ser «reunidos». Jesús habló de naciones que vendrían de los cuatro confines de la tierra para sentarse a la mesa del banquete de los patriarcas y agregó con palabras aleccionadoras: «pero los hijos del reino serán arrojados a las tinieblas de afuera. Allí habrá llanto y rechinar de dientes» (Mt. 8:12). También dijo sobre la capital israelita: «¡Jerusalén, Jerusalén, que matas a los profetas y apedreas a los que son enviados a ti! ¡Cuántas veces quise juntar a tus hijos, como junta la gallina a sus polluelos debajo de sus alas, y no quisiste! ¡Miren cuán desolada se queda la casa de ustedes!» (Mt. 23:37-38). Parte del proceso de purificación y reforma implica purgar a quienes se rehúsan a reconocer que Jesús es el Mesías: «La "restauración" de Israel [...] tuvo lugar mediante la conversión de (una gran parte de) Israel. Quienes se convirtieron constituyen la verdadera Israel, purificada y restaurada, de la cual son desterrados quienes rechazaron el evangelio. Por medio de su respuesta negativa al evangelio, ellos mismos se excluyeron de Israel».[23] No obstante, muchos israelitas sí respondieron a la invitación por fe y se volvieron miembros de la verdadera Israel escatológica, el pueblo del reino, purificado mediante juicio para emprender la tarea de ser una luz para el mundo.

Para los fines de la eclesiología, es importante advertir lo que sucede en este punto. No es que la iglesia desplaza a Israel. Jesús no fundó una comunidad totalmente nueva. Más bien, Israel misma está siendo purificada y reconstituida.[24] N. T. Wright observa que «Jesús no pretendía fundar una iglesia *porque ya había una*: el mismo pueblo de Israel. Por lo tanto, la intención de Jesús era *reformar* Israel, no fundar una comunidad completamente distinta».[25] Más adelante, después de la muerte y resurrección de Jesús, los gentiles se incorporaron a la vida e historia de Israel y juntos, judíos y gentiles, constituyeron la comunidad del nuevo pacto.

La elección de los doce discípulos de Jesús es un acto profético y simbólico que representa los comienzos de una Israel renovada y restaurada (Mr. 3:13-19): «El hecho de que Jesús le haya dado a doce seguidores un lugar de prominencia, sin mencionar sus comentarios de que se sentarán en tronos para juzgar a las doce tribus, indica muy claramente que él estaba pensando en términos de una restauración escatológica de Israel».[26] Jesús no fue el único judío de su época en establecer un grupo escatológico de doce personas que representaran a las tribus restauradas de Israel: en Qumrán, por ejemplo, doce personas representaron el núcleo de la Israel restaurada de los últimos días. Como vemos, el número doce contiene el significado simbólico de que Israel será reunida de los últimos tiempos.[27] Los doce discípulos simbolizan que el pueblo de Israel ya ha empezado a reunirse con el fin de bendecir a las naciones: «Los doce fueron escogidos entre un número mucho más grande de discípulos. Ellos representan las doce tribus; son el principio y el centro del crecimiento de la Israel renovada y escatológica. Por ende, todo el discipulado apuntaba a Israel y a reunir al pueblo entero de Dios. La elección de los discípulos fue el principio de la re-creación escatológica de Israel, por medio de la cual empieza a revelarse el reinado de Dios».[28]

Jesús describió el rol de esta comunidad reconstituida valiéndose de imágenes del Antiguo Testamento que rememoran la misión original de Israel.[29] Las palabras de Jesús en el Sermón del Monte son especialmente relevantes, ya que evocan la promesa de que las naciones se congregarán en Jerusalén: «Ustedes son la luz del mundo. Una ciudad asentada sobre un monte no se puede esconder. Tampoco se enciende una lámpara y se pone debajo de un cajón, sino sobre el candelero, para que alumbre a todos los que están en casa. De la misma manera, que la luz de ustedes alumbre delante de todos, para que todos vean sus buenas obras y glorifiquen a su Padre, que está en los cielos» (Mt. 5:14-16). Juntas, las imágenes de la luz y la ciudad hacen referencia a «la Jerusalén escatológica, que los profetas anticiparon que un día será elevada por encima de todo monte e iluminará a las naciones con su luz (cf. Is. 2:2-5)».[30]

Por consiguiente, mediante la misión de Jesús, Israel estaba siendo restaurada a su llamado original: ser una luz a las naciones. Cuando el verdadero pueblo de Israel sea restaurado y purgado por el juicio y reciba un nuevo corazón, sus vidas brillarán como luces y se dará por comenzado el peregrinaje escatológico de las naciones para entrar la comunidad del pacto.

Israel es renovada para vivir como una luz para las naciones

El pueblo israelita empezó a ser reunido cuando Jesús anunció la venida del reino e instó a Israel a arrepentirse, creer y comprometerse a seguir el camino del Mesías. Aquellos que responden a ese llamado se incorporan a la comunidad de seguidores de Jesús y reciben los dones y responsabilidades del reino.

Una lealtad radical a Jesús

Jesús exhorta a sus oyentes diciéndoles: «¡Arrepiéntanse, y crean en el evangelio!». Aquellos que responden a su llamado pasan a engrosar las filas del pueblo de Dios del fin de los tiempos. Nuestro concepto actual de la fe está tan influenciado por la Ilustración que solemos pensar que la fe es una mera concesión intelectual; nuestra comprensión del arrepentimiento quedó individualizada hasta el punto de que su significado se limita a sentirnos apenados por nuestros pecados. Por eso, si realmente queremos entender el mandamiento original de Jesús, necesitamos considerarlo en *su propio contexto*.

El llamado al arrepentimiento está ligado al trasfondo del Antiguo Testamento y, en especial, a las palabras relativas a volverse a Dios. En Deuteronomio, el autor promete prosperidad para Israel en los últimos días cuando el pueblo cumpliera con una condición: «si [...] con todo tu corazón y con toda tu alma te vuelves al Señor tu Dios, lo mismo que tus hijos, y prestas atención a su voz conforme a todo lo que hoy te mando cumplir» (Dt. 30:1-2). Esta promesa se cumpliría inmediatamente después del juicio a Israel (Dt. 29:28); la restauración prometida llegaría solo cuando el pueblo se volviera a Dios para servirlo en su misión y amarlo con todo su corazón.[31]

Israel debía responder a la invitación de Jesús renunciando a su idolatría, volviéndose al Señor de todo corazón y comprometiéndose a seguir los caminos de Dios. En este contexto, parte de su arrepentimiento comprendía, por un lado, deshacerse del celo revolucionario y la violencia que habían surgido junto con los ídolos del nacionalismo, y por otro lado, volverse a Dios y al llamado israelita de bendecir a las naciones.[32] Sin embargo, el llamado al arrepentimiento que hizo Jesús es realmente excepcional debido a una característica distintiva: él instaba a las personas a volverse a Dios mediante un compromiso que involucra una lealtad total *a Jesús mismo*. Comprometerse con Jesús de esta manera exige que el arrepentimiento esté acompañado de una fe en «*que el dios de Israel [estaba] obrando de forma decisiva en el ministerio del mismísimo Jesús*».[33]

Por lo tanto, el anuncio del reino no solo trasmite información; nos llama a tomar una «decisión radical e incondicional».[34] El llamado a arrepentirse y creer demanda dedicar la vida entera a Jesús, estar dispuestos a abandonar hogar y familia, y dejar a un lado todas las demás obligaciones por la causa del reino (Lc. 9:57-62). Uno debe estar dispuesto a amar a Jesús más que a ninguna otra persona, incluso la familia (Mt. 10:34-39). Todas las demás lealtades, relaciones, obligaciones, todos los demás lazos deben rendirse ante la búsqueda del tesoro y la perla de gran valor: el reino de Dios que se manifiesta en Jesús (Mt. 13:44-46).

Si contrastamos la noción de discipulado de los Evangelios con la del judaísmo del primer siglo, veremos lo radical que es el llamado a someterse a Jesús. David Bosch propone una comparación muy útil entre los dos conceptos de discipulado.[35] En el judaísmo, la ley o Torá es el centro de la relación entre el rabí y el discípulo. La autoridad del rabí se basa en su conocimiento de la Torá. Por el contrario, Jesús esperaba que sus discípulos renunciaran a todo por Jesús mismo: *él mismo* toma el lugar de la Torá y exige lealtad absoluta a su persona y misión. Además, en última instancia, el discipulado del judaísmo es solo un medio para llegar a ser rabí uno mismo. El discípulo del rabí aprende y domina la Torá en miras del momento en que él mismo se convierta en maestro. En contraste, el discípulo de Jesús nunca se «gradúa» ni se «recibe» de rabí, sino que para siempre es seguidor y discípulo de Jesús. Es más, en el judaísmo, los discípulos del rabí son solo alumnos; los discípulos de Jesús también son sus siervos: no solo obtienen el beneficio intelectual de incorporar conocimientos y aprendizajes de su rabí, sino que se someten a su autoridad y le obedecen como su Señor. Es digno de mención el caso del Evangelio de Mateo, dirigido a los judíos, donde apreciamos que los enemigos de Jesús lo llamaban «Rabí» y «Maestro» pero sus discípulos jamás lo hicieron, sino que lo llamaban «Señor» (aunque Judas usó el término «Rabí» cuando lo traicionó; Mt. 26:25, 49). Por último, las enseñanzas del judaísmo difieren de las de Jesús en cuanto al propósito del discipulado. En el judaísmo, el discípulo debe transmitir con fidelidad las enseñanzas del rabí; los discípulos de Jesús deben estar con Jesús, asumir con él la misión de su reino y ser testigos de él, es decir, testificar acerca de quién es él y cuáles son sus obras (Mr. 3:14-15). No son solo una comunidad de aprendices sino la vanguardia del pueblo mesiánico de Dios del fin de los tiempos, comprometidos a aunar esfuerzos con Jesús en la misión de reunir un pueblo.

El regalo del reino

Dios llama a esta nueva comunidad reunida a ser una luz a las naciones, pero ¿cómo podría la Israel renovada tener éxito en aquello en que la comunidad del Antiguo Testamento, esclavizada por el pecado, fracasó? Ladd responde: «El Reino de Dios nos da aquello que exige; de otro modo, no podríamos lograrlo. La justicia que Dios pide es la justicia del Reino de Dios que él mismo imparte cuando viene a gobernar a nuestra vida».[36] Dios nos concede el regalo de las bendiciones y el poder de la era venidera. Valiéndonos de ese regalo, él nos llama a vivir una vida que muestre el reino como una luz a las naciones.

¿Cuáles son las bendiciones del reino para su pueblo? La primera es una relación restaurada con Dios en Jesús, el Cristo. Jesús dijo: «Y esta es la vida eterna: que te conozcan a ti, el único Dios verdadero, y a Jesucristo, a quien has enviado» (Jn. 17:3). Es la misma visión que presentaron los profetas acerca del siglo venidero. Jeremías aguardaba el día en que todo Israel, desde el más pequeño hasta el más grande, conociera al Señor (Jer. 31:34). Isaías tuvo una visión de los últimos días donde «la tierra estará saturada del conocimiento del Señor, así como las aguas cubren el mar» (Is. 11:9). Juan muestra que Jesús invita a sus seguidores a participar de la comunión íntima que el Hijo comparte con el Padre (Jn. 14-16). Jesús es único dentro de su contexto judío, puesto que se refirió a Dios, de forma coherente, llamándolo «Padre». Hablar de la paternidad de Dios teniendo como telón de fondo el Antiguo Testamento habría evocado imágenes del éxodo, de Dios librando a su hijo (Israel) de la esclavitud. Aquí, el Padre estaba obrando nuevamente para librar a su pueblo.[37] Su elección del término «Padre» también señala la intimidad que Jesús goza en su comunión con Dios y en la oración. El Padre de Jesús se vuelve el Padre de todos sus seguidores; él les enseña a llamar a Dios «Padre» del mismo modo en que él lo hace. Sus discípulos se vuelven miembros de una nueva familia.

Una segunda bendición del reino es el perdón de los pecados. La imagen que subyace al uso neotestamentario de la palabra «perdón» es la de la liberación de un yugo o prisión: Jesús libera a su pueblo de la culpa y el poder del pecado, según lo anunciado por los profetas del Antiguo Testamento. Por ejemplo, Jeremías nos ofrece la promesa de Dios: «Yo perdonaré su maldad, y no volveré a acordarme de su pecado» (Jer. 31:34; ver también Jer. 33:8; Ez. 36:25, 33). No es de extrañarse que los oponentes de Jesús dijeran: «¿Quién puede perdonar pecados? ¡Nadie sino Dios!» (Lc. 5:21).

Una tercera bendición del reino es el don del Espíritu y de un nuevo corazón. Los profetas anticiparon que este don también llegaría en los últimos días. Ezequiel profetizó sobre ambos: «Les daré un corazón nuevo, y pondré en ustedes un espíritu nuevo; les quitaré el corazón de piedra que ahora tienen, y les daré un corazón sensible. Pondré en ustedes mi espíritu, y haré que cumplan mis estatutos, y que obedezcan y pongan en práctica mis preceptos» (Ez. 36:26-27). Joel promete que Dios derramará su Espíritu (Jl. 2:28). Llegado el reino, el Padre celestial está listo para dar el Espíritu Santo a todo el que se lo pida (Lc. 11:13). La venida del reino significa que los corazones serán circuncidados y renovados. Jeremías y Ezequiel dicen que el fracaso del pueblo israelita del Antiguo Testamento radica en el corazón, y prometen que vendrá el día en que Dios les dará un corazón nuevo (Jer. 31:33; 32:38-40). Jesús exigió de Israel, y también le ofreció, un nuevo corazón «que los definirá como el pueblo restaurado de YHWH. El llamado de Jesús es a "un discipulado misericordioso en el que 'la dureza de su corazón' [...] será sanada"».[38]

El pueblo de Dios podría disfrutar de todos esos regalos después de que Jesús concluyera su obra culminante en su muerte y resurrección, y derramara su Espíritu en Pentecostés. El mismo poder dinámico del reino de Dios que se hizo evidente en el ministerio de Jesús investiría de poder a esta comunidad para que fuera una luz a las naciones.

Un estilo de vida distintivo
Todo don trae una nueva responsabilidad y todo privilegio conlleva obligaciones. El don del reino de Dios demanda una vida que encarne las buenas nuevas de que el poder renovador de Dios para los últimos tiempos ha llegado. Jesús invirtió gran parte de su tiempo enseñando a una

comunidad de discípulos a tener un estilo de vida distintivo que contrastara con la cultura circundante y dejara en claro que el día del reino de Dios ha despuntado.

Características de este estilo de vida distintivo

Los eruditos se debaten cómo contextualizar la enseñanza ética de Jesús. Algunos la separaron totalmente de su proclamación del reino. Por ejemplo, una interpretación liberal más antigua concebía la ética de Jesús como un modelo de conducta ideal y eterno, válido para individuos de todos los tiempos y lugares; de acuerdo con esa perspectiva, el marco escatológico del «reino» es una mera cáscara que recubre un sistema ético universal. En el extremo opuesto hallamos la postura de Albert Schweitzer, quien interpreta que la enseñanza de Jesús es una «ética de ínterin», una ética de emergencia que ha de emplearse por un breve intervalo antes de que el reino venga en toda su plenitud.

La enseñanza de Jesús a sus discípulos sobre el estilo de vida correcto se entiende mejor en el contexto tripartito de la escatología, la comunidad y la misión. Es escatológica: el anuncio del reino es un mensaje acerca de la restauración de toda la vida humana bajo el gobierno de Dios. La vida de los seguidores de Jesús había de ser una señal del reino, del poder sanador y liberador de Dios que irrumpió en la historia. Porque consiste en la restauración de la vida humana, el reino mira atrás hacia la creación, al designio original de Dios para la humanidad; porque vendrá en el futuro, también apunta hacia adelante y es señal de lo que ha de venir; y porque está presente en la actualidad, comprende un encuentro con otros estilos de vida, regidos por otros señores.

La enseñanza de Jesús también hace un fuerte énfasis en el componente comunitario y busca conformar una comunidad visible e identificable que viva como un cuerpo bajo el gobierno de Dios. Lohfink lo plantea muy bien: «La ética de Jesús no está dirigida a individuos aislados, sino a un círculo de discípulos, la nueva familia de Dios, el pueblo que Dios reuniría. Consta de una dimensión eminentemente social».[39] Por último, la enseñanza ética de Jesús es misional. El pueblo de Dios recibe el llamado de vivir según las instrucciones de Jesús para ser una luz a quienes no pertenecen a la comunidad, para alumbrar como una ciudad asentada sobre un monte, un faro para las naciones.

Jesús predicó un estilo de vida que no deja nada librado al azar: «Precisamente, en la medida en que el pueblo de Dios se dejara alcanzar por el gobierno de Dios, él lo transformaría en *todas las dimensiones de su existencia*. Se volvería una sociedad contrastante».[40] De un modo similar, Joachim Jeremias comenta que «el *basileia* [reino] reclama dominio sobre *la vida entera*. [...] Ellos mismos habrían de ser señales del reinado de Dios, señales de que algo sucedió. Su *vida entera* testificaría al mundo que el reino de Dios ha despuntado. Por medio de su vida, cimentada en el gobierno de Dios y arraigada a él, habría de manifestarse el milagro del discipulado, la victoria del *basileia* (Mt. 5:16)».[41] Jeremías también observa que Jesús no dio instrucciones que conciernan todas las esferas de la vida, ni ofreció una teología moral completa ni un código de comportamiento. Más bien, las exigencias de Jesús son señales y ejemplos de cómo es transformada toda la vida humana cuando el reino de Dios irrumpe en un mundo dominado por el pecado y la maldad.

El alcance global de la enseñanza de Jesús da lugar a comparaciones con la ley del Antiguo Testamento. «No piensen ustedes que he venido para abolir la ley o los profetas; no he venido para abolir, sino para cumplir. Porque de cierto les digo que, mientras existan el cielo y la tierra, no pasará ni una jota ni una tilde de la ley, hasta que todo se haya cumplido» (Mt. 5:17-18). En este contexto, la palabra «cumplir» podría significar simplemente que las enseñanzas de Jesús confirman la permanencia de la ley. Sin embargo, como señala Ladd, el sentido quizás sea más amplio: el mensaje de Jesús *explicita el verdadero propósito* de la ley.[42] Los siguientes ejemplos del Sermón del Monte nos muestran de qué forma Jesús desplegó la ley para revelar su verdadero propósito (Mt. 5:21-48).

Del mismo modo, cuando los líderes judíos le preguntaron a Jesús cuál era el mandamiento más importante, él respondió: «"Amarás al Señor tu Dios con todo tu corazón, y con toda tu alma, y con toda tu mente." Este es el primero y más importante mandamiento. Y el segundo es semejante al primero: "Amarás a tu prójimo como a ti mismo." De estos dos mandamientos dependen toda la ley y los profetas» (Mt. 22:37-40). La ley trazaba para la antigua Israel un estilo de vida que demuestra lo que significaba amar a Dios y al prójimo en su contexto.

Así, obtenemos una perspectiva relevante acerca de lo que significa vivir como una luz para las naciones. Jesús señaló el amor como el designio creacional y fundamental de Dios, y su propósito para la vida humana. El amor de Dios por la humanidad es perdurable y universalmente válido, pero adopta formas distintas en entornos culturales distintos. La ley del Antiguo Testamento es una de esas formas; el Sermón del Monte recontextualiza la ley divina del amor para un nuevo tiempo. No obstante, observemos que en ambos casos el estilo de vida que pone de manifiesto el amor de Dios se describe en contraste con las idolatrías que corrompían la vida humana en la época en cuestión.

Estos tres aspectos del estilo de vida que Jesús nos encomienda —que apunta al designio creacional de Dios para la vida humana, que adopta distintas formas según el contexto cultural y que confronta a los ídolos de la cultura (dominante)— se unen en *un modelo de lo que significa ser una comunidad contrastante*, un pueblo que vive como una ciudad asentada sobre un monte que ilumina al mundo.

Podemos apreciar esto mismo en el Sermón del Monte (Mt. 5-7), que no es ni un sistema ético abstracto ni un código moral ajeno al contexto cultural; por el contrario, «desafía a Israel a *ser Israel*», a vivir una vida de amor en el contexto cargado de expectativa escatológica de la época. En las bienaventuranzas (Mt. 5:3-13), Jesús se identificó con el anhelo de Israel, que aguardaba la venida del reino y las bendiciones que traería consigo: el consuelo, la herencia de una tierra, la justicia y el juicio. Sin embargo, él reinterpretó esta esperanza mostrándoles los requisitos para su cumplimiento: ser pobres en espíritu, mansos, misericordiosos y pacificadores, tener un corazón limpio y padecer con paciencia. Todas estas cualidades se oponen a la idolatría nacionalista y militarista de aquellos días. Son «un llamado a los seguidores de Jesús a descubrir su verdadera vocación como pueblo escatológico de YHWH, siguiendo en la práctica lo que él les indicaba, en contra de los métodos de otros aspirantes a líderes contemporáneos».[43]

Jesús les recordó a sus seguidores su vocación de ser una ciudad visible asentada sobre un monte y una luz para todas las naciones, evocó las imágenes tradicionales de Israel como sal y luz, y habló de forma explícita de la esperanza profética de que Dios reuniera las naciones en el monte Sion (Mt. 5:13-16). Todo esto constituye el verdadero cumplimiento de lo que la ley y los profetas siempre anticiparon; los líderes religiosos de ese entonces habían malinterpretado el relato del Antiguo Testamento (Mt. 5:17-20). El verdadero propósito de las demandas de la ley de Dios para el pueblo israelita se expresa en las cinco afirmaciones antitéticas —«ustedes han oído que se dijo a los antiguos [...] pero yo les digo»—, que tratan del homicidio, el adulterio, los juramentos, la venganza y los enemigos (Mt. 5:21-48). Es claro que los seguidores de Jesús no debían seguir el camino del odio, la venganza y la violencia que caracterizaban a sus contemporáneos israelitas, sino que debían actuar con misericordia y amor. Estas cinco afirmaciones «serían percibidas, en el ministerio de Jesús, como un desafío tendiente a establecer una nueva forma de ser Israel, que afrontara la situación presente de tensión nacional de una manera nueva, radical y asombrosa».[44]

En el siguiente capítulo de Mateo, vemos que Jesús siguió contrastando la vida de su comunidad con la de quienes los rodeaban. Hay tres elementos clave de la práctica religiosa judía (las limosnas, la oración y el ayuno) sobre los cuales Jesús instruyó a sus discípulos que no fueran como los judíos (Mt. 6:1-18). Dios es nuestro Padre (Mt. 6:4, 6, 8, 9, 14, 18) y eso afecta la forma en que damos a los necesitados, oramos y ayunamos. Quienes conocen al Dios verdadero como Padre pueden destinar sus esfuerzos a lo que realmente importa. La vida de la comunidad de Jesús había de caracterizarse por el amor y el anhelo de que llegara el reino, no por servir a otros amos o preocupaciones (Mt. 6:19-34).

La vida de los seguidores de Jesús debía caracterizarse no por emitir juicio y condenación, como acostumbraban hacer sus contemporáneos (Mt. 7:1-6), sino por perseverar en la oración a un Padre que conoce sus necesidades (Mt. 7:7-12). Sin embargo, este estilo de vida es un camino arduo y angosto, y no muchos están dispuestos a caminar por él (Mt. 7:13-14). De hecho, muchos falsos maestros intentarán descarriar a la nueva comunidad de discípulos (Mt. 7:15-23). Jesús concluyó con una severa advertencia: el estilo de vida que él ha descrito es el único camino para evitar la catástrofe del juicio; solo este camino ofrece un fundamento inamovible que resiste ante las pruebas divinas (Mt. 7:24-28).

Este breve repaso del Sermón del Monte demuestra

que la enseñanza de Jesús es sumamente contextual. Él habló claramente en contra de los ídolos del judaísmo e indicó el camino a una vida de verdadero amor por Dios y los demás. Su comunidad habría de encarnar el amor sufrido —amando incluso a sus enemigos— en lugar del odio y la venganza prevalentes en el primer siglo. «Ustedes han oído que fue dicho: "Amarás a tu prójimo, y odiarás a tu enemigo." Pero yo les digo: Amen a sus enemigos, bendigan a los que los maldicen, hagan bien a los que los odian, y oren por quienes los persiguen, para que sean ustedes hijos de su Padre que está en los cielos» (Mt. 5:43-45). «Amen a sus enemigos, hagan bien a quienes los odian, bendigan a quienes los maldicen, y oren por quienes los calumnian. Si alguno te golpea en una mejilla, preséntale también la otra. Si alguien te quita la capa, deja que se lleve también la túnica» (Lc. 6:27-29). Hans Küng resume la enseñanza radical de Jesús en pocas palabras:

Amor por el enemigo en lugar de destrucción;
Perdón incondicional en lugar de represalias;
Disposición a sufrir antes que hacer uso de la fuerza; Bendición a los pacificadores en vez de himnos de odio y venganza.[45]

Solo así Israel podría volverse una luz para las naciones.

Los Evangelios dicen mucho más acerca del estilo de vida al que Jesús llamó a sus discípulos. Juan destaca el amor y la obediencia como cualidades esenciales de los miembros de esta comunidad (Jn. 15:9-17), quienes debían amar a Jesús como Jesús amó al Padre, con un amor que se expresara en la obediencia. También debían amarse unos a otros, lo que sería quizás su cualidad más significativa. Jeremias dice que el amor es «la ley que rige una vida gobernada por Dios».[46] Cuando Jesús lavó los pies de sus discípulos (acto que anuncia la obra de la cruz), pintó un cuadro de su amor: es abnegado, sacrificado y está dispuesto a dar la vida por los demás (Jn. 13:1-17).

Mateo ilustra una nueva clase de discipulado que se caracteriza por responder personalmente a la autoridad de Jesús obedeciéndolo en cinco grandes enseñanzas[47] y una serie de «imágenes de la obediencia».[48]

Jesús condujo a sus seguidores hacia una vida que también se define por la reconciliación y el perdón.[49] La palabra aquí traducida como «perdón» significa mucho más de lo que suele suponerse. Deriva de la metáfora de la prisión; el perdón consiste en liberar a alguien no solo de la culpa y el poder del pecado, sino también del distanciamiento, la hostilidad, la exclusión y la injusticia. Conocer el perdón de Dios y practicarlo unos con otros hace que el pueblo de Dios se distinga como una comunidad reconciliada (Mt. 18:21-35).

Jesús también es la encarnación de la paz y el gozo, y llamó a su pueblo a vivir con paz (Jn. 14:27) y gozo (Jn. 15:11). El origen de ambas cualidades distintivas se halla en los profetas del Antiguo Testamento. La paz (*shalom*) describe la vida humana en su entorno original y creacional: una vida próspera y floreciente donde nuestra relación con Dios, con el prójimo y con la creación no humana es plena, abundante y saludable. El mundo de *shalom* se caracteriza por la justicia, el amor y la gratitud.[50] Jesús también invitó a sus discípulos a experimentar su gozo, que es un aspecto importante de la visión de los profetas del Antiguo Testamento acerca del reino venidero. Isaías aguardaba el banquete del último día y dijo: «¡Nos regocijaremos y nos alegraremos en su salvación!» (Is. 25:9). Jesús los llamó a participar del «gozo de la era mesiánica»[51] porque los días anunciados por los profetas ya habían llegado.

La comunidad de discípulos también habría de definirse por la justicia, tal como anunciaron los profetas sobre el gobierno del Mesías: «¡Aquí está mi siervo, mi escogido, en quien me complazco! Yo lo sostengo; sobre él reposa mi espíritu. Él traerá la justicia a las naciones» (Is.

42:1). Los seguidores del Mesías tienen el llamado de buscar primeramente la justicia del reino (Mt. 6:33). Mateo en particular resalta esta dimensión de la comunidad de Jesús, haciendo reiterado uso de la palabra *dikaiosyne*, que suele entenderse tan solo en términos de «justicia», de la obediencia ética de un individuo, pero que encierra un sentido mucho más amplio. Ser justos implica corregir lo que está mal en las relaciones económicas, políticas y sociales para que haya armonía. En especial, la justicia se trata de defender los derechos del pobre, el débil y otros miembros vulnerables de la sociedad frente a estructuras injustas que favorecen a los poderosos (Lc. 4:18-19). La comunidad que se formó en torno a Jesús habría de definirse por su gran preocupación por la justicia.

Lucas nos ofrece una descripción de Jesús y la comunidad de su reino que hace hincapié en la preocupación por los pobres, los pecadores y otros miembros marginalizados de la sociedad.[52] Jesús fue drásticamente inclusivo al compartir la mesa con tales marginados, y eso muestra que él se identificaba con ellos y los recibía con los brazos abiertos. En contra del trasfondo de las leyes judías de pureza —que restringían de forma tajante la elección de personas con quienes compartir la mesa—, Jesús escandalizó a los líderes de su época invitando a los «perdidos» a su mesa. Dado que el banquete era una imagen popular del reino (Is. 25:6-9; Lc. 14:15-24), Jesús dejó en claro de esta manera que los pobres, los pecadores, los enfermos, los mendigos y los marginados de la religión son bienvenidos al reino. De hecho, que se dijera que «a los pobres se les anuncian las buenas noticias» indica que el reino había llegado (Lc. 7:22); esa misma «compasión que derriba las barreras»[53] habría de distinguir a la comunidad reunida por Jesús.

Este interés genuino por los pobres y marginados presenta un marcado contraste con el exclusivismo nacionalista de los grupos judíos. Jesús escoge como discípulos a personas de extremos opuestos del espectro político: dos zelotes (Simón y Judas) y un recaudador de impuestos odiado por estar en connivencia con las autoridades romanas (Mateo). Jesús recibe a al menos tres grupos que solían ser rechazados: quienes padecían defectos físicos (ciegos, cojos y leprosos), quienes traicionaban y explotaban a Israel (recaudadores de impuestos) y los enemigos políticos (samaritanos y romanos).[54] Donald Senior y Carroll Stuhlmueller observan:

> La provocadora elección que Jesús hizo de con quién relacionarse no fue casualidad. Extender la compasión, lealtad y amistad más allá de los límites bien definidos de la exclusión fue una parábola puesta por obra, una forma vívida de comunicar el concepto que Jesús tenía de Dios y de la calidad de su reinado. El contexto en que Lucas cuenta las parábolas del capítulo 15 sobre la misericordia deja ver algo importante: Jesús defendió su amistad y compañerismo hacia «los cobradores de impuestos y pecadores» (Lc. 15:1-2) contando tres parábolas sobre la escandalizadora misericordia de Dios mismo. Tanto las compañías de Jesús como sus parábolas fueron declaraciones desafiantes sobre la naturaleza del Dios que estaba viniendo a gobernar una Israel transformada.[55]

La Israel transformada de Jesús habría de mostrar aquella compasión y misericordia que derriba las barreras. Su inclusivismo sería una poderosa luz que brillaría en la oscuridad del particularismo nacionalista.

Jesús estaba interesado no solo en el pobre sino también en el rico. De hecho, él tiene mucho para decirles a los ricos, en especial en el Evangelio de Lucas. Quien realmente se arrepiente tiene celo por la justicia económica, la compasión por el pobre y la generosidad. En este punto, Zaqueo es un modelo de cómo quería Jesús que viviera su pueblo: él se arrepintió y dio la mitad de sus posesiones a los pobres (Lc. 19:1-10). Lucas lo presenta en contraste con el joven rico, un dirigente cuyo corazón quedó enredado en sus grandes riquezas (Lc. 18:18-30). Jesús advirtió con severidad a los ricos que estaban más preocupados por sus bienes que por el reino de Dios (Lc. 6:24-26; 8:14; 12:13-21) y exhortó a sus seguidores que fueran generosos con los pobres (Lc. 11:41). Por lo tanto, la generosidad, la justicia, la compasión y el desapego de los bienes materiales habrían de definir a los seguidores de Jesús.

Estas son algunas de las cualidades de la vida que Jesús llama a sus discípulos a vivir: lo que necesitan para ser una comunidad contrastante y atrayente. Desde el principio del relato bíblico, el pueblo de Dios recibió el llamado de seguir el camino del Señor, vivir según el designio y el orden que él pensó para la vida humana desde la creación, ser una señal que indicara hacia dónde está avanzando la historia, al momento culminante en que Dios conquiste el pecado y la vida humana sea restaurada en el reino. Su pueblo tiene el llamado de vivir la vida que Dios pensó para toda la creación.

EL SUFRIMIENTO: EL PRECIO DE UNA VIDA DISTINTIVA

Cuando una vida humana es restaurada por la gracia de Dios, siempre marca un contraste con la vida de una sociedad que está moldeada por otra fe, y no existe sociedad humana cuyo estilo de vida *no esté moldeado* por alguna creencia. Sin duda, ese es el caso de Israel y Roma, las culturas preponderantes en el entorno donde Jesús formó su nueva comunidad. La sociedad del reino de Jesús debía marcar un magnífico contraste con otros estilos de vida comunales que no se adecuaban a la voluntad de Dios. Puesto que Jesús y su grupo de seguidores desafiaban a los dioses falsos de ambas culturas, las reacciones fueron hostiles. Hemos hablado de cómo contrastaba la comunidad de Jesús con los esenios, zelotes, fariseos y saduceos y con el exclusivismo nacionalista que compartían todos estos grupos. No obstante, Jesús y sus seguidores también desafiaron la cultura romana. Joel Green observa que «los valores y la conducta que Jesús predicó en Lucas contradicen y hasta cuestionan la existencia del Imperio romano en esa época».[56] En medio del orden sociopolítico «sagrado» de los romanos, Jesús fundó una comunidad cuya mismísima existencia ponía en entredicho tanto la legitimidad de Roma como los «dioses» que sostenían su ideal cultural. Green agrega que «por ende, la nueva comunidad que Jesús estableció era contracultural en el sentido más profundo. Para seguir a Jesús, sus prácticas comunitarias debían desviarse drásticamente de la ética romana y negar su origen divino».[57] Newbigin expresa esta dinámica en términos claros: «La iglesia, al ser una clase de comunidad totalmente nueva, debía desafiar una estructura antigua de comunidad, con lo cual creó una dolorosa tensión. Crear esa tensión es parte de la misión de la Iglesia». La iglesia no debe ir cautiva en pos de las estructuras sociales pecaminosas de su cultura, ni debe apartarse de esas estructuras: «No debe evadir [la tensión] ni negando y rechazando todo lazo que las une, ni rindiéndose ante esos lazos y permitiendo que tomen el control sobre ella. La iglesia debe demostrar que su carácter es de un orden completamente distinto».[58]

Desafiar el orden prevalente traerá sufrimiento. «Ninguna sociedad humana alcanza la cohesión sino sobre la base de algún tipo de creencias y costumbres compartidas. Ninguna sociedad puede permitir que esas prácticas y creencias se vean amenazadas más allá de cierto punto sin reaccionar por defensa personal. [...] El Nuevo Testamento deja en claro que, para los seguidores de Cristo, el sufrimiento debe ser normal, esperable e incluso la insignia de su discipulado, además de una de las formas características de testificar su fe.»⁵⁹

Cuando dos creencias fundacionales entran en conflicto, la cosmovisión dominante lucha para convertirse en la cosmovisión *exclusiva* y ejerce una terrible presión sobre las comunidades disidentes para que abandonen su singularidad y se adapten a la comunidad dominante. Los disidentes deben elegir adaptarse o vivir el llamado integral del evangelio con fidelidad y pagar el precio de su disidencia con el sufrimiento.

Por consiguiente, el sufrimiento es una cualidad de toda comunidad misional fiel. Jesús advirtió a sus seguidores que, si permanecían fieles a él, podían esperar dificultades: «Si el mundo los aborrece, sepan que a mí me ha aborrecido antes que a ustedes. Si ustedes fueran del mundo, el mundo amaría lo suyo; pero el mundo los aborrece porque ustedes no son del mundo, aun cuando yo los elegí del mundo. Acuérdense de la palabra que les he dicho: El siervo no es mayor que su señor. Si a mí me han perseguido, también a ustedes los perseguirán» (Jn. 15:18-20).

Nicholas Wolterstorff bien comenta acerca de este pasaje: «Hay que decir con franqueza, y con profundo pesar, que tal como Cristo anticipó a sus discípulos, hasta el fin de este siglo, habrá alienación e incluso hostilidad de la sociedad circundante hacia la iglesia así concebida, puesto que esa sociedad se basa en otros valores, tiene otros objetivos y adora a otros dioses».⁶⁰

LA VIDA DEL REINO: UN DON DEL ESPÍRITU POR MEDIO DE LA ORACIÓN

¿Quién puede vivir de esta manera? ¡Nadie! De modo que volvemos al principio. En el reino de Dios, Jesús ofrece lo que pide: el reino de Dios es un regalo y un mandato.⁶¹ El reino de Dios es, primero que nada, poder de Dios para restaurar y librar la vida humana del poder del pecado. El Espíritu vino, tal como lo habían prometido los profetas, y está obrando para renovar los corazones humanos. Sin embargo, el poder del evangelio, la obra del Espíritu y la renovación del corazón llegan solo en respuesta a nuestras oraciones a Dios, cuando permanecemos en Cristo.

Respecto de la importancia de la oración, Stephen Smalley identifica un tema que es central en el Evangelio de Lucas: el reino viene cuando el Espíritu obra en respuesta a la oración.[62] Lucas hace hincapié en que Jesús mismo fue devoto en la oración y también enseñó a sus discípulos a orar. Además, las oraciones de Jesús se encuentran en puntos decisivos de la extensión del reino de Dios.[63] Como observa Oscar Harris: «Lucas concibe la oración como un medio importante que Dios usa para guiar el curso de la historia de la redención. [...] Ese es su concepto de la centralidad y pertinencia de la oración».[64] Lucas también relaciona la oración con la obra del Espíritu. G. W. H. Lampe señala que «una de las cualidades más características de la enseñanza de San Lucas» es su insistencia en que la oración es «el medio que permite aprehender la energía dinámica del Espíritu».[65] El Espíritu es también quien hace que el reino de Dios venga. Tal como afirma James D. G. Dunn: «No se trata principalmente de que donde esté *Jesús* está el reino, sino de que donde esté el *Espíritu* está el reino».[66] Habiendo argumentado que Lucas establece vínculos estrechos entre la oración, el Espíritu y la venida del reino, Smalley concluye que Lucas «considera que la oración petitoria es el medio por el cual el poder dinámico del Espíritu de Dios se manifiesta, a lo largo de la historia, para llevar a cabo los propósitos de la salvación. De hecho, el entendimiento teológico de Lucas es tal que también contempla la actividad del Espíritu entre los hombres y la venida del reino de Dios como hechos alineados, si no sinonímicos. Donde está el Espíritu, está el reino».[67]

Cuando Jesús reunió a un grupo de discípulos y los llamó a vivir la vida distintiva del reino de Dios, también les enseñó a orar. La venida del reino se trata del poder —el poder de Dios por medio del Espíritu Santo— para restaurar el gobierno de Dios. Es una obra que el Espíritu hace en ellos para establecer su vida juntos en comunidad y para, mediante sus palabras y hechos, volverlos instrumentos eficaces del reino venidero. Los seres humanos no edifican el reino de Dios; es una obra de Dios. Por lo tanto, la oración, suplicar que Dios obre entre sus discípulos, es fundamental para la comunidad que Jesús conformó.

Cuando los discípulos vieron a Jesús orando, le pidieron que les enseñara a orar (Lc. 11:1). La oración que él les enseñó es una oración acerca del reino, puesto que ese fue el centro de atención de todo su ministerio: «También es necesario que yo anuncie en otras ciudades las buenas noticias del reino de Dios, porque para esto he sido enviado» (Lc. 4:43). La oración de Jesús mismo estaba vinculada al reino venidero y por eso él instruyó a sus discípulos que oraran por la venida del reino; esa oración (Mt. 6:9-13; Lc. 11:2-4) podría parafrasearse como vemos a continuación:

> Venga tu reino, para que tu nombre sea santificado a lo largo y ancho de toda la tierra, tal como prometieron los profetas. Venga tu reino, para que tu voluntad se cumpla en la tierra. Venga tu reino, para que la tierra nuevamente rebose de prosperidad, el hambriento sea saciado y las necesidades de los pueblos sean suplidas. Venga tu reino, para que el mundo sea libre del pecado y el perdón cubra y limpie toda la tierra. Venga tu reino; y ante la oposición espiritual poderosa, guárdanos de sucumbir, en medio de tentaciones y pruebas, al poder del maligno. Venga tu reino un día en toda su plenitud; que haya señales y evidencia de su poder ahora mismo.

Cuando los discípulos aprenden a orar así, al menos dos cosas suceden. Primero, que sus «corazones se enardecen con un celo y un vivo deseo de buscar, amar y servir» a Cristo y a su reino.[68] Se vuelven capaces de «respirar su vida y su amor y apropiárselos»;[69] o como lo expresó Barry Webb: «Cuando Jesús les enseñó a sus discípulos a orar que venga el reino de Dios, les enseñó mucho más que cómo orar: les abrió su corazón y los desafió a ser inspirados por la misma visión que él tenía y por la cual iría a la cruz, ya que su vida entera y todo su ministerio se trató del reino de Dios».[70] Sin embargo, y en segundo lugar, la oración también es el medio por el cual el poder del reino se manifiesta en sus vidas. El reino viene cuando el Espíritu obra en respuesta a la oración. Respecto de la petición de «venga tu reino», Jesús prometió: «¡cuánto más el Padre celestial dará el Espíritu Santo a quienes se lo pidan!» (Lc. 11:2, 13).

La participación humana en la obra escatológica de reunir a un pueblo: palabras, hechos y oración

Jesús desafió a su comunidad a participar de una forma *más intencionada* en la obra escatológica de reunir un pueblo, tarea que ya había comenzado. Ese reto está explícito en el Evangelio de Marcos, donde Jesús les dijo a Simón y Andrés: «Síganme, y yo haré de ustedes pescadores de hombres» (Mr. 1:17). También queda claro cuando Marcos nos cuenta por qué Jesús designó a los doce: «para que estuvieran con él, para enviarlos a predicar, y para que tuvieran el poder de expulsar demonios» (Mr. 3:14-15). Rudolf Pesch (aunque reduce el significado de la misión a la actividad intencional de «pescar hombres» con palabras y hechos) dice: «El llamado de los discípulos es seguir a Jesús y estar apartados para la actividad misionera. El llamado, el discipulado y la misión van de la mano».[71]

Jesús envió a sus doce a proclamar la llegada del

reino de Dios y a demostrar su poderosa presencia mediante hechos (Mt. 10; Lc. 9:1-6). Más adelante, Jesús envió a setenta (y dos) discípulos encomendándoles la misma tarea (Lc. 10:1-24). Hay tres observaciones sobre estas narrativas de «la comisión» que son importantes para entender la identidad y el rol de la comunidad del reino.

Primero, el número de discípulos que Jesús envió es significativo: envió primero a doce y después a setenta (y dos).[72] Ambos números son simbólicos. Hemos observado que los doce apóstoles (el fundamento de la Israel escatológica) representan a las doce tribus de la antigua Israel. Por ende, enviar a los doce es una representación simbólica de que el reino es para toda Israel. Los doce formaron un núcleo en torno al cual se reuniría el resto de Israel. Asimismo, cuando Jesús envió a los setenta (y dos), expresó simbólicamente el alcance universal del mensaje. De acuerdo con el pensamiento rabínico, basado en la tabla de las naciones de Génesis 10, setenta (y dos) naciones representan al mundo entero. «Por lo tanto, que Jesús haya enviado setenta mensajeros con Su Palabra y en Su Poder, contra el trasfondo de las ideas de aquella época, significa que estaba reclamando, de forma simbólica, la atención y obediencia no solo de Israel sino de toda la humanidad, habiendo restringido de forma explícita la misión de los Doce a Israel (cf. Mt. 10:5)».[73] El mensaje es primero para los judíos, quienes serían reunidos y restaurados a su vocación misional; pero la misión de los setenta (y dos) indica que esta obra de reunir a un pueblo, en última instancia, abarcaría a todas las naciones.

Segundo, consideremos la metáfora de la mies. Jesús dijo a los setenta (y dos): «Ciertamente, es mucha la mies, pero son pocos los segadores. Por tanto, pidan al Señor de la mies que envíe segadores a cosechar la mies» (Lc. 10:2). La mies es un símbolo bien establecido una nueva era[74] que aparece con frecuencia en el Antiguo Testamento y la literatura intertestamentaria. Por eso, es de esperarse que la imagen de una mies, que representa al pueblo que ha de ser reunido, también sea común en el Nuevo Testamento (ej.: Lc. 3:17). Junto con otras imágenes —el banquete y las ovejas del rebaño—, la imagen de los frutos que son recogidos en el día de la cosecha ilustra la incorporación del pueblo de Dios a su reino, que tendría lugar en los últimos días. Jesús dijo que esos días ya han llegado.

Lucien Legrand observa que los usos de la imagen de la mies, en el Antiguo Testamento y la literatura intertestamentaria, comparten tres características: la cosecha es escatológica (es decir, futura); es un tiempo de juicio y masacre; y (en el período intertestamentario) es tarea de los ángeles. Jesús tomó esta imagen y la modificó: la cosecha escatológica empieza *en el presente*; es un tiempo de gozo y gracia; y está a cargo de los seres humanos como colaboradores de Dios.[75] Los últimos días han comenzado, y aquellos a quienes Jesús recoge para sí mismo asumen la tarea de recoger aun más personas para hacerlos partícipes de la salvación del reino de Dios.

Tercero y último, los medios que son dados a los discípulos para que recojan la cosecha son *palabras* y *hechos*. Ellos han de «predicar el reino de Dios» (Lc. 9:2); Jesús les dijo: «Sanen enfermos, limpien leprosos, resuciten muertos y expulsen demonios» (Mt. 10:7-8). El reino de Dios no venía con violencia o poder militar (como esperaban muchos judíos) sino en la debilidad. Los discípulos eran indefensos como ovejas entre lobos. Su vulnerabilidad queda ilustrada en que podían no tener un bastón (que podría haberles servido de arma). Venían con buenas nuevas de paz y su vestimenta debía ilustrar de forma simbólica su mensaje. Solo les era dado un mensaje y hechos que confirmaran su autenticidad.

A primera vista, estos medios se ven realmente muy

débiles, pero tienen poder gracias al Espíritu que ahora está presente para traer el fruto del reino. Los hechos son señales de que el poder de Dios ha irrumpido en la historia y, por ende, desafían el poder de Satanás y el pecado. El mensaje mismo tiene el poder de establecer el gobierno de Dios. La parábola del sembrador es una clara ilustración de cómo viene el reino: el sembrador echa la semilla —que es el mensaje del reino— y cuando ella cae en buena tierra da un fruto, que es la vida del reino (Mt. 13:1-23). El reino llega mediante palabras y hechos. ¡Son el poder de Dios para salvación! Tales instrumentos, débiles por sí solos, son eficaces solo cuando Dios obra por medio de ellos. Por esa razón, es esperable que veamos nuevamente la importancia de la oración en este contexto.

Antes observamos que uno de los temas centrales del Evangelio de Lucas es que el reino viene cuando el Espíritu obra en respuesta a la oración. En un episodio que tuvo lugar poco después de que Jesús comisionara a sus seguidores, un hombre llevó a su hijo endemoniado a los discípulos, pero ellos no fueron capaces de expulsar el demonio. Entonces Jesús ordenó al demonio que saliera del muchacho y el espíritu obedeció. Más tarde, los discípulos le preguntaron por qué ellos no pudieron expulsar al demonio y Jesús les respondió: «Estos demonios no salen sino con oración» (Mr. 9:29). La oración es el medio del Espíritu para volver eficaces las acciones y palabras de Jesús y los discípulos. Es el arma principal en la batalla que tiene lugar entre el reino de Dios y los poderes demoníacos y pecaminosos que aún ejercen su dominio sobre la sociedad y la vida humanas.

Justo antes de ir a la cruz y mientras preparaba a sus discípulos para la misión que tendrían en el mundo, Jesús les habló de la oración y les dijo que ahora los llamaría «amigos» y no más «siervos», como habían sido llamados antes los miembros del pueblo de Dios. En el Antiguo Testamento, solo Abraham fue llamado amigo de Dios

(Is. 41:8; Stg. 2:23) porque Dios le dio a conocer «el cuadro completo» de su plan y lo invitó a participar en él (ej.: Gn. 12:2-3). Algo similar sucede con los discípulos; Jesús les dijo: «Ustedes son mis amigos, si hacen lo que yo les mando. Ya no los llamaré siervos, porque el siervo no sabe lo que hace su señor; yo los he llamado amigos, porque todas las cosas que oí de mi Padre, se las he dado a conocer a ustedes. Ustedes no me eligieron a mí. Más bien, yo los elegí a ustedes, y los he puesto para que vayan y lleven fruto, y su fruto permanezca» (Jn. 15:14-16). Jesús los eligió para que participaran en su misión y llevaran fruto. Los hizo sus «amigos» y les reveló lo que Dios estaba haciendo en el mundo. En ese contexto fue cuando les habló de la oración, señalándola como una parte esencial de la misión que llevarían adelante: «*para que* todo lo que pidan al Padre en mi nombre, él se lo conceda» (Jn. 15:16, énfasis mío).

Conclusión

El propósito de Jesús era reunir a Israel y restaurarla para que cumpliera su rol singular en la historia: traer salvación a las naciones. El anuncio del reino implicaba que el verdadero destino de Israel estaba alcanzando su cumplimiento. Quienes respondieran al llamado de Jesús con arrepentimiento y fe asumirían el rol del pueblo de Dios en la historia. Sin embargo, antes de poder llevar a cabo ese llamado, el reino del mal y el poder del pecado tenían que llegar a su fin. Los discípulos necesitarían el poder del siglo venidero, que les daría una nueva vida y los prepararía para asumir su vocación. Todo esto se consumó mediante la muerte y resurrección de Jesús.

Notas

1. Joachim Jeremias, *New Testament Theology*, trad. John Bowden (Nueva York: Scribner, 1971), 170.

2. Gerhard Lohfink, *Jesus and Community: The Social Dimension of the Christian Faith*, trad. John P. Galvin (Filadelfia: Fortress Press, 1982), 123.

3. George Eldon Ladd, *Jesus and the Kingdom* (Waco: Word, 1964), 135.

4. Ibíd., 127-129.

5. Andrew Kirk, *A New World Coming: A Fresh Look at the Gospel for Today* (Basingstoke, Reino Unido: Marshall, Morgan, and Scott, 1983), 54.

6. E . J. Scheffler, «Suffering in Luke's Gospel» (disertación de PhD, University of Pretoria, 1988), citado en David Bosch, *Transforming Mission: Paradigm Shifts in Theology of Mission* (Maryknoll, NY: Orbis Books, 1991), 393.

7. David Bosch, *Transforming Mission: Paradigm Shifts in Theology of Mission* (Maryknoll, NY: Orbis Books, 1991), 107.

8. Colin Gunton, *Christ and Creation* (Eugene, OR: Wipf and Stock, 1992), 18.

9. David Bosch, *Transforming Mission: Paradigm Shifts in Theology of Mission* (Maryknoll, NY: Orbis Books, 1991), 32-33.

10. Donald Senior y Carroll Stuhlmueller, *The Biblical Foundations for Mission* (Maryknoll, NY: Orbis Books, 1983), 154.

11. Hendrikus Berkhof, *Christ and the Powers*, trad. John H. Yoder (Scottdale, PA: Herald Press, 1962); Walter Wink, *Naming the Powers: The Language of Power in the New Testament*, vol. 1 de *The Powers* (Filadelfia: Fortress Press, 1984); Wink, *Unmasking the Powers: The Invisible Forces That Determine Human Existence*, vol. 2 de *The Powers* (Filadelfia: Fortress Press, 1986); Wink, *Engaging the Powers: Discernment and Resistance in a World of Domination*, vol. 3 de *The Powers* (Minneapolis: Augsburg Fortress Press, 1992). Encontrará un breve análisis del tema en Richard J. Mouw, *Politics and the Biblical Drama* (Grand Rapids: Eerdmans, 1976; reimpr., Grand Rapids: Baker Academic, 1983), 85-116.

12. Darrell L. Guder, ed., *Missional Church: A Vision for the Sending of the Church in North America* (Grand Rapids: Eerdmans, 1998), 94-95.

13. George Eldon Ladd, *Jesus and the Kingdom* (Waco: Word, 1964), 198.

14. Joachim Jeremias, *Jesus' Promise to the Nations*, trad. S. H. Hooke (Londres: SCM Press, 1948), 71.

15. Johannes Munck, *Paul and the Salvation of Mankind*, trad. Frank Clarke (Atlanta: John Knox Press, 1959), 272.

16. Ibíd., 271.

17. George Eldon Ladd, *Jesus and the Kingdom* (Waco: Word, 1964), 243.

18. Joachim Jeremias, *New Testament Theology*, trad. John Bowden (Nueva York: Scribner, 1971), 171.

19. Ibíd., 174.

20. Joachim Jeremias, *The Eucharistic Words of Jesus*, trad. Norman Perrin (Londres: SCM Press, 1966), 233n8.

21. J. H. Bavinck, *An Introduction to the Science of Missions*, trad. David Hugh Freeman (Phillipsburg, NJ: P&R, 1979), 32, 34.

22. Rudolf Schnackenburg, *God's Rule and Kingdom*, trad. J. Murray (Nueva York: Herder and Herder, 1959), 220.

23. David Bosch, *Transforming Mission: Paradigm Shifts in the Theology of Mission* (Maryknoll, NY: Orbis Books, 1991), 96.

24. John P. Meier, «Jesus, the Twelve, and the Restoration of Israel», en *Restoration: Old Testament, Jewish, and Christian Perspectives*, ed. James M. Scott (Boston: Brill, 2001), 385n39. Ver también, en el mismo volumen, Richard Bauckham, «The Restoration of Israel in Luke-Acts», 435-487.

25. N. T. Wright, *Jesus and the Victory of God* (Londres: SPCK, 1996), 275.

26. Ibíd., 300. E. P. Sanders comenta: «La expectativa de Israel fuera reunida nuevamente estaba tan difundida, y el recuerdo de las doce tribus permanecía tan intacto en su memoria, que el número "doce" necesariamente significaría "restauración"» (*Jesus and Judaism* [Filadelfia: Fortress, 1985], 98).

27. Ver Ben Meier, «Jesus, the Twelve, and Restoration», en Scott, *Restoration*, 404. Ver también Jacob Jervell, *Luke and the People of God: A New Look at Luke-Acts* (Minneapolis: Augsburg, 1972), 75-112.

28. Gerhard Lohfink, *Does God Need the Church? Toward a Theology of the People of God*, trad. Linda M. Maloney (Collegeville, MN: Liturgical Press, 1999), 131.

29. Joachim Jeremias, *Jesus' Promise to the Nations*, trad. S. H. Hooke, Studies in Biblical Theology 24 (Londres: SCM Press, 1958), 66-70.

30. Gerhard Lohfink, *Jesus and Community: The Social Dimension of the Christian Faith*, trad. John P. Galvin (Filadelfia: Fortress Press, 1984), 65.

31. Por ejemplo: Is. 44:22; 45:22; 55:7.

32. N. T. Wright, *Jesus and the Victory of God* (Londres: SPCK, 1996), 250-251.

33. Ibíd., 262.

34. George Eldon Ladd, *Jesus and the Kingdom* (Waco: Word, 1964), 294.

35. David Bosch, *Transforming Mission: Paradigm Shifts in the Theology of Mission* (Maryknoll, NY: Orbis Books, 1991), 36-39.

36. George Eldon Ladd, *The Gospel of the Kingdom: Popular Expositions on the Kingdom of God* (Grand Rapids: Eerdmans, 1959), 79.

37. N. T. Wright, *The Lord and His Prayer* (Londres: SPCK, 1996), 14-17.

38. N. T. Wright, *Jesus and the Victory of God*, 283, que cita a Ben F. Meyer, *The Aims of Jesus* (Londres: SCM, 1979), 173.

39. Gerhard Lohfink, *Jesus and Community: The Social Dimension of the Christian Faith*, trad. John P. Galvin (Filadelfia: Fortress Press, 1984), 62.

40. Ibíd., 72, énfasis mío.

41. Joachim Jeremias, *New Testament Theology*, trad. John Bowden (Nueva York: Scribner, 1971), 230, énfasis mío.

42. George Eldon Ladd, *Jesus and the Kingdom* (Waco: Word, 1964), 280n16.

43. N. T. Wright, *Jesus and the Victory of God*, 288-289.

44. Ibíd., 290.

45. Hans Küng, *On Being a Christian*, trad. Edward Quinn (Garden City, NY: Doubleday, 1976), 191.

46. Joachim Jeremias, *New Testament Theology*, trad. John Bowden (Nueva York: Scribner, 1971), 211-214.

47. Mt. 5-7, 10, 13, 18, 24-25.

48. Tales como la justicia, los mandamientos, ser perfecto, ser excelente, observar o guardar los mandatos y llevar fruto, entre otras. Ver David Bosch, *Transforming Mission: Paradigm Shifts in the Theology of Mission* (Maryknoll, NY: Orbis Books, 1991), 65-68.

49. Donald Senior y Carroll Stuhlmueller, *The Biblical Foundations for Mission* (Maryknoll, NY: Orbis Books, 1983), 148-149.

50. Cornelius Plantinga Jr., *Not the Way It's Supposed to Be: A Breviary of Sin* (Grand Rapids: Eerdmans, 1995), 10; Perry B. Yoder, *Shalom: The Bible's Word for Salvation, Justice, and Peace* (Nappanee, IN: Evangel, 1998).

51. Joachim Jeremias, *Jesus' Promise to the Nations*, trad. S. H. Hooke, Studies

in Biblical Theology 24 (Londres: SCM Press, 1958), 68.
52. Craig G. Bartholomew y Michael W. Goheen, *The Drama of Scripture: Finding Our Place in the Biblical Story* (Grand Rapids: Baker Academic, 2004), 143-145.
53. Donald Senior y Carroll Stuhlmueller, *The Biblical Foundations for Mission* (Maryknoll, NY: Orbis Books, 1983), 257.
54. David Bosch, *The Church as Alternative Community* (Potchefstroom, Sudáfrica: Institute for Reformational Studies, 1982), 15.
55. Donald Senior y Carroll Stuhlmueller, *The Biblical Foundations for Mission* (Maryknoll, NY: Orbis Books, 1983), 147.
56. Joel Green, *The Theology of the Gospel of Luke*, New Testament Theology (Cambridge: Cambridge University Press, 1995), 119.
57. Ibíd., 121.
58. Lesslie Newbigin, *A South India Diary* (Londres: SCM, 1951), 49; edición norteamericana: *That All May Be One: A South India Diary—The Story of an Experiment in Christian Unity* (Nueva York: Association Press, 1952), 51.
59. Lesslie Newbigin, *Trinitarian Faith and Today's Mission* (Richmond: John Knox Press, 1964), 42.
60. Nicholas Wolterstorff, *Educating for Shalom: Essays on Christian Higher Education*, ed. Clarence W. Joldersma y Gloria Goris Stronks (Grand Rapids: Eerdmans, 2004), 7.
61. Herman N. Ridderbos, *The Coming of the Kingdom*, trad. H. de Jongste, ed. Raymond O. Zorn (Filadelfia: P&R, 1962), 241-259.
62. Stephen S. Smalley, «Spirit, Kingdom and Prayer in Luke-Acts», *Novum Testamentum* 15, nro. 1 (enero 1973): 59-71.
63. Peter T. O'Brien, «Prayer in Luke-Acts», *Tyndale Bulletin* 24 (1973): 111-127.
64. Oscar G. Harris, «Prayer in Luke-Acts: A Study in the Theology of Luke» (disertación de PhD, Vanderbilt University, 1966), 2-3.
65. G. W. H. Lampe, «The Holy Spirit in the Writings of St. Luke», en *Studies in the Gospels: Essays in Memory of R. H. Lightfoot*, ed. D. E. Nineham (Oxford: Oxford University Press, 1955), 169.
66. James D. G. Dunn, «Spirit and Kingdom», *Expository Times* 82 (1970-1971): 38.
67. Stephen S. Smalley, «Spirit, Kingdom and Prayer in Luke-Acts», *Novum Testamentum* 15, nro. 1 (enero 1973): 68.
68. John Calvin, *Institutes of the Christian Religion* 20.3, ed. John T. McNeill, trad. Ford Lewis Battles (Filadelfia: Westminster, 1960), 852. Calvino usa una imagen maravillosa que se refiere a la oración como la pala que cava y desentierra los tesoros escondidos de los que habla el evangelio (850-851).
69. N. T. Wright, *The Lord and His Prayer* (Londres: SPCK, 1996), 47.
70. Barry G. Webb, *The Message of Zechariah: Your Kingdom Come*, parte de la serie *The Bible Speaks Today* (Downers Grove, IL: InterVarsity, 2003), 19.
71. Rudolf Pesch, «Berufung und Sendung, Nachfolge und Mission: Eine Studie zu Mk 1, 16–20», *Zeitschrift fur katholische Theologie* 91 (1969): 15, citado en David Bosch, *Transforming Mission: Paradigm Shifts in the Theology of Mission* (Maryknoll, NY: Orbis Books, 1991), 36.
72. Los manuscritos griegos difieren al respecto: algunos hablan de setenta discípulos y otros de setenta y dos. Es probable que esta discordancia sea un reflejo

de la diferencia que hallamos entre el Antiguo Testamento hebreo y la Septuaginta, la traducción griega del Antiguo Testamento, respecto del número de naciones que vemos en Génesis 10. La Septuaginta habla de setenta y dos naciones, mientras que el texto hebreo habla de setenta. Ambas opciones retienen el mismo simbolismo.

73. Karl Heinrich Rengstorf, «ἑπτά», en *Theological Dictionary of the New Testament*, ed. Gerhard Kittel, trad. Geoffrey Bromiley (Grand Rapids: Eerdmans, 1964), 2:634.

74. Joachim Jeremias, *The Parables of Jesus*, 2da ed. rev. (Nueva York: Charles Scribner's Sons, 1972), 118-119.

75. Lucien Legrand, *Unity and Plurality: Mission in the Bible*, trad. Robert R. Barr (Maryknoll, NY: Orbis Books, 1990), 60.

5

LA MUERTE Y RESURRECCIÓN DE JESÚS Y LA IDENTIDAD MISIONAL DE LA IGLESIA

Todos los domingos, cientos de miles de comunidades cristianas de todo el mundo parten el pan y beben vino en un acto ritual que conmemora la muerte de Cristo. Esta simple observación nos cuenta una historia: las comunidades que observan este ritual creen que la muerte de un hombre histórico determina su vida comunitaria y su propia identidad. Lo hacen el domingo, el primer día de la semana, cuando Jesús se levantó de entre los muertos, para dar a entender que *este acontecimiento* marcó nada menos que el principio de la nueva creación. Antes de que esta nueva Israel reunida y renovada pudiera ser enviada a todas las naciones para dar testimonio del reino con su vida, antes de que pudiera empezar la etapa escatológica de reunir a las naciones, debían tener lugar la muerte y la resurrección de Jesús, que permitirían que el pueblo de Dios fuera partícipe del poder del reino de Dios. Estos sucesos no solo están en el centro de la vida de la comunidad cristiana, sino también en el centro de la historia cósmica.

La cruz y la iglesia: tres problemáticas

En el transcurso de los últimos dos siglos, la transcendencia que han tenido la muerte y la resurrección de Jesús *para la iglesia* muchas veces ha sido explorada a medias. Para entender mejor qué significaron ambos sucesos para la comunidad de discípulos a la que Jesús encomendó cumplir su misión —de hecho, lo que significaron para nosotros *como pueblo*—, consideraremos tres problemáticas que plantea la comprensión evangélica tradicional de la cruz y de su importancia para la iglesia: (1) prestar escasa atención a los contextos *narrativos* del relato de la crucifixión; (2) restar a la expiación su importancia *comunal y cósmica*; y (3) desatender el mensaje del *poder* transformador de la cruz. El punto no es que la teología evangélica tradicional simplemente ha interpretado mal todos estos temas, sino que ha dejado a un lado aspectos importantes.

El primer problema de interpretación surge cuando se trata el significado de la crucifixión en un contexto teológico temático, abstraído de los contextos narrativos (histórico-redentor y literario). La disposición temática de las ideas de un sermón o un libro de texto de teología tiende a hacer hincapié en la salvación del individuo. Por ejemplo, una presentación evangelística podría partir desde la importancia de tener una relación personal con Dios, pasar por el pecado individual y la culpa que impiden tener esa relación, y terminar con la solución al pecado, que es la cruz de Cristo. Entonces el evangelista continuaría su exposición diciendo que la fe y el arrepentimiento personales son la forma en que nos apropiamos de la obra de Cristo. De nuevo, no hay nada falso en esa formulación del mensaje, pero cuando hablamos de la cruz *únicamente,* o incluso principalmente, en este contexto, el significado que trasciende la vida del creyente individual queda oculto. Al decir que Jesús cargó con nuestras culpas al morir y que por medio de la fe podemos recibir perdón y justificación, sin duda dejamos ver los importantes beneficios del evangelio para el individuo. El problema no radica en la imagen de la expiación sustitutiva —que es crucial para tener una compresión bíblica de la cruz— sino en la forma en que se la ha reducido a la relevancia para el individuo. Detengámonos en las palabras de Juan cuando exclamó: «Este es el Cordero de Dios, que quita el pecado *del mundo*» (Jn. 1:29, énfasis mío).

Asimismo, la teología sistemática adopta un enfoque temático y sistemático, que nos muestra un contexto de la cruz distinto del contexto bíblico y narrativo original. Una disposición típica de la información podría ser la siguiente: un tratamiento de Dios, la humanidad en relación con Dios, la persona y obra de Cristo (donde se explica en detalle la crucifixión), la aplicación de la obra redentora (en términos de beneficios para el individuo), a continuación la doctrina de la iglesia y, por último, la escatología.[1] Este ordenamiento de las ideas tiene cierta lógica y puede ser útil, puesto que resalta aspectos importantes de la enseñanza escritural. No obstante, este tipo de presentación ubica la cruz en el plano de la salvación individual, lo que sugiere que la iglesia es una mera comunidad de individuos que se han apropiado de la obra de Cristo. Este concepto de iglesia nos puede volver vulnerables ante la trampa del consumismo que describimos en el primer capítulo. Por el contrario, la iglesia necesita ver la cruz plantada en el lugar que le corresponde en el relato del ministerio terrenal de Jesús, en su anuncio del reino y —lo más importante para los fines de nuestro estudio— en el aspecto central de su misión de reino: *reunir un pueblo*. Si prestamos la atención debida a la crucifixión en el contexto narrativo de los Evangelios, veremos que Jesús empezó a edificar esta comunidad *antes* de la cruz. La centralidad de la comunidad se remonta a Abraham, y uno de los aspectos fundamentales que distinguen la misión de

Jesús es la tarea de reunir y restaurar a Israel para que cumpliera el rol que Dios le había asignado. La crucifixión, desde una comprensión correcta, es la culminación de la obra de Cristo de reunir un pueblo; es el acontecimiento que da inicio a la misión de la comunidad que Jesús reunió.

El segundo problema que presentan las interpretaciones evangélicas tradicionales sobre la crucifixión deriva del primero: hacer un énfasis excesivo sobre los beneficios de la cruz para el creyente individual ha sido un error mediante el cual hemos permitido que la relevancia de la cruz *para la comunidad* quedara eclipsada. Una y otra vez predicamos que la cruz tan solo quita la culpa del individuo y la reemplaza con perdón y justificación. Si el mensaje tiene una dimensión social, lo mencionamos como una acotación final: la iglesia no es más que una asamblea de individuos que fueron perdonados y justificados. El líder de iglesia argentino René Padilla sugiere que el cristianismo occidental «se ha concentrado en la salvación del alma del individuo pero con frecuencia ha hecho caso omiso del propósito de Dios de crear una nueva humanidad por medio del amor sacrificial y la justicia a favor del pobre». Por consiguiente, «en las teorías clásicas de la expiación, la obra de Cristo no guarda relación alguna con el plan de Dios de crear una nueva humanidad».[2]

Sin embargo, la individualización de la expiación implica que la cruz queda despojada no solo de su relevancia comunal, sino también de su importancia *escatológica* y del alcance *cósmico* de sus efectos. El significado pleno de la crucifixión revela y consuma el fin de la historia universal y la renovación del cosmos entero, pero con mucha frecuencia se la presenta tan solo como un medio por el que los individuos alcanzan la salvación eterna. Haciendo referencia a una «expiación personalizada», N. T. Wright comenta que «gran parte del pensamiento cristiano de los siglos XIX y XX ha aceptado el marco propuesto por la Ilustración, dentro del cual la fe cristiana tiene el rol de rescatar a las personas de un mundo cruel y asegurarles el perdón presente y en el cielo para siempre».[3] Padilla nos insta a ver la importancia cósmica y escatológica de la cruz, a pensarla «no solo como la fuente de la salvación individual, sino como el lugar donde comienza la renovación de la creación: los nuevos cielos y la nueva tierra que Dios ha prometido y que la comunidad mesiánica anticipa».[4]

Un tercer problema de interpretación es que la expiación muchas veces ha perdido el énfasis neotestamentario sobre su *poder transformador*. La comprensión evangélica de la obra de la cruz suele hacer hincapié en que nos fue quitada la culpa: «Jesús murió por mí, estoy perdonado y justificado». Desde esa perspectiva, el resultado de la crucifixión es *un individuo justificado*, y no *una comunidad transformada*; el significado de la cruz queda reducido a una mera «transacción salvífica que permite que un pueblo pecaminoso y violento, junto con sus estructuras caídas, siga substancialmente igual, sin cambiar en absoluto».[5] Según esta interpretación defectuosa, la culpa del pecado es quitada, pero su poder sigue vigente.[6]

Nuestro entendimiento de la cruz está condicionado por las preguntas que hacemos. Si nos preguntamos «¿Cómo puede una persona como yo ser perdonada y obtener la vida eterna a pesar de que es pecadora y merece ser castigada?», la respuesta será: «Jesús murió en mi lugar». Ahora bien, si nos preguntamos «¿Cómo puede Dios renovar la creación entera y toda la vida humana frente a la corrupción del pecado humano?», la respuesta será: «En la cruz, Jesús tomó el poder y la culpa del pecado y los cargó sobre sí; de ese modo venció el poder del pecado y la maldad que amenazaban con destruir la creación y la humanidad». También podemos preguntarnos «¿Cómo puede Dios crear una nueva comunidad que desde el presente anticipe y encarne la vida del reino de Dios que ha de venir?», y la respuesta será: «Por medio de la muerte de Jesús, Dios ha vencido la maldad que tanto ha corrompido la vida humana desde los tiempos de Adán».

Debemos ser claros en cuanto a que «*estas y otras posibles preguntas y respuestas no son mutuamente excluyentes*».[7] Que uno afirme la victoria de Dios sobre el poder del pecado no significa que deba desatender el perdón de la culpa por el pecado. Decir que Dios obtuvo la renovación del cosmos no implica contradecir la salvación del individuo, puesto que el individuo es parte de esa renovación. Confesar que en la cruz Cristo triunfó sobre el pecado no significa que uno deba rechazar la postura de que la expiación es sustitutiva. Proclamar que la cruz derribó las estructuras de poder del pecado no equivale a negar que en la cruz Jesús también lidió con el pecado del individuo. Por consiguiente, para evitar tener una visión reduccionista de la expiación, debemos sostener *todas* las imágenes bíblicas que aluden a la cruz[8] y confesar *todas las dimensiones* en las que se expresa su importancia: individual, comunal y cósmica.

La importancia de la cruz: las dimensiones comunal y cósmica

Para comprender la importancia cósmica y comunal de la cruz, debemos volver al contexto narrativo original de las Escrituras, donde se relata por primera vez la crucifixión. Los Evangelios nos cuentan de la venida del reino de Dios y la muerte de Jesús es el clímax. Sin embargo, incluso esta crónica de Jesús y del reino es incompleta: es parte de un relato mucho más amplio, el relato de la Biblia, la historia universal que comienza con la creación del mundo y termina con la renovación de toda la creación, incluidos los pueblos de todas las naciones. Desde una perspectiva global, el relato bíblico contiene dos grandes temas —la obra de salvación cósmica de Dios y el rol de Israel— que alcanzan su punto culminante en un mismo acontecimiento de los Evangelios. El contexto original de la crucifixión se revela por el contexto narrativo de la historia de la redención, que se encuentra en el relato bíblico, y por la estructura literaria de los Evangelios. Ambos elementos son importantes para entender la relación que hay entre la cruz y la iglesia.[9]

El primer tema es la salvación cósmica: las crónicas de los Evangelios narran el momento culminante de la batalla de Dios contra el mal para restaurar la creación entera y a toda la humanidad del pecado. El relato de los Evangelios es parte de un relato mucho más amplio que trata de lo que Dios está haciendo para liberar del poder del mal al mundo que él creó. Nos relatan la batalla que se desató entre el poder del reino de Dios, en Jesús y por el Espíritu, y los poderes de la maldad y la oscuridad. Este enfrentamiento se puso de manifiesto cuando Jesús atacó el dolor, la enfermedad, la culpa, el pecado personal, los estilos de vida inmorales, la idolatría a las riquezas, las relaciones rotas, la muerte, las pretensiones de superioridad moral, la hostilidad de la naturaleza, las prácticas y estructuras religiosas distorsionadas, las estructuras sociales injustas que excluyen y marginalizan, las estructuras económicas injustas que explotan al pobre y las estructuras políticas injustas que hacen abuso del poder. Jesús confrontó la maldad, tanto personal como estructural, con sus palabras, sus maravillosas obras de poder, sus muchos actos proféticos y sus prácticas sociales. Él identificó la fuente de toda esta maldad en el corazón humano (Mr. 7:14-23) y en los poderes satánicos y demoníacos que subyacen a las estructuras sociales, económicas y políticas (Lc. 22:53; Jn. 12:31). La cruz es el acontecimiento culminante de esa batalla. Todas las estructuras de poder —políticas, religiosas y sociales— aunaron fuerzas para matar a Jesús (1 Co. 2:8): los crueles soldados, la multitud parlera, los tímidos discípulos, el renegado Judas, los celosos líderes religiosos y dos sistemas judiciales corruptos, romano y judío. Al leer el relato en los Evangelios, vemos que la cruz «fue el precio que Jesús pagó para desafiar a los poderes del mal y salir victorioso».[10]

En la cruz, el reino de Dios conquistó el mal, no por demostrar una fuerza superior, sino porque Jesús absorbió todo el tormento del pecado y agotó el poder que tenía para subyugar a la creación y a la humanidad. «Su llamado fue a seguir el camino del sufrimiento, el rechazo y la muerte: el camino de la cruz. Él fue testigo del reinado de Dios no por mostrarse dominante frente a las fuerzas del mal, sino por tomar sobre sí toda la carga del mal. Aun así, fue en esa aparente derrota donde obtuvo la victoria.»[11] Lo que se impuso y venció el poder de la maldad y el pecado que corrompe al mundo fue la fuerza del amor sufrido, por medio del cual el Cordero de Dios cargó sobre sí el pecado del mundo, la culpa y el poder del pecado para destruir.

Aquí vemos el clímax del relato bíblico: la muerte de Jesús gana la victoria decisiva del reino de Dios sobre el mal y el pecado, pone fin a la era antigua y cumple el objetivo de la historia de la redención. La cruz tiene relevancia cósmica y la iglesia es partícipe de esta salvación cósmica.

El segundo tema concierne a *Israel*: los Evangelios hablan del momento culminante en que Dios obró en su pueblo y a través de él para bendecir al mundo. Dentro del plan para rescatar a su creación, Dios eligió a Abraham (y al pueblo que conformarían sus descendientes) para traer el remedio para el pecado. En un capítulo anterior citamos el comentario rabínico según el cual Dios dice: «Crearé primero a Adán y, si él se descarría, enviaré a Abraham para solucionarlo».[12] El dilema de los tiempos de Jesús era que Abraham e Israel no habían podido «solucionarlo»; de hecho, se habían vuelto parte del problema. El fracaso de Israel en la tarea de ser luz a las naciones acarreó el juicio de Dios: él los envió al exilio, los dispersó entre las naciones para castigarlos por su pecado. El juicio seguía vigente e Israel aguardaba que Dios los reuniera y restaurara como había prometido mediante los profetas. Sin embargo, el castigo continuó bajo la cruel ocupación romana. Por consiguiente, antes de que Dios pudiera empezar a reunirlos y restaurarlos, era necesario lidiar con el propio pecado de Israel.

En los años que precedieron el ministerio de Jesús, se había difundido entre los judíos la creencia de que «el sufrimiento y castigo [de la nación israelita] [...] precipitaría el momento en que las tribulaciones de Israel se completarían y finalmente sería purificada de su pecado para que su exilio por fin terminara». Así, el sufrimiento de Israel no sería «un mero estado *del cual* sería [...] redimida» sino «parte de los medios *mediante los cuales* se efectuaría esa redención».[13] La noción del sufrimiento como pago por el pecado colectivo de Israel se encuentra en los profetas, más claramente en Isaías, y estaba muy presente en el pensamiento judío del primer siglo:

> ¡Consuelen, consuelen a mi pueblo! —dice su Dios—. Hablen con cariño a Jerusalén, y anúncienleque ya ha cumplido su tiempo de servicio, que ya ha pagado por su iniquidad, que ya ha recibido de la mano del Señor el doble por todos sus pecados. *Isaías 40:1-2* (NVI)

El juicio cedería ante la redención, el exilio ante la restauración, el castigo ante la salvación, la muerte ante la resurrección. Estas «aflicciones mesiánicas» serían como los dolores de parto, puesto que el sufrimiento y el dolor aumentarían para dar lugar al nacimiento de un nuevo pueblo y una nueva creación. Sería un tiempo de gran oscuridad, pero acabaría al fin con los albores de la salvación.

Otra creencia, que para algunos acompañaba la primera, era que una persona representaría a Israel y se volvería un sacrificio que absorbería la ira de Dios y así libertaría a Israel.[14]

Mientras reunía al pueblo israelita, Jesús les advirtió que recaerían sobre ellos aflicciones y juicio por su propio pecado, por no haber sido la Israel que Dios los había llamado a ser. El odio y la violencia que los caracterizaba (y que había reemplazado el amor por las naciones) inevitablemente derivaría en terribles represalias de las autoridades romanas. Jesús anhelaba reunir a Israel y restaurarla a su vocación original cargando sobre sí mismo el castigo que Israel bien merecía.

La imagen que Jesús da de una gallina y sus polluelos es la mejor ilustración del sacrificio que él preveía hacer por Israel: «¡Jerusalén, Jerusalén, que matas a los profetas y apedreas a los que son enviados a ti! ¡Cuántas veces quise juntar a tus hijos, como junta la gallina a sus polluelos debajo de sus alas, y no quisiste! ¡Miren cuán desolada se queda la casa de ustedes!» (Mt. 23:37-38). Como la gallina anhela reunir a sus polluelos bajo sus alas para protegerlos del peligro, Jesús anhelaba absorber por completo el juicio de Dios para proteger a Israel, pero muchos rechazaron su protección. La imagen que Jesús toma aquí «es la del incendio de un corral; la gallina junta a los polluelos bajo sus alas y, cuando el incendio acaba, podemos ver a la gallina muerta, abrasada y ennegrecida, pero con polluelos vivos bajo sus alas. Al parecer, Jesús estaba señalando la esperanza de tomar sobre sí mismo el juicio que se cernía sobre la nación y la ciudad».[15] Por consiguiente, en su muerte, Jesús soportó todo el fuego de la ira de Dios; quienes se refugian bajo sus alas experimentan restauración, salvación y vida.

Aquí vemos la cruz como el clímax de la historia de Israel: Jesús asume el castigo de Israel y, por ende, Israel es restaurada para reanudar su llamado. Israel es librada tanto de la culpa como del poder del pecado. La muerte de Jesús crea una comunidad restaurada, restablecida en su vocación de ser un canal de salvación para las naciones. La crucifixión es el acontecimiento que crea un pueblo redimido y transformado; tiene importancia comunal.

Imágenes de la expiación

La cruz es la más poderosa de las obras de Dios; es allí donde él consuma la salvación del mundo que se revelará en toda su plenitud en el fin de la historia universal. No hay imagen que pueda expresar enteramente todo lo que Dios ha llevado a cabo en la crucifixión de Jesús. La Biblia emplea muchas imágenes y la iglesia ha empleado muchas más a lo largo de su historia, pero ninguna es adecuada para expresar la totalidad de lo que Dios ha conquistado mediante la muerte de Jesús.[16] Newbigin bien dice:

> Estamos hablando de un *suceso extraordinario*, un acontecimiento que jamás podremos comprender de forma acabada mediante nuestra capacidad intelectual ni traducir cabalmente en una teoría o doctrina. Estamos en presencia de una realidad llena de misterio, que desafía pero también excede nuestro entendimiento [...]. A lo largo de los siglos, desde el primer testigo hasta nuestros días, la iglesia ha buscado y empleado innumerables símbolos para explicar el indescriptible misterio de un acontecimiento que es el centro y la crisis de toda la historia cósmica, la bisagra que da un giro a todos los acontecimientos. Cristo, el sacrificio ofrecido por nuestro pecado; Cristo, el sustituto que toma nuestro lugar; Cristo, el rescate pagado por nuestra redención; Cristo, el conquistador que destierra

al príncipe de este mundo: estos y otros símbolos han sido empleados para señalar cuál es la médula del misterio. Ninguno de ellos puede expresarlo en su totalidad. Es el suceso extraordinario en el que el reinado de Dios está presente.[17]

La imagen de «conflicto, victoria y liberación»[18] o *Christus Victor* nos permite apreciar que la cruz es la victoria de Dios sobre la maldad, por medio del conflicto y el sufrimiento, cuyo resultado es una creación y un pueblo restaurados. Esta imagen llama la atención hacia el alcance cósmico de la cruz: la victoria que Dios obtuvo allí es la conquista del pecado y la maldad que habían corrompido toda la creación. La imagen del sacrificio es una rica ilustración del Antiguo Testamento que nos muestra que Jesús fue el sustituto que tomó sobre sí el pecado del mundo y la justa ira de Dios: «Este es el Cordero de Dios, que quita el pecado del mundo» (Jn. 1:29). Estos dos modelos han dominado los estudios recientes sobre la expiación y, tristemente, han sido planteados como modelos opuestos. No obstante, ambos son importantes para que la iglesia misional tenga una comprensión completa de la cruz.

Sin embargo, para los fines de la eclesiología, quizás sea útil explorar otra imagen bíblica. Aquellas imágenes a las que Driver denomina «arquetípicas» ilustran de forma gráfica la relevancia cósmica y comunal de la muerte de Jesús.[19] La imagen del arquetipo que emplea Pablo acarrea la noción hebrea de la personalidad colectiva de Israel, donde una persona se vuelve representante de todos, responsable del destino de toda una nación. Pablo se refiere a Jesús como este representante (ej.: Ro. 5:12-21; 2 Co. 5:14-15), pero Jesús cargó sobre sí el destino no solo de Israel sino también de toda la humanidad y toda la creación. Jesús actuó en representación del mundo y de todos los pueblos, y llevó sobre sí mismo el destino de toda la creación. En su muerte, puso fin a la era antigua, dominada por el pecado, la maldad, el poder satánico y la muerte. En su resurrección, inauguró la era venidera. Estos acontecimientos dieron origen a una nueva humanidad, que participa en la derrota del pecado (consumada en la muerte de Cristo) y el comienzo de una nueva creación (consumado en su resurrección). Por eso, Pablo puede escribir que cuando somos bautizados en Cristo, empezamos a participar, en solidaridad con Jesús, en el destino de la historia universal, que se ha consumado de forma irreversible en su muerte y resurrección (Ro. 6:1-14).

En esta imagen podemos apreciar tres dimensiones de la expiación que comúnmente no reciben mucha atención. La expiación es *escatológica:* consuma el fin de la era antigua. La expiación es *comunal y cósmica:* Jesús carga con el destino de su pueblo y de toda la creación en su muerte, que pone fin a la era antigua. Por último, la expiación es *transformativa:* los poderes de la era venidera fluyen hacia el presente por medio de la muerte de Jesús.

La cruz y la iglesia misional

La importancia de la cruz para la eclesiología podría resumirse en tres afirmaciones. Primero, la cruz es *cósmica* y *escatológica*: la renovación de toda la creación, el objetivo final de la historia, ya está sellada para su consumación gracias a la muerte de Cristo, el pago por la restauración de la creación entera. En sus escritos, Newbigin ha destacado la importancia que tiene para el relato bíblico y para la iglesia la trascendencia cósmica de la cruz. Él se refiere a la cruz como «un acontecimiento irrepetible que creemos que da sentido y dirección a un giro irreversible de la historia».[20] Es un «acto de obediencia que cambia el rumbo de las cosas en todo el cosmos»,[21] «el centro y la crisis de toda la historia cósmica»,[22] «la bisagra que da un giro a todos los acontecimientos»,[23] «el punto de inflexión de la historia».[24] En resumen, como también señala en otro escrito, la cruz es «el acontecimiento decisivo mediante el cual *todas las cosas* cambiaron».[25]

Segundo, la cruz da origen a una *comunidad* que participa en la victoria que Jesús obtuvo sobre la culpa y el poder del pecado que subyugaban a toda la creación. El pueblo de Dios participa en la muerte de Cristo y así es como muere nuestra vieja naturaleza (dominada por el pecado). Las palabras de los profetas, que anunciaban que Dios renovaría a su pueblo (Ez. 36, 37), se cumplieron en la muerte de Jesús. La Israel del Antiguo Testamento no pudo cumplir su llamado a causa de su pecado —puesto que la Torá no podía convertirlos en una comunidad misional fiel—, pero la muerte de Jesús puso fin al poder del pecado; como escribe Pablo: «Porque Dios ha hecho lo que para la ley era imposible hacer, debido a que era débil por su naturaleza pecaminosa: por causa del pecado envió a su Hijo en una condición semejante a la del hombre pecador, y de esa manera condenó al pecado en la carne, para que la justicia de la ley se cumpliera en nosotros, que no seguimos los pasos de nuestra carne, sino los del Espíritu» (Ro. 8:3-4). Ahora el pueblo reunido y renovado de Dios podía llevar a cabo su llamado. La cruz liberó el poder necesario para convertirlos en un pueblo que puede vivir como la luz del mundo.

Tercero y último, los miembros *individuales* del pueblo de Dios pueden ser parte de esta nueva creación y de la comunidad que ahora recibe, solo por el arrepentimiento y la fe, lo que Cristo ha conseguido en la cruz. Si bien los beneficios de la cruz para el disfrute individual muchas veces han sido el aspecto preponderante de la teología de la expiación, debemos entenderlos desde contextos más amplios. Cuando decimos «Jesús murió por mí» estamos diciendo la verdad, dado que somos miembros de la comunidad que participa de la victoria cósmica de la cruz de Cristo. Las dimensiones comunal y cósmica de la crucifixión no tienen por qué estar en tensión con la relevancia de la cruz para el individuo; de hecho, solo gracias a que esta salvación —que el pueblo de Dios disfruta— se extiende a toda la creación, cualquier individuo puede unirse al pueblo de Dios para ser partícipe de ella. Jesús primero anunció la venida del reino —el gobierno de Dios sobre toda la creación— y después dijo a los oyentes individuales: «¡Arrepiéntanse, y crean en el evangelio!» (Mr. 1:15).

La cruz como preparación para reunir a las naciones
Según los Evangelios, hay dos condiciones que debían cumplirse antes de que la salvación pudiera extenderse a todas las naciones.[26] Primero, debía ofrecerse la salvación al pueblo de Israel: debían ser restaurados a su rol en el relato de Dios, para que entonces los gentiles pudiera unirse a ellos. Esta restauración es precisamente lo que Jesús llevó a cabo en su ministerio terrenal. La segunda condición necesaria era la cruz: era necesario que la sangre del nuevo pacto fuera derramada «por muchos» (Mr. 14:24), para pagar el rescate «por muchos» (Mr. 10:45). En este contexto, la frase «por muchos» debe interpretarse como «por los pueblos del mundo».[27] Solo después de que Jesús quitara los pecados no solo de su pueblo sino también de todo el mundo, las buenas nuevas de la salvación podrían extenderse a todas las naciones. La muerte de Jesús debía tener lugar antes de que él pudiera preparar la mesa del banquete y el pueblo de Dios pudiera empezar a ser reunido (Lc. 14:16-24). Respecto de esta parábola, Karl Barth observa que el pueblo de Dios no podía incluir a todas las naciones hasta que Jesús muriera: «Él todavía no había entregado su vida en rescate por muchos. No todo estaba listo aún. La mesa aún no estaba servida. Aún no se podía invitar a los comensales. Israel aún no estaba

totalmente preparada para cumplir su misión escatológica».[28] Después de que Jesús dio su vida en rescate, los comensales ya podían ser invitados y la comunidad escatológica podría adoptar una forma multiétnica.

La resurrección de Jesús y el pueblo de Dios

Pablo explica a la iglesia de Corinto cuál es el centro del evangelio que nos salva: «Les he enseñado lo mismo que yo recibí: Que, conforme a las Escrituras, Cristo murió por nuestros pecados; que también, conforme a las Escrituras, fue sepultado y resucitó al tercer día; y que se apareció a Cefas, y luego a los doce» (1 Co. 15:3-6). La muerte y la resurrección de Cristo son primordiales: la iglesia corintia había depositado su fe en estos dos acontecimientos y así fue salva por ellos. Estos dos sucesos yacen, muy estrechamente ligados, en el centro de la historia cósmica. Ambos consuman aquella salvación que es el objetivo de la historia. Sin embargo, los evangélicos en ocasiones se han conformado con solo defender la historicidad de la resurrección y afirmar su valor apologético, sin considerar la enorme importancia que estos acontecimientos tienen desde una mirada histórico-redentora.[29] Sin duda, la resurrección es un suceso histórico y debemos defenderla como tal (1 Co. 15:14), pero el significado de la resurrección para la historia mundial es el asunto más importante que está en juego. ¿Cuál es el significado fundamental de la resurrección de Jesús dentro del relato bíblico? ¿Qué relevancia tiene para la eclesiología?

La resurrección: el principio del siglo venidero

Debemos situar la resurrección en los días de Jesús, en el contexto del segundo templo judío. Durante este período, tal como observa N. T. Wright, la resurrección «representaba *la restauración de Israel* por un lado y *la nueva encarnación de la vida de todo el pueblo de YHWH* por otro lado, dos imágenes íntimamente relacionadas; se concebía [la resurrección] como el gran acontecimiento que YHWH llevaría a cabo al final de "este siglo" y que daría inicio al "siglo venidero"».[30] Por consiguiente, para los judíos del primer siglo, la resurrección era la señal incontrovertible de que el reino de Dios había venido en plenitud. Significa más que ser levantado de entre los muertos en un nuevo cuerpo (aunque sí significa eso): significa nada menos que la completa renovación de toda la vida humana (encarnada) en la nueva tierra.

Era de esperarse entonces que, cuando Jesús dijo a sus discípulos que el Hijo de Dios se levantaría de entre los muertos (Mr. 9:9), ellos no entendieran de qué estaba hablando. Mientras descendían del monte donde habían visto a Jesús transfigurado y glorificado, se debatían qué podría haber querido decir Jesús cuando habló de «resucitar de los muertos» en esos términos. Estaban acostumbrados a pensar la resurrección como un suceso comunal y cósmico, no a imaginar a un hombre levantarse de entre los muertos; para ellos, la resurrección era lo que ocurriría en el final de los tiempos, no en el medio de la historia. Un Mesías crucificado no tenía sentido dentro de su cosmovisión judía; tampoco tenía sentido un Mesías resucitado. Por eso, cuando Jesús fuera crucificado y se levantara corporalmente de entre los muertos, todos los que creyeran que él de verdad era el Mesías deberían buscar una explicación a estos acontecimientos.

El punto de partida para entender la resurrección es ver qué significa en el contexto del relato bíblico: la resurrección marca la restauración del pueblo de Dios a una vida nueva, para ser partícipes de una nueva creación. Para la iglesia primitiva, la resurrección de Jesús fue el principio de esta nueva creación. El Nuevo Testamento nos abre el entendimiento con tres imágenes: Cristo es el primogénito, las primicias y el precursor o el principio (*arche*). Jesús es el «primogénito» de entre los muertos

(Ro. 8:29; Col. 1:18), la primera persona en nacer en el nuevo mundo que ha de venir. No obstante, la palabra «primogénito» acarrea más que la mera idea de que él fue el primero en un sentido cronológico. Como «primogénito», Cristo ocupa un lugar especial: él es Aquel que «abre el camino» para sus seguidores y «une el futuro de ellos al suyo». Jesús también es «las primicias» de la cosecha escatológica (1 Co. 15:20), el principio, el primer fruto de la cosecha, que también *representa* el resto de la cosecha. En los primeros frutos se hace visible toda la cosecha. Por último, Jesús es el «principio» (*arche*) de la resurrección (Col. 1:18). Herman Ridderbos dice que nuestra palabra «principio» no logra plasmar la importancia de lo que Pablo tenía en mente. «Porque lo que se intenta expresar no es tan solo que Cristo fue el Primero o que constituyó el principio en términos cronológicos; más bien, él fue el Precursor, el Pionero, el Inaugurador, quien abrió el camino. En él la gran Resurrección se hizo realidad.»[31]

Estas tres imágenes destacan dos verdades importantes. Primero, todas apuntan a que, en la resurrección de Jesús, el siglo venidero —el reino de Dios, la vida de la resurrección— ha comenzado. Este suceso, al igual que la crucifixión, debe entenderse primero en torno a su relevancia cósmica. No fue un mero suceso aislado, ni solo un milagro que prueba la verdad de la fe cristiana. Por el contrario, la resurrección se sitúa, junto con la cruz, en el centro de la historia universal y da dirección y sentido a la historia. Cuando Jesús se levantó de la tumba, comenzó algo nuevo que un día cubrirá la faz de la tierra. Newbigin hace hincapié en que «nuestra fe consiste en que este acontecimiento histórico es decisivo para toda la historia. [...] En el centro de la historia, tanto la historia del hombre como la de la naturaleza, hallamos el suceso crucial, fundamental e irrepetible de la muerte y resurrección de Jesús. Por medio de él, la condición del ser humano cambió irreversiblemente».[32]

Las implicancias para la eclesiología son importantes. Jesús no solo es el principio cronológico. Su resurrección hizo del reino una realidad y él trajo consigo a un pueblo que participa en su victoria. Pablo habla de «muchos hermanos y hermanas» que están unidos a Jesús y así son partícipes de su obra (Ro. 8:29). Esa participación queda explícita en las palabras de Pablo: «De modo que si alguno está en Cristo, ya es una nueva creación; atrás ha quedado lo viejo: ¡ahora ya todo es nuevo!» (2 Co. 5:17). Ridderbos lo traduce adecuadamente al decir: «Si algún hombre está en Cristo, pertenece a la nueva creación».[33] Si bien el pueblo de Dios aún vive en un mundo donde el pecado y la muerte siguen vigentes, ellos participan de la vida del Jesús resucitado y «se han vuelto parte de la nueva creación de Dios (2 Co. 5:17; Gá. 6:15)».[34] Markus Barth lo afirma sin rodeos: «*La Iglesia es la viva muestra del poder de la resurrección y de la fe en ella,* o no es la Iglesia de Dios».[35]

Las palabras de Pablo acerca del bautismo —el ritual por el cual las personas son incorporadas a la comunidad del pueblo de Dios— dejan en claro la importancia escatológica de la muerte y la resurrección de Jesús (Ro. 6:1-14). La muerte de Jesús es *el fin de lo antiguo*. En la cruz, él puso fin al pecado. Los antiguos poderes del pecado, la maldad, Satanás y la muerte quedaron en el pasado; son enemigos derrotados que ya no tienen dominio sobre quienes son partícipes del siglo venidero. La resurrección es *el comienzo de lo nuevo*. En la resurrección, Jesús inauguró el siglo venidero. Los poderes de esta nueva era hoy están obrando en la comunidad creyente. Cuando una persona se bautiza en la comunidad escatológica de Dios, se une a Cristo en su muerte y resurrección: «Porque si nos hemos unido a Cristo en su muerte, así también nos uniremos a él en su resurrección. Sabemos que nuestro antiguo yo fue crucificado juntamente con él, para que el cuerpo del pecado sea destruido, a fin de que no sirvamos más al pecado. Porque el que ha muerto, ha sido liberado del pecado» (Ro. 6:5-7). Por lo tanto, la comunidad creyente vive en el siglo venidero y debería estar muerta al pecado pero viva para Dios.

La misma relación que observamos entre las dimensiones cósmica, comunal e individual de la crucifixión tiene lugar en la resurrección, el acontecimiento escatológico y cósmico mediante el cual Dios inaugura su reino. La resurrección crea una comunidad que participa en la resurrección de Cristo y en los poderes del siglo venidero. Los miembros individuales de la comunidad escatológica participan en ella por la fe y el arrepentimiento.

Comisionados por el Señor resucitado: definición de la identidad eclesial

Habiéndose consumado la crucifixión y resurrección, la obra mesiánica de reunir y purificar a un pueblo para que llevara a cabo el llamado de ser una luz a las naciones estaba casi completa. Solo faltaba darles una nueva identidad en una comisión final y prepararlos armándolos del poder prometido del Espíritu Santo. Entonces su tarea escatológica podría empezar. Todos los Evangelios terminan con el Jesús resucitado comisionando a la comunidad de sus discípulos, enviándolos a llevar las buenas nuevas a todas las naciones (Mt. 28:16-20; Mr. 16:9-20; Lc. 24:44-49; cf. Jn. 20:19-23; Hch. 1:8). Lamentablemente, estos mandatos muchas veces se han interpretado aislándolos tanto del relato bíblico global como de la estructura literaria de los diversos libros en los que se encuentran. En efecto, Jesús estaba enviando a una *comunidad* al mundo, pero sus palabras de la Gran Comisión muchas veces tan sido empleadas como el fundamento para que las iglesias envíen individuos a contextos transculturales. Si bien las misiones transculturales son parte de la comisión de la iglesia, no es en eso en lo que Jesús hace hincapié cuando comunica su comisión final a su pueblo, ni de eso se tratan esos pasajes.[36] De hecho, los capítulos finales de todos los Evangelios establecen la mismísima identidad y el rol de la comunidad del nuevo pacto. Como dice Günther Bornkamm: «Mateo 28:18 trata el primer lugar de la vida de la iglesia misma, no de la práctica de la misión».[37]

Cada Evangelio lo expresa de una forma distinta, con un vocabulario único e ideas teológicas características. En el presente libro no examinaremos en detalle cada una de las versiones de la comisión y sus diferencias;[38] más bien, bosquejaremos algunos temas en común, el lugar que ocupan en la historia de la redención y su importancia para la eclesiología.

En primer lugar, esta comunidad fue *enviada* a hacer discípulos y proclamar el perdón *a todas las naciones*. Legrand observa que no hay nada en el relato bíblico hasta este punto, ni en el Antiguo Testamento ni en la práctica y las palabras de Jesús, que afirme como una obviedad que esta comunidad, que acababa de ser reunida, debía ser *enviada* a los pueblos del mundo.[39] Los profetas del Antiguo Testamento habían anunciado que *las naciones irían* a Jerusalén y Dios las reuniría allí, por lo que quizás la iglesia de Jerusalén de los primeros capítulos de Hechos aún creyera que en eso consistiría su misión. Charles Scobie resume el mensaje profético:

> Primero, la asamblea de las naciones reunidas *es un suceso escatológico* [...]. Segundo, la asamblea de las naciones reunidas *no es obra de Israel*. Con frecuencia, son las naciones mismas quienes toman la iniciativa. Hay un número significativo de pasajes donde es Dios quien las reúne [...]. Tercero, todos estos pasajes proféticos prevén que *las naciones irán a Israel, no Israel a las naciones*. El

verbo recurrente es «venir»: «en ese día *vendrán* a ti» (Mi. 7:12), «las naciones *vendrán* hacia tu luz» (Is. 60:3), etc. Este movimiento desde la periferia hacia el centro bien ha sido denominado «centrípeto».[40]

Sin embargo, ahora parece que ya no se trataba de un peregrinaje de las naciones hacia el centro sino de enviar a «Israel» a la periferia (Jn. 20:21). Aquí vemos un gran punto de inflexión en la historia de la redención: «En este "ir a todas las naciones" yace el punto de inflexión distintivo, el gran cambio de dirección del evangelio al que apuntan y para el que nos preparan las declaraciones previas de Jesús (ej.: Mt. 13:38, 22:1-14, 24:14, etc.), pero que solo en este punto entra en vigor».[41] El cambio de movimiento centrípeto a centrífugo —la transformación de la misma forma del pueblo de Dios— solo se explica a partir de aquellas palabras de Jesús. Él reunió su pequeño rebaño y lo envió a las naciones ordenándole que continúe el proceso que él había empezado.

El pueblo de Dios ahora era enviado a *todas las naciones* (Mt. 28:19; Lc. 24:47). A lo largo del relato bíblico, la incorporación de las naciones al pueblo de Dios había sido una promesa escatológica. Jesús había limitado su misión al pueblo de Israel; los reunió y restauró con miras a este objetivo. Ahora había llegado el momento de que la salvación de Dios se extendiera a las naciones.

En segundo lugar, Jesús envió a una *comunidad* a cumplir una misión en las naciones. Todo el ministerio de Jesús había consistido en reunir y formar un pueblo que encarnara los propósitos de Dios para el mundo. Jesús aquí no estaba enviando a once individuos (número reducido temporalmente por la pérdida de Judas) por separado, cada uno con su propia responsabilidad de testificar del evangelio; esta forma de interpretar las misiones a la luz de la iniciativa misionera occidental nos ha desviado del propósito original. La Gran Comisión no es una *tarea* asignada a *individuos* aislados; es una *identidad* que le es dada una *comunidad*. Shenk observa que «*la Gran Comisión es una declaración eclesiológica, ya que está dirigida a una comunidad de discípulos, no a individuos autónomos*».[42] Jesús le habló a una comunidad reunida, al núcleo y germen de la iglesia del Nuevo Testamento, para darle una identidad y un rol en la misión que Dios seguía llevando adelante. Newbigin observa que la comisión de Jesús para su comunidad «es la inauguración *de la iglesia*. Es el lanzamiento de un movimiento en la esfera pública del mundo. [La iglesia] no tiene vida sino porque es enviada [...]. [Es] un cuerpo enviado al mundo para llevar a todos los pueblos a Cristo. La identidad de la iglesia se halla en el hecho de que sea enviada».[43]

En tercer lugar, esta comunidad es *la Israel escatológica*. Cuando Jesús se apareció a los once, *habló con la Israel que él había vuelto a reunir*. Karl Barth afirma que los once de Galilea «encarnan y representan a la Israel del fin de los tiempos. Estos "once" —¡de acuerdo con la aritmética bíblica!— son igual a "doce", puesto que pesar de que su número está incompleto, ellos representan a la totalidad de Israel».[44] Aquí encontramos el núcleo de la «Israel» del fin de los tiempos, una nación destinada a incluir a todas las naciones, en la medida en que todas sean incorporadas a la vida e historia de Israel, reunida y purificada en los últimos días. Barth dice:

> Por medio de esta misión, en la resurrección de Cristo, la comunidad de Jesús se manifiesta como una comunidad universal: es la Israel escatológica, la Israel que acoge en su vida e historia a los escogidos de entre los gentiles. De hecho, nunca ha sido distinta. Incluso durante su vida antes de morir, Jesús nunca dio ningún otro fundamento más que el que ahora se hace evidente: la comunidad que

Jesús formó no era una comunidad especial dentro de Israel y, por ende, tampoco una nueva forma de la Israel que vimos antes en la historia, sino la Israel del fin de los tiempos, *que cumple el destino de la Israel histórica,* a la que Dios llama «mi pacto con el pueblo y una luz para las naciones» [Is. 42:6; 49:8].[45]

Por consiguiente, al ser los orígenes de la Israel escatológica, este grupo reanudaría la misión de Israel y cumpliría lo que Dios había pensado para su pueblo desde que lo eligió y lo estableció como nación. Ellos cumplirían el destino de Israel: ser una luz a las naciones.

En cuarto lugar, dado que la Israel escatológica fue enviada a residir entre las naciones y que los pueblos del mundo empezarían a tener un lugar en la vida y la historia de Israel, el pueblo de Dios adoptaría una *nueva forma.* Este pueblo de la diáspora, cuyos nuevos hogares estarían entre las naciones y culturas del mundo, ya no estaría definido por un patrimonio geográfico o étnico, ni por la unidad sociopolítica. Basándose en la resurrección y esta nueva comisión que le confiere una identidad, el pueblo de Dios es «el pueblo de la Israel renovada, ahora transformada, por medio de Jesús y el Espíritu, en un pueblo multiétnico que carece de una ubicación geográfica definida y tiene una misión orientada al mundo entero».[46]

En quinto lugar, los propósitos universales de Dios se llevan a cabo *sobre la base de la resurrección de Jesús y el don del Espíritu.* «Desde todo punto de vista, es claro que la resurrección, la corona de la obra de Cristo, es *la primera y mayor* presuposición y condición para proclamar el evangelio entre las naciones. La segunda es el don del Espíritu Santo.»[47] En todos los cuatro Evangelios, la resurrección es el origen de la misión. Jesús es el Señor resucitado que posee poder universal y autoridad cósmica.

Frente al escenario que presenta Daniel 7:14, Mateo retrata a Jesús como el Señor resucitado que tiene toda autoridad sobre los cielos y la tierra y que, basándose en su dominio mundial, comisiona a sus discípulos llamándolos a invitar a la humanidad entera a someterse a su señorío: «*La misión es el llamamiento del Señorío de Cristo*».[48] En los Evangelios de Juan y Lucas, el Señor resucitado imparte el Espíritu Santo a sus discípulos. El Espíritu es el don prometido de los últimos tiempos, que los profetas anuncian para la salvación de toda la humanidad (Jl. 2). La membresía del «pueblo de Dios» se amplía para incluir a todas las naciones sobre la base de la autoridad cósmica del Jesús resucitado y la obra universal del Espíritu. La misión del pueblo de Dios es «poner por obra el poder universal impartido al Resucitado (Mateo) [e] implementar la energía del Espíritu que emana de la Resurrección (Lucas y Juan)».[49]

Por último, estas comisiones llaman a la comunidad de discípulos *a continuar la misión de Jesús:* su «*misión tiene todas las dimensiones y todo el alcance del propio ministerio de Jesús*».[50] Cada Evangelio lo deja en claro según su propia orientación teológica. El llamado de Mateo a «hacer discípulos» nos trasporta al resto de la narrativa del libro y nos muestra a Jesús haciendo discípulos: el discípulo responde al mensaje del reino con fe y arrepentimiento; el discípulo hace de Jesús el centro de su vida, aprende a vivir una comunión de amor con él y moldea su propia vida siguiendo el ejemplo de Jesús; el discípulo aprende a obedecer cada palabra de Jesús a pesar del costo y participa en la misión de Jesús dando a conocer el reino con palabras y hechos; el discípulo aprende a practicar el amor sufrido. Karl Barth comenta acerca del mandato de Jesús de «hacer discípulos»: «¡Hagan que sean lo que ustedes mismos son! ¡Enséñenles aquí, conmigo, donde ustedes mismos aprendieron! ¡Llámenlos a conformar las doce tribus de la Israel escatológica! ¡Háganlos participar en el lugar y la tarea que Israel tiene en el mundo!».[51] O como observa Christopher Wright, Jesús «comisiona a sus propios discípulos para que vayan y creen réplicas de sí mismos estableciendo comunidades de obediencia entre las naciones».[52]

En el Evangelio de Juan, Jesús dice de forma muy explícita: «Así como el Padre me envió, también yo los envío a ustedes» (Jn. 20:21). En este pasaje, la palabra «así» nos dice que la misión de Jesús en Israel fue constituir un paradigma de la misión que sus seguidores pudieran reproducir en las naciones. Newbigin comenta: «Estas palabras deben determinar la forma en que pensamos y llevamos a cabo la misión; debe estar fundada y moldeada sobre esta base. No estamos autorizados a cumplirla de ninguna otra forma».[53]

Legrand hace el útil comentario de que entender el rol de la iglesia como la reanudación de la misma causa de Jesús nos deja ver el «*significado de los relatos del evangelio desde [su] función de [enseñarnos sobre] la misión*».[54] A veces los evangélicos no saben bien qué hacer con los relatos que nos dan los Evangelios sobre la vida y el ministerio de Jesús, más que buscar en ellos un ejemplo de santidad personal. Sin embargo, en ellos encontramos el modelo que debe definir la vida de la iglesia. Si retrocedemos al capítulo anterior y leemos el resumen de la misión de Jesús, encontraremos allí un llamado arduo para nuestra vida. Jesús formó una comunidad para que encarnara su propia misión de reino y participara en ella. Él anunció las buenas nuevas e invitó al pueblo a incorporarse a esa comunidad mediante el arrepentimiento y la fe, para que también recibiera las bendiciones y exigencias del reino. Él demostró el poder y la naturaleza del reino con actos poderosos y compasión. Su vida ilustró gráficamente la vida del reino: una relación con Dios donde él es nuestro Abba; una vida investida del poder del

Espíritu; una rica y profunda vida de oración centrada en el clamor por el reino; una completa obediencia al Padre; un llamado integral a la justicia, el gozo, el amor y el perdón; la identificación con el pobre y marginado; y la disposición a desafiar, con un amor sufrido, a los ídolos y poderes de la cultura. Esta descripción es un retrato amplio y profundo de la vida misional que la iglesia es llamada a vivir.

Sin embargo, eso no significa que la iglesia debe conformarse con hacer una imitación barata de la misión de Jesús. Hugo Echegaray observa que «Jesús no dejó a sus discípulos un programa exhaustivo de acción, ni una cartilla con la cual guiarse ulteriormente en toda circunstancia, ni reglas muy precisas para su organización futura. Jesús los dejó en libertad para dar responsablemente forma a la misión después de la experiencia pascual, según se fueran afrontando nuevas circunstancias, necesidades y problemas».[55] En su vida terrenal, con sus dichos y hechos, Jesús ofreció una alternativa frente al orden social y político injusto de ese entonces. Él no dio normas éticas abstractas ni un sistema de organización comunal totalmente desarrollado, sino que dio señales y ejemplos de una práctica alternativa que habría de dar forma a una vida en comunidad que mirara con ojo crítico los ídolos culturales. «Jesús no crea un modelo rígido de acción, sino que impulsa a sus discípulos a prolongar creativamente la lógica de su práctica, en las diferentes circunstancias históricas en las que la comunidad deberá proclamar, en hechos y palabras, el evangelio del reino.»[56]

Conclusión

El relato bíblico es una narrativa del camino de Dios hacia la restauración de la creación y la vida humana, para que ambas vuelvan a vivir bajo su gobierno misericordioso. Él escoge a un pueblo para que lo acompañe en ese camino y encarne, en su vida en comunidad, la promesa de la restauración de Dios. La muerte y la resurrección de Jesús son los sucesos centrales y culminantes de este relato. En la cruz, la era antigua —dominada por el pecado, el poder satánico y la maldad— fue derrotada de forma decisiva. En la resurrección, el siglo venidero —caracterizado por su *shalom,* justicia y salvación, y destinado a cubrir la faz de la tierra— se da por comenzado. El pueblo de Dios empieza a participar en estos acontecimientos *para bendecir al mundo.* Sus vidas transformadas por los poderes del siglo venidero apuntan a estos sucesos definitorios como el punto de inflexión de la historia mundial. Una vez consumada la obra culminante, el pueblo escatológico que Jesús había reunido ahora podía ser enviado a las naciones. El Nuevo Testamento registra la historia y la reflexión teológica de este pueblo enviado a las naciones para extender la lógica de la misión de Jesús de formas creativas y en contextos culturales diversos. De eso se trata nuestro próximo capítulo.

Notas

1. Ver, por ejemplo, Louis Berkhof, *Systematic Theology*, 4ta ed. rev. (Grand Rapids: Eerdmans, 1939). En contraste, es instructivo observar que cuando Lesslie Newbigin escribió una breve teología sistemática para preparar a los líderes de India, él revirtió el orden. Él dice que en su tradición reformada, el orden es Cristo, la apropiación individual de la fe, y luego la iglesia; pero reordena los temas para ubicar a la iglesia antes de la salvación personal (*Sin and Salvation* [Londres: SCM Press, 1956], 8-9). Su explicación es la siguiente: «Descubrí que la experiencia de la obra misionera me obligaba a hacerlo. Vi que el tipo de protestantismo en el que había sido instruido pertenecía a un contexto de "cristiandad". En un contexto misionero, la Iglesia necesitaba tener un lugar lógico distinto» (*Unfinished Agenda: An Updated Autobiography*, ed. rev. ampliada [Edinburgh: St. Andrews Press, 1993], 138).
2. C. René Padilla, prólogo de John Driver, *Understanding the Atonement for the Mission of the Church* (Scottdale, PA: Herald Press, 1986), 9-10.
3. N. T. Wright, *Evil and the Justice of God* (Londres: SPCK, 2006), 46.
4. C. René Padilla, prólogo de John Driver, *Understanding the Atonement for the Mission of the Church* (Scottdale, PA: Herald Press, 1986), 10.
5. John Driver, *Understanding the Atonement for the Mission of the Church* (Scottdale, PA: Herald Press, 1986), 30.
6. En contraste, el himno «Roca de la eternidad» de Augustus Toplady, escrito en el siglo XVIII, enfatiza ambos elementos: «Sé la *doble cura* para mi pecado;

lávame de su culpa y líbrame de su poder» [traducción literal].

7. N. T. Wright, *Surprised by Hope: Rethinking Heaven, the Resurrection, and the Mission of the Church* (Nueva York: Harper One, 2008), 199.

8. El libro de John Driver, *Understanding the Atonement for the Mission of the Church* (Scottdale, PA: Herald Press, 1986), explora diez grupos de imágenes que sirven para interpretar la importancia de la cruz en términos de su relevancia para la iglesia.

9. N. T. Wright, *Evil and the Justice of God* (Londres: SPCK, 2006), 47-54.

10. Lesslie Newbigin, *Mission in Christ's Way: Bible Studies* (Geneva: WCC, 1987), 25.

11. Lesslie Newbigin, *The Open Secret: An Introduction to the Theology of Mission*, ed. rev. (Grand Rapids: Eerdmans, 1995), 35.

12. *Gen. Rab.* 14:6, en *Midrash Rabbah: Genesis*, trad. H. Freedman y Maurice Simon, 2 vols. (Londres: Soncino Press, 1939).

13. N. T. Wright, *Jesus and the Victory of God* (Londres: SPCK, 1996), 591.

14. N. T. Wright, *The New Testament and the People of God* (Londres: SPCK, 1996), 275-278.

15. N. T. Wright, *The Challenge of Jesus* (Londres: SPCK, 2000), 62.

16. Cf. La «visión caleidoscópica» de la expiación propuesta por Joel Green. Él cree que «ningún modelo ni metáfora es suficiente cuando nos enfrentamos a la tarea de explicar y proclamar» la expiación hoy en día (Joel Green, «Kaleidoscopic View», *The Nature of the Atonement: Four Views*, ed. James Beilby y Paul R. Eddy [Downers Grove, IL: InterVarsity, 2006], 157).

17. Lesslie Newbigin, *The Open Secret: An Introduction to the Theology of Mission*, ed. rev. (Grand Rapids: Eerdmans, 1995), 49-50.

18. John Driver, *Understanding the Atonement for the Mission of the Church* (Scottdale, PA: Herald Press, 1986), 71-86.

19. Ibíd., 101-114. Esta es también una de las imágenes favoritas de Lesslie Newbigin; ver Michael W. Goheen, *"As the Father Has Sent Me, I Am Sending You": J. E. Lesslie Newbigin's Missionary Ecclesiology* (Zoetermeer, Netherlands: 2000), 150-152.

20. Lesslie Newbigin, «The Bible Study Lectures», *Digest of the Proceedings of the Ninth Meeting of the Consultation on Church Union*, ed. Paul A. Crow (Princeton, NJ: COCU, 1970), 198.

21. Ibíd., 201.

22. Lesslie Newbigin, *The Open Secret: An Introduction to the Theology of Mission*, ed. rev. (Grand Rapids: Eerdmans, 1995), 50.

23. Lesslie Newbigin, «Bible Studies on John 17: The Hinge of History», *Lutheran Standard: USA* (4 de abril de 1967): 11.

24. Lesslie Newbigin, «This Is the Turning Point of History», *Reform* (abril, 1990): 4.

25. Lesslie Newbigin, *The Open Secret: An Introduction to the Theology of Mission*, ed. rev. (Grand Rapids: Eerdmans, 1995), 50, énfasis mío.

26. Joachim Jeremias, *Jesus' Promise to the Nations*, trad. S. H. Hooke (Londres: SCM, 1958), 71-73.

27. Joachim Jeremias, *The Eucharistic Words of Jesus* (Londres: SCM Press; Filadelfia: Trinity Press International, 1966), 229; cf. 179-182.

28. Karl Barth, «An Exegetical Study of Matthew 28:16-20», *The Theology of the Christian Mission*, ed. Gerald H. Anderson (Londres: SCM Press, 1961), 65.

29. Ej.: Gary R. Habermas, «Resurrection of Christ», *Evangelical Dictionary of Theology*, ed. Walter A. Elwell (Grand Rapids: Baker Academic, 1984), 938-941.

30. N. T. Wright, *The Resurrection of the Son of God* (Minneapolis: Fortress Press, 2003), 205.

31. Herman Ridderbos, *Paul: An Outline of His Theology*, trad. John Richard De Witt (Grand Rapids: Eerdmans, 1975), 56.

32. Lesslie Newbigin, «Bible Studies Given at the National Christian Council Triennial Assembly, Shillong», *National Christian Council Review* 88 (1968): 9-10.

33. Herman Ridderbos, *Paul: An Outline of His Theology*, trad. John Richard De Witt (Grand Rapids: Eerdmans, 1975), 206.

34. David Bosch, *Transforming Mission: Paradigm Shifts in the Theology of Mission* (Maryknoll, NY: Orbis Books, 1991), 143.

35. Markus Barth, *The Broken Wall: A Study of the Epistle to the Ephesians* (1959; reimpr., Vancouver, BC: Regent Press, 2002), 120.

36. David Bosch, «The Structure of Mission: An Exposition of Matthew 28:16-20», *Exploring Church Growth*, ed. Wilbert R. Shenk (Grand Rapids: Eerdmans, 1983), 218-248; David Bosch, *Transforming Mission: Paradigm Shifts in the Theology of Mission* (Maryknoll, NY: Orbis Books, 1991), 65-79.

37. Günther Bornkamm, «Der Auferstandene und der Irdische», *Zeit und Geschichte: Festschrift Bultmann zum 80 Geburtstag*, ed. E. Dinkler (Tübingen: Mohr, 1964), 185, citado en Lucien Legrand, *Unity and Plurality: Mission in the Bible*, trad. Robert R. Barr (Maryknoll, NY: Orbis Books, 1990), 82. Ver también P. T. O'Brien, «The Great Commission of Matthew 28:18-20: A Missionary Mandate or Not? », *Reformed Theological Review* 35 (1976): 66-78.

38. Encontrará un tratamiento más exhaustivo de cada una de las versiones de la comisión en: Donald Senior y Carroll Stuhlmueller, *The Biblical Foundations for Mission* (Maryknoll, NY: Orbis, 1983); Mortimer Arias y Alan Johnson, *The Great Commission: Biblical Models for Evangelism* (Nashville: Abingdon, 1992).

39. Lucien Legrand, *Unity and Plurality: Mission in the Bible*, trad. Robert R. Barr (Maryknoll, NY: Orbis Books, 1990), 70.

40. Charles Scobie, «Israel and the Nations: An Essay in Biblical Theology», *Tyndale Bulletin* 43, nro. 2 (1992): 291-292; ver también H. H. Rowley, *The Missionary Message of the Old Testament* (Londres: Carey Press, 1944), 36, 39-41.

41. Johannes Blauw, *The Missionary Nature of the Church: A Survey of the Biblical Theology of Mission* (Nueva York: McGraw-Hill, 1962), 85.

42. Wilbert R. Shenk, *Write the Vision: The Church Renewed* (Valley Forge, PA: Trinity Press International, 1995), 89.

43. Lesslie Newbigin, *Mission in Christ's Way: Bible Studies* (Geneva: WCC, 1987), 22-23, énfasis mío.

44. Karl Barth, «An Exegetical Study of Matthew 28:16-20», *The Theology of the Christian Mission*, ed. Gerald H. Anderson (Londres: SCM Press, 1961), 58.

45. Ibíd., 64, énfasis mío.

46. N. T. Wright, *The Last Word: Beyond Bible Wars to a New Understanding of the Authority of Scripture* (Nueva York: Harper Collins, 2005), 54.

47. Johannes Blauw, *The Missionary Nature of the Church: A Survey of the Biblical Theology of Mission* (Nueva York: McGraw-Hill, 1962), 89.
48. Ibíd., 84.
49. Lucien Legrand, *Unity and Plurality: Mission in the Bible*, trad. Robert R. Barr (Maryknoll, NY: Orbis Books, 1990), 70.
50. Ibíd., 74.
51. Karl Barth, «An Exegetical Study of Matthew 28:16-20», *The Theology of the Christian Mission*, ed. Gerald H. Anderson (Londres: SCM Press, 1961), 63.
52. Christopher J. H. Wright, *The Mission of God: Unlocking the Bible's Grand Narrative* (Downers Grove: InterVarsity, 2006), 391.
53. Lesslie Newbigin, *Mission in Christ's Way: Bible Studies* (Geneva: WCC, 1987), 1.
54. Lucien Legrand, *Unity and Plurality: Mission in the Bible*, trad. Robert R. Barr (Maryknoll, NY: Orbis Books, 1990), 73.
55. Hugo Echegaray, *La práctica de Jesús* (Salamanca, España: Ediciones Sígueme, 1982), 182.
56. Ibíd., 183.

6

LA IGLESIA MISIONAL EN EL RELATO DEL NUEVO TESTAMENTO

Lucas es el único autor del Nuevo Testamento que continuó la crónica de la misión de Dios después de la resurrección, y su relato es sumamente relevante para los fines de la eclesiología misional. Por un lado, nos muestra una estrecha continuidad entre la misión del pueblo de Dios del Antiguo Testamento y la comunidad emergente que describe Lucas, ya que este pueblo mesiánico reunido reanudó la misión de Israel de ser una luz para las naciones. Por otro lado, vemos una diferencia drástica y novedosa: este pueblo que se reunía en torno a Jesús, el Mesías, fue lleno del Espíritu Santo y enviado a cumplir la misión escatológica de Jesús, hasta los confines de la tierra. Ambos elementos del carácter de la iglesia, lo antiguo y lo nuevo, aportan a la formación de la identidad profundamente misional del pueblo de Dios. En este capítulo, exploraremos la historia de la iglesia misional durante el primer siglo.

La misión en Hechos

Ward Gasque afirma que «la teología de Hechos es una teología enfocada en la misión: la iglesia no existe para sí misma sino para el mundo, para dar un testimonio audaz de lo que Dios ha hecho y está haciendo en Jesús».[1] Si bien eso es cierto, cabe preguntarnos: ¿qué significa aquí la palabra «misión»? Wilbert Shenk advierte que «los comentaristas modernos ayudan a perpetuar una interpretación de Hechos basada en el pensamiento de la cristiandad, ya que dividen los contenidos e insertan títulos y comentarios editoriales influenciados por la práctica moderna y los supuestos de nuestros días». Aquí Shenk se refiere a la práctica y los supuestos del movimiento misionero moderno (de los siglos XIX y XX), que entendía la misión como una empresa principalmente transcultural. El mismo autor continúa con la observación de que, por interpretar el relato de esta manera, la mayoría de los eruditos bíblicos han introducido el término «misión» a partir del comienzo de la misión con los gentiles (Hch. 13).[2] Lucien Legrand objeta algo similar: «En el relato de Lucas, la primera parte de Hechos es la que funda la misión. En la prisa por "llegar a Pablo", a veces tendemos a pensar que esta primera parte es tan solo una búsqueda desorientada y a tientas de la misión, mientras que el apostolado paulino es la misión propiamente dicha».[3]

Si por «misión» nos referimos a una expansión geográfica —llevar el evangelio a nuevos lugares—, entonces la misión de la iglesia empezó con los viajes de Pablo (Hch. 13) o quizás un poco antes, cuando Pedro cruzó las barreras culturales en su visita a Cornelio (Hch. 10). Ahora bien, si entendemos la misión a la luz del Antiguo Testamento, como Jesús la entendió, entonces lo que vemos en Hechos es algo muy distinto. La misión propiamente dicha es el rol de los escogidos de Dios, que deben vivir como una comunidad contrastante y así atraer a las naciones circundantes para que participen del pacto con Dios. En tal caso, la misión no empieza en Hechos sino mucho antes, en los comienzos del relato bíblico. Los Evangelios narran el principio del cumplimiento escatológico de la misión de Dios en el ministerio de Jesús; Hechos continúa ese relato. En Hechos, el relato de la misión de Dios prosigue con la restauración de Israel y la incorporación de los gentiles al pueblo de Dios.

La misión de Jesús continúa

El vínculo entre la misión del pueblo de Dios y la misión de Jesús queda explícito desde las primeras líneas de Hechos, donde Lucas nos dice que en su Evangelio escribió «acerca de todo lo que Jesús *comenzó a hacer y a enseñar*» (Hch. 1:1, énfasis mío). La inferencia lógica es que, en Hechos, Lucas escribiría acerca de todo lo que Jesús *continuó haciendo y enseñando* (ahora como Señor exaltado) por el Espíritu y a través de su comunidad escogida. La misión es una obra de Dios: Jesús está obrando por el Espíritu. Su pueblo se ocupa de llevar a cabo esa misión; ellos prolongan la misión que Jesús empezó. Continuar su misión no es tan solo una tarea más que Jesús encomendó a la comunidad de sus discípulos. Más bien, es lo que define su identidad y rol que ellos tienen en el relato de Dios, que sigue en curso.

Lucas resalta la relación que hay entre la misión de Jesús y la misión de su pueblo de cuatro maneras. La primera es *histórico-redentora*. En su influyente estudio de Lucas, Hans Conzelmann muestra que él introduce la idea de la salvación histórica en tres etapas:[4] (1) la era de Israel, que se extiende hasta Juan el Bautista inclusive; (2) la era del ministerio de Jesús, que yace en el medio de la historia;[5] y (3) la era de la iglesia, que comienza en Pentecostés. Esta interpretación teológica de la historia destaca tanto la centralidad de la obra de Cristo como el rol de la iglesia en la historia de la redención, que es continuar lo que él empezó.

Esta estructura histórico-redentora está implícita en los meticulosos *paralelismos literarios* que encontramos entre Lucas y Hechos: la misión de la iglesia primitiva que vemos en los primeros capítulos de Hechos y la misión de Jesús de la que leemos en los primeros capítulos del Evangelio de Lucas se desarrollan de forma paralela.[6] Tanto la misión de Jesús (en Lucas) como la misión de su pueblo (en Hechos) empiezan con la oración (Lc. 3:21; Hch. 1:14) y la respuesta a la oración es la venida del Espíritu (Lc. 3:22; Hch. 2:1-13), seguida en ambos casos por un discurso inaugural que relaciona al Espíritu con la misión y lo confirma citando las Escrituras (Lc. 4:16-21; Hch. 2:14-39). Ambos discursos proclaman «libertad» (Lc. 4:18; Hch. 2:38) y pronto vemos como resultado una sanidad (Lc. 5:17-20; Hch. 3:1-10), que suscita la oposición de los líderes religiosos judíos (Lc. 5:21; Hch. 4:1-22). El propósito teológico del patrón literario que vemos en Hechos es resaltar que la misión de Jesús continúa por medio de su pueblo.

La obra del *Espíritu* es la tercera forma en que Lucas relaciona a Jesús con su comunidad de seguidores. En Lucas, la misión de Jesús empieza cuando desciende el Espíritu (Lc. 3:21-22); en Hechos, la misión de la iglesia empieza con el derramamiento del Espíritu (Hch. 2:11-13). El discurso inaugural de Jesús en Nazaret vincula la venida del Espíritu con su misión (Lc. 4:18-19); el primer sermón de Pedro vincula el derramamiento del Espíritu con la misión de la iglesia (Hch. 2:14-39). El Espíritu cumple el papel prominente de revestir de poder a la iglesia para la misión, así como dio a Jesús el poder para llevar a cabo su misión (cf. Lc. 4:18; Hch. 10:38). El Espíritu es el Espíritu de la misión y, por ende, es lo que une los dos libros. Si bien la relación del Espíritu con la misión rara vez ha recibido un tratamiento adecuado a lo largo de la historia de la iglesia, estudios recientes sobre Lucas nos permiten ver bajo un nuevo enfoque el «carácter misionero intrínseco del Espíritu Santo».[7]

Por último, Lucas se vale de un patrón *geográfico*

para relacionar el ministerio de Jesús con el rol y la identidad de la iglesia. En Lucas, el ministerio de Jesús se desenvuelve de forma progresiva en tres etapas *hacia Jerusalén:* primero vemos su ministerio en Galilea (Lc. 4:14—9:50), luego el viaje de Galilea a Jerusalén (Lc. 9:51—19:40) y finalmente los acontecimientos de Jerusalén (Lc. 19:41—24:53). La importancia de este patrón puede apreciarse al comparar el libro de Lucas con los de Mateo y Marcos, que distribuyen su relato en dos partes entre Galilea y Jerusalén. Lucas agrega una larga sección intermedia que detalla el camino de Jesús a Jerusalén. Los judíos del primer siglo, instruidos en los profetas, concebían Jerusalén como un símbolo teológico que condensaba múltiples significados, puesto que era el centro redentor del mundo, el lugar donde el Mesías aparecería y las naciones se reunirían (ej.: Is. 2:2; Mi. 4:1).[8] Lucas también tenía esta visión de Jerusalén, de modo que es allí donde tendrían lugar todos los sucesos cruciales de la historia de la redención: la pasión, la muerte, la resurrección, las apariciones y la ascensión del Mesías.

En Hechos, la misión de la iglesia también se desarrolla en tres etapas, progresivamente, pero *desde Jerusalén* (Hch. 1:8): empieza con los acontecimientos de Jerusalén (Hch. 1-7), prosigue en Samaria y las llanuras costeras (Hch. 8-9) y, por último, más allá de Judea, en otras regiones del Imperio romano y hasta la llegada de Pablo a Roma (Hch. 10-28). Este patrón concuerda con la visión de los profetas: la palabra del Señor procedería *de Jerusalén* (Is. 2:3; Mi. 4:2) hasta llegar a oídos de las naciones.

Para los fines de la eclesiología misional, podemos extraer tres puntos de la relación que traza Lucas entre la misión de Jesús y la iglesia. Primero, debemos interpretar el libro de Hechos en términos del concepto de misión que hallamos en el Antiguo Testamento, que es el mismo que Jesús adoptó. La misión de Jesús —reunir a Israel en una comunidad escatológica que incluiría a todas las naciones— continúa en Hechos. El período del «ya pero todavía no», durante el cual se retrasa el juicio final a fin de reunir a más pueblo, también se extiende en el relato de Hechos. Segundo, el rol y la identidad de la iglesia en la historia de la redención se definen por ser una extensión de la misión de Jesús. No se trata simplemente de seguir haciendo muchas de las obras que Jesús hizo: la mismísima naturaleza y esencia de la iglesia se define por su llamado a continuar la misión de Jesús.

Tercero, la misión es obra de Cristo y debemos llevarla a cabo a la manera de Cristo. El Señor exaltado sigue cumpliendo su misión por el Espíritu en su iglesia y por medio de ella, que es el *lugar* donde Cristo está obrando y también el *instrumento* a través del cual Cristo obra. Por consiguiente, la misión de Jesús es el modelo para la misión de la iglesia. Cumplirla *a la manera de Cristo* significa que estos mismos elementos serán parte de la misión de la iglesia, aunque los pondremos en práctica de formas creativas según los nuevos contextos culturales en que la desarrollemos. Newbigin comenta: «Jesús envió a sus discípulos en su misión diciéndoles: "Así como el Padre me envió, también yo los envío a ustedes" (Jn. 20:21). Esas palabras deben determinar la forma en que pensamos y llevamos adelante la misión; la misión de Jesús debe ser el fundamento y el modelo a seguir para nuestra misión. No estamos autorizados a cumplirla de ninguna otra manera».[9]

Una comunidad de testigos

Si realmente queremos entender qué significa ser una iglesia misional, lo mejor que podemos hacer es prestar atención y leer con detenimiento las palabras del Señor resucitado: «No les toca a ustedes saber el tiempo ni el momento, que son del dominio del Padre. Pero cuando venga sobre ustedes el Espíritu Santo recibirán poder, y serán mis testigos en Jerusalén, en Judea, en Samaria, y hasta lo último de la tierra» (Hch. 1:7-8). Considerando las expectativas que Israel tenía respecto de la secuencia de sucesos de los «últimos tiempos», es razonable que los discípulos hicieran la pregunta a la que Jesús respondió en el pasaje que leímos: «Señor, ¿vas a devolverle a Israel el reino en este tiempo?» (Hch. 1:6). Hay al menos tres circunstancias a las que aluden los primeros cinco versículos de Hechos y que los motivaron a hacer esa pregunta.

La primera es la *resurrección* de Jesús. Para los judíos, la resurrección era un suceso del fin de los tiempos, una señal de que «el siglo venidero» había llegado. Además, durante un período de cuarenta días, Jesús se encontró con sus seguidores y les enseñó acerca del *reino de Dios*, la imagen primaria que representaba la esperanza escatológica de Israel en ese entonces. Finalmente, Jesús les habló del *Espíritu Santo* prometido, aquel cuya venida los profetas habían anticipado como un don del fin de los tiempos que marcaría el principio de la salvación del siglo venidero. Estos tres elementos juntos —la resurrección, el reino y el Espíritu— habrían hecho que cualquier judío del primer siglo creyera que el reino estaba a punto de llegar y que, por ende, la restauración de Israel también sucedería pronto. Por eso, los discípulos hicieron la pregunta obvia: «Señor, ¿vas a restaurar el reino a Israel en este tiempo?».

Algunos han considerado que la respuesta de Jesús fue un ligero y gentil regaño ante su curiosidad: debían ocuparse de sus propios asuntos y no preocuparse por los tiempos finales. Otros han sugerido que Jesús estaba desafiando su visión limitada del reino, producto del nacionalismo de los discípulos.[10] Sin embargo, estas interpretaciones pierden de vista la expectativa escatológica legítima que todos los judíos, incluidos Jesús y los apóstoles, tenían en común. Si los últimos días de verdad habían llegado —como todas las señales parecían indicar—, entonces Israel *debía* ser restaurada: era la primera orden del día para el reino según lo anunciado por los profetas. La respuesta de Jesús contesta con precisión esa pregunta: *así es como* el reino le será restaurado a Israel, de modo que (conforme a la promesa profética) los gentiles pronto empezarían a incorporarse a Israel. Jesús quita la expectativa de los discípulos del *cuándo* y la deposita en el *cómo*. Este pequeño núcleo de la Israel restaurada no necesitaba saber exactamente cuándo llegaría el reino en toda su plenitud, sino que debían ocuparse de cumplir *su rol* en la venida del reino. Para eso, el Espíritu prometido por el Padre por boca de los profetas descendería sobre ellos. El derramamiento del Espíritu señala que las bendiciones del reino estaban a punto de llegar a Israel, que la restauración había comenzado, y que su rol en esa restauración era ser testigos de Jesús en Jerusalén, Judea, Samaria y hasta los confines de la tierra. *Así* es precisamente como se consumaría la restauración del reino a Israel y para bendición de las naciones.

Hay tres elementos de la respuesta de Jesús que son importantes para nuestro análisis. Primero, Jesús dejó en claro que la llegada definitiva del reino *todavía no* ocurriría. Los judíos esperaban que el reino llegara de inmediato y esa expectativa había generado mucha confusión y perplejidad entre los discípulos (ej.: Lc. 7:18-19; 24:21). Muchas de las parábolas de Jesús habían dejado en claro que la venida del reino no sería inmediata (Mt. 13:1-43). Si bien el reino ya había llegado a la historia, aun no estaba consumado de forma completa. Fue el inicio de un tiempo cuyo propósito es dar a conocer las buenas nuevas del reino y reunir la cosecha escatológica. Jesús ya había empezado esta obra; ahora les estaba diciendo a sus discípulos que este período intermedio continuaría y se definiría por el testimonio de ellos, que llegaría hasta los confines de la tierra:

> Por consiguiente, el sentido y el propósito de este tiempo presente, entre la primera y la segunda venida de Cristo, es que la Iglesia lleve a cabo la misión apostólica de dar testimonio al mundo [...]. Ante la pregunta que ellos [los discípulos] hicieron acerca de los tiempos y las sazones, acerca de los límites de la historia mundial, la respuesta de Jesús fue una comisión. Lo que él ha hecho por el mundo entero debe darse a conocer al mundo entero, para que todo el mundo se someta en obediencia al Evangelio y halle sanidad en la salvación que Dios le ha provisto. Esa es la razón por la que el final se posterga. El final ha sido revelado de una vez y para siempre; ahora debe llegar a oídos de todos los que vayan a creer [...]. Ese es el propósito del tiempo que aún se nos concede.[11]

Newbigin se atreve incluso a afirmar que, si perdemos de vista que la obediencia misionera es la característica que define esta era, tenemos una escatología falsa.[12]

Segundo, Jesús dijo que el *Espíritu Santo* vendría sobre ellos. El Espíritu es una promesa de los profetas para el siglo venidero. Joel anunció que Dios derramaría su Espíritu e Israel sería restaurada (Jl. 2:28—3:1). Isaías y Ezequiel también prometieron que en los últimos días Dios restauraría a Israel poniendo su Espíritu en ella (Is. 32:15-17; 44:3; 59:21; Ez. 36:26-27; 37:1-14; 39:29). El Espíritu es un don de los últimos tiempos. Su venida es la evidencia de que el reino de Dios ha irrumpido en la historia.[13] Lo que dijo Jesús es que esos días estaban a punto de comenzar; sus seguidores estaban a punto de experimentar la salvación de los últimos tiempos y «los poderes del mundo venidero» (He. 6:5).

Tercero, la venida del Espíritu daría a esta cofradía de creyentes el poder *para que fueran testigos* de Jesús, quien marcó el inicio de la era de la salvación por medio de su muerte y resurrección. El trasfondo de estas palabras se encuentra en Isaías 43:1-12. En el contexto de las promesas cumplidas en el fin de los tiempos, incluidas la restauración de Israel y la conversión de los gentiles, Isaías proclama que Israel sería testigo de la gran salvación de Dios, quien se impone por sobre los dioses de las naciones (Is. 43:11-12). Ahora esta promesa se había cumplido. La poderosa obra de Dios para salvación, cumplida y revelada en Cristo Jesús, actualmente se hace presente en el Espíritu. Los seguidores de Jesús son testigos de esta poderosa obra de Dios.

Hay tres posibles malentendidos que podrían conducirnos fácilmente a restringir el alcance de estas palabras y a minimizar su impacto eclesiológico. Primero, sería un error limitar a los apóstoles la tarea de ser testigos.[14] Sin duda alguna, esa es nuestra primera referencia: el testimonio apostólico de la resurrección de Cristo es único, irrepetible y fundacional para la iglesia. No obstante, los apóstoles constituyeron «el comienzo, el núcleo del pueblo escatológico de Dios que se conforma en torno al Mesías»;[15] son la iglesia misionera *in partu* (en su parto), es decir, la iglesia misionera tal como nació.[16] O de nuevo, el grupo de los apóstoles es la iglesia misional *pars pro toto* (la parte que representa el todo). Por lo tanto, ellos recibieron la promesa como representantes de la totalidad del pueblo de Dios. La tarea de dar testimonio de Cristo empezó con este pequeño grupo apostólico pero se extiende como un llamado a toda la iglesia.

Segundo, sería erróneo pensar que el llamado de Jesús a ser testigos no es más que una tarea que se agrega a lo que consideraríamos la cargada lista de quehaceres del pueblo de Dios. Ser testigos de Jesús no es una tarea más entre otras: *el testimonio de esta comunidad define su rol en esta etapa del relato de Dios y, por lo tanto, define su identidad misma*. En este punto de la historia, el rol escatológico de la iglesia es dar a conocer la salvación primero a Israel y luego a los gentiles. Darrell Guder lo afirma claramente: «Cuando el Espíritu descendió sobre ellos y les dio el don del poder, *su mismísima identidad* se transformó en la de testigos».[17] Asimismo, Suzanne De Diétrich dice: «La función de la iglesia de dar testimonio de Cristo no es una tarea secundaria: es su *raison d'être*, su vocación esencial; la tarea misionera compone la esencia misma de la iglesia».[18]

Por lo tanto, este llamado a ser testigos abarca la totalidad de nuestra vida: «la iglesia y los cristianos deben *ser* el testimonio, *dar* testimonio y *anunciar* el testimonio».[19] De Diétrich reclama que esta tarea muchas veces se ha visto reducida a las palabras y afirma que la iglesia debe convertirse en «un cuerpo que exista para dar testimonio». El testimonio de palabra es importante, pero «el poder del testimonio depende en gran medida de que la iglesia *sea iglesia*, es decir, una comunidad en la que Dios está obrando, donde se manifiesta una nueva calidad de vida y, en términos simples, donde el fruto del Espíritu se ve tanto en las palabras como en los hechos».[20] Del mismo modo, Guder asevera que esta «identidad de testigos es integral, es decir, define al individuo por completo y a la comunidad en todo sentido».[21] El testimonio del pueblo de Dios define a la comunidad en cada aspecto de su vida: ¡toda su vida da testimonio![22]

Tercero y último, erramos cuando restringimos estas palabras al testimonio personal del cristiano. Si bien es cierto que debemos dar testimonio como individuos, estas palabras originalmente estuvieron dirigidas *a una comunidad* y, por ende, definen *la identidad comunal* de esa asamblea de individuos. Newbigin observa que la intención de Jesús desde un principio fue crear «una comunidad que continuara aquello que él, enviado por el Padre, vino a ser y hacer: encarnar y proclamar la presencia del reinado de Dios».[23] Sin negar la importancia de que el cristiano como individuo dé testimonio, Lohfink destaca que «no se trata principalmente de la santidad personal del cristiano, sino de que *un pueblo entero dé testimonio* del plan de Dios para el mundo [...]. En todo el Nuevo Testamento vemos a la iglesia como una sociedad contrastante que camina contra la corriente del mundo».[24]

La estructura geográfica de Hechos y la iglesia misional

Las palabras de Jesús en las primeras líneas de Hechos resumen el curso geográfico que adoptaría la misión apostólica: desde Jerusalén hacia Judea, Samaria y hasta los confines de la tierra. La primera misión de la iglesia tuvo lugar en Jerusalén (Hch. 1-7). Después del apedreamiento de Esteban (Hch. 7), se desató una gran persecución y la iglesia se dispersó por toda Judea y Samaria (Hch. 8). Las conversiones de Saulo (Hch. 9) y Cornelio (Hch. 10-11), así como la fundación de la iglesia de Antioquía (Hch. 11), abrieron el camino para que la misión se extendiera más allá de Israel y entre los pueblos gentiles. Esta misión comenzó cuando el Espíritu Santo habló a la iglesia de Antioquía para que enviara a Bernabé y Pablo a proclamar las buenas nuevas por todo el Imperio romano. Después de este primer viaje hacia Chipre y Asia Menor (Hch. 13-14), se celebró el Concilio de Jerusalén, donde se estableció el fundamento teológico para la misión en las naciones (Hch. 15). En su segundo viaje, esta vez acompañado de Silas, Pablo viajó hacia otras provincias más allá de Asia Menor antes de volver a Jerusalén (Hch. 16-21). Luego quedó bajo arresto en Jerusalén y viajó como prisionero a Creta y Malta («las islas del mar», Is. 11:11, LBLA; cf. Is. 41:1; 49:1) y por último a Roma, la capital de imperio (Hch. 22-28). Así, Lucas traza un boceto verdaderamente magistral de las primeras décadas de vida misional de la comunidad mesiánica.

Esta estructura literaria refleja la teología de Lucas. *La palabra del Señor* es un tema dominante en el libro de Hechos. El movimiento geográfico resumido en Hechos 1:8 marca el progreso de la Palabra, que va desde Jerusalén hasta Roma. En ocasiones, las síntesis de Lucas dejan en claro que todo este recorrido se trata de la propagación de *la Palabra*: «Y fue así como la palabra del Señor fue extendiéndose y difundiéndose con mucha fuerza» (Hch. 19:20; cf. Hch. 6:7; 12:24). En otros pasajes, el énfasis está puesto en que *la iglesia* crecía y prosperaba: «Y así las iglesias eran confirmadas en la fe, y su número aumentaba cada día» (Hch. 16:5; cf. Hch. 6:1; 9:31). La trama de Hechos consiste en la expansión geográfica de la Palabra, pero la Palabra no es un mensaje teológico abstracto: es un mensaje de poder que se encarna por completo en la vida, las palabras y los hechos de la iglesia.[25]

De nuevo, aquí debemos cuidarnos de no imponer una interpretación del texto determinada por el concepto de misión del siglo XIX. Para algunos, el relato de Hechos parece detenerse en Jerusalén por varios capítulos y la misión hacia los gentiles no empieza realmente sino hasta el capítulo 13. Si identificamos la palabra «misión» tan solo con la tarea de dar testimonio cruzando barreras geográficas, irónicamente, estaremos pasando por alto la estructura misional que plantea Lucas. Si aceptamos la postura de que, en los primeros capítulos de Hechos, el avance misionero «tuvo un comienzo lento» porque «todo sucedía en Jerusalén y el movimiento seguía siendo totalmente particularista, en conformidad con el sistema religioso judío»,[26] estaremos dejando pasar la perspectiva veterotestamentaria que define la teología misional de Lucas, ignorando que la identidad misional de la iglesia es evidente desde los primeros capítulos de Hechos.

Jesús dijo que el mensaje del evangelio «en su nombre se predicará [...] a todas las naciones, comenzando por Jerusalén» (Lc. 24:47, NVI). Jerusalén no es tan solo una base de operaciones ni un punto de partida para las misiones, que bien podría dejarse a un lado cuando la iglesia se expandiera hacia campos de mayor influencia. En los mensajes proféticos a Israel, Jerusalén palpita de trascendencia escatológica y redentora. Lucas se ciñe a la expectativa escatológica de Israel, según la cual Jerusalén sería el centro de la redención de los últimos días; él se mantiene arraigado a la tradición «centrípeta» del Antiguo Testamento. Legrand argumenta que la misión que tuvo lugar en Jerusalén es importante para la eclesiología: «No es tan solo cuestión de táctica empezar por establecer en Jerusalén un fundamento misionero sólido. Se trata de *la identidad misma de la iglesia*».[27] La misión de los últimos tiempos consiste en reunir primero a las ovejas perdidas de Israel y luego a las naciones *en una comunidad renovada*. Esta comunidad primero debe estar bien establecida en Jerusalén, de acuerdo con las profecías del Antiguo Testamento.

En este punto, la relevancia simbólica de «los doce» resurge. En los Evangelios, Jesús había designado a doce hombres, que representaban a la Israel escatológica y restaurada que estaba empezando a constituirse. El primer suceso que Lucas registra después de la ascensión reafirma la importancia simbólica de ese grupo de doce discípulos (Hch. 1:12-26): la trágica partida de Judas significó que, para que el fundamento de la Israel escatológica permaneciera intacto, debía elegirse a un decimosegundo apóstol que lo reemplazara. La elección de Matías indica que los doce entendieron su propia identidad en términos de la Israel escatológica: «Reinstituir a los doce era un paso fundamental en la preparación para dar testimonio a Israel. La elección del decimosegundo miembro de este núcleo de testigos implica la aceptación de la comisión de Jesús: ser sus testigos en las nuevas circunstancias que sucedieron a su muerte y resurrección. Fue un acto de fe en

Jesús y el primer paso de obediencia a su nuevo llamado».[28]

Hay una dimensión importante de la eclesiología misional de Lucas que se revela aquí: la iglesia nació como la Israel restaurada, una comunidad transformada, con una misión orientada hacia su propio pueblo. Antes de que las naciones pudieran incorporarse al pacto de Dios, Israel debía ser purificada y restaurada a su llamado misional. El plan misionero que delinearon los profetas para los últimos tiempos consistía en un «universalismo centrípeto», donde la Israel reconstituida se convertiría en «el polo de atracción universal» para las naciones.[29] Lucas asienta este fundamento cuando describe la misión de la iglesia en Jerusalén. Cuando Israel hubiera sido debidamente restaurada, podría reunir a las naciones para incorporarlas a la comunidad del pacto de Dios, y solo entonces la palabra podría viajar desde Jerusalén a las naciones. Por lo tanto, el plan de misión que traza Lucas es concéntrico: Cristo está en el centro, los doce están reunidos alrededor suyo, la Israel regenerada rodea a los doce y, por último, las naciones se reúnen en torno a Israel para volverse partícipes de los privilegios del pacto israelita.[30] Para Lucas, la misión de Jerusalén no se trata de *ir* sino de *ser*. Israel debe ser restaurada a su rol de ser una comunidad contrastante y atrayente. El llamado misional de Israel es lo que define a la iglesia desde sus inicios.

Sin embargo, hay un elemento nuevo que también surge en el plan misionero que Jesús expresó en Hechos 1:8. Si bien hay una continuidad entre este pasaje de Hechos y el concepto de misión del Antiguo Testamento, también hay una discontinuidad; en ambos casos la tarea de dar testimonio empieza en la ciudad santa de Jerusalén, pero en Hechos sale de allí para extenderse «hasta lo último de la tierra». Esta última frase evoca Isaías 49:6,[31] donde el Señor dice a su siervo que él restauraría a las tribus de Jacob y al remanente disperso de Israel: «Te he puesto también como luz de las naciones, para que seas mi salvación hasta los confines de la tierra». Este siempre ha sido el horizonte de la misión de Dios en Israel y a través de Israel. Las palabras de Isaías ahora empezaban a cumplirse en la comunidad apostólica, pero de una forma inesperada. El Antiguo Testamento había anticipado que habría un movimiento centrípeto desde la periferia (las naciones) hacia el centro (Jerusalén). Por el contrario, las palabras de Jesús que leemos en Hechos 1:8 esbozan el trayecto (centrífugo) del evangelio desde el centro hacia la periferia, desde Jerusalén hasta los confines de la tierra. En el movimiento *hacia* las naciones vemos un cambio de dirección en la historia de la redención. Christopher Wright observa: «Cuando la dinámica centrífuga del movimiento misionero cristiano primitivo finalmente empezó a desplegarse, fue un fenómeno notablemente nuevo *en la práctica, cuando no en concepto*».[32]

Debemos movernos con cautela en este punto para asegurarnos de no entender mal a Lucas: podríamos acabar interpretando el movimiento geográfico de Hechos según los principios de la empresa misionera moderna de los siglos XIX y XX, que convierte al Occidente en el centro y a África, Asia y Latinoamérica en la periferia. Para Lucas, la geografía se define de acuerdo con los parámetros de la escatología y de la historia de la salvación: Dios escogió a Israel para que fuera una bendición para todas las naciones y el movimiento centrífugo de Hechos marca el principio del proceso mediante el cual esa bendición se consumará.

También debemos asegurarnos de no interpretar este movimiento hacia afuera en términos individuales, sino en términos eclesiológicos. El movimiento centrífugo de la misión podría interpretarse tan solo como la tarea de cristianos individuales enviados para volverse evangelistas o misioneros (ya sea desde una base de operaciones o desde la iglesia como institución) a las naciones (cercanas o lejanas). Si bien esas acciones son legítimas —de hecho, son esenciales—, lo que leemos en Hechos es distinto: es un registro de cómo las comunidades eclesiales que encarnaron el evangelio como cuerpo colectivo (como la comunidad de Jerusalén) se multiplicaron y esparcieron por el mundo. El movimiento centrífugo del libro de Hechos concierne a las comunidades enviadas por su Señor a vivir en la «periferia», donde también deberían adoptar nuevas formas. Ya no estaban atadas a un solo lugar geográfico ni estaban compuestas de un solo pueblo o etnia; ya no estaban definidas por una identidad político-cultural y ya no acudían a ella miembros de otras naciones para volverse parte de su comunidad política y cultural. El pueblo de Dios ahora era enviado hacia afuera *como pueblo* para vivir el evangelio en medio de todas las naciones.

Por consiguiente, la misión del pueblo de Dios es tanto centrípeta como centrífuga. Ante todo, es centrípeta: el pueblo de Dios debe «manifestar la presencia de Dios dentro de su propio entorno, en [su] vida en comunidad y en [su] relación unos con otros».[33] La iglesia solo puede llevar adelante una misión centrípeta cuando se constituye ella misma en «una manifestación radiante de la fe cristiana y expone un estilo de vida que atrae a las personas» que la rodean, para que deseen formar parte de su comunión.[34] La misión del pueblo de Dios en esta nueva etapa inaugurada en Hechos seguía siendo el llamado a ser una sociedad contrastante que viviera según los propósitos creacionales de Dios y se volviera así una señal del reino venidero, en contraposición con los ídolos de las naciones. No obstante, estas comunidades ahora eran enviadas a encarnar este estilo de vida en todas las culturas del mundo: de eso se trata la nueva dimensión centrífuga de la misión escatológica de la iglesia.

Pentecostés: una comunidad mesiánica y llena del Espíritu

El pueblo de Israel había fracasado: su vocación misional quedó truncada debido al poder del pecado y la idolatría, que estaba activo en sus corazones. Por eso es que los profetas habían prometido que llegaría el día en que Dios daría a Israel un nuevo corazón (Jer. 31:31-33) y un nuevo espíritu (Ez. 36:26). Esta profecía se cumpliría mediante el regalo supremo del reino venidero: el Espíritu.

Antes de que pudiera empezar a reunirse la comunidad de Israel y los gentiles, la iglesia necesitaba el don del Espíritu, quien traería consigo la mismísima vida del reino de Dios. Así, el Cristo resucitado y exaltado derramó el Espíritu Santo (Hch. 2:1-13). Este acontecimiento dramático despertó asombro y perplejidad y suscitó la pregunta: «¿Y esto qué significa?» (Hch. 2:12). El sermón de Pedro la responde.

Primero que nada, Pedro dijo que los últimos tiempos habían llegado. Joel había prometido: «Después de esto, derramaré mi espíritu sobre la humanidad entera» (Jl. 2:28). Pedro acentuó la relevancia escatológica de la venida del Espíritu modificando las palabras introductorias de Joel: «Dios ha dicho: *En los últimos días* derramaré de mi Espíritu sobre toda la humanidad» (Hch. 2:17, énfasis mío). En segundo lugar, el apóstol relacionó el surgimiento del siglo venidero con Jesús de Nazaret, quien es tanto el Señor como el Mesías, y relató la historia de Jesús: su vida, muerte, resurrección y exaltación (Hch. 2:22-36). Por último, cuando la multitud preguntó qué debían hacer, Pedro les respondió: «Arrepiéntanse, y bautícense todos ustedes en el nombre de Jesucristo, para que sus pecados les sean perdonados. Entonces recibirán el don del Espíritu Santo» (Hch. 2:38).

El bautismo es el rito de iniciación de esta comunidad escatológica. Entender el bautismo nos abre el entendimiento de su misma esencia. Por desgracia, años de controversia y capas de tradición eclesiástica han dificultado el camino de regreso al sentido original del bautismo, que es tanto escatológico como misional hasta la médula.

Necesitamos remontarnos al bautismo de Juan como punto de partida. Juan anunció que el reino estaba cerca (Mt. 3:2) y que traería consigo juicio (Lc. 3:9, 17). También dijo que el privilegio de pertenecer a la nación israelita desde el nacimiento no salvaría a nadie de la catástrofe que se avecinaba, por lo cual instó a sus oyentes a volverse parte del *verdadero* pueblo de Dios preparándose para aquel día. Su llamado era al arrepentimiento y el bautismo (Lc. 3:3). En ese entonces, el bautismo era un ritual judío de purificación y, a la vez, un rito de iniciación para los prosélitos que querían incorporarse a Israel. Sin embargo, el bautismo de Juan no puede encerrarse en ninguna de estas categorías: era un rito de iniciación para quienes deseaban incorporarse al pueblo escatológico de Dios.[35] Juan estaba reuniendo[36] un «remanente», la «verdadera Israel», una «comunidad escatológica»[37] que estaría preparada para la llegada del Mesías y su reino. Él reunió un pueblo en el desierto y volvió al río Jordán, el lugar por donde Israel había entrado a su tierra originalmente; así, su bautismo representó un nuevo comienzo. El desierto (por donde Israel había vagado) y el río Jordán (por donde el pueblo había cruzado hacia la tierra prometida) tenían un profundo significado simbólico para Israel. Otros movimientos proféticos de aquella época habían reunido a un grupo de personas para conducirlos a través del desierto hacia el Jordán.[38] Juan tomó esa práctica y su simbolismo para transmitir un mensaje con su bautismo: esta es la verdadera Israel escatológica que pronto experimentará la salvación final de Dios.[39] Por ende, quienes se habían reunido en el desierto y se habían bautizado en el Jordán eran partícipes de un nuevo éxodo y una nueva conquista: eran parte de un pueblo que se estaba formando en los últimos días por medio de la poderosa obra de Dios y esperaban al Mesías que habría de venir a marcar el comienzo de una nueva era. El bautismo de Juan era el anticipo de un bautismo más grande: el bautismo del Espíritu que traería el Mesías (Lc. 3:16) y que la comunidad escatológica experimentaría en los últimos días.

En vistas de estas circunstancias, el bautismo de Pentecostés desborda de trascendencia. El bautismo seguía siendo el rito de iniciación de la Israel restaurada y escatológica, para el perdón de los pecados. No obstante, esta comunidad ya no estaba a la espera de los últimos días: ahora experimentaban el reino venidero y eran partícipes de él. La descripción que Pedro hizo del bautismo difiere de la de Juan el Bautista en dos puntos importantes, que nos permiten comprender mejor la identidad y la naturaleza misma de la Israel renovada. Primero, Pedro dijo que los creyentes debían bautizarse «en el nombre de Jesucristo» (Hch. 2:38): este rito marcaba su incorporación a una comunidad formada, en última instancia, sobre la base de la lealtad a Jesús de Nazaret, el Mesías. Este grupo de israelitas declaraba de forma explícita que el Mesías en efecto había llegado y que ahora los había reunido, tal como anunciaron los profetas del Antiguo Testamento. A él dedicaban la mayor de sus lealtades. Su muerte había puesto fin a la era antigua y su resurrección había inaugurado el siglo venidero. Él había tomado su lugar como verdadero Rey del universo. Por lo tanto, bautizarse en el nombre de Jesús significaba participar en su obra (Ro. 6:1-14). Esta nueva comunidad estaba definida por la fe en Jesús. La Israel escatológica era una comunidad explícitamente *mesiánica*.

Segundo, Pedro dijo que quienes fueran bautizados «recibirán el don del Espíritu Santo» (Hch. 2:38). Dios ahora les concedía el Espíritu de los últimos tiempos para renovar esta comunidad con la vida resucitada del reino. El Espíritu había sido una promesa para los últimos días:

primero le daría poder al Mesías para que llevara adelante su tarea (Is. 11:1-3; 42:1-4; 61:1-3), luego restauraría y renovaría a la Israel reunida para que reanudara su misión (Is. 32:15-17; 44:3; 59:21; Ez. 36:26-27; 37:1-14; 39:29) y, finalmente, traería salvación por medio de Israel a todos los pueblos (Jl. 2:28—3:1). Según los profetas, todo esto sucedería en el gran futuro escatológico de Dios. Pedro dejó en claro que aquellos «últimos días» habían llegado con el advenimiento del Espíritu (Hch. 2:17).

Hay dos imágenes paulinas que explican con más detalle la importancia del derramamiento del Espíritu en Pentecostés. La primera describe al Espíritu como el pago de un anticipo o depósito (*arrabon*). Pablo dice que Dios «nos selló como propiedad suya y puso su Espíritu en nuestro corazón como garantía de sus promesas» (2 Co. 1:22, NVI; cf. 2 Co. 5:5; Ef. 1:14), tomando la palabra «garantía» del vocabulario comercial del Cercano Oriente: cuando un comprador no puede pagar el precio completo de un artículo le ofrece al vendedor una seña, una primera cuota, una parte del precio completo para garantizar que está dispuesto a pagar el resto. Esta suerte de depósito es tanto *un adelanto* del pago de la compra como *la promesa* de pagar el resto de la suma; es el dinero *presente*, que el vendedor bien puede invertir de inmediato, y también la promesa de una cancelación *futura* de la deuda. Del mismo modo, el Espíritu es más que una promesa del advenimiento futuro del reino: en el Espíritu, los poderes del siglo venidero se han derramado en el presente, para garantizar que la salvación futura anunciada por los profetas ciertamente llegará.

La segunda imagen paulina que ilustra al Espíritu es la de las «primicias» (*aparche*): nosotros «tenemos las primicias del Espíritu» (Ro. 8:23). La misma palabra se usa para referirse a Jesús, al Espíritu y a la iglesia. La resurrección de Jesús es la primicia de la vida de la resurrección (1 Co. 15:20, 23); el Espíritu que recibe la iglesia es la primicia de la vida del siglo venidero (Ro. 8:23); la iglesia, que participa en la resurrección de Jesús y la obra del Espíritu, es la primicia de la nueva creación (Stg. 1:18). Esta imagen halla sus orígenes en la vida agrícola de aquel entonces y también en la ley del Antiguo Testamento (cf. Lv. 23:9-14). Las primicias eran los primeros frutos que se recogían en la cosecha. Era una imagen muy rica para Israel, una parte real de la cosecha que podía probarse, comerse y disfrutarse en el momento, pero que también traía consigo la promesa de que en el futuro se recogería el resto de la cosecha. El vínculo entre Jesús, el Espíritu y la iglesia, tal como se refleja en esta imagen, tiene un rico significado eclesial. Jesús se convierte en el primer pago del siglo venidero al entrar en la vida de la resurrección; el Espíritu es el don, que trae la vida futura a la era presente; y la iglesia es partícipe, hoy en día, de esa vida que todavía ha de venir. La imaginería evoca un futuro en el que la vida de la resurrección en el Espíritu llenará la tierra.

El autor de Hebreos se vale de un lenguaje evocativo que apunta en la misma dirección que las imágenes de Pablo. Hablando de quienes habían sido parte de la comunidad escatológica y cayeron, Hebreos dice que ellos «saborearon el don celestial», «tuvieron parte en el Espíritu Santo», y «saborearon además la buena palabra de Dios y los poderes del mundo venidero» (He. 6:4-5). Este pasaje ha sido objeto de gran debate: ¿cómo es que los individuos que disfrutaron de estos beneficios pudieron caer de forma tal que no pueden volver al arrepentimiento?[40] Sin embargo, si interpretamos estas palabras en un contexto comunal, entenderemos que este pasaje quiere decir que aquellas personas saborearon y probaron esos dones y poderes *porque formaban parte del cuerpo*. Por el solo hecho de ser parte de la comunidad escatológica saborearon, probaron, compartieron y disfrutaron el don del Espíritu Santo, que trae consigo los poderes del siglo venidero al presente, incluso si no se apropiaron del evangelio en su vida personal.

La venida del Espíritu transformó al pueblo de Dios, cuya misión comunal es: señalar hacia atrás, a la vida que Dios pensó para la humanidad al momento de la creación; señalar hacia adelante, al tiempo en que Dios restaurará esa vida en la culminación de la historia; y oponerse a la idolatría de las naciones, que atenta contra esa vida. La antigua Israel fracasó en el cumplimiento de ese llamado porque participó en las obras de la creación caída. El advenimiento del Espíritu da a la Israel renovada, la iglesia, un anticipo y una experiencia presente de la vida que ha de manifestarse en el futuro. Ahora tiene el poder para cumplir su llamado: la Israel escatológica es una *comunidad llena del Espíritu.*

El bautismo al que Pedro llama a sus compatriotas judíos es lo que define a esta nueva comunidad: están reunidos en torno al Mesías para ser partícipes de la obra del Espíritu. El bautismo es escatológico: es la entrada a la esfera del siglo venidero, solo por la muerte y resurrección de Cristo, que experimentamos en la obra del Espíritu. El bautismo también es misional: entrar a esta comunidad implica incorporarse a un pueblo reunido y restaurado por el Mesías y provisto del Espíritu para continuar el llamado misional de Israel, para ser una sociedad contrastante que siga reuniendo al pueblo mesiánico de los últimos tiempos durante el período intermedio que precede al juicio final. Newbigin plasma la relevancia escatológica y misional del bautismo y la iglesia cuando escribe: «Bautizarse es unirse a Jesús en su muerte para así también unírsele en su vida resucitada y ser partícipes de su misión en el mundo, que sigue en curso. Es bautizarse en su misión».[41]

Aceptación y rechazo

La misión de los doce era reunir a las ovejas perdidas

de Israel (dispersas en las naciones debido al juicio de Dios) en el pueblo escatológico de Dios. Pentecostés fue una maravillosa oportunidad para invitar a Israel a aceptar a Jesús como el Mesías. Richard Bauckham sugiere que «Pentecostés, más que el día del nacimiento de la iglesia, quizás haya sido el principio de la restauración del pueblo de la diáspora. Mediante la predicación de Pedro, los doce apóstoles comenzaron su tarea de reconstituir a la Israel renovada, donde las doce tribus se volverían a reunir».[42]

Lucas relata que en el día de Pentecostés Jerusalén estaba llena de «judíos piadosos, que venían de todas las naciones conocidas» y «tanto judíos como prosélitos» (Hch. 2:5, 10) que habían llegado de todas las naciones para celebrar la fiesta. Lucas hace una lista (Hch. 2:9-11) muy detallada que ilustra la diáspora judía en Jerusalén, el centro de reunión escatológico del pueblo de Dios (cf. Is. 11:12; 43:5-6).[43] Los judíos dispersos oyeron las maravillas de Dios en todos los idiomas de su procedencia (Hch. 2:5-11). Tres mil de ellos aceptaron el mensaje de Pedro, se bautizaron y se sumaron al número de los miembros de la Israel restaurada. La narración de Lucas presenta los comienzos de la historia de la misión apostólica en términos de «una historia de éxito rotundo».[44] Después de que los tres mil aceptaron el mensaje en Pentecostés, el número de personas que creyeron en el Señor y se incorporaron a la Israel renovada ascendió rápidamente a cinco mil (Hch. 4:4) y siguió en aumento (Hch. 5:14). Cerca del final de la misión de Jerusalén, la Palabra de Dios seguía esparciéndose, el número de creyentes judíos seguía aumentando rápidamente e incluso un gran número de sacerdotes empezó a obedecer a la fe (Hch. 6:1, 7). Más allá de Jerusalén, en Judea y a lo largo y ancho del Imperio romano, más y más judíos seguían volviéndose a la fe (Hch. 9:42; 12:24; 14:1; 17:10-12; 21:20).

Lucas nos muestra también la otra cara de la moneda:

si bien muchos judíos creyeron y se incorporaron a la Israel regenerada, muchos otros rechazaron el mensaje. Algunos lo hicieron con tal frenesí que llegaron a incitar a la violencia contra los creyentes. Después del sermón de Pedro en el templo, aunque «muchos de los que habían oído sus palabras creyeron» (Hch. 4:4), los líderes judíos empezaron a oponerse a Pedro (Hch. 4:1-22). Después de leer acerca del crecimiento de la iglesia otra vez (Hch. 5:14), vemos que los líderes judíos, llenos de celos, arrestaron a los apóstoles y los echaron en la cárcel (Hch. 5:17-18). Leemos que algunos sacerdotes estaban entre los nuevos creyentes (Hch. 6:7) e inmediatamente después vemos el relato del apedreamiento de Esteban (Hch. 6:8—7:60). Por consiguiente, si bien muchos de los judíos fueron receptivos al evangelio, la nación también está descrita, de forma colectiva, como un pueblo contumaz, de corazones y oídos que permanecen incircuncisos (Hch. 7:51). Así prosigue todo el libro de Hechos: con conversión y oposición, aceptación y rechazo (ej.: Hch. 13:42-45).

Lucas relata la formación de la Israel restaurada en términos de filtrar y dividir. Ya lo había profetizado Simeón al principio del Evangelio de Lucas (Lc. 2:34). Mientras Jesús proclamaba las buenas nuevas y reunía a las ovejas perdidas de Israel, en efecto hubo división; hubo quienes «cayeron» y quienes «se levantaron». Algunos creyeron y se unieron a la Israel del fin de los tiempos, pero muchos rechazaron a Jesús. Ahora él enviaba a sus discípulos a continuar la misión de reunir a su pueblo y el patrón se repetía: miles y miles abrazaban el mensaje del evangelio, pero muchos más se oponían a ellos.

En su discurso de Pentecostés, Pedro dijo a los judíos: «Y todo el que invoque el nombre del Señor será salvo» (Hch. 2:21). Desde ese momento, hubo división en la respuesta de Israel. El pueblo escatológico de Dios se constituyó por la fe en el evangelio, no por la herencia étnica (cf. Lc. 3:8, 9, 17). Pedro hizo una advertencia al pueblo israelita en su siguiente sermón, que fue en el templo (Hch. 3:12) y que se concentró en que Jesús, el Mesías de Israel, había sido rechazado y crucificado por los judíos. Ahora, todo el pueblo israelita debía arrepentirse y aceptar al Mesías para recibir la restauración completa prometida por los profetas: debían escuchar la voz de Jesús. Pedro advirtió: «Todo aquel que no escuche a ese profeta, será eliminado del pueblo» (Hch. 3:23). Todos los judíos que negaran que Jesús es el Mesías perderían su lugar en el pueblo de Dios.[45]

Ese era el primer paso en la misión de Dios, necesario para que la salvación procediera de una Israel purificada y se propagara por las naciones. Bauckham observa que Pedro destacó dos puntos importantes sobre la respuesta israelita a Jesús tomando dos pasajes del Antiguo Testamento (en Hch. 3:22-23, 25). Primero citó Deuteronomio 18:15-20 para recalcar «que todo el que no prestara atención a este profeta, identificado como Jesús, dejaría de ser parte de Israel, que aguardaba su restauración». Luego citó Génesis 12:3 y Génesis 22:18, donde Dios dijo a Abraham: «En tu simiente serán bendecidas todas las naciones de la tierra» (Hch. 3:25). El segundo punto que resaltó Pedro es que «será la Israel arrepentida, bendecida por Dios, quien cumpla la promesa de que la simiente de Abraham sería una bendición para todas las familias de la tierra. Dios envió a Jesús "en primer lugar" (v. 26) a Israel para bendecirla en su arrepentimiento y que entonces ese pueblo restaurado fuera una bendición para las naciones».[46]

El hecho de que debía haber una misión orientada a los judíos seguida de una misión hacia los gentiles quedó mucho más claro en el discurso de Jacobo en el Concilio de Jerusalén. Él citó Amós 9:11-12 para justificar la misión entre los gentiles:

«Después de esto volveré, y reedificaré el

caído tabernáculo de David; repararé sus ruinas y lo volveré a levantar, para que el resto de la humanidad busque al Señor, y también todas las naciones que invocan mi nombre»
Hechos 15:16-17

La profecía original de Amós sobre «el caído tabernáculo de David» se refería a la reconstrucción del templo que acompañaría la restauración de Israel, pero Jacobo interpretó que el cumplimiento de esas palabras era la restauración de Israel como templo escatológico.[47] El pueblo reunido de Dios es el templo en el que se congregarán las naciones.[48] El tabernáculo caído de David debe ser restaurado para que el resto de la humanidad busque al Señor.[49] Lohfink afirma que «tan pronto como Israel se levantara en medio de todas las demás sociedades del mundo como la sociedad debidamente *construida* (esa es la terminología exacta que se utiliza en el pasaje [en Hch. 15:17]), la sociedad pagana podría buscar y encontrar a Dios en Israel, la sociedad modelo establecida por Dios». Jacobo y la iglesia de Jerusalén sabían «que sus esfuerzos misioneros no cambiarían nada entre las naciones a menos que el mismísimo pueblo de Dios fuera una sociedad transformada en el contexto de la misión. La misión ganaba credibilidad mediante la construcción social concreta del pueblo de Dios que la llevaba adelante».[50]

Por eso es que el relato de Hechos se demora tanto en Jerusalén. Los doce no se quedaron allí todo ese tiempo por incredulidad, ni por un estrecho exclusivismo, ni por una incapacidad de entender la misión universal de Dios. Su misión estaba orientada hacia los judíos, a fin de conformar un pueblo fiel; la misión hacia los gentiles debía estar cimentada en una comunidad que ya encarnara las buenas nuevas y, por ende, las volviera creíbles. Los gentiles podrían añadirse, en los tiempos de Dios, a una comunidad como esa.

El libro de Hechos nos cuenta en una narración histórica lo que Pablo articula en términos teológicos (Ro. 11:17-24). *Algunas ramas son cortadas*: hay muchos judíos que *no creen* en el evangelio y se excluyen a sí mismos de la membresía en la Israel restaurada. *Algunos renuevos de olivo silvestre son injertados en su lugar* y ahora comparten la rica savia de la raíz: muchos gentiles *creen* en el evangelio, se incorporan al pueblo de Dios y ahora son partícipes de la salvación prometida a Israel. «Cuando uno lee Hechos y Romanos 11 a la par, es increíble la cantidad de profundas similitudes que encuentra entre ellos. Es interesante apreciar que Hechos, que parece más primitivo, es la leña con la que Pablo enciende el fuego de su extraordinaria teología sobre el destino de judíos y gentiles.»[51]

Por lo tanto, podemos observar tres importantes procesos que tienen lugar en la conformación del pueblo escatológico de Dios: (1) la Israel regenerada se reúne en una comunidad para continuar la misión escatológica de Jesús; (2) los israelitas que se rehúsan a reconocer que Jesús es el Mesías se excluyen a sí mismos del pueblo de Dios; y (3) muchos gentiles se añaden a esta comunidad, que asume tanto la vocación misional de Israel como la misión escatológica de Jesús.

La comunidad misional de Jerusalén

Después de Pentecostés, vislumbramos a la sociedad trasformada de Dios en Jerusalén. Allí, la Israel escatológica y mesiánica seguía llevando adelante su rol misional en el poder del Espíritu. El resumen de los sucesos que leemos en Hechos 2:42-47 nos ayuda a ver claramente el propósito de Dios para su pueblo misional.

En ese pasaje, podemos distinguir tres movimientos. En primer lugar, la comunidad apostólica estaba dedicada a la enseñanza apostólica, la comunión entre hermanos, el partimiento del pan y la oración. Estas actividades eran canales por medio de los cuales se alimentaba la vida escatológica del Espíritu en el cuerpo de creyentes. En segundo lugar, la descripción del pueblo de Dios deja en claro que la vida del reino se estaba manifestando. Estaban cumpliendo lo que Dios pensó desde el principio cuando escogió a su pueblo. En tercer lugar, como podríamos esperar de un enfoque veterotestamentario en el tema de cómo se reuniría el pueblo de Dios del fin de los tiempos, Dios añadía a su comunidad a personas ajenas a ella.

Lucas relata que esta comunidad cristiana primitiva tenía cuatro prácticas que atendía con devoción. Puede que pasemos por alto la palabra «devoción» en el apuro de ver cuáles eran las cuatro prácticas de la iglesia primitiva, pero deberíamos detenernos un instante en este punto para recordarnos a nosotros mismos que esta comunidad llena del Espíritu «se ocupaba con diligencia» de aplicar estas prácticas y «se ceñía firmemente» a ellas porque eran medios para nutrir su nueva vida en Cristo.[52] Con la determinación infatigable del atleta que se entrena, la iglesia persistía con ahínco en el estudio de la Palabra de Dios, la comunión entre hermanos, la santa cena y la oración: esos eran los medios por los que Cristo obraba, a través del Espíritu, para darle nueva vida a su pueblo.

En primer lugar, los seguidores de Jesús se comprometieron a seguir la enseñanza de los apóstoles, «la historia de Jesús (en particular su muerte y resurrección), narrada como el clímax del relato de Dios e Israel y, por ende, como la verdadera historia del mundo y el fundamento y la fuerza que infunde poder a la misión de la iglesia».[53] Nuestra propia mentalidad ha sido moldeada hasta tal punto por la cosmovisión de la Ilustración que con mucha frecuencia pensamos que las palabras «enseñanza» y «doctrina» se refieren a dos realidades exclusivamente sistemáticas. Sin duda, había una enseñanza doctrinal, pero en el fondo, la enseñanza apostólica era la narración de una historia: la historia de Jesús, el clímax del relato bíblico.⁵⁴ Contar la historia del evangelio es invitar a las personas a hallar su lugar en ella: «Aceptar la autoridad de este relato implica introducirse en él y habitar en él. Es vivir en un mundo como el mundo retratado en esa historia».⁵⁵

Además, la historia que relataban los apóstoles tenía una fuerza poderosa y vigorizante. En la cultura occidental, tenemos la tendencia a concentrarnos en el aspecto intelectual de la enseñanza, que desde luego es importante.⁵⁶ Considerando especialmente que vivimos en una era antintelectual, es importante que ahondemos en nuestra comprensión intelectual de la fe; «la fe que busca entender» es crucial para una iglesia misional. Sin embargo, a veces olvidamos que el evangelio tiene poder de Dios para salvación porque Cristo mismo está presente en la Palabra con todo su poder salvífico. En Hechos 4:33, leemos que «los apóstoles daban un testimonio poderoso de la resurrección del Señor Jesús». Más adelante, Pablo describiría el evangelio como el «poder de Dios para la salvación de todo aquel que cree» y una «demostración del poder del Espíritu» (Ro. 1:16; 1 Co. 2:4, NVI; ver también 1 Co. 1:18). El poder de la palabra de Dios transformó a la comunidad de la iglesia primitiva. No debería sorprendernos que, cuando surgieron dificultades prácticas en la iglesia, se designó a siete hombres para que se encargaran del problema *a fin de no descuidar el ministerio de la palabra* (Hch. 6:4).⁵⁷

En segundo lugar, los creyentes se dedicaban a la comunión unos con otros. La palabra *koinonia* (que aquí se traduce como «comunión» o «mutuo compañerismo») denota el compartir y aparece en todo el Nuevo Testamento con el sentido de tener parte y comunión en la salvación de Cristo (1 Co. 1:9), en la obra del Espíritu (2 Co. 13:14) o en los dones y las obligaciones que conlleva el evangelio (Fil. 1:5). Compartir esta fe implica compartir una vida en comunidad (1 Jn. 1:3). En Hechos 2:42, esta comunión parece manifestarse particularmente en la administración de los bienes materiales (Hch. 2:44-45). Sin embargo, esta generosidad y solidaridad social inusitada era, sin duda, la expresión concreta de la nueva vida que compartían en Cristo y el Espíritu.[58] La comunión entre ellos indica que compartían una vida juntos en Cristo y por el Espíritu.

El resto del Nuevo Testamento revela varios aspectos de esta vida en comunidad, de los cuales dos son especialmente pertinentes para nuestro análisis. Primero, la vida en comunidad de la iglesia es el medio por el cual somos edificados y fortalecidos en nuestra nueva vida en Cristo. En este punto, pensamos en pasajes que tratan de los dones del Espíritu, que se nos conceden por el bien común (1 Co. 12:1-11). Puntualmente, Pablo nos llama la atención sobre los dones del liderazgo, que hacen que la Palabra de Dios siga ocupando un lugar central en la vida de la comunidad, para que el cuerpo sea edificado y todos alcancemos la medida de la estatura de la plenitud de Cristo (Ef. 4:1-16). Es importante que interpretemos las palabras de Pablo sobre la vida comunal de la iglesia y sus dones y liderazgo en el contexto de una iglesia misional. Dios nos da esos dones precisamente para que la iglesia manifieste la vida del reino ante el mundo. Al igual que Lucas, Pablo se interesa por las estructuras y el orden en la vida de la iglesia, para que así el Espíritu obre dando a la comunidad la capacidad de ser un cuerpo misional.

Segundo, la comunión de la iglesia se expresa en que los creyentes viven juntos en una sociedad transformada por el amor fraternal. Quizás la mejor forma de explorar este aspecto sea observar el pronombre recíproco «unos a otros» (*allelon*), que satura el Nuevo Testamento y es «una parte fundamental de la eclesiología de los primeros cristianos».[59] La siguiente lista es representativa de los usos de ese término en el Nuevo Testamento; claramente, si la iglesia viviera en comunidad de esa manera, presentaría una alternativa atrayente en contraposición con el estilo de vida de las culturas circundantes.

Somos [...] miembros los unos de los otros (Ro. 12:5, LBLA).

Amémonos unos a otros con amor fraternal (Ro. 12:10).

Con honra, dándose preferencia unos a otros (Ro. 12:10, NBLH).

Vivan en armonía los unos con los otros (Ro. 12:16, NVI).

Acéptense los unos a los otros (Ro. 15:7, DHH).

Están capacitados para instruirse unos a otros (Ro. 15:14, NVI).

Salúdense unos a otros (Ro. 16:16).

Sírvanse los unos a los otros por amor (Gá 5:13).

Sobrelleven los unos las cargas de los otros (Gá. 6:2).

Anímense los unos a los otros (1 Ts. 5:11).

Edifíquense los unos a los otros (1 Ts. 5:11).

Vivan en paz los unos con los otros (1 Ts. 5:13, LBLA).

Procuren siempre lo bueno los unos para los otros (1 Ts. 5:15, RVA-15).

Sean [...] tolerantes y pacientes unos con otros (Ef. 4:2).

Sean buenos y compasivos unos con otros (Ef. 4:32, DHH).

Sométanse unos a otros (Ef. 5:21, NVI).

Sopórtense unos a otros (Col. 3:13, DHH).

Perdonándose unos a otros (Col. 3:13, NBLH).

Tengámonos en cuenta unos a otros, a fin de estimularnos al amor y a las buenas obras (He. 10:24).

Confiesen sus pecados unos a otros (Stg. 5:16).

Oren unos por otros (Stg. 5:16).

Ámense los unos a los otros de todo corazón (1 P. 1:22).

Sed hospitalarios los unos para con los otros (1 P. 4:9, LBLA).

Todos vístanse con humildad en su trato los unos con los otros (1 P. 5:5, NTV).

A la par de la palabra de Dios y la comunión entre hermanos, hay una tercera práctica a la que la comunidad cristiana de Jerusalén se aplicaba con devoción: el partimiento del pan. La santa cena es otro de los medios por los cuales Cristo da la vida del reino a su pueblo a través de la obra del Espíritu. Jesús inició esta práctica la noche en que lo traicionaron y ordenó a sus discípulos que la guardaran en el centro de su vida comunal. La cena original fue una cena de Pascua (Lc. 22:7), la fiesta que recibió Israel por mandato para celebrar las maravillas de Dios en su liberación de Egipto (Éx. 12). En los tiempos de Jesús, había adquirido un nuevo significado: la mayoría de los judíos ya no la celebraban mirando hacia atrás y recordando la obra de Dios en Egipto, sino mirando hacia adelante y con ansias por lo que Dios iba a hacer (¡a Roma!) con la venida del reino. En este contexto, Jesús les dijo (a través del poder de un símbolo): «¡El reino de Dios está irrumpiendo en la historia ahora mismo!». Sin embargo, con ese mismo símbolo también les dijo: «El reino no va a venir de la forma que ustedes esperan». Jesús tomó el pan y el vino de la cena original y los dotó de un nuevo sentido: el reino no llegaría mediante la violencia militar contra Roma sino por su propio cuerpo y el derramamiento de su sangre. Ese suceso es el que debía perdurar y ser central para la vida del pueblo restaurado de Dios, puesto que a través de él se conformaría su comunidad.

Si ponemos esta cena histórica en el contexto del relato israelita, vemos que, al igual que el bautismo, la cena de la eucaristía está cargada de sentido escatológico y misional. Es la cena que alimentaría a la Israel restaurada en su vida del reino. Es el medio que Dios usaría para empoderar a su pueblo y capacitarlo para encarnar la vida de Cristo, a fin de bendecir al mundo mientras ellos participan de lo que Cristo logró en la crucifixión. La razón es que Cristo mismo está presente en la cena y da su propia vida por su pueblo.

En cuarto y último lugar, la iglesia judía del primer siglo persistía en la oración. En un capítulo anterior observamos que la vida de oración de Jesús ocupa un lugar de prominencia en el Evangelio de Lucas:[60] es el medio por el cual el Espíritu obra para traer el reino a la tierra.[61] Por eso, Lucas nos muestra a Jesús constantemente *orando* (Lc. 5:16; 6:12), enseñando a sus discípulos *cómo orar* (Lc. 11:1-13) e instruyéndolos *sobre la oración* (Lc. 18:1-8). La iglesia primitiva persistió en esta vida de oración. La primera descripción que leemos acerca de la comunidad de discípulos reunidos reza que «todos ellos oraban y rogaban a Dios continuamente en unión» (Hch. 1:14). Cuando enfrentaron la oposición de los líderes judíos, inmediatamente «todos juntos elevaron sus voces a Dios» (Hch. 4:24). Cuando la disensión empezó a amenazar a la iglesia, designaron a siete hombres para que los apóstoles pudieran seguir dedicándose a la oración (Hch. 6:4).[62]

La vida de oración de esta comunidad escatológica, conforme a lo que habían aprendido de Jesús, contrastaba ostensiblemente con el judaísmo de aquel entonces, que tenía horarios predeterminados y fórmulas verbales rígidas para la oración. Esta nueva forma de orar estaba basada en una nueva relación con Dios: la relación de los hijos de Dios con su Abba, su Padre. Esta oración no era tan solo expresión y disfrute de esta nueva intimidad con Dios, sino también la forma en que el poder del reino de Dios intervenía en la historia. Por eso, no es ninguna sorpresa que encontremos tantos usos de palabras que denotan devoción y dedicación en pasajes que tratan de la oración. Tres veces Lucas habla sobre la iglesia primitiva con expresiones como: «oraban y rogaban a Dios continuamente» (Hch. 1:14); «se mantenían fieles [...] en las oraciones» (Hch. 2:42); «así nosotros podremos continuar orando» (Hch. 6:4). Dos veces Pablo manda a las iglesias que había plantado como comunidades misionales que fueran constantes en la oración (Ro. 12:12; Col. 4:2).

De este modo, Lucas describe a la iglesia en Hechos 2:42 como un «lugar donde Aquel que es exaltado se manifiesta y donde el Espíritu Santo hace todas las cosas nuevas».[63] Mientras la iglesia persiste con constancia, devoción y diligencia en estas prácticas, el Cristo exaltado está presente en medio de ella con poder para salvar. Él obra a través de estos canales y por el Espíritu para crear la nueva vida del reino en la iglesia. Guardar este pasaje en nuestro corazón nos librará del peligro de rechazar a la iglesia como institución o comunidad. El remedio para una iglesia institucional inflexible y encerrada en sí misma no es abandonarla, sino reformarla para que sea lo que Dios pensó desde un principio. Precisamente, es a través del ministerio de la iglesia institucional, por medio de sus dones, estructuras y liderazgo, como el pueblo de Dios se edifica para convertirse en una manifestación radiante del reino de Dios, por su propia presencia en medio de ellos.

La devoción comunal en la enseñanza, la comunión, la santa cena y la oración da el fruto de una vida que manifiesta la nueva vida del reino (Hch. 2:43-47). Los creyentes de Hechos tenían una vida de poder (experimentaban muchas señales, milagros y maravillas), generosidad desbordante (tenían todas las cosas en común y quienes más tenían a veces vendían sus propiedades para sustentar a los necesitados), solidaridad en comunidad (seguían reuniéndose y congregándose), gozo (vivían con un corazón alegre y sincero) y adoración y acción de gracias a Dios. Una comunidad así es realmente contrastante y cumple lo que Dios pensó para su pueblo desde el principio. Hechos describe el resultado: «Y cada día el Señor añadía a la iglesia a los que habían de ser salvos» (Hch. 2:47). Lucas presenta la misión de la iglesia primitiva como una obra de Dios: es *el Señor* quien añadía a los miembros de la iglesia. David Seccombe afirma que las «dos descripciones de la vida de la comunidad cristiana de Jerusalén (Hch. 2:42-47; 4:32—5:16) tienen un propósito en común: mostrar que Dios en verdad estaba en medio de su pueblo».[64] Era Dios obrando en ellos, por medio de ellos y en medio de Jerusalén.

Cabe preguntarnos entonces si esta comunidad atrayente también estaba envuelta en una actividad misionera más intencional. Ernst Haenchen cree que en Jerusalén no había un trabajo evangelístico deliberado y que ese tipo de trabajo no empezó antes de Pablo.[65] Hengel lo refuta argumentando que muchas personas fueron ganadas para la fe en un período corto, lo cual (él infiere) no podría haber sucedido sin una «actividad misionera» real.[66] De la *vida* de la comunidad emanaban *palabras* y *hechos* que señalaban a Jesús y al Espíritu como la fuente de su nueva vida.

Newbigin discierne la dinámica misional de la iglesia primitiva de Jerusalén y hace hincapié en que «el comienzo de la misión no es una acción que nosotros llevamos a cabo, sino la presencia de una realidad nueva, la presencia del Espíritu de Dios obrando con poder». Que esta realidad y este poder nuevos dieran origen a una comunidad era una señal del reino que planteaba preguntas entre los incrédulos. Las «grandes declaraciones misioneras de Hechos no partieron de la iniciativa unilateral de los apóstoles, sino que son respuestas a las preguntas que hicieron otras personas, preguntas que surgieron debido a la presencia de algo que requería una explicación [...]. Lo que realmente necesitamos entender es que cuando la Iglesia es fiel a su Señor, hay poderes del reino que se hacen presentes y las personas empiezan a hacerse esa pregunta a la que el evangelio responde».[67] Hechos 4:32-35 confirma esta lectura: los creyentes eran de un mismo sentir y pensar, compartían todo lo que tenían (v. 32), y la gracia de Dios obraba de forma tan poderosa entre ellos y los motivaba a actuar con una generosidad tan sacrificada que ninguno de ellos atravesaba ninguna necesidad (v. 34). Entremezcladas con estos dos puntos leemos las palabras: «Y los apóstoles daban un testimonio poderoso de la resurrección del Señor Jesús» (v. 33). Roland Allen advierte que la «expansión espontánea de la iglesia» de Hechos está basada en tres elementos: la irresistible atracción que ejercía su vida comunal, la actividad evangelística espontánea de la congregación local, y la plantación de más de estas congregaciones en nuevos lugares.[68]

Newbigin describe lo que él denomina la «naturaleza doble» que tendrá la iglesia si es fiel a su llamado misional. Por un lado, así como la misión de Jesús se caracterizó por las señales de poder del reino, en la iglesia también se manifestará el poder del reino. Por otro lado, también habrá sufrimiento. Así como Jesús desafió a los poderes que estaban obrando en una sociedad idólatra y eso atrajo la hostilidad del mundo, también «la vida y el testimonio de la iglesia misionera derribarán las creencias más fundamentales del mundo».[69] Allí donde la iglesia sea fiel al evangelio y, por ende, dé lugar a una presencia del reino, «el cristianismo estará desafiando con sus palabras y conducta a los poderes dominantes. Los resultados serán conflictos y sufrimiento para la Iglesia».[70] Podemos apreciar esto mismo también en el libro de Hechos.

Jesús había advertido a sus discípulos que también sufrirían como él (Lc. 6:22; 9:23; 12:4-12; 21:12-19) y eso mismo es lo que leemos en las páginas de Hechos: el sufrimiento por la persecución es un tema predominante. Empezó en Jerusalén después de que los apóstoles sanaron a un hombre ciego y predicaron que no hay salvación en nadie más que Jesús. Cuando enfrentaron la encarnizada oposición de los líderes judíos, los creyentes empezaron a orar de inmediato.[71] Citando el Salmo 2, interpretaron que esta oposición era prueba de que los «reyes y poderosos» de la tierra se reunían para confabular contra el Cristo (Hch. 4:26), por lo cual oraron pidiendo valentía (un tema que encontramos con frecuencia en Hechos en el contexto de la adversidad)[72] y Dios les respondió (Hch. 4:29-31). Los líderes judíos volvieron a mostrar oposición contra los apóstoles, que tuvieron que soportar el encarcelamiento y los azotes, pero se fueron gozosos porque habían sido considerados dignos de sufrir por el Nombre

(Hch. 5:41). En los capítulos siguientes, los judíos arrestaron y apedrearon a Esteban (Hch. 6 y 7) y «se desató una gran persecución contra la iglesia» (Hch. 8:1). Pablo se sumó a los actos de violencia dirigidos contra la iglesia, pero en el camino se convirtió al cristianismo. Acerca de Pablo, el Señor le dijo a Ananías: «Yo le voy a mostrar todo lo que tiene que sufrir por causa de mi nombre» (Hch. 9:16). En efecto, Pablo se enfrentó una y otra vez al antagonismo, el encarcelamiento, los golpes y muchos más actos de violencia por parte de los incrédulos, todo por la causa de Cristo. Al llegar de vuelta a Antioquía después de su primer viaje, fortaleció e infundió aliento a la iglesia diciéndole: «Para entrar en el reino de Dios nos es necesario pasar por muchas tribulaciones» (Hch. 14:22).

Paul House analiza en detalle el tema del sufrimiento en Hechos y concluye que la misión y el sufrimiento están íntimamente relacionados. El sufrimiento siempre conduce a la propagación del evangelio. «Claramente, el sufrimiento es una fuerza crucial para la propagación del evangelio. Es poco común que el Camino se expanda sin él. [...] Sin duda alguna, el evangelio avanza, pero nunca sin dolor.»[73] Lucas nos muestra que la persecución cumple el plan de Dios y que el evangelio logra avanzar y difundirse debido a que Dios comisiona, da coraje y capacita a la comunidad de sus testigos para que cumplan con fidelidad su misión.[74]

Más allá de Jerusalén
La misión de la iglesia seguía dentro de los límites de la visión del Antiguo Testamento: Jerusalén estaba en el centro y la comunidad apostólica estaba reuniendo a los judíos para incorporarlos a la Israel mesiánica. Sin embargo, el plan de Dios era traer a todas las naciones a esta comunión. Los sucesos descritos en Hechos 10 iniciaron la siguiente etapa. Pedro, en contra de sus propias convicciones, fue guiado por Dios a la casa de un gentil llamado

Cornelio para compartir las buenas nuevas de Jesús. En contra de todas las expectativas, la misma experiencia del Espíritu Santo que recibieron los discípulos en Pentecostés ahora le era concedida a esta familia de gentiles: claramente, Dios estaba obrando allí. Cornelio y su casa se bautizaron de inmediato. No obstante, cuando Pedro volvió a Jerusalén se encontró con un problema: la iglesia lo reprendió con severidad por transgredir los límites religiosos sagrados entrando en la casa de un gentil. Entonces Pedro les contó que Dios lo había guiado y que el Espíritu había descendido sobre Cornelio y su familia, ante lo cual el asunto quedó resuelto. Los creyentes «que practicaban la circuncisión» respondieron: «¡Así que Dios también les ha concedido a los no judíos la oportunidad de arrepentirse para que tengan vida!» (Hch. 11:18). Ahora la pregunta era cuáles eran los términos para admitir a los gentiles en la comunidad de Jesús y qué pasaba con la ley. Para los creyentes de Jerusalén era claro: los creyentes gentiles debían convertirse al judaísmo y guardar la ley.

Mientras tanto, a unos quinientos kilómetros al norte, en Antioquía, algo nuevo estaba sucediendo. Algunos de los judíos que habían abandonado Jerusalén durante la persecución posterior a la muerte de Esteban habían viajado hacia el norte hasta Antioquía y estaban dando testimonio de Jesús tanto a judíos como a gentiles (Hch. 8:1; 11:19-21). Su mensaje estaba contextualizado: proclamaban que Jesús es el «Señor» (en vez del «Cristo» o el «Mesías»), un término que comunicaba de forma más clara a los gentiles la trascendencia del evangelio.[75] Un gran número de gentiles creyó y esta nueva realidad significó grandes cambios para la comunidad de creyentes. Ya no se trataba de unos pocos gentiles que se estaban incorporando de forma gradual en una comunidad mayoritariamente judía: ahora, judíos y gentiles parecían estar en igualdad de condiciones. Aquí es donde entra en juego un elemento completamente nuevo.[76] Cuando la iglesia de

Jerusalén escuchó acerca de estos acontecimientos, inmediatamente se puso en acción para asegurarse de que este fuera un movimiento mesiánico válido. Enviaron a Bernabé para que investigara el asunto y él constató frente al pueblo de Jerusalén que, en efecto, la gracia de Dios estaba obrando en el norte, tanto en judíos como en gentiles.

En Antioquía, la iglesia dio un paso más: escogió a Pablo y Bernabé para que llevaran las buenas nuevas a pueblos de regiones aun más distantes (Hch. 13:1-3). Ellos viajaron a Chipre y a Asia Menor y en cada ciudad dejaron a su paso una comunidad compuesta de judíos y gentiles, que se congregaban en torno a Jesús por medio del Espíritu (Hch. 13-14). El patrón que se había establecido en Antioquía ahora se estaba volviendo la norma. Uno no puede imaginar lo horrorizados que habrían estado los judíos en vista de estos acontecimientos y el rumor de «lenguas parloteando en las calles y en las sinagogas. "Es un escándalo espantoso. ¡Están por todas partes! Judíos y gentiles, circuncisos e incircuncisos, limpios e impuros, todos viviendo juntos, comiendo juntos y orando juntos como si no hubiera diferencia entre ellos y nosotros, como si la ley ya no importara"».[77] ¿Qué pasaba con la ley, que había sido tan preciada y formativa para el pueblo de Dios durante tantos cientos de años? ¿Podían dejarla a un lado tan fácilmente? Uno apenas puede imaginar la angustia y la confusión de los creyentes judíos de Jerusalén. ¿Quién era este Pablo? Lo llamaban «apóstol», pero los *doce* discípulos estaban en Jerusalén. ¿Qué había que hacer con los creyentes gentiles? ¿Qué pasaba con estas nuevas comunidades en las que judíos y gentiles adoraban y oraban juntos?

Finalmente, el tema se trató en el Concilio de Jerusalén (Hch. 15). El punto de inflexión de las deliberaciones del concilio fue cuando Jacobo tomó la palabra. Después de referirse al relato de Pedro, citó Amós 9:11-12 y dijo que los profetas aguardaban este día, en el que primero los judíos serían restaurados y luego los gentiles se añadirían al pueblo *como gentiles*. Así, Jacobo aconsejó a los presentes que no exigieran que los gentiles se convirtieran en judíos, excepto por unas pocas prácticas específicas. Hubo consenso en este punto y la iglesia designó a algunos creyentes para que llevaran este mensaje a las iglesias de Antioquía, Siria y Cilicia. Las iglesias respondieron con gozo, se fortalecieron en la fe y crecieron en número (Hch. 15:30-31; 16:4-5). El resto del libro de Hechos destaca los esfuerzos de Pablo y otros creyentes por llevar las buenas nuevas del reino a tierras aun más lejanas, hasta el final del relato, que termina en Roma.

En esta segunda parte de Hechos, hay dos puntos de inflexión que son cruciales para elaborar una eclesiología misional. Primero, vemos cómo era la iglesia de Antioquía; segundo, vemos a la iglesia liberarse de modelo de comunidad judía a partir del Concilio de Jerusalén.

LA IGLESIA DE ANTIOQUÍA: UN NUEVO TIPO DE COMUNIDAD MISIONAL

La iglesia de Antioquía era un fenómeno nuevo en la misión de Dios. Estaba establecida en una de las grandes ciudades del Imperio romano, sus fundadores fueron los creyentes que habían huido de la persecución de Jerusalén, y estaba compuesta de creyentes tanto judíos como gentiles. Lucas ofrece una descripción histórica y teológica de esta iglesia en Hechos 11:19-30, basándose en su representación previa de la iglesia de Jerusalén.[78] Aquí no aporta la misma cantidad de detalles; más bien, da por sabido que sus lectores relacionarían ambas iglesias e interpretarían por sí mismos los detalles que él deja implícitos. En otras palabras, la iglesia de Antioquía también se dedicaba con constancia a los medios de la gracia, su vida encarnaba la vida atrayente del reino y, al igual que en Jerusalén, el Señor estaba añadiendo creyentes a su congregación (Hch. 2:42-47). Leemos que la gracia de Dios estaba obrando en Antioquía (Hch. 11:23; cf. Hch. 2:43-47) y que un gran número de personas creía y se volvía al Señor (Hch. 11:21; cf. Hch. 2:47). Era una iglesia devota en el estudio de la Palabra de Dios, como apreciamos cuando Bernabé y Pablo enseñaban y grandes números de personas acudían a escucharlos (Hch. 11:26; cf. Hch. 2:42). Era una iglesia generosa cuyos miembros se preocupaban por las necesidades el uno del otro y estaban dispuestos a compartir sus recursos incluso con personas que no eran de su propio círculo; por ejemplo, enviaron un presente a los creyentes de Judea que estaban padeciendo una grave hambruna (Hch. 11:27-30; cf. Hch. 2:44-45; 4:32-34). Así, el «narrador retrata a la iglesia de Antioquía con imágenes de la comunidad ideal, que se habían utilizado antes para describir a los creyentes de Jerusalén».[79]

No obstante, la iglesia de Antioquía no era igual a la de Jerusalén: «La descripción de la iglesia de Antioquía se destaca en la narrativa de Hechos, puesto que *se la compara y a la vez se la contrasta* con las imágenes que ilustran a la iglesia de Jerusalén».[80] A diferencia de esta última comunidad, en Antioquía la iglesia estaba compuesta de judíos y gentiles que, mediante la comunión y el liderazgo, franqueaban la barrera que separaba a ambos pueblos. Es la «primera iglesia multicultural».[81] Vivían juntos en comunidad solo por la gracia de Dios y su compromiso con Jesús, el Cristo; es apropiado que ellos fueran los primeros en recibir el calificativo de «cristianos» (Hch. 11:26), ya que se distinguían no por su origen étnico ni por sus prácticas religiosas, sino únicamente por Aquel a quien seguían.[82]

Ahora bien, hay otra diferencia importante que surge en Hechos 13:1-3. Por primera vez, la iglesia elevaba su mirada más allá de su escenario local y deseaba llevar el evangelio a pueblos que aún no lo habían oído. Cuando el Espíritu instó a estos creyentes a apartar a Bernabé y Pablo para llevar adelante esta nueva tarea, la iglesia fue sensible y obediente a la obra del Espíritu: ayunaron, oraron, impusieron sus manos sobre Pablo y Bernabé, y los enviaron para que llevaran el evangelio a nuevos lugares. La misión de los gentiles acababa de empezar y tenía un propósito misionero. Antioquía ahora se había vuelto el centro radiante desde el cual el evangelio se movía y avanzaba. Justo González afirma que, empezando en Hechos 13, «Lucas habla de forma casi exclusiva de la iglesia de Antioquía y su obra misionera, no porque fuera la iglesia más antigua, ni la más rica, ni la más poderosa, sino porque era la que estaba respondiendo a los nuevos desafíos de aquella época».[83] Según González, la iglesia de Antioquía pudo responder de una forma novedosa a los desafíos de esta nueva era porque Pablo y Bernabé habían pasado un año entero enseñando a la iglesia y sumergiendo a sus miembros en el relato de las Escrituras (Hch. 11:26). «Lo que sucedió durante ese año es que la iglesia de Antioquía alcanzó una comprensión de sí misma y asimiló el evangelio de una forma tal que ahora tenía la capacidad de compartirlo en nuevos términos, mejor adaptado a la misión que Dios le había confiado.»[84]

De modo que la iglesia de Antioquía aporta algo nuevo y muy importante a nuestra comprensión de qué es una iglesia misional: una comunidad que mira más allá de sus límites geográficos y se pregunta cómo puede contribuir a llevar el evangelio hasta los confines de la tierra. Este es un «fenómeno sin precedentes [...]. En Pablo encontramos por primera vez el propósito específico de emprender la actividad misionera en todo el mundo».[85] Basándose en la iglesia de Antioquía, Shenk propone una distinción útil entre la «modalidad orgánica» de la misión (Hch. 11:19-26) y la «modalidad de envío» (Hch. 13:1-3). En la «modalidad orgánica», la congregación local «desafiaba la estructura de plausibilidad reinante de su cultura basándose en las declaraciones del reino de Dios [...]. El testimonio del reino de Dios, presente y futuro, era el centro de la vida de la comunidad de discípulos. La iglesia crecía de forma orgánica». Shenk cree que «esta modalidad ha sido el principal vehículo de la expansión de la iglesia a lo largo de la historia y ha representado un auténtico progreso para el cumplimiento de la Gran Comisión». La modalidad de envío de personas comisionadas ofrece una comprensión complementaria de la vocación de la iglesia. Según esta modalidad, «ciertos individuos eran apartados para llevar adelante un ministerio itinerante que permitiría que la fe se propagara en ciudades y regiones clave a lo largo del mundo romano». Ese fue el comienzo de una misión transcultural y necesaria para guardar a la congregación local de la estrechez mental, de confinarse a la mentalidad de su pueblo, lo cual hubiera amenazado la fe. «La Gran Comisión sostiene esta dimensión [de la misión] de forma continua a los ojos de la iglesia.»[86]

Durante los últimos dos siglos, la misión se ha definido casi completamente en términos de la «modalidad de envío»; la consecuencia ha sido una comprensión desequilibrada e incompleta de nuestro llamado. Sin embargo, no debemos cometer el error reaccionario de excluir esa modalidad de nuestro concepto de misión. González bien observa que la tendencia a leer la segunda mitad de Hechos como una serie de tres viajes misioneros de Pablo —interpretación que no se encuentra en los comentarios bíblicos antiguos ni medievales— no deriva de una lectura minuciosa de Hechos, sino de imponer sobre el texto el modelo de misión predominante de los siglos XIX y XX.[87] Aun así, es igual de cierto que Hechos 13:2-3 aporta el «paradigma central de las misiones neotestamentarias».[88] Es decir, una iglesia como la de Antioquía es una misión en su ciudad, que crece por expansión espontánea en la medida en que sus miembros encarnan y anuncian las buenas nuevas. Una iglesia misional como esa también considera que los confines de tierra son su horizonte y, por ende, está ansiosa por colaborar para llevar el evangelio a lugares donde aún no ha sido escuchado. A grandes rasgos, la «modalidad orgánica» de Shenk es lo que Newbigin llama «misión» y la «modalidad de envío» es lo que él llama «misiones».[89] La iglesia misional se interesa en ambas. También podríamos decirlo en términos del modelo de Roland Allen, según el cual, en Hechos, el evangelio se da a conocer en cada lugar debido a la vida vibrante y radiante de una congregación, sumada a un testimonio evangelístico espontáneo. Sin embargo, es necesario establecer más de estas congregaciones en lugares donde no hay presencia de testigos. La modalidad de envío o lo que Newbigin denomina «misiones» es crucial para toda congregación misional. Hengel afirma de forma enfática que «la historia y la teología del cristianismo de los primeros siglos son una "historia de la misión" y una "teología de la misión". Una iglesia o teología que olvida o niega la responsabilidad de enviar misioneros como mensajeros de la salvación en un mundo amenazado por el caos está rindiendo sus propios fundamentos y, por ende, ella misma se está rindiendo».[90]

Si bien no podemos simplemente equiparar a Pablo con las actividades misioneras actuales, la forma en que llevamos a cabo las misiones podría enriquecerse mucho si estudiamos meticulosamente la práctica paulina.[91] Aunque quizás Hengel exagere al decir que en Pablo hallamos por primera vez una «estrategia misionera»,[92] sí vemos en Pablo lo que podríamos denominar una intención misionera. Él resumió su llamado en las siguientes palabras: «predicar el evangelio, no donde Cristo ya hubiera sido anunciado, para no edificar sobre fundamento ajeno» (Ro. 15:20). Él creía que su labor en la región que abarcaba desde Jerusalén a Ilírico (la provincia romana contigua a Roma hacia el oeste) había terminado y que ya no le quedaba más trabajo que hacer en esas regiones (Ro. 15:19,

23). Quería viajar más allá de Ilírico hasta Roma y después más allá, hasta las provincias más orientales de España (Ro. 15:23-24). Esa descripción nos permite comprender mejor cuál consideraba que era su responsabilidad primaria: quería plantar nuevas comunidades misionales, nuevas manifestaciones del pueblo escatológico de Dios, en todos los puntos clave del Imperio romano, que luego funcionarían como congregaciones misionales en esos lugares. Podríamos imaginar a Pablo diciendo a cada congregación antes de partir: «Ustedes ahora son la misión en este lugar».

Además, Pablo estaba interesado en que cada una de estas congregaciones emergentes encarnara las buenas nuevas y llevara adelante la misión de Dios en medio de su propio contexto cultural. Por eso, él volvía a visitar estas congregaciones para edificarlas, enviaba a otros creyentes para los mismos fines, y les escribía cartas para alimentar su fe. En esas cartas, «Pablo elabora sus ideas teológicas como un *misionero,* es decir, el *Sitz im Leben* de la teología paulina es la misión del apóstol».[93] Por lo tanto, para entender bien sus cartas debemos posicionarnos en la postura social o hermenéutica de la misión.[94]

EL CONCILIO DE JERUSALÉN: LA IGLESIA EN MEDIO DE LAS CULTURAS DEL MUNDO

El crecimiento de estas comunidades jóvenes en las afueras de Israel planteó preguntas críticas acerca de la naturaleza misma del pueblo de Dios. Por siglos, incluso milenios, el pueblo de Dios había sido definido y moldeado por la Torá. La ley no era mera legislación, sino la «guía y enseñanza amorosa, paternal y constante que Dios había dado a su pueblo».[95] Para Israel, era un gran privilegio haber recibido tan bondadosa expresión de la voluntad de Dios (Dt. 4:8). Debían entender la ley en términos de los propósitos misionales de Dios: ella definía al pueblo de Dios en tanto que ellos encarnaban las intenciones creacionales originales de Dios. «Israel era el jardín del Señor, un pequeño oasis de pureza y belleza en medio de un mundo que era un desierto de idolatría y caos de maldad; el seto que protegía ese jardín era la Ley.»[96] Leer el Salmo 119 nos permite adentrarnos en el corazón y la mente de la Israel del Antiguo Testamento, que amaba la ley de Dios y la consideraba el seto que los guardaba para que fueran un pueblo distinto y santo. Jesús mismo había permanecido dentro de los límites de ese seto, al igual que la comunidad apostólica original de Jerusalén. Sin embargo, el movimiento que estaba teniendo lugar en Antioquía —y ahora también Pablo mismo— desafiaba este antiguo consenso.

La ley era preciosa para Israel no solo porque expresaba las intenciones creacionales de Dios, sino especialmente porque le había sido dada *a Israel*. Era una expresión cultural y autorizada por Dios de los designios creacionales divinos *para un pueblo particular, en un tiempo particular, en un contexto cultural particular, en un punto particular de la historia de la redención*. Lo que queda claro en Hechos 15 es que «ni siquiera la cultura original y aprobada por Dios, de la nación escogida por él, tenía derecho a universalizar su expresión particular del cristianismo».[97] En este punto de la historia, el pueblo de Dios debía despojarse de la unicidad de su identidad étnica y cultural para convertirse en una comunidad de muchos pueblos, establecida en diversos lugares de todo el mundo, con una misión orientada a todos los pueblos y culturas. Era doloroso para los judíos cambiar algo que les había sido revelado por Dios y que había quedado grabado de forma permanente en la identidad misma de su pueblo. Aun así, las decisiones tomadas en el Concilio de Jerusalén redefinieron la identidad del pueblo de Dios, puesto que la iglesia se había vuelto multicultural y se había transformado en una comunidad que debía encarnar el evangelio en numerosos entornos culturales: así podrían llevar a las culturas que los hospedaban a la cruz, donde serían juzgadas y afirmadas. Desde este punto en adelante, concordamos con Seccombe en que «una de las grandes fortalezas del cristianismo [...] de todos los tiempos ha sido su capacidad de adaptarse a todas las culturas, cualidad que se forjó en el Concilio de Jerusalén».[98]

Lo que estaba en juego en Jerusalén no era si incluir o no a los gentiles en el pueblo de Dios. Eso ya estaba decidido. Más bien, la pregunta era si debían exigir a los gentiles que se circuncidaran y guardaran la ley de Moisés (Hch. 15:1, 5). En términos más simples, «¿debían convertirse al judaísmo para pertenecer al pueblo escatológico de Dios?».[99] En el concilio, los primeros dos argumentos que se presentaron en contra de imponer la ley a los gentiles partían de la experiencia. Primero Pedro, y después Pablo y Bernabé, relataron sucesos que demostraban que Dios había aceptado a los gentiles *como gentiles* (Hch. 15:7-12). Sin embargo, el discurso que determinó qué dirección seguiría la iglesia fue el de Jacobo. Su argumento no se basó en la experiencia sino en las Escrituras: aludió a Amós 9:11-12, no haciendo una cita textual sino una interpretación de las palabras del profeta. Bauckham sostiene que la frase crucial aquí es «los gentiles, *sobre los cuales es invocado mi nombre*» (Hch. 15:17, RVR60; énfasis mío).[100] En el Antiguo Testamento, esa frase solía expresar que Dios reclamaba a su pueblo como su propiedad particular (ej.: Dt. 28:10; 2 Cr. 7:14): solo el pueblo de Israel era «llamado por su nombre». En contraste, leemos respecto de los gentiles: «[son] aquellos sobre los cuales nunca fue invocado tu nombre» (Is. 63:19). Hablar de las naciones que invocan el nombre de Dios llamaba la atención; precisamente por eso Jacobo escogió este pasaje. Muchos pasajes del Antiguo Testamento hablan de un tiempo en que los gentiles se incorporarían al pueblo de Dios (Is. 2:2-3; 25:6; 56:6-7; 66:23; Jer. 3:17; etc.), pero de casi todos ellos se podía interpretar que esos gentiles se volverían parte de la nación judía como prosélitos. Por el contrario, el pasaje citado de Amós sostiene que los gentiles sí pueden ser parte del pueblo de Dios de los últimos tiempos sin renunciar a su identidad cultural gentil.[101] Jacobo concluyó su exégesis pidiendo que se aceptara a los gentiles como gentiles. Así, la disputa se resolvió.

La trascendencia de esta decisión es enorme para comprender la naturaleza del pueblo escatológico de Dios. En el Antiguo Testamento, el pueblo de Dios estuvo compuesto principalmente de una sola etnia que vivía en un solo lugar. La ley los unió en una entidad política, cultural y religiosa, en un contexto en particular. En términos culturales, Israel tenía mucho en común con las naciones de aquel entonces, se relacionó con sus culturas y se apropió de dones culturales que Dios había puesto en otras naciones —la evidencia de estos «préstamos culturales» permea el Antiguo Testamento—, pero también se relacionó con ellas, de una forma más relevante, al confrontar su idolatría. Las culturas paganas eran una amenaza religiosa a Israel, dado que el pueblo de Dios estaba en constante peligro de corromperse con la idolatría y el politeísmo paganos. Sin embargo, en el Antiguo Testamento, esta amenaza provenía desde *afuera* de la propia cultura israelita.

Tras el Concilio de Jerusalén, hubo tanto similitudes como cambios en la forma en que el pueblo de Dios se relacionó con las culturas del mundo. El pueblo escatológico de Dios siguió siendo una comunidad que encarnaba las intenciones creacionales de Dios para la humanidad, una ilustración del propósito redentor de Dios. Así, al igual que Israel, la iglesia es llamada a vivir en un intercambio misionero con otras culturas, abrazando sus ideas creacionales acertadas al tiempo que rechaza su idolatría. Sin embargo, a diferencia de Israel, la nueva comunidad mesiánica de la iglesia es enviada a vivir *en medio de* las culturas del mundo. La ley que antes unía a Israel como nación perdió vigencia: los miembros del pueblo de Dios ahora viven como ciudadanos no solo del reino de Dios sino también de las numerosas culturas del mundo. La iglesia se ha convertido un solo pueblo escatológico con muchas expresiones culturales. Las relaciones entre el evangelio, la iglesia y la(s) cultura(s) se han vuelto mucho más complejas, puesto que ahora el pueblo de Dios es llamado a involucrarse y dialogar con las diversas culturas a las que es enviado para ser una luz a las naciones.

Conclusión

El relato de Hechos nos muestra una comunidad que llevó adelante la misión del pueblo de Dios del Antiguo Testamento, pero ahora trasformada en un pueblo mesiánico que estaba investido del poder del Espíritu y que participaba en los dones del siglo venidero. Ellos continuaron la misión de Jesús, saliendo de Israel y hacia los confines de la tierra. Pasando de la narrativa de Hechos a las imágenes de las epístolas neotestamentarias, veremos esta misma identidad misional en las nuevas iglesias.

Notas

1. Ward W. Gasque, «A Fruitful Field: Recent Study of the Acts of the Apostles», *Interpretation* 42 (1988): 127.
2. Wilbert R. Shenk, *Write the Vision: The Church Renewed* (Valley Forge, PA: Trinity International Press, 1995), 109-112.
3. Lucien Legrand, *Unity and Plurality: Mission in the Bible*, trad. Robert R. Barr (Maryknoll, NY: Orbis Books, 1990), 103.
4. Hans Conzelmann, *The Theology of St. Luke*, trad. Geoffrey Buswell (Nueva York: Harper and Brothers, 1960), 16-17.
5. Consideremos el título alemán del libro de Conzelmann sobre Lucas: *Die Mitte der Zeit* [El medio de la historia].
6. Charles H. Talbert, *Literary Patterns, Theological Themes, and the Genre of Luke-Acts*, Society of Biblical Literature Monograph Series 20 (Missoula, MT: Scholars Press, 1974), 15-23; Robert C. Tannehill, *The Narrative Unity of Luke-Acts: A Literary Interpretation*, vol. 2: *The Acts of the Apostles* (Minneapolis: Fortress Press, 1990), 50-51. Talbert observa que esta era una convención literaria generalizada en los días de Lucas (*Literary Patterns*, 67-88).
7. David Bosch, *Transforming Mission: Paradigm Shifts in Theology of Mission* (Maryknoll, NY: Orbis Books, 1991), 115. Ver también John Michael Penney, *The Missionary Emphasis of Lukan Pneumatology* (Sheffield, UK: Sheffield

Academic Press, 1997).

8. Lucien Legrand, *Unity and Plurality: Mission in the Bible*, trad. Robert R. Barr (Maryknoll, NY: Orbis Books, 1990), 96-98.

9. Lesslie Newbigin, *Mission in Christ's Way: Bible Studies* (Geneva: World Council of Churches, 1987), 1.

10. Ambas críticas están plasmadas por David Hill en «The Spirit and the Church's Witness: Observations on Acts 1:6-8», *Irish Biblical Studies* 6 (enero 1984): 16-17.

11. Lesslie Newbigin, *The Household of God: Lectures on the Nature of the Church* (Nueva York: Friendship Press, 1953), 157-158.

12. Ibíd., 153.

13. James D. G. Dunn, «Spirit and Kingdom», *Expository Times* 82 (1970-1971): 38.

14. Cf. Peter Bolt, «Mission and Witness», en *Witness to the Gospel: The Theology of Acts*, ed. I. Howard Marshall y David Peterson (Grand Rapids: Eerdmans, 1998), 211. Ver el contraste con Suzanne De Diétrich, «"You Are My Witnesses": A Study of the Church's Witness», *Interpretation* 8 (1954): 274.

15. Johannes Blauw, *The Missionary Nature of the Church: A Survey of the Biblical Theology f Mission* (Nueva York: McGraw-Hill, 1962), 78.

16. Richard J. Dillon, *From Eye-Witnesses to Ministers of the Word: Tradition and Composition in Luke 24* (Roma: Biblical Institute Press, 1978), 292.

17. Darrell Guder, *Be My Witnesses* (Grand Rapids: Eerdmans, 1985), 40, énfasis mío.

18. Suzanne De Diétrich, «"You Are My Witnesses": A Study of the Church's Witness», *Interpretation* 8 (1954): 278.

19. Darrell Guder, *Be My Witnesses* (Grand Rapids: Eerdmans, 1985), 91.

20. Suzanne De Diétrich, «"You Are My Witnesses": A Study of the Church's Witness», *Interpretation* 8 (1954): 279.

21. Darrell Guder, *Be My Witnesses* (Grand Rapids: Eerdmans, 1985), 43.

22. Richard Bauckham, *Bible and Mission: Christian Witness in a Postmodern World* (Grand Rapids: Baker Academic, 2003), 99.

23. Lesslie Newbigin, *The Gospel in a Pluralist Society* (Grand Rapids: Eerdmans, 1989), 133-134.

24. Gerhard Lohfink, *Jesus and Community: The Social Dimension of the Christian Faith*, trad. John P. Galvin (Filadelfia: Fortress Press, 1982), 131-132.

25. Brian S. Rosner, «The Progress of the Word», en Marshall y Peterson, *Witness to the Gospel*, 221.

26. Ibíd., 225.

27. Lucien Legrand, *Unity and Plurality: Mission in the Bible*, trad. Robert R. Barr (Maryknoll, NY: Orbis Books, 1990), 98, énfasis mío.

28. Robert C. Tannehill, *The Narrative Unity of Luke-Acts: A Literary Interpretation*, vol. 2: *The Acts of the Apostles* (Minneapolis: Fortress Press, 1990), 21.

29. Lucien Legrand, Unity and Plurality: Mission in the Bible, trad. Robert R. Barr (Maryknoll, NY: Orbis Books, 1990), 105.

30. Ibíd., 101.

31. Richard Bauckham, «The Restoration of Israel in Luke-Acts», en *Restoration: Old Testament, Jewish, and Christian Perspectives*, ed. James M. Scott (Leiden: Brill, 2001), 475.

32. Christopher J. H. Wright, *The Mission of God: Unlocking the Bible's Grand Narrative* (Downers Grove, IL: InterVarsity, 2006), 501-502.

33. Richard Bauckham, *Bible and Mission: Christian Witness in a Postmodern World* (Grand Rapids: Baker Academic, 2003), 77.

34. David Bosch, *Transforming Mission: Paradigm Shifts in the Theology of Mission* (Maryknoll, NY: Orbis Books, 1991), 414.

35. Robert L. Webb sostiene que el bautismo de Juan cumplía la función de «una iniciación a la "verdadera Israel"»; ver su ensayo del mismo título en *John the Baptizer and Prophet: A Socio-Historical Study* (Sheffield, UK: JSOT Press, 1991), 197-202.

36. Josefo describe el ministerio de Juan en términos de «reunir un pueblo por medio del bautismo» (*Ant.* 18.117). Ver Robert L. Webb, *John the Baptizer and Prophet: A Socio-Historical Study* (Sheffield, UK: JSOT Press, 1991), 199-201.

37. Robert L. Webb, *John the Baptizer and Prophet: A Socio-Historical Study* (Sheffield, UK: JSOT Press, 1991), 202.

38. Ibíd., 360-363.

39. N. T. Wright, *Jesus and the Victory of God* (Londres: SPCK, 1996), 160.

40. Por desgracia, gran parte de este debate tiene un punto de partida más individualista que eclesiológico o comunal. La pregunta que se plantea es: «¿Puede el creyente individual perder la salvación?». Verlyn D. Verbrugge está en lo correcto cuando afirma que la interpretación de la advertencia de Hebreos 6 debe ponerse «completamente en el contexto de la relación de Dios con su pueblo como una comunidad del pacto». El problema es que el debate se ha llevado adelante «en relación con la cuestión de la apostasía irreversible del creyente individual y no en relación con la comunidad del pacto» («Towards a New Interpretation of Hebrews 6:4–6», *Calvin Theological Journal* 15 [abril 1980]: 61-73; aquí citado 65, 62).

41. Lesslie Newbigin, *The Gospel in a Pluralist Society* (Grand Rapids: Eerdmans, 1989), 117.

42. Richard Bauckham, «The Restoration of Israel in Luke-Acts», en *Restoration: Old Testament, Jewish, and Christian Perspectives*, ed. James M. Scott (Leiden: Brill, 2001), 473.

43. Richard Bauckham, «James and the Jerusalem Church», en *The Church in Its Palestinian Setting*, ed. Richard Bauckham, *The Book of Acts in Its First Century Setting* vol. 4 (Grand Rapids: Eerdmans, 1995), 419; ver también 425-426.

44. Richard Bauckham, «The Restoration of Israel in Luke-Acts», en *Restoration: Old Testament, Jewish, and Christian Perspectives*, ed. James M. Scott (Leiden: Brill, 2001), 482.

45. Jacob Jervell, *Luke and the People of God: A New Look at Luke-Acts* (Minneapolis: Augsburg, 1972), 43.

46. Richard Bauckham, «The Restoration of Israel in Luke-Acts», en *Restoration: Old Testament, Jewish, and Christian Perspectives*, ed. James M. Scott (Leiden: Brill, 2001), 480-481.

47. Jacob Jervell, *Luke and the People of God: A New Look at Luke-Acts* (Minneapolis: Augsburg, 1972), 51-53; Gerhard Lohfink, *Jesus and Community: The Social Dimension of the Christian Faith*, trad. John P. Galvin (Filadelfia: Fortress Press, 1984), 139-140; Johannes Munck, *Paul and the Salvation of Mankind*, trad. Frank Clarke (Richmond: John Knox Press, 1959), 234-235.

48. Richard Bauckham, «James and the Jerusalem Church», en *The Church in Its Palestinian Setting*, ed. Richard Bauckham, *The Book of Acts in Its First Century Setting* vol. 4 (Grand Rapids: Eerdmans, 1995), 453-455.
49. Johannes Munck, *Paul and the Salvation of Mankind*, trad. Frank Clarke (Richmond: John Knox Press, 1959), 234-235.
50. Gerhard Lohfink, *Jesus and Community: The Social Dimension of the Christian Faith*, trad. John P. Galvin (Filadelfia: Fortress Press, 1984), 140.
51. David Seccombe, «The New People of God», en Marshall y Peterson, *Witness to the Gospel*, 371.
52. Así es como Walter Grundmann describe el significado de la palabra traducida como «mantenerse fieles» o «dedicarse» en Hechos 2:42. Ver «προσκαρτερέω», en *Theological Dictionary of the New Testament*, ed. Gerhard Kittel, trad. Geoffrey W. Bromiley (Grand Rapids: Eerdmans, 1965), 3:618.
53. N. T. Wright, *The Last Word: Beyond Bible Wars to a New Understanding of the Authority of Scripture* (Nueva York: HarperCollins, 2005), 48. Wright ofrece una articulación útil de la autoridad escritural que es especialmente sensible a la forma en que la Palabra alentaba a la iglesia a llevar adelante la misión (35-59).
54. Ver Craig G. Bartholomew y Michael W. Goheen, *The Drama of Scripture: Finding Our Place in the Story of the Bible* (Grand Rapids: Baker Academic, 2004).
55. Richard Bauckham, *God and the Crisis of Freedom: Biblical and Contemporary Perspectives* (Louisville: Westminster John Knox, 2002), 64.
56. John Stott toma la analogía de un salón de clases en este contexto y habla de que la iglesia rechazaba el antintelectualismo (*The Spirit, the Church, and the World* [Downers Grove, IL: InterVarsity, 1990], 82).
57. Este vínculo entre la iglesia y la Palabra es sin dudas la razón por la que las iglesias reformadas han determinado que una de las señales de la iglesia verdadera es «la predicación pura del evangelio» (Confesión Belga, artículo 29). Estas son buenas palabras, pero requieren de un contexto más misional.
58. David Peterson, «The Worship of the New Community», en Marshall y Peterson, *Witness to the Gospel*, 390-391.
59. Gerhard Lohfink, *Jesus and Community: The Social Dimension of the Christian Faith*, trad. John P. Galvin (Filadelfia: Fortress Press, 1984), 99. Las expresiones «comunión» y «unos con otros» se encuentran juntas en 1 Juan 1:7.
60. Peter T. O'Brien, «Prayer in Luke-Acts», *Tyndale Bulletin* 24 (1973): 111-127; Oscar G. Harris, «Prayer in Luke-Acts: A Study in the Theology of Luke» (disertación de PhD, Vanderbilt University, 1966).
61. Stephen S. Smalley, «Spirit, Kingdom and Prayer in Luke-Acts», *Novum Testamentum* 15, nro. 1 (enero 1973), 59-71.
62. Walter Grundmann, «προσκαρτερέω», en *Theological Dictionary of the New Testament*, ed. Gerhard Kittel, trad. Geoffrey W. Bromiley (Grand Rapids: Eerdmans, 1965), 3:618-619.
63. Helmut Flender, *St. Luke—Theologian of Redemptive History*, trad. Reginald H. Fuller y Ilse Fuller (Londres: SPCK, 1967), 166. Aquí cito a Flender, quien habla de la iglesia como un «place». Richard De Ridder y David Bosch critican la concepción de la iglesia como «lugar». De Ridder desafía la perspectiva reformada que considera que una de las marcas de la iglesia es la predicación de la sana doctrina, la administración pura de los sacramentos y la práctica

de la disciplina. Él dice: «Desde este punto de vista, la Iglesia se convierte tan solo en un lugar donde se han ciertas cosas, [...] y dejamos de verla como un grupo al que Dios ha creado y llamado a hacer algo» (*Discipling the Nations* [Grand Rapids: Baker Academic, 1971], 213). Bosch critica a las iglesias reformadas un par de décadas más tarde en términos similares (David Bosch, *Transforming Mission: Paradigm Shifts in the Theology of Mission* [Maryknoll, NY: Orbis Books, 1991], 249). Hay mucha verdad en esta crítica. Sin embargo, hay un sentido real en el que la iglesia *es un lugar* donde se hace algo.

64. David Seccombe, «The New People of God», en Marshall y Peterson, *Witness to the Gospel*, 355.

65. Ernst Haenchen, *The Acts of the Apostles: A Commentary*, trad. Bernard Noble, Gerald Shinn, Hugh Anderson y Robert Wilson (Filadelfia: Westminster, 1971), 144.

66. Martin Hengel, *Between Jesus and Paul*, trad. John Bowden (Filadelfia: Fortress Press, 1983), 58.

67. Lesslie Newbigin, *The Gospel in a Pluralist Society* (Grand Rapids: Eerdmans, 1989), 119; ver también 136-137.

68. Roland Allen, *The Spontaneous Expansion of the Church* (Grand Rapids: Eerdmans, 1962), 7.

69. Lesslie Newbigin, *The Gospel in a Pluralist Society* (Grand Rapids: Eerdmans, 1989), 107.

70. Ibíd., 136.

71. Walter Wink, *Engaging the Powers: Discernment and Resistance in a World of Domination* (Minneapolis: Fortress Press, 1992), cap. 16, «Prayer and Powers», 297-317.

72. Beverly Roberts Gaventa, «"You Will Be My Witnesses": Aspects of Mission in the Acts of the Apostles», *Missiology* 10 (1982): 417-420.

73. Paul House, «Suffering and the Purpose of Acts», *Journal of the Evangelical Theological Society* 33, nro. 3 (septiembre 1990): 326.

74. Brian Rapske, «Opposition to the Plan of God and Persecution», en Marshall y Peterson, *Witness to the Gospel*, 245-254.

75. Ben Witherington III, *The Acts of the Apostles: A Socio-Rhetorical Commentary* (Grand Rapids: Eerdmans, 1998), 369; Dean Flemming, *Contextualization in the New Testament: Patterns for Theology and Mission* (Downers Grove, IL: InterVarsity, 2005), 44.

76. Richard P. Thompson, *Keeping the Church in Its Place: The Church as Narrative Character in Acts* (Nueva York: T&T Clark, 2006), 149.

77. Lesslie Newbigin, *Set Free to Be a Servant: Studies in Paul's Letter to the Galatians* (Madras, India: Christian Literature Society, 1969), 5.

78. Robert C. Tannehill, *The Narrative Unity of Luke-Acts: A Literary Interpretation*, vol. 2: *The Acts of the Apostles* (Minneapolis: Fortress Press, 1990), 147-149.

79. Richard P. Thompson, *Keeping the Church in Its Place: The Church as Narrative Character in Acts* (Nueva York: T&T Clark, 2006), 153.

80. Ibíd.

81. Flemming observa que es probable que haya habido entre ellos al menos dos africanos, uno de los cuales era de raza negra (de Níger), además de una persona que tenía contactos en la corte de Herodes (Dean Flemming, *Contextualization in the New Testament: Patterns for Theology and Mission* [Downers Grove, IL: InterVarsity, 2005], 43).

82. Philip H. Towner, «Mission Practice and Theology under Construction (Acts 18–20)», en Marshall y Peterson, *Witness to the Gospel*, 422.
83. Justo González, *Acts: The Gospel of the Spirit* (Maryknoll, NY: Orbis Books, 2001), 141.
84. Ibíd., 142.
85. Martin Hengel, *Between Jesus and Paul*, trad. John Bowden (Filadelfia: Fortress Press, 1983), 49.
86. Wilbert R. Shenk, *Write the Vision: The Church Renewed* (Valley Forge, PA: Trinity Press International, 1995), 92-93.
87. Justo González, *Acts: The Gospel of the Spirit* (Maryknoll, NY: Orbis Books, 2001), 152.
88. Lesslie Newbigin, «Crosscurrents in Ecumenical and Evangelical Understandings of Mission», *International Bulletin of Missionary Research* 6, nro. 4 (1982): 150.
89. Ver Michael Goheen, *As the Father Has Sent Me, I Am Sending You: J. E. Lesslie Newbigin's Missionary Ecclesiology* (Zoetermeer, Netherlands: 2000), 275-276, 317-323.
90. Martin Hengel, *Between Jesus and Paul*, trad. John Bowden (Filadelfia: Fortress Press, 1983), 64.
91. Roland Allen, *Missionary Methods: St. Paul's or Ours?* (Grand Rapids: Eerdmans, 1962); Eckhard J. Schnabel, *Paul the Missionary: Realities, Strategies and Methods* (Downers Grove, IL: InterVarsity, 2008).
92. Martin Hengel, *Between Jesus and Paul*, trad. John Bowden (Filadelfia: Fortress Press, 1983), 49.
93. Ibíd., 50.
94. Michael Barram, «The Bible, Mission, and Social Location: Toward a Missional Hermeneutic», *Interpretation: A Journal of Bible and Theology* 61 (2007): 42-58; Michael Barram, *Mission and Moral Reflection in Paul* (Nueva York: Peter Lang, 2005). He ahondado en este tema en Michael Goheen, «Continuing Steps toward a Missional Hermeneutic», *Fideles* 3 (2008): 49–56.
95. Lesslie Newbigin, *Set Free to Be a Servant: Studies in Paul's Letter to the Galatians* (Madras, India: Christian Literature Society, 1969), 2.
96. Ibíd., 2.
97. Dean Flemming, *Contextualization in the New Testament: Patterns for Theology and Mission* (Downers Grove, IL: InterVarsity, 2005), 52.
98. David Seccombe, «The New People of God», en Marshall y Peterson, *Witness to the Gospel*, 366.
99. Richard Bauckham, «James and the Jerusalem Church», en *The Church in Its Palestinian Setting*, ed. Richard Bauckham, *The Book of Acts in Its First Century Setting* vol. 4 (Grand Rapids: Eerdmans, 1995), 452.
100. Ibíd., 457-458. Ver también Bauckham, «James and the Gentiles (Acts 15:13–21)», en *History, Literature, and Society in the Book of Acts*, ed. Ben Witherington III (Cambridge: Cambridge University Press, 1996), 154-184.
101. Richard Bauckham, «James and the Jerusalem Church», en *The Church in Its Palestinian Setting*, ed. Richard Bauckham, *The Book of Acts in Its First Century Setting* vol. 4 (Grand Rapids: Eerdmans, 1995), 458.

7

IMÁGENES DE LA IGLESIA MISIONAL EN EL NUEVO TESTAMENTO

La Biblia revela la naturaleza e identidad misional de la iglesia, tanto por el rol que cumple en el relato bíblico como por las numerosas imágenes y metáforas que nacen de ese relato.[1] Paul Minear, cuyo libro *Images of the Church in the New Testament* [Imágenes de la iglesia en el Nuevo Testamento] sigue siendo el estudio de mayor autoridad sobre el tema, afirma que «el Nuevo Testamento contiene una extensa galería de imágenes de este tipo», noventa y seis según sus cálculos.[2] Ya hemos hablado de muchas de ellas en nuestro recorrido por el relato bíblico. En este capítulo, examinaremos explícitamente algunas de esas imágenes en más detalle para mostrar cómo expresan la identidad misional de la iglesia.

La Biblia se vale de imágenes, metáforas, ilustraciones y analogías vívidas para estimular nuestra imaginación, nuestro corazón y también nuestra mente. Ellas «comunican a través de su poder evocador» y pueden moldearnos de formas «que sobrepasan por mucho el poder del pensamiento conceptual abstracto».[3] Las imágenes tienen el poder de «comunicar una visión, llamarnos a la reflexión, despertar nuestra imaginación e inspirarnos a actuar». Ellas «comunican con un poder extraordinario; la mera prosa, que depende en gran medida de la explicación racional y la lógica, muchas veces carece del vigor para inspirar y transformar».[4] Si lo permitimos, esas metáforas pueden arraigarse a nuestro imaginario colectivo y transformar nuestra comprensión de nosotros mismos. Como iglesia, necesitamos un imaginario eclesial robusto, moldeado por las imágenes bíblicas que representan a la iglesia.

Es más fácil decirlo que hacerlo. Minear nos recuerda que las imágenes y metáforas bíblicas surgen en períodos y lugares particulares, de pueblos particulares, cuya imaginación ha sido moldeada dentro de su propio entorno social y cultural. Esas imágenes los han conmovido de una forma tan profunda porque estaban familiarizados con ellas en sus situaciones de vida; estaban arraigadas a su propia experiencia y eran parte del tesoro de narrativas y símbolos de la comunidad. Sin embargo, cuando se «transmiten a otra comunidad donde los procesos de la imaginación son muy distintos, [esas imágenes] dejan de hablar con su claridad y fuerza iniciales».[5] Dos mil años después de cuando se escribió el Nuevo Testamento, vivimos en un contexto cultural muy distinto y nuestro imaginario colectivo es muy distinto del de la iglesia primitiva. Para que estas imágenes bíblicas cumplan su función en la iglesia del siglo XXI con su claridad y poder originales, nuestra propia imaginación debe ser renovada y vivificada: «Lo que hace que la recuperación genuina de las imágenes bíblicas sea tan difícil es que el poder de la iglesia para crear y usar tales imágenes debe ser restaurado antes de que el lenguaje visual de otro siglo empiece a cobrar sentido».[6] Necesitaremos hacer al menos tres cosas para recuperar el poder y la belleza de esas imágenes bíblicas: (1) reflexionar sobre la imagen del mundo que tenían las culturas originales donde nacieron esas imágenes; (2) sumirnos en la larga narrativa de las Escrituras, que se alimenta del imaginario comunal del pueblo de Dios de los primeros siglos; y (3) redescubrir el poder del lenguaje figurado y metafórico en general, en contra de la corriente de nuestra propia cultura, que muestra una preferencia por un lenguaje más abstracto y científico.

También necesitamos recuperar la resonancia *misional* de estas imágenes eclesiales. Las imágenes de la iglesia del Nuevo Testamento rebosan de trascendencia misional y pasar por alto esa realidad equivale a perder de vista aquello que las dota de verdadera vida y poder. Newbigin no se equivoca al decir: «Debemos afirmar sin rodeos que, cuando la Iglesia deja de ser una misión, deja de tener derecho a atribuirse todos los títulos que la adornan en el Nuevo Testamento».[7] Lo que veremos a continuación servirá para demostrar la verdad de la afirmación de Newbigin. A lo largo de este capítulo, haremos un estudio representativo de las imágenes de la iglesia que encontramos en el Nuevo Testamento, organizadas bajo cinco títulos: (1) las imágenes que relacionan a la iglesia con la larga historia del *pueblo de Dios* dentro del relato bíblico; (2) las imágenes que indican que el pueblo de Dios pertenece al nuevo orden *escatológico*; (3) las imágenes *cristológicas* que muestran la relación del pueblo de Dios con el Mesías; (4) las imágenes que nos dejan ver la vida del *Espíritu* en la comunidad; y (5) las imágenes que tratan del *lugar de la iglesia en el mundo*. Todas estas imágenes nos ayudarán a ahondar en nuestra comprensión de la naturaleza misional de la iglesia.

La iglesia como «el pueblo de Dios»

La eclesiología de Pablo es más elaborada y completa que la de ningún otro autor del Nuevo Testamento y está basada en dos grandes principios: (1) «la iglesia es la continuación y consumación del *pueblo de Dios* histórico que, en Abraham, Dios escogió para sí mismo de entre todos los pueblos y al que él unió a sí mismo por medio del pacto y las promesas»;[8] y (2) la iglesia es *el cuerpo de Cristo*. Mientras que el primer punto revela la dimensión histórico-redentora de la iglesia y su *continuidad* respecto de capítulos anteriores del relato bíblico, el segundo punto revela la naturaleza cristológica y escatológica de la iglesia y, por ende, su *discontinuidad* respecto de la Israel del Antiguo Testamento. Rudolf Schnackenburg lo expresa muy bien:

> Por un lado, [la iglesia] es la heredera legítima, la continuación de la historia sagrada, la verdadera consumación del pueblo de Dios del Antiguo Testamento, y constituye una parte integral de la acción divina continua que empezó con la elección de Israel. Por otro lado, es una nueva creación escatológica, un nuevo fundamento edificado sobre la obra salvífica de Jesucristo, que opone al Espíritu y la letra de la Ley [...], y presenta una discontinuidad en tanto que la antigua Israel, en gran parte, ya no pertenece a este nuevo pueblo de Dios debido a su incredulidad.[9]

Las imágenes neotestamentarias del «pueblo de Dios» sostienen esta tensión entre continuidad y discontinuidad: la iglesia (como observa Nils Dahl) es «la única Israel de la nueva era escatológica».[10] Estas imágenes invaden todo el Nuevo Testamento; su función básica «es relacionar la generación cristiana contemporánea con la comunidad histórica cuyo origen yace en las promesas del pacto de Dios».[11] De hecho, «los títulos más característicos que reciben los creyentes en Cristo [son] los antiguos títulos que recibió Israel. [...] La idea del pueblo de Dios es el concepto más antiguo y fundamental que subyace a la interpretación que la *ekklesia* hace de sí misma».[12]

Sin embargo, la misma palabra «pueblo» quizás requiera una breve explicación para los lectores modernos. Comúnmente, cuando usamos la palabra «pueblo», lo que tenemos en mente es una multitud de individuos, como cuando decimos «había unas sesenta mil personas en el partido de fútbol». Vivimos en una cultura individualista y, por ende, a la mayoría de nosotros le es fácil trasladar esta comprensión occidental y moderna de la palabra «pueblo» a su lectura de expresiones neotestamentarias como «el pueblo de Dios»: la imagen mental que tenemos es la de la iglesia como un conjunto de individuos cristianos. De hecho, *hay un término* que expresa ese sentido en el griego *koiné*: la palabra *laos* se usa ocasionalmente en textos no bíblicos de los primeros siglos después de Cristo y denota un grupo de individuos reunidos. Ahora bien, esa misma palabra (*laos*), cuando aparece en la Septuaginta, la traducción griega del Antiguo Testamento hebreo, denota una comunidad nacional unificada que comparte una misma historia, una misma religión, una misma cultura, un mismo idioma y un mismo estilo de vida. Con esta acepción, el término aparece alrededor de dos mil veces en la Septuaginta. Más específicamente, salvando unas pocas excepciones, esta palabra describe a Israel en su unidad nacional y espiritual, arraigada a la historia especial de las maravillas de Dios; por ende, el término sirve «para resaltar la posición religiosa, especial y privilegiada que tenía este pueblo por su condición de pueblo de Dios».[13] Por lo tanto, la palabra indica que el pueblo de Israel tiene una historia única en común que los ha unido, haciendo de ellos una etnia particular que tiene un estilo de vida compartido y un llamado en común.

Ya hemos trazado el recorrido de los momentos decisivos de esa historia que han determinado la comprensión de sí mismo que tuvo el pueblo de Dios del Antiguo Testamento. El relato bíblico revela que hay *un Dios* que es el Creador de todas las cosas, el Soberano que gobierna la historia y Dios sobre todas las naciones. Su accionar redentor en la historia es lo que define al pueblo de Israel. Según el misterio de su amor, Dios *eligió* solo a Abraham y a Israel para que fueran su pueblo especial. Él los *redimió* de la idolatría de Egipto para que lo sirvieran solo a él. Estableció un *pacto* con ellos en Sinaí y les confió la responsabilidad de cumplir un rol en la historia de la redención. Les dio la *ley* para moldearlos con un estilo de vida santo y descendió a *habitar en medio de ellos*. Israel es un pueblo fundado y unido gracias al amor con que Dios los escogió, la redención, el pacto, la Torá y su presencia. No obstante, todos estos elementos no son sino un medio para alcanzar un fin aun más grande: Israel sería socio e instrumento de Dios en su misión de restaurar toda la creación y a todos los pueblos para alabanza de su gloria. Sería «una luz a las naciones» y el medio por el cual la salvación de Dios llegaría «hasta los confines de la tierra» (Is. 42:6; 49:6). Israel tenía una historia única, una identidad única y un llamado único.

En el centro de la relación de pacto entre Yahweh e Israel se halla la promesa: «yo seré su Dios, y ustedes serán mi pueblo» (Lv. 26:12; Dt. 29:12-13). Cuando Israel falló y no vivió a la altura de su llamado, Dios juzgó a la nación y les dijo: «ustedes no son mi pueblo, ni yo soy el Dios de ustedes» (Os. 1:9); pero por medio de los profetas, él prometió que llegaría el día en que, una vez más, serían reunidos y perdonados: la ley sería escrita en sus corazones, él volvería a ser su Dios y ellos volverían a ser su pueblo (Jer. 31:33; Os. 1:10; 2:1, 23). Dios mismo regresaría y volvería a vivir en medio de ellos. En aquel día, como escribe el profeta Zacarías, dice el Señor: «muchas naciones se unirán a mí, y ellas me serán por pueblo» (Zac. 2:11). Por consiguiente, cerca del tiempo del exilio, el «énfasis del mensaje profético se desplazó cada vez más desde el tiempo presente hacia el futuro, donde se esperaba que tuviera lugar una nueva acción escatológica de

Dios [...]. Lo que solía valorarse como una posesión presente se convirtió, después de los numerosos fracasos del pueblo del pacto, en algo prometido y anhelado que aguardaba en el futuro. Israel, el pueblo de Dios, *se convirtió en un concepto escatológico*: Yahweh *volvería a ser* el Dios de Israel e Israel *volvería a ser* el pueblo de Yahweh».[14] Por lo tanto, la idea del «pueblo de Dios» cobró un nuevo sentido en los escritos de los profetas, de modo que en los albores del período neotestamentario «solo la Israel del futuro escatológico es el "pueblo de Dios" en todo el sentido de la palabra».[15] Este pueblo, según se entendía, estaría compuesto del *remanente* restaurado de Israel, junto con los gentiles de muchas naciones, que entrarían en el pacto para convertirse en un solo pueblo con ellos.

La iglesia del Nuevo Testamento creía que ella misma era precisamente esta comunidad escatológica, este «pueblo de Dios». En los escritos neotestamentarios, los cristianos se aplican a sí mismos de forma constante todos los títulos de la antigua Israel: ellos son la «Israel de Dios» (Gá. 6:16), «la circuncisión»[16] (Fil. 3:3), «las doce tribus» (Stg. 1:1), «el remanente» (Ro. 9:27), la «descendencia de Abraham» (Ro. 4:16; Gá. 3:29), «los elegidos por Dios» (1 P. 1:1, NTV), «la grey de Dios» (1 P. 5:2), «los pámpanos» o tallos de una vid[17] (Jn. 15:1-8), «hijos de Dios» (Gá. 3:26) y la esposa de Dios (Ef. 5:22-23). Ellos son los «santos»[18] (Ro. 1:7), los «amados» (Ro. 1:7), los «escogidos» (Ro. 8:33) y los «llamados» (Ro. 1:6).[19] Los miembros de la iglesia primitiva se veían como partícipes del nuevo pacto —lo cual le había sido prometido a Jeremías— y consideraban que tenían el derecho a aplicar a sí mismos la fórmula del pacto: «yo seré su Dios y ellos serán mi pueblo» (cf. 2 Co. 6:16). Se veían a sí mismos como el cumplimiento de las profecías del Antiguo Testamento sobre el pueblo escatológico de Dios (ej.: Jer. 31:31-34/He. 8:10-12; Is. 10:22-23; Os. 1:10;

2:23/Ro. 9:22-29). Todo esto pone de manifiesto «que la convicción de que ellos eran el pueblo escatológico de Dios estaba profundamente arraigada en la iglesia primitiva».[20]

De especial interés en este sentido son las palabras de Pedro en su primera epístola: «Pero ustedes son linaje escogido, real sacerdocio, nación santa, pueblo adquirido por Dios, para que anuncien los hechos maravillosos de aquel que los llamó de las tinieblas a su luz admirable. Antes, ustedes no eran un pueblo; ¡pero ahora son el pueblo de Dios!; antes no habían sido compadecidos, pero ahora ya han sido compadecidos» (1 P. 2:9-10). En este pasaje, Pedro echa mano de tres pasajes del Antiguo Testamento para describir el estatus único y la vocación misional de la iglesia.[21] Uno de estos pasajes es el de Oseas, donde Dios dijo a Israel: «ustedes no son mi pueblo» (Os. 1:9-10), pero prometió que «en aquel día» él llamaría «al que no era mi pueblo: Tú eres mi pueblo» (Os. 2:23, LBLA; cf. Os. 1:6, 9; 2:1). Como pueblo de Dios, la iglesia puede atribuirse justamente los antiguos títulos de Israel. Pedro toma dos pasajes más para definir a la iglesia: los términos «real sacerdocio» y «nación santa», que surgen hacia el principio de la historia de Israel, cuando Dios se dirigió a la nación en Sinaí (Éx. 19:3-6). Esas son las palabras que Dios habló a Israel justo después del éxodo y de la liberación de Egipto, y con ellas definió el rol que tendrían en la historia de la redención; estas palabras son fundacionales y constitutivas para la identidad y la mismísima existencia de Israel como el pueblo de Dios. Pedro ahora estaba diciendo a la iglesia que este mismo rol misional les pertenece a *ellos*: la iglesia es un «real sacerdocio» y una «nación santa».

Los términos «linaje escogido» y «pueblo adquirido por Dios» provienen de un período posterior de la historia israelita (Is. 43:20-21). Israel había fracasado, no había vivido conforme a su rol y eso la condujo al exilio de Babilonia. Isaías prometió que habría un segundo éxodo desde la cautividad babilónica, mediante el cual Dios juró hacer algo nuevo: llevaría a su pueblo —al que llama «mi pueblo escogido» y del que dice: «a este pueblo lo he creado para mí»— fuera del cautiverio una vez más porque «este pueblo proclamará mis alabanzas». Pedro dice a la iglesia: *ustedes* son ese pueblo escogido, el pueblo adquirido por Dios, libertado por él para que *ustedes* canten las alabanzas de Dios, quien los llamó de las tinieblas a la luz.

Lo que es especialmente notable en las palabras de Pedro es su impulso misional. Éxodo 19:3-6 había sido absolutamente crucial al momento de definir la identidad misional de Israel. Ahora, la iglesia asumía esa vocación de ser un pueblo santo y un reino de sacerdotes en medio de las naciones y para bendecir a las naciones. En los versículos subsiguientes, Pedro explica en más detalle esta orientación de la iglesia hacia las naciones. Los miembros de la iglesia deben llevar vidas santas para que los incrédulos que los rodean se vuelvan partícipes de la salvación de Dios: «Amados hermanos, como si ustedes fueran extranjeros y peregrinos, les ruego que se aparten de los deseos pecaminosos que batallan contra el alma. Mantengan una buena conducta entre los no creyentes para que, aunque los acusen de malhechores, al ver las buenas obras de ustedes glorifiquen a Dios el día que él nos visite» (1 P. 2:11-12). Por lo tanto, aplicando este nombre a la iglesia, «el pueblo de Dios» debe concebirse en términos del relato del Antiguo Testamento: es un pueblo escogido, redimido, santo, unido a Dios por un pacto, y con el que Dios habita *a fin de bendecir a las naciones.*

El término *ekklesia*, que suele traducirse simplemente con la palabra «iglesia», quizás sea la designación más común para la iglesia del Nuevo Testamento, a la vez que indica que ella asume de una forma similar la vocación del Antiguo Testamento. En la cultura griega, la *ekklesia* era una asamblea pública donde los ciudadanos se reunían al llamado de un funcionario de gobierno o de la trompeta del heraldo para resolver asuntos civiles.[22] Sin embargo, hacia los tiempos en que se lo empleó en el Nuevo Testamento, este término había adquirido un rico significado teológico por su uso en la Septuaginta. Allí, *ekklesia* se usa para describir al pueblo de Israel en términos de una asamblea sagrada cuando se reunió como el pueblo del pacto con Dios: este uso evoca de forma explícita la asamblea fundacional de Sinaí, cuando Israel se reunió por primera vez delante de Dios para ser constituida el pueblo de su pacto. Deuteronomio se refiere a este importante momento como «el día que ustedes estuvieron ante el Señor su Dios» y llama a Israel «toda su congregación»: en ambos versículos, la Septuaginta usa el término *ekklesia* con el sentido de «asamblea» (Dt. 4:10; 5:22; 9:10; 10:4; 18:16). Ser parte de esta *ekklesia* es ser parte del pueblo del pacto con Dios, llamado a ser una nación santa y un reino de sacerdotes para bendecir a las naciones. La asamblea de la Israel de Sinaí «debía reflejar la gloria de Dios y personificar su gracia y verdad, no solo para preservarlas como testigo, sino para perpetuarlas también en medio de las naciones».[23] Por consiguiente, para el momento en que se escribió el Nuevo Testamento, la *ekklesia* se había convertido en una noción teológica cimentada en el mismísimo pacto sinaítico y, en esencia, misional.

En el resto del relato del Antiguo Testamento, Dios reúne a su pueblo en ocasiones especiales para renovar el pacto (Lv. 23:2; Jos. 24:1; Esd. 10:8, 12; Jl. 2:16) y los restaura al llamamiento que habían recibido en Sinaí. «Estas asambleas hacen eco de la gran asamblea de Israel en Sinaí. Si bien en estos pasajes la palabra *ekklesia* suele referirse a una asamblea real delante del Señor en el lugar central de adoración, el pensamiento subyacente es que Israel está congregada como el pueblo de Dios.»[24] La *ekklesia* del Antiguo Testamento es un pueblo constituido y reunido por Dios, llamado ser partícipe de su obra salvífica. Sin embargo, puesto que Israel fracasó en el cumplimiento de este llamado, «*ekklesia* cobró el sentido de la comunidad escatológica de Dios».[25] Esta terminología se usa en la literatura judaica, los rollos del Qumrán y los escritos apocalípticos del período intertestamentario «para mostrar que se esperaba que en la era mesiánica el pueblo de Dios se reuniera en Jerusalén en una gran asamblea, donde la congregación del Señor sería reconstituida y la ley de Dios sería promulgada».[26] Aún habría otra gran renovación final del pacto cuando el pueblo de Dios estuviera reunido (*ekklesia*) una vez más. El «pueblo de Dios» escatológico reunido en los últimos tiempos cumpliría el llamado que Dios dio a la gran asamblea de Sinaí.

Por eso, la iglesia primitiva se refería a sí misma con el título de *ekklesia*, identificándose así a sí misma como el pueblo escatológico de Dios. «Al adoptar el concepto de *ekklesia*, la nueva comunidad de Jerusalén mostró que se entendía a sí misma como el cumplimiento escatológico de aquella asamblea de Sinaí».[27] Ahora era la asamblea sagrada, reunida por Dios para ser su pueblo y participar en su obra como una nación santa.

El término *ekklesia* claramente expresa una continuidad entre la asamblea del Antiguo Testamento y la iglesia. No obstante, Pablo lo emplea de tal manera que también expone una *discontinuidad* escatológica, como lo vemos, por ejemplo, en las palabras que él escribe a los tesalonicenses: «a la iglesia [*ekklesia*] de los tesalonicenses en Dios el Padre y en el Señor Jesucristo». Hay dos elementos nuevos y significativos que aparecen en esta forma de dirigirse a los destinatarios de las cartas. La *ekklesia* ahora se concibe como una comunidad constituida por la acción salvífica y decisiva de Jesucristo: no es simplemente la asamblea de Dios, sino que también es *en el Señor Jesucristo*. Además, este pueblo ya no es exclusivamente judío o nacional: es una *ekklesia* ubicada en Tesalónica y conformada por tesalonicenses judíos y *gentiles*.[28] Como comunidad escatológica, la *ekklesia* es tanto cristológica como multinacional.

Las imágenes del pueblo de Dios son copiosas en el Nuevo Testamento y se encuentran especialmente en el lenguaje del *laos* (pueblo) y la *ekklesia* (asamblea). Sin embargo, la totalidad del mundo simbólico de la iglesia primitiva está impregnado de los títulos, las metáforas y las profecías del Antiguo Testamento. La iglesia vive en una continuidad consciente respecto de la comunidad constituida en el Antiguo Testamento, llamada a cumplir un rol misional en Sinaí. Ahora bien, estos cristianos también creen que ellos son la consumación escatológica del pueblo de Sinaí, conformado de nuevo por medio de la obra decisiva de Jesucristo y el Espíritu. Este concepto de sí mismos los define como un pueblo misional, heredero del llamado de Israel a ser una luz en medio de las naciones, así como de la misión de Jesús en la era del «ya pero todavía no» del reino. Por lo tanto, la misión es esencial para la imaginería neotestamentaria del «pueblo de Dios».

La nueva creación: una imagen misional

La comprensión que Pablo tenía del evangelio, al igual que la de otros autores del Nuevo Testamento, es fundamentalmente escatológica. Él ve que la salvación de los últimos días ya empezó a derramarse en la historia. Para Pablo, la iglesia es un pueblo que pertenece al siglo venidero y ha probado los poderes del reino de Dios. Esta comprensión escatológica de la iglesia debe entenderse en el contexto de la estructura más amplia de su teología.

Hay una continuidad profunda y fundamental entre el mensaje que Jesús da en los Evangelios y la forma en que Pablo articula ese mensaje para enseñarlo a las distintas iglesias que él establece. Los Evangelios llegan a nosotros en la forma de un testimonio histórico (*maturia*) y una proclamación (*kerygma*) de las buenas nuevas del reino que Jesús anunció. La enseñanza de Pablo (*didache*) explica la importancia de este mensaje para la vida misional de las iglesias que él plantó.[29] El mensaje, tanto de Jesús como Pablo, se caracteriza por la misma estructura escatológica. La buena noticia es que en Jesucristo el reino de Dios, el siglo venidero, ha despuntado.

La clave para entender la teología paulina en general, y su eclesiología en particular, es entender qué sucedió tras recibir su llamado en el camino hacia Damasco.[30] Pablo era un judío con una buena educación, cuya comprensión de la historia de la redención había sido instruida por la teología rabínica de aquel entonces. Cuando se vio confrontado por el Jesús resucitado, tuvo que reacomodar su visión de la historia de la redención y del reino venidero. Esta revelación de Jesús lo «llamaba [a Pablo] a realizar una reconstrucción tan fundacional y abarcadora de sus aprendizajes que pudiera proveerle *un contexto total inteligible para entender la salvación por medio de un Mesías crucificado*».[31] Asimismo, en un contexto judío, donde la resurrección de un hombre a la mitad de la historia no tenía explicación, la «reconstrucción» de Pablo también tenía que dar cuenta de la resurrección de Jesús. La estructura del pensamiento paulino sobre el evangelio es una respuesta a esos desafíos.

El pensamiento escatológico rabínico, arraigado a los profetas del Antiguo Testamento, se concentraba en una división de la historia que distinguía «este siglo» (dominado por el pecado, la muerte y el poder de la maldad) y el «siglo venidero» (un mundo transformado y caracterizado por el conocimiento de Dios, la paz, la justicia, el gozo y el amor). Los judíos anticipaban el día en que Dios irrumpiría en la historia y marcaría el inicio del siglo venidero (vea fig. 7.1). Dentro de esta estructura básica, J. Christiaan Beker identifica cuatro componentes de la esperanza escatológica (o apocalíptica) judía que cobran enorme relevancia en los escritos de Pablo: (1) la *vindicación*: Dios será fiel a las promesas que ha hecho y abrirá paso al siglo venidero; él derrotará a las fuerzas hostiles que se oponen a él y así reivindicará su nombre; (2) el *universalismo*: la restauración de Dios tendrá un alcance cósmico, es decir, él restaurará toda su creación y toda vida humana a su bienestar original en el siglo venidero; (3) el *dualismo*: en el presente siglo malo, se está librando una batalla entre el Espíritu de Dios y los poderes del mal, que se disputan toda la creación; y (4) la *inminencia*: el siglo venidero está cerca; está a punto de llegar en toda su plenitud.[32]

Figura 7.1. Escatología rabínica

El problema para Pablo era cómo relacionar la muerte y la resurrección de Jesús con esta visión de la historia de la redención. De acuerdo con su reconstrucción cristológica, las buenas nuevas son «la proclamación y explicación del tiempo escatológico de salvación inaugurado con la venida, muerte y resurrección de Cristo».[33] En la muerte de Jesús, Dios triunfó sobre los poderes de maldad de la era antigua. En la resurrección de Jesús, el siglo venidero ha comenzado. Jesús obró a favor de la creación entera en su muerte y ha derrotado de forma decisiva a los poderes del mal que dominaban la era antigua. Él obró a favor de toda la creación por medio de su resurrección, que inauguró la nueva creación. La muerte de Cristo marca el fin de lo antiguo; su resurrección es el principio de lo nuevo. Jesús es el primogénito de la nueva creación y el Espíritu es ahora el poder de Dios para conceder esta salvación escatológica. No obstante, eso no significa que los poderes de la era antigua ya no están presentes. Más bien, hay una «fusión de las dos eras» (Schweitzer), una «entrada de la era futura en el presente» (Schlier), donde «las dos eras están presentes de forma simultánea» (Wendland; vea fig. 7.2).[34]

Figura 7.2. Escatología paulina

Las cartas de Pablo están plagadas de un lenguaje que apunta a esta comprensión básica. Por lo tanto, Pablo escribe que el primer hombre —Adán— inauguró la era antigua con su acto de desobediencia, pero el «segundo Adán» —Jesús— trajo consigo el siglo venidero por medio de su acto de obediencia. Para Pablo, la «carne» es el mundo dominado por el pecado, mientras que el «Espíritu» representa que el mundo ahora está siendo restaurado por el Espíritu de Dios. El «viejo hombre» de sus escritos simboliza la vida humana bajo el poder de la era antigua; el «nuevo hombre» es una vida humana transformada por el poder del Espíritu.

La iglesia es el pueblo que ha empezado a ser partícipe de los poderes del siglo venidero: «la iglesia como el amanecer de una nueva era», diría Beker. Como tal, esta comunidad «tiene un horizonte escatológico y es la manifestación proléptica del reino de Dios en la historia; es la cabeza de puente de la nueva creación y la señal de la nueva era en el mundo antiguo».[35] Son muchas las imágenes del Nuevo Testamento que describen a la iglesia como partícipe de la nueva creación. Estas ilustraciones nos permiten entender que la iglesia es una comunidad que participa en la obra del «postrer Adán» (1 Co. 15:45; cf. Ro. 5:12-21) y así se ha convertido en «los primeros frutos» (Stg. 1:18) de la «nueva creación» (2 Co. 5:17). La iglesia es la «nueva humanidad» (Ef. 2:15; cf. Col. 3:9-11) cuyos miembros viven ahora mismo como ciudadanos del reino de Dios (Col. 1:13), que experimentan en el presente los poderes del «mundo venidero» (He. 6:5) y ya han empezado a disfrutar del «reposo especial para el pueblo de Dios» (He. 4:9, NVI).

Estas imágenes no deben pensarse desde un punto de vista individualista. Ridderbos observa que «no debemos orientarnos en primer lugar hacia una interpretación individual y personal, sino hacia los puntos de vista histórico-redentor y colectivo».[36] Cuando Pablo habla de nuestra participación en la nueva creación, no se refiere a «algo que les sucede a individuos aislados. La incorporación a la encarnación de Cristo traslada al creyente individual a una comunidad de creyentes».[37] Pablo piensa en términos cósmicos y comunitarios. La salvación tiene un alcance cósmico; es una nueva creación que ha nacido en la resurrección de Jesús. La salvación se extiende lo suficiente para abarcar toda vida humana y abrazar a un pueblo, una nueva humanidad que unida es partícipe de la nueva creación.

Nuestra perspectiva individualista a veces nubla esta visión de la salvación cósmica y comunal. Un buen ejemplo de esta tendencia es la forma en que interpretamos 2 Corintios 5:17, que la versión NVI traduce de la siguiente manera: «De modo que si alguno está en Cristo, ya es una nueva creación; atrás ha quedado lo viejo: ¡ahora ya todo es nuevo!». Otras traducciones enfatizan el tono individualista aun más con traducciones como: «se ha convertido en una persona nueva». El original griego no dice lo mismo, sino que afirma simplemente: «Si alguno está en Cristo... ¡nueva creación!». Ridderbos observa que la referencia que Pablo hace a una «nueva creación» «no tiene un sentido meramente individual ("una nueva criatura"), sino que nos lleva a pensar en el mundo nuevo de la re-creación que Dios ha hecho llegar en Cristo y en la cual está incluido todo aquel que está en Cristo».[38] Es el surgimiento de un nuevo orden mundial. Pertenecemos a aquella nueva creación no como individuos aislados, sino como miembros de una nueva humanidad que habita en el nuevo orden.

Esto último queda especialmente claro en el argumento que Pablo expone en Romanos 5 y 6, donde él habla de Adán y Cristo: encontramos a Adán en el principio del mundo antiguo, mientras que Jesús marca el comienzo del nuevo. El pecado de Adán inaugura la era antigua, mientras que la obra de Jesús abre paso al siglo venidero. Si estamos en Adán, somos parte de la era antigua y estamos bajo su poder, pero si estamos «en Cristo», somos parte del siglo venidero (Ro. 5:12-21). Inmediatamente después de mostrar este contraste, Pablo habla de nuestra participación en lo que Jesús ha logrado mediante su muerte y resurrección, al incorporarnos *a la comunidad nueva* por medio del bautismo (Ro. 6:1-14). Desde luego, esto no minimiza la responsabilidad individual de cada miembro de esa comunidad, sino que destaca la naturaleza comunitaria de la vida humana y la estructura cósmica y comunal de la escatología paulina. Para Pablo hay dos mundos —el antiguo y el nuevo— y dos pueblos que habitan esos mundos.

Esta imaginería tiene ricas implicancias misionales. La iglesia, al encarnar la vida de la nueva creación, es una

luz que atrae a las naciones. Como bien advierte Bosch:
> Según la comprensión de Pablo, la iglesia es «el mundo en obediencia a Dios», la «creación [...] redimida». [...] Su función primaria en el mundo es *ser* esta nueva creación. Su mismísima existencia debería ser para la gloria de Dios. Precisamente así es como ella influye a los «extraños». Por medio de su conducta, los creyentes atraen a los incrédulos o provocan su rechazo. [...] Su comportamiento es atrayente u ofensivo. Cuando es atrayente, las personas se ven atraídas a la iglesia, incluso cuando la iglesia no «sale» de forma activa a evangelizarlos.[39]

Así, Pablo recordaba a las iglesias jóvenes que debían estar orientadas al mundo. Su vida nueva debía consistir en «hacer lo bueno a los ojos de todo el mundo» (Ro. 12:17), lo cual debía ser «evidente a todos» (Fil. 4:5, NVI;[40] cf. Col. 4:5-6) para que así «se ganen el respeto de los que no son creyentes» (1 Ts. 4:12, NVI). Él desafió a la iglesia de Filipos a actuar en consecuencia con su salvación *para que* brillaran como luminares en medio de la cultura torcida y corrupta del Imperio romano (Fil. 2:12-15). Él habló del impacto de la vida de la iglesia sobre los incrédulos cuando escribió a la iglesia de Tesalónica que «la palabra del Señor ha sido divulgada, y no solo en Macedonia y Acaya, sino también en muchos otros lugares donde se sabe de la fe que ustedes tienen en Dios» (1 Ts. 1:8). Él dijo que la iglesia de los corintios era como una carta de recomendación para Pablo, «conocida y leída por todos» (2 Co. 3:2). Sobre la iglesia de Roma, escribió que su fe «se difunde por todo el mundo» (Ro. 1:8) y agregó: «la obediencia de ustedes ha llegado a ser bien conocida por todos» (Ro. 16:19). A partir de estos pasajes, Bosch concluye que «probablemente estos comentarios no sugieran que las iglesias de Tesalónica, Corinto y Roma estaban involucradas de forma activa en un trabajo misionero directo, sino que, más bien, eran "misioneras por su misma esencia", por medio de su unidad, su amor mutuo, su conducta ejemplar y su gozo radiante».[41]

Puesto que la salvación del siglo venidero tiene un alcance cósmico, la misión del pueblo de Dios también alcanzará a toda la creación y se derramará sobre la vida pública de la cultura, en tanto que los creyentes buscarán el bienestar del mundo. «Entonces, el alcance universal futuro del reino de Dios que ha de venir da cuenta de un concepto radical de la iglesia *para* el mundo. Los cristianos se ven obligados a volverse socios de Dios en su plan cósmico de redención.»[42] Dios está restaurando su reino, por lo cual «uno esperaría que la iglesia, dado que es el plano y la cabeza de puente del reino de Dios, se esfuerce en todas sus actividades para preparar al mundo para el destino que se avecina y que tendrá en el reino de Dios. La consecuencia hermenéutica [...] sugiere que hay una vocación y una misión activas para el orden creado y sus instituciones».[43] Por ende, Pablo insiste en la «obligación de los cristianos de "vivir como ciudadanos" [...] en el mundo de la *politeia* [la vida pública del estado] de un modo que sea digno del evangelio».[44]

Dado que hay una fusión entre las dos eras, un encuentro entre los poderes del siglo venidero y los poderes de maldad de la era antigua, involucrarse de una manera misional en la vida pública implicará tanto la participación como el rechazo, *a favor* y *en contra* del mundo al mismo tiempo. La iglesia vive *para* el mundo en el sentido de que afirma que Dios está renovando su contexto cultural y busca manifestar el señorío de Cristo sobre toda la vida para el bien del mundo. Al mismo tiempo, la iglesia vive *en contra* del mundo en el sentido de que rechaza los poderes idolátricos de la era antigua y su dominio continuo sobre la sociedad humana. «Así, la iglesia vive en una tensión constante entre estar *en contra del mundo* y *a favor del mundo*. Si hace demasiado hincapié en la postura dualista de una separación del mundo, amenaza con convertirse en un movimiento apocalíptico puramente sectario que niega la muerte y resurrección de Cristo como el plan de redención de Dios para el mundo; pero si enfatiza de forma exclusiva la participación en el mundo, amenaza con volverse otro fenómeno "mundano", que se adapta a lo que sea que el mundo compre y, de ese modo, se vuelve parte del mundo.»[45]

La fidelidad al evangelio «en medio de esta batalla» significará un «*sufrimiento necesario*». La iglesia está envuelta en la batalla cósmica. Ponerse del lado del reino de Dios implicará sufrir en un encuentro misionero con los poderes de la era antigua. Este sufrimiento es «no solo un sufrimiento que deba soportarse de forma pasiva debido a las arremetidas de los poderes de este mundo, sino que también es un resultado del involucramiento activo en el mundo, debido a que la iglesia tiene una misión redentora en el mundo y para el mundo en conformidad con el plan de redención de Dios».[46]

La imagen misional del cuerpo de Cristo

En medio de la vasta galería de imágenes eclesiales del Nuevo Testamento, «el cuerpo de Cristo» debe considerarse una de las más importantes. En ella vemos «el resultado más maduro del pensamiento neotestamentario acerca de la Iglesia»:[47] nos muestra qué significa que la iglesia sea el pueblo de Dios y nos ofrece una definición rica y precisa de su naturaleza escatológica. Muchas veces, las referencias a esta imagen destacan, mediante la ilustración del cuerpo humano, la unidad y diversidad de los miembros de la iglesia en su vida en comunidad. De hecho, Pablo emplea la analogía de esa manera. Sin embargo, la importancia del «cuerpo de Cristo» va mucho más allá de una descripción del «funcionamiento del cuerpo».[48] El término se usa principalmente para ilustrar la «relación y comunión estrecha y especial que hay entre Cristo y la iglesia».[49] En efecto, la imagen refleja la unidad y comunión que hay entre los miembros del cuerpo, pero es *la relación de la iglesia con Cristo* lo que queda en primer plano.[50] La metáfora tiene el fin de «expresar el vínculo íntimo del pueblo de Dios del Nuevo Testamento con Cristo, su relación con Dios por medio de Cristo, la unión de sus miembros por medio de Cristo, y su lucha y peregrinaje en dirección a Cristo como su objetivo. La Iglesia del Nuevo Testamento sigue siendo el pueblo de Dios, pero es un pueblo de Dios constituido nuevamente en Cristo y en relación con Cristo».[51]

Dado que esta terminología se halla únicamente en los escritos de Pablo, ha suscitado un gran debate en torno al origen de la imagen.[52] En la cultura de los tiempos de Pablo, el término «cuerpo» comúnmente se usaba para referirse al estado (*polis*) como una entidad social análoga al cuerpo humano.[53] La *polis* estaba compuesta de miembros diversos reunidos en unidad sociopolítica. Por lo tanto, el término ya estaba listo para que Pablo lo tomara para aludir a otra comunidad: la iglesia como cuerpo de creyentes. No obstante, debemos dejar atrás el mundo griego y volver a las raíces judías para entender cómo se relaciona este cuerpo con Cristo.

Hay dos formas significativas en las que la imagen del «cuerpo de Cristo» nos muestra la relación de la iglesia con Cristo. La primera es que estamos *en Cristo*: «nosotros, aunque somos muchos, formamos un solo cuerpo en Cristo» (Ro. 12:5). El lenguaje referente a estar *en Cristo* (o a veces, a modo de sinónimo, *con Cristo*) impregna las cartas de Pablo. En el pensamiento escatológico judío de los días de Pablo, encontramos varias nociones que hablan de un individuo que actúa en nombre de muchos, un individuo que es fundador de un nuevo pueblo escatológico, y un pueblo entero que halla su identidad y nombre en un fundador.[54] Pablo toma esos conceptos especialmente en relación con la muerte y resurrección de Jesús. En esos acontecimientos hubo una transición decisiva del mundo antiguo al nuevo, en el que su pueblo participa. Pablo puede hablar de Jesús llamándolo el postrer Adán, cuya obra por muchos crea una nueva comunidad (Ro. 5:12-21; 1 Co. 15:21-23); él es el principio o el inaugurador (*arche*) del mundo de la resurrección del que su pueblo participa (Col. 1:18); él es el primogénito y las primicias de una comunidad que comparte la vida de su resurrección (1 Co. 15:20; Col. 1:18). En todos esos roles, Jesús no es tan solo «el primero» en términos cronológicos, ni tan solo en dignidad en comparación con su pueblo; más bien, «él abre el camino para ellos y une el futuro de ellos al suyo propio».[55] Lo que él logra lo hace en nombre de su pueblo. El uno representa a los muchos y los muchos son partícipes de lo que el uno ha hecho. Estar «en Cristo» es participar en lo que él ha logrado: «De modo que si alguno está en Cristo, ya es una nueva creación; atrás ha quedado lo viejo: ¡ahora ya todo es nuevo!» (2 Co. 5:17).

Pablo también dice que en Cristo *formamos un solo cuerpo* (Ro. 12:5). Esta es una declaración eclesiológica: se ha establecido una comunidad a través de los sucesos de la pasión, la muerte y la resurrección de Jesús. Con mucha frecuencia, la interpretación primaria (cuando no exclusiva) de la frase «en Cristo» es en términos de salvación individual. Sin embargo, la «nueva vida del individuo "en Cristo" [...] es al mismo tiempo una vida en una sociedad nueva fundada "en Jesucristo". Es imposible separar los aspectos individual y social; la unión personal con Cristo también conlleva la incorporación a la sociedad cristiana colectiva».[56] Estar «en Cristo» no se trata en primera instancia de individuos aislados que disfrutan los beneficios de la obra de Cristo: se trata de ser parte de una nueva humanidad que ahora es partícipe de su obra:

> En un principio, el lector actual de las cartas paulinas se ve inclinado a leer la recurrente frase «en Cristo» e interpretarla en un sentido individual, por lo que habla de una «relación personal con Cristo». [...] Esta referencia es eclesiológica: aquellos que están «en Cristo» viven en el reinado del Espíritu de Cristo —derramado desde la Pascua—, donde el pecado y la muerte ya no son los poderes dominantes. Así, «estar en Cristo» no significa que hay una relación puramente individual entre Cristo y el creyente; significa que el creyente pertenece a un reinado en el que Cristo gobierna y que ese reinado es su cuerpo, la comunidad. Ese es el fundamento sobre el que todo individuo está completamente unido a Cristo y a sus hermanos cristianos.[57]

Nuestro bautismo es el ritual por medio del cual nos volvemos miembros de este cuerpo escatológico único y partícipes de lo que Jesús ha hecho (Ro. 6:1-11; 1 Co. 12:13; Gá. 3:26-28). Pablo dice: «Por un solo Espíritu todos fuimos bautizados en un solo cuerpo, tanto los judíos como los no judíos, lo mismo los esclavos que los libres, y a todos se nos dio a beber de un mismo Espíritu» (1 Co. 12:13). Los creyentes nos bautizamos en un solo cuerpo que comparte el don del Espíritu, quien nos permite disfrutar de los frutos de la obra de Cristo.

Si bien «el cuerpo de Cristo» se refiere primeramente a nuestra relación colectiva *con Cristo* y no a *ser una comunidad*, sin duda es cierto que esta imagen deja implícitas muchas implicancias sobre la comunión entre cristianos, en especial en 1 Corintios y Romanos. Por ejemplo, dado que la iglesia es un cuerpo en Cristo, necesita vivir esta unidad; esta unidad se halla en la diversidad; los muchos miembros son dependientes el uno del otro; todos recibimos dones con humildad para servirnos y edificarnos mutuamente en amor; debemos honrar a cada miembro, en especial a los más débiles; debemos tratar al pobre con honra para poder discernir el cuerpo de Cristo; estamos unidos en solidaridad, de modo que cuando uno sufre todos sufren y cuando uno se regocija todos se gozan; nuestra vida debe estar moldeada por los pasajes del «unos a otros» del Nuevo Testamento. Aun así, el punto de mayor importancia se halla en la relación de este cuerpo con Jesucristo. La iglesia es una comunidad que comparte la vida de los últimos días en virtud de estar unida a Jesús en su muerte y resurrección.

Hay una segunda forma en la que nosotros como «el cuerpo» estamos relacionados con Cristo: él es *la cabeza* de su cuerpo. Este modo de referirse a la iglesia es predominante a lo largo de Efesios y Colosenses. Mientras que en estas cartas la iglesia está relacionada en un sentido histórico-redentor a la muerte y resurrección de Jesucristo (ej.: Ef. 2:11-16), también está relacionada al Cristo vivo, el Señor exaltado, «la cabeza del cuerpo, que es la iglesia» (Col. 1:18).

La imagen de Jesús como cabeza de la iglesia indica que él está en una posición soberana de autoridad sobre la iglesia; la iglesia debe vivir en sumisión, servicio y obediencia al dominio total de Cristo. Es relevante considerar que, tanto en Efesios como en Colosenses, la autoridad de Cristo sobre todas las cosas nos da el contexto de su autoridad sobre la iglesia. «Todas las cosas» fueron creadas por Cristo y para Cristo, todas las cosas por él subsisten en unidad, y todo será reconciliado con Dios por medio de él (Col. 1:15-20). Es en este contexto de su dominio cósmico y supremo que debemos entender que él es la cabeza del cuerpo, la iglesia (Col. 1:18).

El mismo vínculo entre la autoridad de Cristo sobre todas las cosas y su autoridad sobre la iglesia se refleja también en Efesios (Ef. 1:20-23). Con este énfasis sobre la autoridad cósmica de Cristo, Pablo respondió a la amenaza de los diversos «poderes» espirituales que dominaban la vida económica, cultural, social y política de Éfeso y Colosas. Los miembros de la iglesia se veían tentados a vivir en sujeción a esos poderes, al igual que sus conciudadanos. De acuerdo con la cosmovisión de aquel entonces, la sociedad estaba dominada por estos principados y potestades (Ef. 2:1-3; Col. 2). A modo de respuesta, Pablo dice que estas potestades fueron creadas en Cristo y para Cristo (Col. 1:16) y son poderes buenos dentro de la creación; no obstante, «están corrompidas y se vuelven demoníacas cuando se absolutizan [y toman] el lugar que le pertenece a Dios».[58] De modo que las «potestades» buenas y creacionales de, por ejemplo, la sexualidad, el dinero, el parentesco, la tradición y la autoridad política pueden convertirse en ídolos y así determinar las estructuras de la sociedad. El mensaje del evangelio es que esos poderes han sido derrotados en la cruz (Col. 2:15) y reconciliados con Cristo (Col. 1:20). Han sido despojados de sus demandas espurias de ultimidad y han sido restaurados al lugar que les corresponde en la creación. Pablo habla de la autoridad cósmica de Cristo: él ha creado a los principados y potestades, ha echado por tierra la absolutización idolátrica de ellos y está reconciliándolos consigo mismo. Por lo tanto, las iglesias de Colosas y Éfeso ya no tenían que someterse a los poderes de su cultura. Habían sido libertadas: eran libres para servir solo a Cristo.

Para la iglesia, Cristo es la cabeza sobre todas las cosas. Como cuerpo de Cristo, somos la plenitud (*pleroma*) de aquel que «llena» todo (o sea, que gobierna todas las cosas con su autoridad total y cósmica; cf. Jer. 23:24). Es decir, su cuerpo también es parte de la victoria de Cristo, quien es la cabeza sobre las potestades. Así, la iglesia ofrece la liberación de los poderes idolátricos que definen la cultura pagana; la iglesia reconoce y expresa la vasta autoridad de Dios. De ese modo, los cristianos constituyen una sociedad contrastante frente a sus contemporáneos, que permanecen bajo el yugo de esos poderes. La sujeción y la obediencia de la iglesia a Cristo debe ser tan exhaustiva como la autoridad de Cristo.

Sorprendentemente, la autoridad soberana de Cristo como cabeza sobre todas las cosas y sobre la iglesia se revela en el amor sacrificial de un siervo (Ef. 5:22-33). Como ejemplo para el esposo, que es la cabeza de la esposa, Pablo dice que Cristo hizo uso de su autoridad para amar a la iglesia de una forma sacrificial y para darse a sí mismo por ella. Cristo lava a la iglesia y la presenta vestida de radiante santidad. Él alimenta y cuida a los miembros de su cuerpo. Este alimento y cuidado se evidencian en la forma en que el Cristo exaltado da dones a la iglesia para que su cuerpo sea edificado y alcance la medida de la estatura de la plenitud de Cristo (Ef. 4:7-16). Allí vemos una ilustración de la presencia del Cristo exaltado en la iglesia, haciendo uso de su autoridad soberana para preparar a su pueblo para que crezca y sea transformado cada vez más a su semejanza. Él se asegura de que la iglesia reciba un buen servicio de líderes que guardan el poder de la Palabra de Dios en el centro de sus vidas. Él obra en ellos y a través de ellos, y también mediante todos los demás dones que sirven a la obra de la iglesia, para que en todas las cosas la iglesia crezca en Cristo, la cabeza. En la medida en que la iglesia es edificada, también es libertada de los poderes idolátricos de su entorno cultural, se vuelve cada vez más madura, se acerca a la medida de la plenitud de Cristo, y así demuestra que Dios obra su redención en los «principados y poderes» (Ef. 3:10). Por eso, Pablo exhortó a los efesios que no vivieran (como los gentiles) bajo el dominio de los poderes idolátricos de la sociedad, sino solo bajo la autoridad de Cristo (Ef. 4:17—6:20). Lohfink escribe:

Por lo tanto, la tarea decisiva de la iglesia es

> edificarse a sí misma como una sociedad que contrasta con el mundo, como el reinado en donde Cristo gobierna y el amor fraternal es la ley de la vida. Precisamente, es por medio de este proceder de la iglesia como la sociedad pagana podrá entender el plan de Dios para el mundo. [...] Efesios nos ofrece algo muy similar al modelo del peregrinaje de las naciones, aunque lo hace valiéndose de una terminología completamente distinta y con la mirada puesta en un horizonte de pensamiento totalmente distinto. [...] La iglesia entonces es simplemente la *señal efectiva* de que la salvación de Dios está presente en el mundo.[59]

La imaginería del «cuerpo de Cristo» nos muestra que la iglesia está relacionada con Jesús de dos maneras: en un sentido histórico-redentor, la iglesia participa en los sucesos de la cruz y la resurrección; en un sentido escatológico, la iglesia vive en un vínculo vital y constante con su cabeza, el Señor vivo y resucitado. La iglesia vive por medio de una apropiación continua de la nueva vida en Cristo, lo cual es posible gracias a un reconocimiento permanente de su inclusión en la muerte y resurrección de Jesús. Esta vida nueva es dada a la iglesia por la obra continua del Señor resucitado y ascendido, quien obra en medio de ella por el Espíritu y a través de la comunión de la iglesia. Este vínculo vital, histórico y escatológico a Jesús es lo que hace a la iglesia el cuerpo de Cristo.

Antes me he referido a una tendencia a restringir la aplicación de las imágenes del «cuerpo de Cristo» a la dinámica de la vida comunitaria interna de la iglesia. Esa aplicación, si bien no hay duda de que en sí misma es válida, no va tan lejos como debería: la imagen del cuerpo de Cristo debe entenderse en términos de la relación vital que hay entre la iglesia y Jesucristo. Sin embargo, incluso *este punto* se malentiende si no lo comprendemos en términos misionales. Para entender esta ilustración por completo, debemos verla en el contexto del relato bíblico: solo así podremos ver la totalidad de las implicancias misionales para la iglesia.

Pablo nos dice que el propósito de Cristo es «crear en sí mismo [...] una nueva humanidad» que se convirtiera en «un solo cuerpo» (Ef. 2:15-16). Para comprender este propósito, debemos volver a la misión del reino de Jesús en los Evangelios. Allí vemos que, en efecto, la intención de crear un nuevo pueblo ocupaba un lugar central en su obra. Esta intención debe entenderse en el contexto del relato bíblico: los profetas vieron que la obra del Mesías sería reunir y restaurar a un pueblo que había fracasado en su llamado de ser una luz para las naciones; a esta Israel verdadera y escatológica se incorporarían los gentiles. Jesús realizó precisamente esa tarea. Por medio de su obra, en especial su muerte y resurrección, cumplió su propósito de crear una nueva humanidad y reconciliar judíos y gentiles en un solo cuerpo. Ahora él está vivo para darles su propia vida por el Espíritu, de modo que ellos continúen llevando adelante la misión de Jesús en medio del mundo. Esta narrativa escritural provee el contexto dentro del cual podemos apropiarnos de la verdadera trascendencia del «cuerpo de Cristo»: el propósito de Cristo de crear un pueblo misional que encarnara la vida de Jesús para bendecir al mundo. «Por lo tanto, este es el significado básico de la ecuación "la Iglesia es el cuerpo de Cristo": *la Iglesia es la manifestación del Cristo resucitado en la tierra.*»[60]

La iglesia como el templo del Espíritu Santo

La identidad y naturaleza del pueblo escatológico de Dios se ven en su relación no solo con Cristo sino también con el Espíritu. Hendrikus Berkhof afirma con audacia que no podemos entender las enseñanzas diversas de las

Escrituras acerca del Espíritu a menos que entendamos su obra en el contexto de la misión.[61] En las crónicas de la resurrección (Mt. 28:19-20; Lc. 24:49; Jn. 20:21-22; Hch. 1:8), la promesa del Espíritu se encuentra en el contexto de la misión. Puesto que Cristo ha consumado el poderoso acto de salvación de Dios, las noticias deben difundirse desde el Uno (Jesús) a los muchos (toda la humanidad), desde el centro (Jerusalén) hasta los confines de la tierra, y desde la mitad de la historia (en los sucesos de la cruz y la resurrección) hasta la consumación de la historia (la segunda venida de Jesús). Ahora bien, la misión no es simplemente el proceso mediante el cual las obras de Dios se dan a conocer; más bien, *la misión en sí misma es una de las poderosas obras de Dios*, la actividad divina culminante por medio de la cual todas las demás maravillas de Dios son reveladas y las personas se hacen partícipes de ellas. Precisamente, en eso consiste la obra del Espíritu; todas las demás intervenciones del Espíritu que registra el Nuevo Testamento están comprendidas en esta obra.

Aquí vemos dos aspectos importantes de la relación entre el Espíritu y la iglesia: la iglesia es tanto un *instrumento* de la misión del Espíritu como el *resultado provisional* de esa misión. La iglesia es el lugar o centro donde el Espíritu está obrando la salvación alcanzada por Jesús, a la vez que es el medio o canal por el cual esa salvación alcanza a los demás. Ambos aspectos de esta relación son esenciales. Si pensamos que la iglesia es únicamente el lugar donde el Espíritu obra, corremos el riesgo de caer en el narcisismo y la introversión eclesiásticas.[62] Si prestamos atención exclusivamente a la iglesia como instrumento de la obra del Espíritu, corremos el riesgo de acoger un activismo que está separado del evangelio mismo.[63]

A lo largo de la historia de la iglesia, el problema principal es que la iglesia se ha considerado a sí misma solo el lugar donde el Espíritu de Dios está obrando para dar la salvación como un don en Cristo. Este concepto se ha enfatizado de dos maneras en las diversas tradiciones eclesiásticas. La primera es el énfasis sobre la obra del Espíritu en la *institución*. Iglesias como la católica romana, la anglicana y las ortodoxas orientales han destacado que el Espíritu obra por medio de las estructuras, el orden y el ministerio de la iglesia para nutrir la salvación. En las iglesias reformadas, evangélicas y pentecostales, se ha hecho especial hincapié sobre la obra del Espíritu para cultivar y crear una *comunidad*, es decir, una vida de amor donde los miembros del cuerpo se sirven «los unos a los otros» a través del ejercicio mutuo de los dones. Estos énfasis distintos han creado eclesiologías que están en tensión entre sí.

Sin duda, es cierto que, en las Escrituras, la obra del Espíritu suele estar relacionada con la institución de la iglesia. El Espíritu obra por medio de la proclamación de la Palabra (1 Co. 2), la santa cena (1 Co. 12:13), el bautismo (Hch. 2:38), el liderazgo y el ministerio (Ef. 4:11-12), la imposición de manos (Hch. 8:17) y la disciplina eclesiástica (Jn. 20:22-23). A través de todos estos medios, el Espíritu nos permite encontrar al Dios vivo y experimentar su salvación. El espíritu antinstitucional y el individualismo de gran parte del evangelicalismo norteamericano (incluidos algunos libros sobre la iglesia «misional») pasan por alto este importante hilo que recorre la enseñanza de las Escrituras, cuando piensan que «el Espíritu no tiene una relación genuina con las formas e instituciones, [sino que es] un poder inmaterial e invisible que emana del corazón de Dios y llega al corazón del individuo». Las Escrituras nos muestran que «el Espíritu también necesita formas y acciones visibles».[64] Además, la forma de obrar del Espíritu también está vinculada a la vida *comunitaria* de la iglesia. El Espíritu está obrando generando amor, compañerismo, paz, gozo y justicia (Ro. 8; 14:17; Gá. 5:22). Él obra para hacer que las variadas partes verdaderamente se conviertan en *miembros* los unos de los otros (Ro. 12:3-8). Él distribuye los dones a cada uno, para que ellos los usen para nutrir a todos (1 Co. 12-14). Así, el Espíritu obra en la iglesia como pueblo reunido.

No obstante, (como Berkhof nos recuerda) para entender correctamente estas dimensiones institucionales y comunales de la iglesia, debemos mirar hacia atrás y hacia adelante. Primero debemos mirar *hacia atrás*, al punto de partida cristológico-escatológico: el Espíritu fluye como un don escatológico del Jesús crucificado y resucitado, y da a las personas la capacidad de compartir la vida del reino. También debemos mirar *hacia adelante*, a quienes aún no comparten con nosotros esta salvación: la vida de la iglesia debe estar orientada hacia el mundo incrédulo, que todavía tiene que conocer la salvación alcanzada en Jesucristo. El Espíritu es Aquel que viene de Cristo hacia todos nosotros, pero ese recorrido incluye a la iglesia como institución y comunidad. Berkhof propone la ilustración de una cadena de cuatro eslabones.[65] El primer eslabón es Jesucristo y la salvación del reino que él obtuvo en su muerte y resurrección. El segundo es la institución de la iglesia, que da a conocer a Cristo en los diversos ministerios de la iglesia y hace posible que el pueblo de Dios se incorpore a estas tareas y experimente la salvación escatológica. El tercero es la vida vibrante de la comunidad, que pone de manifiesto esta salvación mediante la obra del Espíritu. El cuarto eslabón es el mundo incrédulo, que entonces ve y oye las buenas nuevas en la iglesia. Así, la cadena une (1) la salvación cristológica-escatológica a (2) la iglesia como institución, que a su vez se une a (3) la iglesia como comunidad, que traba lazos con (4) el mundo incrédulo. «En Palabra, sacramentos y ministerio, Cristo se hace presente a la comunidad de su iglesia. A su vez, esta comunidad es llamada a ser el medio por el cual Cristo se hace presente para el mundo».[66] De este modo, la iglesia se convierte en el vínculo entre las buenas nuevas de Jesucristo y el mundo incrédulo; pero es la obra del Espíritu en y a través de la institución y comunidad de la iglesia (como *lugar* y como *instrumento*) lo que trae las buenas nuevas al mundo.

Cabe preguntarnos si existe una imagen que dé vida a esta reflexión sistemática sobre la enseñanza escritural acerca del Espíritu, la iglesia y la misión, o si debemos atender a la advertencia de Berkhof, quien dice que no debemos «ponerle un título único a la obra del Espíritu en la iglesia» ni categorizarla con una sola imagen.[67] Sin duda, corremos un riesgo. Aun así, entre las distintas imágenes eclesiales del Nuevo Testamento que destacan la obra del Espíritu, la imagen del «templo del Espíritu Santo» logra relacionar estas dimensiones de una eclesiología misional.

Cuando los autores del Nuevo Testamento hacen uso de la ilustración del templo para describir a la iglesia, adoptan una imagen que goza de una rica historia. La iglesia primitiva no era la única comunidad que creía ser la verdadera Israel y se refería a sí misma como el verdadero templo escatológico que prometieron los profetas. El *templo* era un símbolo forjado por el relato del Antiguo Testamento; para entender qué significaba que la iglesia fuera el templo del Espíritu Santo, debemos considerar brevemente los puntos más importantes de ese relato. En este punto, la interesante y exhaustiva obra de Gregory Beale sobre el templo y la misión de la iglesia nos será útil.[68]

El templo israelita del Antiguo Testamento dirige nuestra atención hacia atrás, al jardín del Edén de los primeros capítulos del relato bíblico (Gn. 1-2), y hacia adelante, a la nueva creación de los últimos capítulos (Ap. 21-22). El templo de Israel se construyó para reflejar la importancia y el significado del jardín del Edén, el único lugar donde habitó la presencia de Dios, Adán y Eva disfrutaron una comunión íntima con él, y vemos en Adán al primer rey-sacerdote encargado de servir y guardar el santuario de Dios. Él recibe el mandato de expandir las fronteras del santuario de la presencia de Dios hacia regiones más allá. Por lo tanto, desde el principio, el jardín-templo tuvo el propósito de expandirse para que una parte cada vez mayor de la creación fuera llena de la presencia y el conocimiento de Dios. El fracaso de Adán en la tarea asignada le valió su expulsión del jardín. No obstante, Dios emprendió el largo camino de la redención para restaurar la creación y, en los últimos capítulos de la Biblia, vemos un templo nuevo que literalmente abarca la tierra entera. El cuadro de este templo del fin de los tiempos está pintado con los colores de los primeros capítulos de Génesis. Claramente, la intención de Dios es concretar su intención original de llenar la tierra con su presencia: «Entonces oí que desde el trono salía una potente voz, la cual decía: "Aquí está el tabernáculo de Dios con los hombres. Él vivirá con ellos, y ellos serán su pueblo, y Dios mismo estará con ellos y será su Dios"» (Ap. 21:3).

El relato que leemos entre Génesis 1-2 (la creación del «templo») y Apocalipsis 21-22 (la recuperación del templo) es la historia de una misión. Dios estableció su templo en medio de un pueblo en particular e invitó a Israel a disfrutar una vez más de su presencia salvadora —de hecho, eso es precisamente lo que los distingue como pueblo (Éx. 33:16)—; pero la restauración de la presencia bondadosa y poderosa de Dios, junto con el disfrute de su bendición creacional original, no es algo que Israel debiera guardarse para sí sola, sino que debía mediar esta bendición a lo largo y ancho de la tierra. Israel debía ser la humanidad renovada, un nuevo Adán colectivo, «los instrumentos de Dios mediante los que él [hará que] la luz de su presencia brille en los corazones entenebrecidos de las personas para que ellos también se vuelvan parte de la *creciente expansión del espacio del templo sagrado* y del reino. No es más ni menos que llevar a cabo el rol de ser "testigos" de Dios en toda la tierra».[69] El símbolo del templo hablaba no solo de la presencia de Dios en medio del pueblo sino también de «un mandato divino de ensanchar los límites del templo hasta alcanzar la tierra entera».[70] No es de extrañarse la ira de Jesús frente al templo de su propia época, que se había convertido en un símbolo de privilegio etnocéntrico que dejaba afuera a las naciones, justamente lo opuesto a lo que debía ser (Mr. 11:17). La misión de Israel seguía siendo centrípeta: en tanto ella encarnara la vida de la nueva humanidad, las naciones verían que Dios vivía en medio de ellos (Dt. 4:5-8). Podríamos graficarlo con círculos concéntricos alrededor del templo, que crecen para abarcar Jerusalén, luego Israel y después las naciones, en la medida en que los límites del conocimiento de Dios se ensanchan de forma progresiva.

Ahora bien, al igual que Adán, Israel fracasó en su misión de ensanchar los límites y «expandir la gloriosa presencia de Dios en medio del resto de la humanidad entenebrecida».[71] Por eso, los profetas anunciaron un día en que el propósito de Dios se concretaría: el conocimiento de Dios cubrirá toda la tierra como las aguas cubren el mar (Is. 11:9; Hab. 2:14). Cuando Dios comience su restauración, establecerá un templo, en los últimos días y en medio de Israel. Él dice a Ezequiel que pondrá su santuario y morada en medio de ellos y que él será su Dios y ellos su pueblo. Un hijo de David gobernará sobre ellos y sus vidas serán moldeadas conforme a la ley de Dios (Ez. 37:24-27). Dios dice: «Y cuando mi santuario esté para siempre en medio de ellos, las naciones sabrán que yo, el Señor, santifico a Israel» (Ez. 37:28). Del mismo modo, Zacarías dice que, en los últimos días, cuando el Señor vuelva a Jerusalén, reconstruirá su templo (Zac. 1:16). Dios llama al pueblo de Israel a cantar y alegrarse, porque el Señor vendrá a vivir en medio de ellos. De nuevo, el vínculo queda trazado entre la presencia de Dios y la incorporación de las naciones: «"Cuando llegue ese día, muchas naciones se unirán a mí, y ellas me serán por pueblo, y en medio de ti habitaré." Así sabrás que el Señor de los ejércitos me ha enviado a ti» (Zac. 2:11). Más adelante, Zacarías dice que el Señor volverá a Sion y habitará en Jerusalén. Entonces muchos pueblos y naciones poderosas irán a Jerusalén para buscar al Señor (Zac. 8:3, 20-22). «Cuando lleguen esos días, diez hombres de diferentes naciones y lenguas se aferrarán al manto de un judío y le dirán: "¡Permítannos acompañarlos, pues sabemos que Dios está con ustedes!"» (Zac. 8:23). Especialmente relevante es la elaborada descripción del templo escatológico que detalla Ezequiel, anunciando que será edificado en los últimos días (Ez. 40-48). Por eso, Israel aguarda los últimos días, cuando la presencia de Dios morará en medio de su pueblo de tal manera que las naciones se verán atraídas a él.

Incluso antes de la venida de Cristo hubo indicios de que este templo del fin de los tiempos quizás no sea una estructura arquitectónica.[72] Los esenios, que vivieron en los tiempos de Jesús y rechazaron el templo corrupto de Israel, se refirieron a su propia comunidad como el templo escatológico.[73] Los actos simbólicos de Jesús en los Evangelios anuncian el juicio de Dios sobre el templo presente de ese entonces, y cuando cuestionaron su autoridad para actuar así, él respondió: «Destruyan este templo, y en tres días lo levantaré» (Jn. 2:19; cf. Mr. 14:58). Más adelante, los discípulos entendieron que el templo del que hablaba no era un edificio sino su propio cuerpo. Jesús es el templo escatológico, el complimiento de la visión del profeta. Él revela la plenitud de la presencia de Dios en medio de su pueblo de los últimos días. Juan nos dice que él habitó (literalmente, «acampó» como en un tabernáculo) entre su pueblo (Jn. 1:14). Su resurrección de entre los muertos marca el principio de los últimos días: así es como ha llegado el tiempo de que la presencia y el conocimiento de Dios llenen la tierra, al tiempo en que las naciones se ven atraídas a un pueblo que ha experimentado la presencia salvífica de Dios.

En la resurrección comienza la edificación del templo escatológico. La poderosa presencia de Dios se manifiesta en medio de su pueblo. Dios los reúne —primero a Israel y después a las naciones— para conformar su pueblo del fin de los tiempos, incorporándolos a la vida de su resurrección por medio del Espíritu. Por eso, Jacobo pudo afirmar que la reconstrucción del templo prometida por Amós consistiría en la restauración de Israel y después de los gentiles (Hch. 15:16-17; cf. Am. 9:11-12).[74] El nuevo templo de la presencia de Dios, establecido en medio de las naciones, no es un edificio: es un pueblo que recibe la nueva vida de la resurrección de Cristo al ser lleno del Espíritu Santo. Por otra parte, no debemos pasar por alto la relevancia misional del significativo cambio geográfico que tiene lugar después de la resurrección. Allí vemos otra vez la visión centrípeta del Antiguo Testamento, cumplida y transformada. Ya no hay un templo donde la presencia de Dios se manifiesta en medio de una nación, en una ubicación geográfica específica. Ahora estos templos se establecen en todo el mundo, en muchas comunidades multiculturales, que cumplen la intención original de Dios de manifestar su presencia a través de las vidas santas de sus habitantes.[75] En conformidad con el significado original del templo y su propósito de expansión, los nuevos templos escatológicos ahora están establecidos en todas las naciones, a fin de que la fragancia del conocimiento de Dios llene toda la tierra.

Es un llamado bastante misional. En esta imagen vemos la relación entre la obra de Jesucristo y «las naciones». Volviendo a la ilustración que propone Berkhof —la cadena de cuatro eslabones—, la iglesia es un pueblo que vincula lo que Cristo ha conquistado con las naciones y las incorpora a ellas también en la salvación de Cristo.

Al considerar la imagen de la iglesia como templo del Espíritu Santo, nuestro entendimiento debe estar determinado por este contexto bíblico: el templo es una imagen misional.

El templo del Espíritu Santo es, primero que nada, una imagen comunal o colectiva. Nuestra lamentable tendencia a limitar esta imagen a nuestros cuerpos físicos (otra manifestación de nuestro individualismo) tiene el efecto de restarle importancia a la comunidad cristiana. Solo una vez la palabra «templo» se refiere a (la morada del Espíritu en) el individuo (1 Co. 6:19); en el resto de los casos es una imagen comunal. La imagen de la iglesia como templo del Espíritu está esparcida por el Nuevo Testamento (1 Co. 3:16-17; 2 Co. 6:16; Ef. 2:20-22; 1 P. 2:5; 4:17; Ap. 3:12; 11:1-2). Además, la metáfora arquitectónica de «edificar» la comunidad cristiana, frecuente en el Nuevo Testamento, da por sentado que la iglesia es un edificio (ej.: Ro. 14:19; Jud. 20).[76] Precisamente en la metáfora de edificar «el templo del Espíritu» vemos la verdadera importancia que adquiere esta imagen en el Nuevo Testamento.

Edificar su templo es la obra de Dios Espíritu Santo. Esta obra escatológica de Dios es bipartita: primero, él incorpora a aquellos que no pertenecían, agregando «piedras» al edificio (Ro. 15:20-21, 1 P. 2:5); después sigue edificando y fortaleciendo la comunidad cristiana para que pueda vivir cada vez más encarnando la salvación que él ha obtenido (Ef. 4:11-16; 1 Ts. 5:11). Ese edificio se construye sobre Cristo, cuyo evangelio es el fundamento que asentaron los apóstoles y los profetas (1 Co. 3:10-15; Ef. 2:19-22). La construcción solo puede llevarse a cabo sobre el fundamento absoluto del evangelio de Jesucristo: cualquier estructura edificada sobre algún otro fundamento al final se quemará. Dios lleva adelante esta edificación por medio de los diversos miembros de la iglesia. Él los prepara con una variedad de dones y poderes para que puedan servirse los unos a los otros (Ro. 12:3-8; 1 Co. 12-14). Un punto especialmente relevante es que Dios da a algunas personas el don de dar a conocer la Palabra de Dios para que la comunidad entera sea edificada y esté preparada para una vida de servicio (Ef. 4:11-12). Por lo tanto, la edificación puede concretarse solo cuando el pueblo de Dios se reúne y hace ejercicio de sus dones en comunidad (1 Co. 14:12; He. 10:24-25).

Ridderbos observa cuál es la orientación misional apropiada de esta imagen cuando dice que la edificación «está orientada hacia la manifestación comunitaria correcta de la iglesia en el mundo».[77] El templo y la imaginería de la edificación no debe tomarse para justificar la introversión de una iglesia que se ocupa únicamente de disfrutar el don de la salvación. Nuestra edificación en la forma de un templo para el Espíritu Santo tiene por finalidad bendecir al mundo. *La imaginería del templo conlleva la expansión y la difusión del conocimiento de la presencia de Dios en todo el mundo.* Cuando indagamos en los numerosos pasajes del Nuevo Testamento sobre el templo del Espíritu Santo que hablan de la vida institucional y comunitaria de la iglesia, debemos concebirlos como eslabones de una cadena que va desde Cristo hasta el mundo. Quizás la iglesia hoy en día necesita que Cristo la limpie y reoriente su visión una vez más hacia las naciones: «¿Acaso no está escrito: "Mi casa será llamada casa de oración para todas las naciones"?» (Mr. 11:17). Beale concluye su artículo con la siguiente exhortación: «*Nuestra tarea como Iglesia es ser el templo de Dios, tan llenos de su presencia que nos expandamos y llenemos la tierra de su gloriosa presencia hasta que él finalmente cumpla por completo su objetivo en el fin de los tiempos.* Esa es nuestra misión unificada y común. Dios permita que nos unamos en torno a este objetivo».[78]

La imagen misional de la diáspora

Cuando Pablo se dirige a la iglesia de Corinto con las palabras «a la iglesia [*ekklesia*] de Dios que está en Corinto [...]» (1 Co. 1:2), está diciendo algo importante sobre su identidad. Para entender la palabra *ekklesia*, debemos considerarla no solo en el contexto de la comunidad del Antiguo Testamento sino también en términos del significado que tenía en el Imperio romano. El significado original de *ekklesia* es el de una asamblea pública que convocaba a todos los ciudadanos al llamado de un funcionario de gobierno para resolver asuntos públicos de la ciudad. Pablo modifica el sentido de *ekklesia* de dos maneras: refiriéndose a Dios y al lugar en el que se celebra la asamblea. La relevancia del primer modificador radica en que es Dios (y no un funcionario público) quien convoca al pueblo a la asamblea pública: esta es la asamblea de Dios. La *ekklesia* también está caracterizada por la mención del lugar donde se reúne: en este caso, Corinto. Dios llama a su puedo a ser una comunidad distinguible asentada en todas las ciudades del mundo: Éfeso, Roma, Corinto, y un largo etcétera. Dado que son el pueblo escatológico de Dios, son las primicias de la nueva humanidad, en todo lugar y para bendición de todo lugar.

Hay dos aspectos significativos de esta identidad que debemos observar. Primero, la iglesia es una comunidad *pública*. *Ekklesia* es el nombre que eligieron los primeros cristianos para identificarse a sí mismos, pero sus oponentes los llamaban *thiasos* y *heranos*, términos que estigmatizaban a la iglesia y la definían como una comunidad religiosa cerrada que ofrecía a sus miembros una salvación futura y etérea (este tipo de comunidad religiosa contaba con la protección de la ley romana porque no amenazaba la doctrina pública del imperio). La iglesia se rehusó a aceptar esas designaciones y su significado, es decir, que eran una fraternidad religiosa privada. Por el contrario, ellos se consideraban la vanguardia de la nueva humanidad que un día llenaría la tierra entera. Su evangelio era una verdad pública, por lo que desafiaba toda lealtad alternativa, incluida la lealtad a la doctrina pública del Imperio romano. Por lo tanto, «la iglesia primitiva no se consideró a sí misma una sociedad religiosa privada que se disputara con las demás la posibilidad de ofrecer salvación personal a sus miembros; se veía a sí misma como un movimiento introducido en la esfera pública del mundo que desafiaba el *cultus publicus* del imperio y exigía la lealtad de todos sin excepción».[79] Como comunidad, estos cristianos rechazaron las afirmaciones idolátricas de su cultura y vivieron su vida entera —incluida su vida pública— bajo la autoridad de otro Señor. A propósito, vale la pena mencionar la triste observación de Newbigin de que la iglesia occidental actual muchas veces ha convertido en lo que la iglesia primitiva se rehusó a ser: una *thiasos* o *heranos*. La fe cristina ha sido «desterrada de la esfera pública» y «relegada al ámbito privado». Así, el evangelio «se ha vuelto una opción personal. La Iglesia ya no era la *ekklesia tou Theou* sino una fraternidad religiosa para quienes desearan hacer uso de sus servicios».[80]

El segundo aspecto que debemos observar es que ahora la iglesia está establecida en un contexto ajeno y a veces hostil, donde las personas basan su vida en otros compromisos incompatibles con el evangelio. Por ejemplo, la *ekklesia* corintia estaba establecida en la ciudad griega de Corinto, en contraste con el pueblo de Dios del Antiguo Testamento, que había sido una unidad sociopolítica. Toda su vida —personal, familiar, política, económica, judicial, social y aun más— había sido cambiada por la revelación de Dios. Para el pueblo de Dios del Antiguo Testamento, el peligro de la idolatría venía principalmente desde afuera, desde las naciones vecinas. Ahora, el pueblo de Dios del Nuevo Testamento estaba establecido justo en medio de esas naciones y debía vivir en ese contexto cultural como una minoría apátrida y multiétnica. Esta nueva ubicación misional plantea a la iglesia la pregunta de cómo debe relacionarse con su prójimo en este nuevo contexto cultural. ¿Cuáles son para la iglesia las implicancias de tener un encuentro misionero con la cultura?

La forma en que los autores neotestamentarios describen la cultura humana y la sociedad fuera de Cristo pone muy de relieve el problema de vivir en el mundo. En el Nuevo Testamento, las dos palabras griegas que en español se traducen con la palabra «mundo» (*cosmos* en un sentido espacial y *aeon* en un sentido temporal) muchas veces se usan para hacer referencia a la cultura humana, «la totalidad de la vida que no ha sido redimida y está bajo el dominio del pecado fuera de Cristo».[81] El siglo presente recibe el calificativo de «malo» (Gá. 1:4) y «la corriente de este mundo» está bajo el gobierno de los poderes de las tinieblas (Ef. 2:2). Pablo contrasta este «poder de la oscuridad» con el reino del Hijo de Dios (Col. 1:13). Satanás y sus poderes diabólicos ejercen una influencia tan poderosa sobre la vida humana que Satanás puede ser llamado «el dios de este siglo» (2 Co. 4:4) y «el príncipe de este mundo» (Jn. 12:31); «el mundo entero está bajo el maligno» (1 Jn. 5:19). El Nuevo Testamento ve el mundo como «un reino que ya está en tinieblas y ocupado por los poderes de la maldad, que ejercen su influencia destructiva sobre el hombre».[82] Los creyentes deben ser rescatados de este poder de la oscuridad (Col. 1:13) y del presente siglo malo (Gá. 1:4).

Después de ese rescate, no deben amar al mundo ni ninguna cosa del mundo (1 Jn. 2:15), ni deben adoptar las costumbres de este mundo (Ro. 12:2). Cuando Pablo exhorta a la iglesia que no adopte las costumbres de este mundo, se refiere a la *cultura*, «lo cual no atañe tan solo al arte, la literatura y la música, sino a toda la forma en que nuestro mundo está organizado. Se refiere a nuestro lenguaje, nuestra forma de pensar, nuestras costumbres y tradiciones, nuestros sistemas públicos de orden político, económico, judicial y administrativo, es decir, todas esas cosas que simplemente damos por sentadas y nunca cuestionamos, [...] *un mundo que gira en torno a un centro que no es el creador*».[83] La pregunta de cómo vivir en el «mundo» requiere una respuesta urgente: si el mundo está organizado en torno a otro centro —uno o más ídolos— y, por ende, está bajo el dominio del maligno, ¿cómo puede vivir en él el pueblo de Dios? No podemos aislarnos del lenguaje, la forma de pensar, las costumbres y tradiciones, y los sistemas políticos y económicos de la cultura en la que vivimos. Aun así, Dios nos llama a ser un pueblo contrastante en medio de este mundo, un templo santo en medio de la idolatría y una luz en la oscuridad de una generación corrompida y torcida (2 Co. 6:14-18; Fil. 2:15). Esa es la situación en la que se encuentra el pueblo de Dios del Nuevo Testamento.

¿Hay alguna imagen de la iglesia que nos permita entender nuestra identidad misional en un contexto social tan peligroso? Pedro toma del Antiguo Testamento la imaginería del exilio y la dispersión, de ser inmigrantes y extraños en un dominio extranjero, para ayudar a la iglesia a entender su identidad en esta nueva situación. El tema principal de la epístola de Pedro es cómo puede la iglesia cristiana vivir con fidelidad en un entorno que no es cristiano.[84] La experiencia del pueblo de Dios del Antiguo Testamento, que vivió extranjero en el exilio, nos presenta una imagen de lo que podría significar para el pueblo de Dios del Nuevo Testamento vivir en un entorno social extranjero y muchas veces hostil. Quizás esta imagen sea la «metáfora dominante»[85] o la «metáfora clave»[86] de la epístola. En cualquier caso, es una ilustración importante que ayuda a la iglesia a entender su responsabilidad misional frente a la sociedad.

Los judíos creían que ellos eran un pueblo unificado y una comunidad distinta no solo en términos étnicos sino también porque estaban unidos por la elección, el pacto y su relación con Dios. Sin embargo, estando en el exilio y siendo «una minoría apátrida dispersa en el contexto de un imperio inmenso»,[87] experimentaron la vida como extranjeros y desconocidos. La cultura que los acogía, a pesar de ser su nuevo hogar, les presentaba la peligrosa tentación de renunciar a su identidad única y adaptarse a las costumbres extranjeras de sus conquistadores. Su interrogante era cómo *estar* en esa cultura sin *ser* de esa cultura, precisamente el mismo interrogante al que se enfrenta el pueblo escatológico de Dios. La iglesia primitiva también era un pueblo unido por un fundamento religioso en común y ellos también estaban dispersos por el mundo conocido de ese entonces. Así, la imaginería de la dispersión, el exilio y los extranjeros les ofrecía un modelo para saber cómo vivir en el Imperio romano.

Pedro se dirige a la iglesia llamando a sus miembros «los que se hallan expatriados y dispersos en [las provincias del Imperio Romano]» (1 P. 1:1) o, como lo traduce Leonhard Goppelt, «los exiliados escogidos de la dispersión».[88] Más adelante, Pedro los llama extranjeros y peregrinos (1 P. 1:17; 2:11). Esta imagen destaca la *distancia* que el pueblo de Dios debía mantener respecto de la cosmovisión y el estilo de vida de sus contemporáneos. Pedro describe el estilo de vida de los «paganos» en términos poco halagadores e insta a la iglesia a vivir «conforme a la voluntad de Dios» (1 P. 4:1-3). El estilo de vida de un extranjero debe ser distinguible, una alternativa en contraste con aquellos que aún viven en «este siglo». La distancia cultural entre la iglesia y su prójimo incrédulo es el resultado inevitable de que la iglesia esté «en Cristo» (1

P. 3:16; 5:10, 14) y se le haya concedido nacer a una esperanza viva por medio de la resurrección de Jesús (1 P. 1:3). La alienación y el distanciamiento de la iglesia respecto de la cultura circundante es consecuencia del nuevo nacimiento de los cristianos en el nuevo mundo escatológico, que se inaugura con la cruz y la resurrección (1 P. 1:3, 18-19). Ellos viven por una nueva fe y con una nueva serie de compromisos: «Las comunidades de aquellos que nacen de nuevo y siguen a Cristo viven un estilo de vida alternativo en medio de las instituciones políticas, étnicas, religiosas y culturales de la sociedad en su conjunto».[89]

Esta distancia es eclesial. El nuevo nacimiento no es un proceso individual; por el contrario, marca la incorporación de un nuevo miembro a una comunidad, lo cual se ve muy claramente en 1 Pedro por las numerosas designaciones colectivas que recibe el pueblo de Dios, así como en el hecho de que 1 Pedro relacione el nuevo nacimiento con el bautismo. «El bautismo es una *incorporación* al cuerpo de Cristo, una entrada a la comunidad cristiana. El bautismo no hará que una persona se distancie, pero sí nos muestra que el distanciamiento cristiano genuino tiene forma eclesial. Tiene lugar en una comunidad que vive como "extranjeros" en medio de un entorno social más amplio. [...] La distancia que nos muestra 1 Pedro respecto del entorno social no es simplemente escatológica; es *esencialmente escatológica*.»[90]

Si bien la iglesia está *en desacuerdo* con su contexto cultural, también es llamada a vivir en él *como en casa*, a involucrarse en las instituciones culturales de su sociedad.[91] El intercambio cultural siempre tiene dos partes: es negativo, en el sentido de que la iglesia se opone a la cultura, y es positivo, en el sentido de que la iglesia muestra solidaridad como parte de su cultura. Siendo extranjeros, los cristianos no deben aislarse de la sociedad como en un gueto; por el contrario, como extranjeros que han dejado sus antiguas costumbres, están «obligados a involucrarse en las instituciones existentes». Pedro dice: «Enrólense en toda institución humana» (1 P. 2:13, traducción de Goppelt). Luego procede a enseñarles cómo vivir en el matrimonio, la familia, sus ocupaciones y el orden político.[92] Los cristianos pueden adoptar esta posición positiva porque esas instituciones son parte del buen orden creado. Albert Wolters comenta: «El apóstol Pedro se hace eco de la enseñanza de Pablo con palabras aun más claras: "Por causa del Señor, muéstrense respetuosos de toda institución [*autoridad instituida*] humana" (1 P. 2:13); las palabras en cursiva traducen el término griego *ktisis*, la palabra que la Biblia suele usar para hablar de "creación" o "criatura". Por lo tanto, parece muy claro que la autoridad civil pertenece al orden creado; el estado está fundado en un decreto de Dios».[93] Por consiguiente, la iglesia debe involucrarse en la cultura humana, porque la cultura refleja el mismísimo orden creacional de Dios. No obstante, la iglesia también debe mantener una distancia crítica de la cultura humana, porque toda institución humana ha sido distorsionada por el pecado.

Esta concepción de la participación cristiana en la esfera pública de la cultura se opone a la creencia popular de que la iglesia primitiva era una comunidad que mantenía un bajo perfil e incluso se mantenía alejada de la vida pública de un mundo hostil, es decir, la creencia de que su relación con la esfera pública estaba caracterizada por la marginalidad social y el separatismo.[94] Sin embargo, como bien nos recuerda Bruce Winter, el paradigma del rol cristiano en la vida pública debe basarse en Jeremías 29:7, donde se insta la comunidad exiliada a «procur[ar] la paz de la ciudad».[95] «En su primera epístola, Pedro define la ética social como "hacer buenas obras" en todas las esferas de la vida, como el llamado de todo cristiano y como un tema central (2:11ss.).»[96]

Por consiguiente, tenemos el deber de buscar el bienestar de nuestro contexto cultural, participando en las diversas instituciones culturales y sociales del lugar donde estamos en la medida en que cumplimos el mandato cultural. Lo que eso significa es que el testimonio de la iglesia irá más allá de la iglesia como reunión de la comunidad. Newbigin argumenta que la iglesia debe dar testimonio del señorío de Cristo indiferentemente de si sus miembros están dispersos o juntos: «La verdad, desde luego, es que la Iglesia vive en su realidad primaria de lunes a sábado, en todos sus miembros, dispersos en campos, hogares, oficinas y fábricas, llevando el sacerdocio real de Cristo a cada rincón de su mundo. En el día del Señor, la iglesia se retrae para renovarse en el Señor».[97]

No obstante, la iglesia del Nuevo Testamento no debía participar en su cultura adaptándose y amoldándose a las normas de las instituciones sociales idolátricas del imperio. Los cristianos debían vivir en su entorno como *participantes críticos*. Es cierto que «la vida cristiana necesariamente tendrá lugar dentro del marco de la cultura», pero, debido a que el nuevo mundo que Dios ha creado en Cristo ha irrumpido en la historia, la vida cristiana «busca la reforma y transformación de sus estructuras, y jamás las acepta sin una mirada crítica».[98] Puesto que las instituciones sociales, en el fondo, son *creacionales*, Pedro puede instar a la iglesia a involucrarse en ellas; sin embargo, dado que las instituciones sociales también están bajo el poder del maligno, la comunidad cristiana «también se ve obligada [...] [a mantener] una conducta crítica y responsable en ellas. [...] El "hacer buenas obras" de 1 Pedro significa no solo enrolarse en las instituciones existentes, sino también conducirse en ellas con responsabilidad y una mirada crítica».[99]

La forma en que Pedro y Pablo usan los códigos domésticos que eran comunes para el mundo romano de aquel entonces es un modelo útil de cómo está llamada a vivir la iglesia en las instituciones sociales: de una forma crítica y transformadora.[100] Si comparamos los códigos domésticos del Imperio romano con los del Nuevo Testamento, veremos que ambos tienen mucho en común en lo que refiere a las normas de conducta social. Aun así, en manos de Pablo y Pedro, el evangelio transforma y revierte estos códigos.[101] Dean Flemming habla de una «participación transformadora»: «los cristianos debían vivir su llamado dentro de las estructuras existentes de la sociedad grecorromana mientras mostraban una diferencia interna visible».[102]

Este tipo de vida, dentro de las instituciones de la sociedad y para el bien de la ciudad, tiene una clara orientación misional en 1 Pedro, especialmente evidente por cómo toda la primera mitad de la epístola reúne premisas hasta alcanzar la declaración de 1 Pedro 2:9-10 y por cómo la segunda mitad se deriva de esas ideas.[103] En este mismo capítulo hemos visto la naturaleza decisiva de las palabras de Pedro: él hace memoria de la identidad misional fundamental de Israel declarada en Éxodo 19:3-6 y transfiere esos títulos a la iglesia. Ellos también son un pueblo escogido, un sacerdocio real y una nación santa. Enseguida, Pedro comienza a elaborar su estrategia para que este pueblo misional lleve a cabo su llamado. Deben vivir como extranjeros y peregrinos. Deben llevar adelante una vida tan correcta en su entorno pagano que sus contemporáneos incrédulos vean sus buenas obras y glorifiquen a Dios. Pedro continúa su exposición con una serie de exhortaciones sobre cómo cumplir este llamado en los distintos senderos de la vida. La orientación misional sigue siendo un aspecto central en todo. Pedro siempre está interesado en el potencial impacto que la conducta cristiana en la vida pública puede tener sobre el mundo incrédulo. Goppelt bien dice: «Los cristianos tenían la responsabilidad de dar testimonio del evangelio que buscaba salvar a todos los pueblos por medio de la conducta cristiana en las instituciones de la sociedad. [...] Se suponía que los cristianos residirían en medio de estos pueblos, tal como el Señor lo había hecho, y que, por medio de su conducta en los ámbitos de la política, la economía y el matrimonio, dieran a conocer que Dios deseaba llevar a todos a una existencia humana integral. La responsabilidad social y ética, motivada por el amor de Dios, estaba comprendida en el marco de la comisión misionera».[104] Por eso, cuando Pedro exhorta a la iglesia que sea fiel en las distintas esferas de la vida, él mantiene un claro énfasis puesto en la misión, es decir, en la «estrategia moral y el impacto potencial».[105]

Si la iglesia atiende con fidelidad al llamado de Pedro, tendrá que atravesar sufrimientos (1 P. 9:19-25; 3:14-18). Este es un tema que impregna la carta. «Los conflictos surgieron debido a que, en las instituciones [sociales], los cristianos siempre se desenvolvían basándose en otras motivaciones y siguiendo otros criterios y, por ende, siempre actuaban de una forma distinta de lo que sus compañeros no cristianos esperaban».[106] En la cultura helénica, vivir juntos en paz y armonía tenía un valor primordial. La sociedad podía acoger a los judíos porque sus diferencias eran producto de su identidad étnica. Por el contrario, los cristianos no eran miembros de un pueblo extranjero, sino conciudadanos, vecinos y parientes.[107] Por eso, Pedro dice: «Para ellos resulta extraño que ustedes ya no los acompañen en ese mismo desenfreno y libertinaje, y por eso los ultrajan» (1 P. 4:4). Por lo tanto, el sufrimiento es consecuencia de que la iglesia se rehúsa a vivir en conformidad con la fe pública predominante de su cultura.[108] En sus estudios sobre 1 Pedro, Newbigin observa lo siguiente: «Si nos tomamos en serio nuestras responsabilidades como siervos de Dios en las instituciones de la sociedad humana, encontraremos un sinfín de oportunidades para aprender qué significa sufrir por la justicia y entenderemos que sufrir por la justicia realmente es una bendición».[109]

Goppelt llama la atención sobre dos modelos de sufrimiento que vemos en el Antiguo Testamento: Job y Daniel. Él dice que «la teología del sufrimiento que vemos en 1 Pedro hace bastante hincapié en la clase de sufrimiento que, en el Antiguo Testamento, vemos expresado en Daniel y no en Job».[110] En los escritos judíos de la época, el sufrimiento del pueblo de Dios a manos de paganos era un tema común, enraizado al muy popular capítulo siete de Daniel, que dice que el cuarto reino, la bestia (asociada a Roma), «blasfemará contra el Altísimo, y quebrantará a sus santos» (Dn. 7:25). Mientras que la historia de Job habla con elocuencia del dolor que resulta de vivir en un mundo caído, lo que experimenta Daniel es otro tipo de sufrimiento: el de quien vive en una cultura pagana y hostil, participa en sus instituciones, pero se niega a servir a sus dioses. Es el sufrimiento por la justicia que atravesó el pueblo de Dios en la diáspora.

Muchos estudiosos del Nuevo Testamento han destacado que el libro de Apocalipsis habla de la responsabilidad de la iglesia en la esfera pública de su cultura de formas muy distintas de las que nos muestra Pedro, debido a que la situación también es muy distinta.[111] El contexto cultural y político que percibimos en Apocalipsis es mucho más hostil hacia la fe cristiana y, por lo tanto, la postura ante la cultura dominante es más contracultural. Poco o nada se dice sobre la participación cristiana en las estructuras de la sociedad, lo cual recalca la importancia de reconocer que los distintos contextos sociales exigen respuestas distintas. Flemming comenta que las iglesias de las que hablan 1 Pedro y Apocalipsis en ambos casos «se relacionan con el mundo público con un objetivo misional, pero desde distintos ángulos».[112] Un libro hace énfasis sobre el lado más positivo de la participación cultural; el otro recalca el valor de la crítica contracultural. Aun así, ambos dejan en claro que la iglesia no se encierra en la esfera privada para volverse una *thiasos* o *heranos*. Cristo es Señor sobre toda la vida cultural y creacional; por lo tanto, nuestra misión sigue abarcando la esfera pública de la cultura. Sin embargo, la forma en que la iglesia se relaciona con su cultura dependerá de la situación que esté atravesando.[113]

Deberíamos al menos mencionar al final de esta sección una apreciación reciente sobre esta imagen para la iglesia de la cultura occidental.[114] La noción del extranjero residente es la imagen con la que más se identificó la iglesia en sus primeras tres décadas, pero es entendible que haya desaparecido cuando el cristianismo se convirtió en la religión oficial del Imperio romano. Hoy en día, muchos reconocen un paralelismo entre la iglesia primitiva, marginada en la periferia de la cultura, y lo que está sucediendo en el presente, en la medida en que la iglesia se separa del estado. Bauckham dice que «puede ser que esta imagen [del pueblo de la *diáspora*] vuelva a tener vigencia por sí sola en tanto que la iglesia del occidente posmoderno reconceptualiza su relación misionera con una sociedad poscristiana».[115] Sin duda, esta es una imagen importante en cualquier punto de la historia de la iglesia y la iglesia empobrece cuando la pierde. Sin embargo, debemos ser cautelosos para no caer en una apropiación simplista de esta imagen en la actualidad. Hace medio siglo, en su perspicaz estudio sobre 1 Pedro, Newbigin advirtió que hay tres «grandes diferencias» entre los tiempos de Pedro y nuestra época que hacen que aplicar las palabras de Pedro a nuestra situación sea complejo: (1) la iglesia de los tiempos de Pedro era una pequeña minoría sin responsabilidad sobre el orden político, mientras que hoy en día la iglesia tiene poder e influencia sobre la vida pública; (2) entre sus tiempos y el nuestro, toda la historia del surgimiento y la caída de la cristiandad ha cambiado la situación drásticamente; y (3) la cultura actual da lugar al elemento de la elección en estas instituciones, por ejemplo, en cuanto a con quién casarnos, para quién trabajar, y a quién elegir para los cargos de autoridad política.[116] Las palabras de Newbigin siguen siendo relevantes hoy en día. Richard Mouw agrega la advertencia de que no deberíamos apropiarnos de la imagen de la diáspora como justificación teológica conveniente para evadir las dificultades que entraña la participación misional en la vida pública de la cultura.[117]

Sin duda alguna, deberíamos acoger la recuperación de esta imagen y la luz que ella puede echar sobre nuestro llamamiento en la cultura, pero quizás sea precipitado decir que la iglesia occidental vive en la periferia de la cultura de la misma forma en que estuvo marginada la iglesia primitiva. En la actualidad, la iglesia *es una minoría* y *ha perdido* poder cultural en las últimas décadas; la cultura occidental actual *es más hostil* hacia la fe cristiana de lo que fue en el pasado. No obstante, la iglesia sigue teniendo una buena medida de poder financiero, político y cultural, y debemos aprender a hacer uso de esa influencia precisamente como partícipes críticos en la cultura.

Conclusión

Al bosquejar la identidad misional de la iglesia, es importante siempre tener en claro tanto su continuidad como su discontinuidad respecto de la Israel del Antiguo Testamento. Por un lado, la iglesia recibe su llamado misional de Israel y, por consiguiente, muchas de las imágenes del Nuevo Testamento invisten a la iglesia de los mismos títulos que se atribuyen al pueblo de Dios en el relato del Antiguo Testamento. Por otro lado, la iglesia es una nueva comunidad escatológica y, por ende, muchas de las imágenes de la iglesia llaman la atención sobre la participación de este nuevo pueblo en una nueva creación, la vida que ellos viven centrados en Cristo Jesús y llenos del Espíritu, y su nuevo lugar de residencia, en medio del mundo. Si hay algo que es cierto respecto de todas estas imágenes es que ninguna de ellas puede comprenderse bien si la disociamos de la identidad misional de la iglesia.

Notas

1. Wilbert R. Shenk, prólogo del libro *Images of the Church in Mission*, por John Driver (Scottdale, PA: Herald Press, 1997), 9.
2. Paul Minear, *Images of the Church in the New Testament* (Filadelfia: Westminster, 1960), 13.
3. Avery Dulles, *Models of the Church*, ed. exp. (Garden City, NY: Image Books, 1987), 20.
4. John Driver, *Images of the Church in Mission* (Scottdale, PA: Herald Press, 1997), 9.
5. Paul Minear, *Images of the Church in the New Testament* (Filadelfia: Westminster, 1960), 17.
6. Ibíd.
7. Lesslie Newbigin, *The Household of God: Lectures on the Nature of the Church* (Nueva York: Friendship Press, 1953), 163.
8. Herman Ridderbos, *Paul: An Outline of His Theology*, trad. John Richard De Witt (Grand Rapids: Eerdmans, 1975), 327 [énfasis mío].
9. Rudolf Schnackenburg, *The Church in the New Testament*, trad. W. J. O'Hara (Nueva York: Seabury Press, 1965), 155.
10. Nils A. Dahl, *Das Volk Gottes: Eine Untersuchung zum Kirchenbewusstsein des Urchristentums* (Oslo: J. Dybwad, 1941), 243, citado en Rudolf Schnackenburg, *The Church in the New Testament*, trad. W. J. O'Hara (Nueva York: Seabury Press, 1965), 155.
11. Paul Minear, *Images of the Church in the New Testament* (Filadelfia: Westminster, 1960), 67.
12. Hans Küng, *The Church* (Garden City, NY: Image Books, 1967), 162.
13. H. Strathmann, «λαός», en *Theological Dictionary of the New Testament*, ed. Gerhard Kittel, trad. Geoffrey W. Bromiley (Grand Rapids: Eerdmans 1967), 4:32.
14. Hans Küng, *The Church* (Garden City, NY: Image Books, 1967), 161 [primer énfasis mío].
15. Nils A. Dahl, *Das Volk Gottes: Eine Untersuchung zum Kirchenbewusstsein des Urchristentums* (Oslo: J. Dybwad, 1941), 83, citado en Rudolf Schnackenburg, *The Church in the New Testament*, trad. W. J. O'Hara (Nueva York: Seabury Press, 1965), 150.
16. Vea Hch. 10:45; 11:2; y Ro. 3:30, donde «la circuncisión» se refiere no a un ritual sino al pueblo judío.
17. La importancia de esta imagen tomada del Antiguo Testamento (Sal. 80:8-11; Is. 5:1-7; Jer. 2:21; Ez. 19:10; Os. 10:1) puede apreciarse en que «las monedas acuñadas durante el breve período de la rebelión judía contra Roma (d. C. 68-70) llevaban grabada la imagen de una vid». Esto se debe a que la vid era «el más difundido de todos los símbolos de Israel» (Lesslie Newbigin, *The Light Has Come: An Exposition of the Fourth Gospel* [Grand Rapids: Eerdmans, 1982], 196).
18. Gerhard Lohfink, *Jesus and Community: The Social Dimension of Christian*

Faith, trad. John P. Galvin (Filadelfia: Fortress Press, 1984), 130-132.

19. Herman Ridderbos, *Paul: An Outline of His Theology*, trad. John Richard De Witt (Grand Rapids: Eerdmans, 1975), 330-333; J. Christiaan Beker, *Paul the Apostle: The Triumph of God in Life and Thought* (Filadelfia: Fortress Press, 1980), 317.

20. Rudolf Schnackenburg, *The Church in the New Testament*, trad. W. J. O'Hara (Nueva York: Seabury Press, 1965), 152.

21. Jo Bailey Wells, *God's Holy People: A Theme in Biblical Theology* (Sheffield, Reino Unido: Sheffield Academic Press, 2000), 222.

22. Roy Bowen Ward, «*Ekklesia*: A Word Study», *Restoration Quarterly* 2, nro. 4 (1958): 164-166.

23. Raymond O. Zorn, *Church and Kingdom* (Filadelfia: P&R, 1962), 15.

24. W. J. Roberts, «The Meaning of *Ekklesia* in the New Testament», *Restoration Quarterly* 15, nro. 1 (1972): 33.

25. Hans Küng, *The Church* (Garden City, NY: Image Books, 1967), 118.

26. W. J. Roberts, «The Meaning of *Ekklesia* in the New Testament», *Restoration Quarterly* 15, nro. 1 (1972): 34.

27. Gerhard Lohfink, *Does God Need the Church: Toward a Theology of the People of God*, trad. Linda M. Maloney (Collegeville, MN: Liturgical Press, 1999), 219.

28. Rudolf Schnackenburg, *The Church in the New Testament*, trad. W. J. O'Hara (Nueva York: Seabury Press, 1965), 153-154.

29. Herman Ridderbos, *Redemptive History and the New Testament Scripture*, trad. H. De Jongste; rev. Richard B. Gaffin Jr., 2da ed. rev. (Phillipsburg, NJ: P&R, 1988), 49-76. En esta muy útil sección de su libro, Ridderbos explica la autoridad del Nuevo Testamento en términos de *marturia* (testimonio), *kerygma* (proclamación), y *didache* (enseñanza).

30. Joachim Jeremias, «The Key to Pauline Theology», *Expository Times* 76 (1964): 27-30; Ben F. Meyer, *The Early Christians: Their World Mission and Self-Discovery* (Wilmington, DE: Michael Glazier, 1986), 160-171.

31. Ben F. Meyer, *The Early Christians: Their World Mission and Self-Discovery* (Wilmington, DE: Michael Glazier, 1986), 161.

32. J. Christiaan Beker, *Paul's Apocalyptic Gospel: The Coming Triumph of God* (Filadelfia: Fortress Press, 1982), 29-53.

33. Herman Ridderbos, *Paul: An Outline of His Theology*, trad. John Richard De Witt (Grand Rapids: Eerdmans, 1975), 44.

34. Ibíd., 53.

35. J. Christiaan Beker, *Paul the Apostle: The Triumph of God in Life and Thought* (Filadelfia: Fortress Press, 1980), 313; vea también David Bosch, *Transforming Mission: Paradigm Shifts in Theology of Mission* (Maryknoll, NY: Orbis Books, 1991), 144.

36. Herman Ridderbos, *Paul: An Outline of His Theology*, trad. John Richard De Witt (Grand Rapids: Eerdmans, 1975), 91.

37. David Bosch, *Transforming Mission: Paradigm Shifts in Theology of Mission* (Maryknoll, NY: Orbis Books, 1991), 144.

38. Herman Ridderbos, *Paul: An Outline of His Theology*, trad. John Richard De Witt (Grand Rapids: Eerdmans, 1975), 45. La versión TNIV de la Biblia logra plasmar este sentido: «Por lo tanto, si alguno está en Cristo, la nueva creación ha venido: ¡las cosas viejas pasaron, lo nuevo está aquí!».

39. David Bosch, *Transforming Mission: Paradigm Shifts in Theology of Mission* (Maryknoll, NY: Orbis Books, 1991), 168.
40. Ralph P. Martin dice que Fil. 4:5 es «un recordatorio de que el lugar que la iglesia ocupa en el mundo debería llamarla a llevar adelante una vida de atrayente influencia sobre sus vecinos paganos» (*Philippians: The New Century Bible Commentary* [Grand Rapids: Eerdmans, 1976], 154).
41. David Bosch, *Transforming Mission: Paradigm Shifts in Theology of Mission* (Maryknoll, NY: Orbis Books, 1991), 168.
42. J. Christiaan Beker, *Paul's Apocalyptic Gospel: The Coming Triumph of God* (Filadelfia: Fortress Press, 1982), 37.
43. J. Christiaan Beker, *Paul the Apostle: The Triumph of God in Life and Thought* (Filadelfia: Fortress Press, 1980), 326-327.
44. Bruce Winter, *Seek the Welfare of the City: Christians as Benefactors and Citizens* (Grand Rapids: Eerdmans, 1994), 82.
45. J. Christiaan Beker, *Paul's Apocalyptic Gospel: The Coming Triumph of God* (Filadelfia: Fortress Press, 1982), 41.
46. Ibíd.
47. Rudolf Schnackenburg, *The Church in the New Testament*, trad. W. J. O'Hara (Nueva York: Seabury Press, 1965), 165.
48. Vea, por ejemplo, el clásico libro de Ray C. Stedman, *Body Life: The Church Comes Alive* (Glendale, CA: GL Regal Books, 1972).
49. Herman Ridderbos, *Paul: An Outline of His Theology*, trad. John Richard De Witt (Grand Rapids: Eerdmans, 1975), 362.
50. Markus Barth, *The Broken Wall: A Study of the Epistle to the Ephesians* (1959; reimpr., Vancouver, BC: Regent Press, 2002), 115.
51. Lesslie Newbigin, *Truth to Tell: The Gospel as Public Truth* (Grand Rapids: Eerdmans, 1991), 75.
52. Gerhard Lohfink, *Jesus and Community: The Social Dimension of Christian Faith*, trad. John P. Galvin (Filadelfia: Fortress Press, 1984), 145-146.
53. Markus Barth, *The Broken Wall: A Study of the Epistle to the Ephesians* (1959; reimpr., Vancouver, BC: Regent Press, 2002), 116.
54. Hendrikus Berkhof, *The Doctrine of the Holy Spirit* (Atlanta: John Knox Press, 1964), 30-41. En la siguiente sección, estoy en deuda con ese libro.
55. Bosch advierte de este peligro en las eclesiologías luteranas y calvinistas de la Reforma (*Transforming Mission: Paradigm Shifts in Theology of Mission* [Maryknoll, NY: Orbis Books, 1991], 248-249).
56. Este es el peligro que encontramos en Johannes Hoekendijk, *The Church Inside Out*, trad. Isaac C. Rottenberg (Filadelfia: Westminster, 1964); Konrad Raiser, *Ecumenism in Transition: A Paradigm Shift in the Ecumenical Movement* (Geneva: World Council of Churches Publications, 1991). Vea Michael W. Goheen, «The Future of Mission in the World Council of Churches: The Dialogue between Lesslie Newbigin and Konrad Raiser», *Mission Studies* 21, nro. 1 (2004): 97-111.
57. Hendrikus Berkhof, *The Doctrine of the Holy Spirit* (Atlanta: John Knox Press, 1964), 61.
58. Ibíd., 63.
59. Ibíd., 64.
66. Ibíd., 51.
67. Gregory K. Beale, *The Temple and the Church's Mission: A Biblical Theology of the Dwelling Place of God* (Downers Grove, IL: InterVarsity, 2004);

Beale, «Eden, the Temple, and the Church's Mission in the New Creation», *Journal of Evangelical Theological Studies* 48, nro. 1 (marzo, 2005): 5-31.

68. Gregory K. Beale, *The Temple and the Church's Mission: A Biblical Theology of the Dwelling Place of God* (Downers Grove, IL: InterVarsity, 2004), 117 [énfasis mío].

69. Ibíd., 123.

70. Ibíd., 118.

72. Beale argumenta que Ez. 40-48 no debería entenderse literalmente (ibíd., 335-364).

73. Bertil Gärtner, *The Temple and the Community in the Qumran Scrolls and the New Testament: A Comparative Study in the Temple Symbolism of the Qumran Texts and the New Testament*, Society for New Testament Studies Monograph Series 1 (Cambridge: Cambridge University Press, 1965).

74. La estrecha relación entre la resurrección de Jesús como el nuevo templo y la reunión de su pueblo restaurado como el nuevo templo puede verse en el desacuerdo respecto de a qué se está refiriendo Jacobo en este pasaje. Por ejemplo, Beale cree que la reconstrucción de la tienda caída de David es la resurrección de Jesús, mientras que muchos otros (ej.: Richard Bauckham, «James and the Gentiles [Acts 15:13–21]», en *History, Literature, and Society in the Book of Acts*, ed. Ben Witherington III [Cambridge: Cambridge University Press, 1996], 154-184) creen que esta reconstrucción se refiere a la restauración de Israel y la incorporación de los gentiles.

75. La relación entre un templo escatológico de los últimos días y una comunidad santa era sólida en los escritos judíos (Bertil Gärtner, *The Temple and the Community in the Qumran Scrolls and the New Testament: A Comparative Study in the Temple Symbolism of the Qumran Texts and the New Testament*, Society for New Testament Studies Monograph Series 1 [Cambridge: Cambridge University Press, 1965], 1).

76. Richard Bauckham, «James and the Gentiles (Acts 15:13–21)», en *History, Literature, and Society in the Book of Acts*, 166n33; Herman Ridderbos, *Paul: An Outline of His Theology*, trad. John Richard De Witt (Grand Rapids: Eerdmans, 1975), 429-432.

77. Herman Ridderbos, *Paul: An Outline of His Theology*, trad. John Richard De Witt (Grand Rapids: Eerdmans, 1975), 432.

78. Gregory K. Beale, «Eden, the Temple, and the Church's Mission in the New Creation», *Journal of Evangelical Theological Studies* 48, nro. 1 (marzo, 2005): 31.

79. Lesslie Newbigin, *Sign of the Kingdom* (Grand Rapids: Eerdmans, 1980), 46.

80. Lesslie Newbigin, «The Basis and Forms of Unity», *Mid-Stream* 23 (1984): 8.

81. Herman Ridderbos, *Paul: An Outline of His Theology*, trad. John Richard De Witt (Grand Rapids: Eerdmans, 1975), 91.

82. Rudolf Schnackenburg, *The Church in the New Testament*, trad. W. J. O'Hara (Nueva York: Seabury Press, 1965), 177.

83. Lesslie Newbigin, «Renewal in Mind», GEAR 29 (1983): 4 [énfasis mío].

84. Leonhard Goppelt, *Theology of the New Testament*, vol. 2: *The Variety and Unity of the Apostolic Witness to Christ*, trad. John Alsup (Grand Rapids: Eerdmans, 1982), 164; Miroslav Volf, «Soft Difference: Theological Reflections on the Relation between Church and Culture in 1 Peter», *Ex Auditu* 10 (1994): 16;

Johannes Nissen, *New Testament and Mission: Historical and Hermeneutical Perspectives*, 3ra ed. (Nueva York: Peter Lang, 2004), 144.
85. Troy W. Martin, *Metaphor and Composition in 1 Peter* (Atlanta: Scholars Press, 1990). Joel Green considera que la afirmación de Martin es «exagerada» («Living as Exiles: The Church in Diaspora in 1 Peter», en *Holiness and Ecclesiology in the New Testament*, ed. Kent E. Brower y Andy Johnson [Grand Rapids: Eerdmans, 2007], 314).
86. Reinhard Feldmeier, «Die Christen als Fremde», en su libro *Die Metapher der Fremde in der Antiken Welt, in Urchristentum und im 1. Petrusbrief* (Tübingen: Mohr, 1992), citado en Miroslav Volf, «Soft Difference: Theological Reflections on the Relation between Church and Culture in 1 Peter», *Ex Auditu* 10 (1994), 16.
87. Daniel L. Smith-Christopher, *A Biblical Theology of Exile* (Minneapolis: Fortress Press, 2002), 144.
88. Leonhard Goppelt, *Theology of the New Testament: The Variety and Unity of the Apostolic Witness to Christ*, trad. John Alsup (Grand Rapids: Eerdmans, 1982), 2:165.
89. Miroslav Volf, «Soft Difference: Theological Reflections on the Relation between Church and Culture in 1 Peter», *Ex Auditu* 10 (1994), 20.
90. Ibíd., 19.
91. Si desea leer un análisis perceptivo de estos pasajes de 1 Pedro con una mirada a la situación contemporánea, vea Lesslie Newbigin, «Bible Studies: Four Talks on 1 Peter by Bishop Newbigin», en *We Were Brought Together*, ed. David M. Taylor (Sydney: Australian Council for World Council of Churches, 1960), 93-123.
92. Leonhard Goppelt, *Theology of the New Testament: The Variety and Unity of the Apostolic Witness to Christ*, trad. John Alsup (Grand Rapids: Eerdmans, 1982), 2:168.
93. Albert M. Wolters, *Creation Regained: Biblical Basics for a Reformational Worldview*, 2da ed., que incluye un apéndice escrito en colaboración con Michael W. Goheen (Grand Rapids: Eerdmans, 2005), 25-26.
94. Bruce Winter, *Seek the Welfare of the City: Christians Benefactors and Citizens* (Grand Rapids: Eerdmans, 1994), 13-14.
95. Ibíd., 15-17.
96. Ibíd., 13.
97. Lesslie Newbigin, «Bible Studies: Four Talks on 1 Peter by Bishop Newbigin», en *We Were Brought Together*, ed. David M. Taylor (Sydney: Australian Council for World Council of Churches, 1960), 96-97.
98. Philip H. Towner, «Romans 13:1–7 and Paul's Missiological Perspective: A Call to Political Quietism or Transformation?» en *Romans and the People of God: Essays in Honor of Gordon D. Fee on the Occasion of His 65th Birthday*, ed. S. K. Soderlund y N. T. Wright (Grand Rapids: Eerdmans, 1999), 159.
99. Leonhard Goppelt, *Theology of the New Testament: The Variety and Unity of the Apostolic Witness to Christ*, trad. John Alsup (Grand Rapids: Eerdmans, 1982), 2:171.
100. Dean Flemming, *Contextualization in the New Testament: Patterns for Theology and Mission* (Downers Grove, IL: InterVarsity, 2005), 146-150. Vea también lo escrito por Wolters y Goheen en Albert M. Wolters, *Creation Regained: Biblical Basics for a Reformational Worldview*, 2da ed. (Grand Rapids: Eerdmans, 2005), 137-139.

101. Richard Hays dice que «las estructuras de autoridad convencionales de los antiguos códigos domésticos están [...] subvertidas incluso cuando quedan en su lugar» (*The Moral Vision of the New Testament: Community, Cross, New Creation: A Contemporary Introduction to New Testament Ethics* [San Francisco: HarperCollins, 1996], 64).

102. Dean Flemming, *Contextualization in the New Testament: Patterns for Theology and Mission* (Downers Grove, IL: InterVarsity, 2005), 148-149.

103. Jo Bailey Wells, *God's Holy People: A Theme in Biblical Theology* (Sheffield, Reino Unido: Sheffield Academic Press, 2000), 211-213.

104. Leonhard Goppelt, *Theology of the New Testament: The Variety and Unity of the Apostolic Witness to Christ*, trad. John Alsup (Grand Rapids: Eerdmans, 1982), 2:167.

105. Scot McKnight, «Aliens and Exiles: Social Location and Christian Vocation», *Word & World* 24, nro. 4 (otoño 2004): 384.

106. Leonhard Goppelt, *Theology of the New Testament: The Variety and Unity of the Apostolic Witness to Christ*, trad. John Alsup (Grand Rapids: Eerdmans, 1982), 2:174.

107. Ibíd., 2:163.

108. Vea Michael W. Goheen y Craig G. Bartholomew, *Living at the Crossroads: An Introduction to Christian Worldview* (Grand Rapids: Baker Academic, 2008), 130-132, 142-143.

109. Lesslie Newbigin, «Bible Studies: Four Talks on 1 Peter by Bishop Newbigin», en *We Were Brought Together*, ed. David M. Taylor (Sydney: Australian Council for World Council of Churches, 1960), 112.

110. Leonhard Goppelt, *Theology of the New Testament: The Variety and Unity of the Apostolic Witness to Christ*, trad. John Alsup (Grand Rapids: Eerdmans, 1982), 2:174.

111. Vea, por ejemplo, ibíd., 2:196-197; Dean Flemming, *Contextualization in the New Testament: Patterns for Theology and Mission* (Downers Grove, IL: InterVarsity, 2005), 288-291; Johannes Nissen, *New Testament and Mission: Historical and Hermeneutical Perspectives*, 3ra ed. (Nueva York: Peter Lang, 2004), 143-156.

112. Dean Flemming, *Contextualization in the New Testament: Patterns for Theology and Mission* (Downers Grove, IL: InterVarsity, 2005), 290.

113. En un artículo sobre la misión de la iglesia en la Unión Soviética, argumento que la iglesia de Europa Oriental tuvo que llevar adelante su misión en al menos tres entornos culturales distintos: (1) donde la cultura es hostil hacia la fe cristiana; (2) donde la cultura era favorable a la fe cristiana; (3) donde la cultura encasilla la fe cristiana en el ámbito privado («Building for the Future: Worldview Foundations of Sand and Rock», *Religion in Eastern Europe* 20, nro. 5 [octubre, 2000]: 30-41).

114. Además de algunos de los textos mencionados en las notas al pie de este capítulo, vea Stanley Hauerwas y William H. Willimon, *Resident Aliens: Life in a Christian Colony* (Nashville: Abingdon Press, 1989); Walter Brueggemann, *Cadences of Home: Preaching among Exiles* (Louisville: Westminster John Knox, 1997); Erskine Clarke, ed., *Exilic Preaching: Testimony for Christian Exiles in an Increasingly Hostile Culture* (Harrisburg, PA: Trinity International Press, 1998); Martin B. Copenhover, Anthony B. Robinson y William H. Willimon, *Good News in Exile: Three Pastors Offer a Hopeful Vision for the Church* (Grand Rapids: Eerdmans, 1999); Michael Frost, *Exiles: Living*

Missionally in a Post-Christian Culture (Peabody, MA: Hendrickson, 2006).
115. Richard Bauckham, *Bible and Mission: Christian Witness in a Postmodern World* (Grand Rapids: Baker Academic, 2003), 81.
116. Lesslie Newbigin, «Bible Studies: Four Talks on 1 Peter by Bishop Newbigin», en *We Were Brought Together*, ed. David M. Taylor (Sydney: Australian Council for World Council of Churches, 1960), 101-104.
117. Richard Mouw, «This World Is Not My Home: What Some Mainline Protestants Are Rediscovering about Living as Exiles in a Foreign Culture», *Christianity Today* (24 de abril de 2000): 86-90.

8

LA IGLESIA MISIONAL EN EL RELATO BÍBLICO: UN RESUMEN

Este capítulo resume las conclusiones sobre la iglesia misional a las que hemos arribado en nuestro recorrido por el relato bíblico. Hoy en día, describir a la iglesia con el calificativo de «misional» significa: (1) que participa en la misión de Dios; (2) que continúa la misión de la Israel del Antiguo Testamento; (3) que continúa la misión de reino de Jesús; (4) que perpetúa el testimonio de la iglesia primitiva.

La iglesia participa en la misión de Dios
La Biblia dice contar la verdadera historia del mundo. Frente al escenario de una creación buena que se ha corrompido por el pecado, Dios emprende una larga cruzada a fin de restaurar toda la creación y la totalidad de la vida humana, devastadas por los estragos del pecado. La misión de Dios es su intención a largo plazo de establecer cielos y tierra renovados y restaurados. Por consiguiente, la Biblia provee un gran relato que comprende a todas las naciones y todos los pueblos de toda la historia

de la tierra. La identidad misional de la iglesia está fundada en el rol que Dios le asigna a su pueblo en este relato.

Este rol puede describirse en términos de una orientación doble: hacia Dios y hacia el mundo. El «pueblo de Dios» fue escogido por él para bendecir al mundo. Sus vidas adquieren sentido y dirección en el llamado de Dios: él los manda a vivir para su gloria y a ser partícipes de su obra redentora. Les da una tarea como aliados de su pacto: ser mediadores de su bendición para las naciones. Por lo tanto, la vida del pueblo de Dios desde un principio está orientada hacia afuera para bendecir al mundo. Dios obra en su pueblo y a través de él para restaurar las bendiciones de su buena creación a los pueblos de todas las naciones y, finalmente, a toda la creación. La iglesia es el núcleo de la obra renovadora de Dios y su pueblo es el primero en experimentar la salvación de Dios, pero no solo para sí mismo. Dios llama a la iglesia a ser un agente o instrumento de redención en medio del mundo y para el mundo; es escogida para invitar a otros a disfrutar de las bendiciones del pacto que ella ya experimenta. Los cristianos son un pueblo llamado a invitar a los demás pueblos a «venir y unirse» a ellos; son una comunidad cuya vida apunta a la culminación de la historia.

La iglesia continúa la misión comunal de Israel

Por desgracia, son pocos los libros sobre la iglesia misional que se detienen mucho tiempo en el Antiguo Testamento. No obstante, hay una extraordinaria continuidad entre el pueblo de Dios del Antiguo Testamento y el del Nuevo. El vínculo entre el pueblo de Dios y las naciones, una relación fundamental establecida en el relato veterotestamentario, sigue vigente para la iglesia después de la venida de Jesús; nosotros también somos escogidos para bendecir al mundo. Los autores del Nuevo Testamento describen a la iglesia no como una especie de comunidad religiosa totalmente nueva establecida en Pentecostés, sino como la Israel restaurada y purificada a la que están siendo incorporados los gentiles. El relato de Hechos y las imágenes de la iglesia que vemos en las epístolas del Nuevo Testamento dan por hecho que hay una larga historia de las obras de Dios que ha moldeado el rol y la identidad del pueblo de Dios, y el Nuevo Testamento continúa esa historia a la espera de alcanzar su clímax. En cierto sentido, podemos incluso decir que no hay interrupción en la historia de la salvación. Esta continuidad significa que el rol y la identidad misionales del pueblo de Dios del Antiguo Testamento deben entenderse como el fundamento apropiado de todo debate en torno a la naturaleza de la iglesia. La relación de Israel con los demás pueblos, tal como la vemos en el Antiguo Testamento, establece para siempre el rol del pueblo de Dios en medio de las naciones y para bendecirlas. La iglesia misional continúa la misión de Israel hacia las naciones.

Hay dos pasajes especialmente relevantes para definir la relación de Israel con las naciones: Génesis 12:1-3 y Éxodo 19:3-6. Dios le hizo a Abraham una promesa doble: primero, él haría de Abraham una gran nación y restauraría a esa nación la bendición de la buena creación de Dios; segundo, por medio de esa nación bendita, Dios bendeciría a todas las naciones de la tierra. Los horizontes de Dios son universales: él está interesado en bendecir a todos los pueblos y toda la creación. Sin embargo, su método es particular. Él escogió a un pueblo para que fuera el canal de su misericordia para toda la creación; su voluntad es que las bendiciones redentoras que él ha derramado sobre Israel fluyan desde ellos hacia afuera, hasta alcanzar a *cada nación*.

La formación del pueblo de Dios para cumplir este llamado empezó cuando Dios los redimió de la esclavitud y la idolatría de Egipto. Él los unió a sí mismo en un pacto y en Sinaí les asignó su rol en la historia de la redención;

aquí descubrimos *cómo* iba a bendecir Dios a todas las naciones. Israel debía ser una comunidad que expusiera su vida comunal ante las naciones y les demostrara a todos lo que significa vivir la vida que Dios pensó para la humanidad. No obstante, esta sigue siendo la misión *de Dios*; él no le pasa la batuta a su pueblo y simplemente se va a esperar el resultado final de su comisión. Más bien, él vino a vivir en medio de Israel, donde siguió obrando en gracia y juicio.

Después de llamar a Israel, Dios les dio su ley, lo que indica que Israel debía vivir toda su vida bajo la autoridad de Dios. Las vidas del pueblo israelita miraban *hacia atrás* a la creación, puesto que ellos encarnaron el designio creacional original de Dios para toda la humanidad. También miraban *hacia adelante* a la espera de la consumación; eran una señal que apuntaba al objetivo hacia el que Dios está llevando la historia de la redención: la restauración de toda la vida humana a su bendición original en el contexto de una creación restaurada. Sus vidas debían mirar también *hacia afuera*, a las naciones; debían ser una comunidad contrastante que, en su estilo de vida, difiriera de los pueblos que la rodeaban. Israel debía desafiar la idolatría cultural de las naciones circundantes y abrazar los dones culturales que Dios le había dado, sabiendo que de vivir así brillaría como una luz para las naciones y cumpliría su rol misional.

Así, vemos en ellos lo que significa ser pueblo de Dios. Israel es un pueblo *escogido*; de entre todos los pueblos de la tierra, Dios eligió a Abraham e Israel para que fueran su posesión preciada. El pueblo israelita es un pueblo *redimido*, libertado del servicio al faraón y los dioses egipcios para servir al Dios vivo con su vida entera. Es un pueblo de *pacto*, que Dios unió a sí mismo en una relación de pacto; él prometió ser su Dios y ellos prometieron ser su pueblo. Israel debía ser una nación *santa*, andar en los caminos de Dios y en su justicia, amoldando su vida, por medio de la Torá, a los propósitos creacionales de Dios. Buena parte de la historia de Israel está ligada a la obra de Dios en medio de ellos, en su batalla contra la idolatría. Israel es un pueblo que conoce la *presencia* de Dios y goza de una relación constante con él, una relación que exige de ellos responder con fidelidad y en obediencia, amor, fe y adoración al Señor de su pacto.

Es importante reconocer claramente el entramado misional en el que está entretejido cada uno de estos temas. De hecho, si sacáramos cualquiera de estos temas del contexto misional en el que está inserto en la narrativa bíblica, estaríamos cambiando su significado. Israel fue *escogido* para mediar la bendición salvífica de Dios para las naciones. El pueblo israelita fue *redimido* de los ídolos para servir sólo al Señor, de modo que su vida *santa* expusiera ante las naciones qué sucede con una nación cuando Dios habita en medio de ella. La *presencia* de Dios y la sabiduría de la Torá apartarían a Israel y la volverían un modelo atrayente ante los ojos de las naciones. El *pacto* que Dios estableció con Abraham e Israel tiene por único objetivo la salvación de las naciones. Por lo tanto, el rol y la identidad de Israel son misionales hasta la médula y desde el principio.

Claramente, el rol misional de Israel conlleva su *visibilidad* ante las naciones. Dios quería que las vidas de su pueblo estuvieran expuestas a la vista de quienes estaban fuera de Israel. Solo así podrían mostrar una vida atrayente y ser una luz a las naciones. Sin embargo, esta visibilidad misional se materializó en diferentes contextos: Israel primero fue una confederación de tribus independientes, luego un reino unido y, por último, un pueblo exiliado y disperso entre otros pueblos. Aun así, en todos estos contextos, Israel debió forjar nuevas formas de llevar en sí misma la promesa de la renovación de Dios para bendición de las naciones.

Cada una de las formas que adoptó el pueblo de Dios

a lo largo de la historia aporta valiosas enseñanzas y advertencias al pueblo misional de Dios de nuestros días, a nosotros que también somos llamados a ser un pueblo contrastante y una comunidad alternativa. El período tribal nos ofrece instrucción respecto de cómo vivir con cierta medida de libertad en un entorno religioso sumamente peligroso. Los israelitas, forasteros en su tierra, «tomaron prestadas» costumbres de sus vecinos cananeos al establecerse en su territorio y olvidaron que, siendo un pueblo contrastante comprometido con un llamado en común, necesitaban por el contrario hallar maneras de poner su narrativa de la redención en el centro de su vida comunal. Tristemente, se vieron seducidos por la tentación de la idolatría. El período de la monarquía nos instruye respecto de aquellas ocasiones históricas en las que la iglesia tiene control sobre el poder cultural (como aún es el caso, hasta cierto punto, en el Occidente hoy en día). En el período de los reyes, Israel gozó de oportunidades únicas de moldear todas las facetas de la vida —económica, social, política, legal, religiosa o de culto, internacional— de acuerdo con la ley de Dios. Sin embargo, por desgracia, Israel imitó a los reinos que la rodeaban y permitió que las fuerzas religiosas paganas influyeran sobre *su propia vida* como nación. El período del exilio israelita nos permite ver a un pueblo débil y minoritario, con poca influencia sobre el ámbito público, luchando para preservar su identidad en medio de un imperio hostil, imagen a la que se asemeja cada vez más la iglesia de Occidente. En esta situación, el pueblo debió hallar nuevas formas de encarnar y nutrir su identidad en el nuevo contexto cultural en el que estaba inserto, sin permitirse privatizar su fe y sin aislarse de su entorno cultural.

La iglesia continúa la misión de Jesús
El fracaso de Israel en el cumplimiento de su llamado

motivó a los profetas a poner la mirada en el futuro y anticipar la formación de una Israel escatológica, un pueblo de Dios del fin de los tiempos, que llevaría a cabo el mandato misional de Dios con fidelidad. Cuando vino Jesús, él anunció que *el reino se ha acercado*: había llegado el día de reunir a este pueblo. El rebaño que reunió Jesús es el núcleo o germen de la iglesia. En los primeros días después de la resurrección, Jesús reunió nuevamente a esta pequeña comunidad y les mandó: «Así como el Padre me envió, también yo los envío a ustedes a continuar mi misión». La iglesia misional continúa la misión de Jesús.

Lo hace, primero que nada, como una *comunidad de reino*. Los cristianos mismos no son el reino de Dios, puesto que el reino es mucho más grande tanto en términos espaciales como temporales: es el gobierno de Dios sobre toda la creación, que está presente ahora pero que también se extiende al siglo venidero. Este es el *mensaje* del reino que da vida a la iglesia. Las buenas nuevas son el poder de Dios para dar la salvación a quienes responden en arrepentimiento y fe. Por lo tanto, la comunidad de discípulos consta del pueblo que ahora experimenta parte de la salvación de Dios pero que también aguarda la salvación final que será revelada en los últimos días. Ellos también son el pueblo que ha tomado partido en la batalla cósmica entre Dios y los poderes que se despliegan en contra de su reinado. Sus discípulos se incorporan a la misión de Dios de dar a conocer el reino. Están instruidos en un estilo de vida comunal que ilustra cómo será la vida en el fin de los tiempos. Son instrumentos en la obra del reino de Dios y él usa las palabras y hechos de ellos para dar el fruto de su reino venidero.

Ellos continúan la misión de Jesús como una *comunidad contrastante*. El reino de Dios es poder de Dios para restaurar la vida humana a lo que él quiso que fuera en un principio. Por ende, la vida del pueblo de Dios personifica la intención original que él tuvo para la humanidad en la creación, lo cual también significa que sus vidas ahora visibilizan la restauración que tendrá lugar en el siglo venidero. Sin embargo, no se trata de una vida de aislamiento y separación de las culturas circundantes; el pequeño rebaño que reunió Jesús se formó en medio de las sociedades judía y romana, donde sus miembros se encontraron con poderosos ídolos sociales que se oponían al reinado venidero de Dios. Sus vidas debían mostrar solidaridad hacia los reinos terrenales, debían contrastar con ellos, y desafiar y juzgar a los gobiernos de este mundo que un día se convertirá en el reino de Cristo. Todo esto se traduce en sufrimiento, dado que el amor sufrido confronta los estilos de vida que no reconocen el señorío de Jesús.

La comunidad de Jesús continúa la misión que él empezó como una *comunidad que sigue reuniendo miembros*. Reunirse es más que tan solo una de las tareas que le fue asignada; es lo que le da significado a «el tiempo entre los tiempos». Solo en este período intermedio —entre la venida del reino y su consumación final— puede reunirse al pueblo de Dios. Hay tres imágenes que aparecen con frecuencia en los Evangelios y muestran claramente la centralidad de esta tarea en la etapa histórico-redentora: el reunir a las ovejas en el rebaño, al pueblo para el banquete y la cosecha en el granero. Jesús es quien recoge y reúne, pero lo hace empleando a una comunidad de obreros que participan en la labor. Por medio de la luz de sus vidas, por medio de sus palabras y hechos saturados de oración y del poder del Espíritu Santo, por medio de un encuentro de amor sufrido con el mundo, estos colaboradores de Cristo invitan a otras personas a volverse parte del pueblo de Dios y a reunirse con la comunidad que un día heredará el reino.

La iglesia sigue dando el testimonio de la iglesia primitiva

Dios lleva adelante su misión por medio de Israel,

Jesús y la iglesia primitiva. El Nuevo Testamento se escribió en el primer siglo después de Jesús y en los escritos vemos, en la imaginería teológica y la narrativa, una comunidad fundada como un pueblo escatológico para reanudar la misión de Dios. La iglesia misional de nuestros días es una comunidad que sigue dando el testimonio de la iglesia primitiva.

Continuidad y discontinuidad

Entre la iglesia del Nuevo Testamento y la Israel del Antiguo Testamento hay tanto continuidades como discontinuidades. Israel debía ser una luz para el mundo, una luminaria que encarnara los propósitos creacionales de Dios para la humanidad, viviera como una señal del objetivo final del plan de redención divino y confrontara las costumbres idolátricas de los demás pueblos. Debía vivir siendo una sociedad contrastante, una manifestación radiante y atrayente del misericordioso propósito de Dios, un ejemplo que atrajera a los demás a Dios. Con la llegada de Jesús y el Espíritu, la comunidad escatológica de Dios fue transformada de modo que, en tanto permaneciera arraigada al evangelio, pudiera cumplir ahora el rol misional que Dios siempre quiso que tuviera. La misión es constante, pero los medios para llevarla a cabo cambiaron para siempre a partir de la muerte y resurrección de Jesús y la venida de su Espíritu en Pentecostés. También hay una importante discontinuidad entre el pueblo de Dios del Antiguo Testamento y el del Nuevo Testamento. En Jesús y el Espíritu, el reino del fin de los tiempos —el siglo venidero, la nueva creación, la vida de la resurrección— ha llegado: cada característica del pueblo de Dios del Antiguo Testamento ha sido transformada en la iglesia. Al igual que Israel, la iglesia es un pueblo *escogido* para ser un canal de salvación para el mundo. Ahora, esta comunidad es escogida en Cristo (Ef. 1:4); participa en su obra redentora y en su misión. Ella también es un pueblo *redimido*, pero ahora no por las maravillas del éxodo sino por la obra aun más maravillosa de la cruz (1 P. 1:18-19). La iglesia ha sido libertada del yugo de la idolatría para dar testimonio de la salvación de Dios. En la obra de Cristo y del Espíritu, la redención y la liberación son más ricas de lo que Moisés mismo podría haber imaginado. El pueblo de Dios siempre fue llamado a ser un pueblo *santo* para así exponer ante las naciones lo que sucede con una nación cuando Dios habita en medio de ella; ahora el Espíritu vive y obra en medio de su pueblo y en cada miembro, dándole a cada uno de ellos la capacidad de vivir en obediencia a la Torá de Dios (Ro. 8:3-4). Los escogidos de Dios están unidos a él: son un pueblo *del pacto*. Desde el principio, el objetivo misional del pacto ha sido que, a través de la descendencia de Abraham, Dios bendijera a todas las naciones. La antigua Israel fue incapaz de cumplir el llamado de su pacto, razón por la cual Dios hizo un nuevo pacto (Jer. 31:31-34); ahora el propósito redentor de Dios para todos los pueblos se consuma en este pacto por la sangre de Cristo (Lc. 22:20; He. 8). El pueblo de Dios está compuesto de quienes conocen la *presencia* de Dios, cada vez más íntima desde que Cristo habita en medio de su pueblo (Jn. 1:14) y el Espíritu Santo vino a morar en su templo escatológico (Jn. 16:7; 1 Co. 3:16). El poder y el amor de la presencia de Dios en el Espíritu obra en la iglesia y a través de ella para atraer a las naciones. Cada cualidad del pueblo de Dios se cumple en Cristo y, aun así —y esto es esencial—, *las implicancias misionales de cada cualidad permanecen con la iglesia hoy en día.*

Un pueblo escatológico

Lo que es nuevo en la historia de la redención es el comienzo de los últimos días, una nueva era escatológica para el pueblo de Dios que se caracteriza por cinco elementos. Primero, el pueblo de Dios es un pueblo *mesiánico*. La fe en Jesús es lo que, en última instancia, separa a esta comunidad de las demás. El pueblo de Dios está definido por su lealtad a Jesús, ejemplificada en la voluntad de seguirlo, amarlo y obedecerlo. Ellos participan en la salvación de los últimos tiempos, puesto que también participan en la muerte y resurrección de Jesús, mediante las cuales la era antigua se da por finalizada y comienza una era nueva. Ellos continúan la misión que empezó Jesús. Segundo, son un pueblo *lleno del Espíritu*. El Espíritu es un don de los últimos días que les da un anticipo del poder del reino de Dios para puedan ser fieles como pueblo. La misión es la presencia del pueblo de Dios en medio del mundo y la poderosa presencia del Espíritu de Dios en medio de su pueblo para bendecir al mundo. Tercero, la obra de Cristo y la venida del Espíritu significan que la iglesia es *un pueblo que experimenta la salvación del reino, anticipo del fin de los tiempos*. Puesto que la muerte de Jesús ha terminado con la era antigua, puesto que su resurrección ha inaugurado el siglo venidero y puesto que el Espíritu ha sido dado a la iglesia, el pueblo de Dios ha recibido un adelanto y una garantía de la renovación de la vida humana y la creación, que tendrá lugar en el final de la historia. La vocación del pueblo de Dios siempre ha sido mostrar la obra redentora de Dios en su vida comunal. Ahora ese objetivo ha sido revelado y consumado en Cristo y entregado a la iglesia como un don. Por lo tanto, la iglesia vive como un adelanto y una señal del reino venidero de Dios.

La cuarta implicancia escatológica se relaciona con *nuestro lugar en la narrativa*. El presente es el tiempo de reunir al pueblo de Dios —primero a Israel y luego a las naciones— alcanzando hasta los confines de la tierra. El acto de reunir una comunidad para compartir con ella la salvación del reino es un suceso escatológico: «Y este evangelio del reino será predicado en todo el mundo para testimonio a todas las naciones, y entonces vendrá el fin» (Mt. 24:14). La era del «ya pero todavía no» del reino se caracteriza por la misión, y específicamente por la convocatoria extendida a todas las naciones, invitadas a integrar la comunidad del reino. El movimiento centrípeto que ha definido la misión de la antigua Israel sigue vigente, dado que la iglesia también debe ser una comunidad que atraiga a las naciones a Dios mediante el ejemplo radiante de su propia vida. Sin embargo, en esta era entra en juego un nuevo elemento centrífugo: el pueblo de Dios ahora es enviado a vivir en medio de las naciones.

En quinto lugar, la *forma* del pueblo de Dios del nuevo pacto es nueva. Esta comunidad ya no está definida por el factor geográfico o la etnicidad, sino que es llamada de entre todas las naciones a vivir como una luz en medio de ellas. Sin embargo, esto significa que los miembros de la iglesia también deben vivir como miembros activos de las culturas que los rodean. Un encuentro misionero en el que el pueblo de Dios viva de una forma alternativa, en contra de la corriente idolátrica de sus vecinos, es una posibilidad difícil y compleja. En la actualidad, la iglesia vive en constante tensión, en tanto que personifica la vida del reino en medio de naciones donde reina la idolatría.

Cada una de estas características magnifica e intensifica la naturaleza misional del pueblo de Dios. El fin y el propósito del plan de Dios ha sido revelado y consumado por Jesús; por lo tanto, la iglesia, en el poder del Espíritu, está preparada para darlos a conocer de formas en que la Israel del Antiguo Testamento no pudo hacerlo.

Una comunidad distinguible con un llamado en el mundo

El libro de Hechos nos ofrece una galería de fotos de esta comunidad misional y escatológica en sus primeros días de acción, y las imágenes eclesiales de las epístolas amplían ese registro. Estas crónicas de la iglesia primitiva reflejan al menos tres aspectos de enorme relevancia y en los que debemos imitar a los primeros cristianos.

Primero, la vida institucional del pueblo de Dios es

esencial para la iglesia misional. En la medida en que la iglesia persevera en la Palabra de Dios, la comunión, la santa cena y la oración, es edificada en la vida escatológica del Espíritu. Los miembros de la iglesia nutren esta nueva vida al compartir entre ellos ejerciendo los dones del cuerpo en comunidad. El liderazgo y las estructuras eclesiásticas apuntan a alimentar la nueva vida de Cristo y así la iglesia puede ser un cuerpo misional en medio del mundo. La iglesia necesita tener una «orientación bipolar», una expresión interna y una externa. La interna fortalece la vida del reino y, por ende, mantiene una relación vital con su manifestación externa. Toda eclesiología que minimiza la importancia de la naturaleza institucional de la iglesia corre el riesgo de cortarse a sí misma de la mismísima raíz que la alimenta y le da vida.

Segundo, la vida de la iglesia en comunidad manifiesta la venida del reino. La iglesia misma debe ser un cuerpo transformado, una ilustración del orden social que Dios pensó para la vida humana. La misión es, primero que nada, la vida de un pueblo que contrasta, la demostración radiante del diseño creacional de Dios para la vida humana y el objetivo del propósito redentor de Dios, ya que su pueblo se opone a la idolatría cultural. La iglesia es una comunidad alternativa, una sociedad contrastante en medio de las naciones. Hechos nos ofrece vistas panorámicas de una iglesia que encarna esta vida nueva. Las cartas paulinas nos muestran a un pastor misionero que alienta a la iglesia para que lleve adelante una vida radical de devoción «el uno por el otro» en el Señor.

Tercero, esta comunidad tiene una tarea que realizar en el mundo. De su vida en comunidad emanan palabras y hechos que apuntan a Cristo, la fuente de esta vida nueva. La iglesia misional es una entidad evangelizadora que predica las buenas nuevas señalando a Cristo. También recrea las buenas nuevas con obras de misericordia y justicia. En todo esto, la comunidad mesiánica sigue a Jesús, quien dio a conocer las buenas noticias del reino en sus propias palabras y sus propios hechos. Sin embargo, la iglesia también lo sigue en su sufrimiento, a través de las tribulaciones que conlleva el intercambio misionero. Las buenas nuevas seguirán generando oposición, puesto que la iglesia desafía las convicciones más profundas de las culturas que la rodean. En particular, cuanto más se involucra el pueblo de Dios en las instituciones de su cultura, más se profundiza el conflicto. La iglesia tiene el mandato de cumplir una misión en la esfera pública de su cultura. Su pueblo participa *de forma activa* en el desarrollo cultural continuo del mundo, todo por el bien de su prójimo.

Por último, esta comunidad escatológica tiene una misión que llevar a cabo «hasta los confines de la tierra». La misión de Dios es dar a conocer las buenas nuevas a *todos* los pueblos y, para eso, las congregaciones locales deben asumir su propia responsabilidad en la tarea. Desde luego, la misión local de la iglesia es esencial, pero una iglesia saludable también debe mantener una visión de la misión que vaya *más allá* del contexto local. Esta visión más amplia provee el horizonte máximo de la misión local de la iglesia y la mantiene diligente, libre del provincialismo y fiel al llamado de Aquel a quien los cielos y la tierra no pueden contener, cuya misión no tiene límites.

9

LA IGLESIA MISIONAL HOY

El trecho entre el texto bíblico antiguo y nuestra condición actual representa una complejidad hermenéutica en la medida que se quiera ser fidedigno tanto al contexto original como a la situación presente. Nos encontramos aquí en un punto que suele generar desacuerdos entre los eruditos bíblicos y los pastores. El problema, claro está, surge debido al condicionamiento histórico del texto bíblico. En la Biblia, los interrogantes y temas en cuestión muchas veces son bastante distintos de los que nos planteamos hoy. Los eruditos bíblicos, en su afán de guardar fidelidad al contexto histórico original del texto, enfatizan la brecha que hay entre el texto y nuestras circunstancias actuales, razón por la cual suelen evitar llegar a conclusiones acerca de la relevancia del texto bíblico para la situación contemporánea. En contraste, los pastores, debido a sus inclinaciones pastorales y misioneras, buscan por sobre todo extraer la relevancia para los tiempos actuales y, en ocasiones, acaban siendo irrespetuosos de la brecha cultural que hay entre el texto y el contexto. Yo, como erudito y pastor, me siento en una encrucijada.

A lo largo de mi análisis de la iglesia misional en el relato bíblico, he intentado mantenerme dentro del marco del contexto histórico y cultural original del relato, aun con sus problemas y enigmas, a fin de mantenerme fiel al relato de la Biblia. Por ello, algunos pastores y líderes de iglesias se habrán vuelto impacientes —un mal común en este mundo de gratificación inmediata— y se habrán preguntado: ¿y cómo se aplica todo esto a la iglesia actual?

Eso fue lo que me sucedió hace más de una década mientras dictaba un curso de posgrado a seminaristas bajo el título de «La iglesia misional en Occidente». Habíamos trazado los orígenes de la iglesia misional a lo largo del relato bíblico y habíamos hecho una reflexión teológica acerca de la vida interna de la iglesia, su llamado en el mundo y su relación con el contexto cultural. Algunos estudiantes se me acercaron cuando quedaban unas seis horas de cursada y me preguntaron cómo aplicar estos principios de forma concreta, es decir, cuáles serían las implicaciones prácticas de una eclesiología misional. Más específicamente, querían saber qué cosas cambiaría yo si fuera a pastorear de nuevo. Acepté el desafío y, al estilo de Dave Letterman, invertí las últimas horas del curso en exponer mi propia reflexión sobre esta pregunta en el formato de una lista de diez cosas que cambiaría si volviera a ser pastor. Poco a poco, la lista se fue expandiendo hasta llegar a los trece puntos, que más adelante se convirtieron en el punto de partida de nuestro trabajo en Hamilton, Ontario. Más recientemente, he retomado esta reflexión cuando nos mudamos a Burnaby, Columbia Británica. En este proceso, no me concentré tanto en pensar nuevas ideas para reinventar las estructuras eclesiásticas; más bien, me concentré en el tipo de cosas que hemos estado haciendo como congregaciones y que debemos seguir haciendo, pero *desde una perspectiva específicamente misional*. No se trata de trece pasos sencillos e infalibles para el crecimiento de la iglesia; no son un santo remedio, ni soluciones milagrosas, ni atajos que permitan saltear las complejidades, sortear las dificultades, ahorrar tiempo y escatimar esfuerzos. De hecho, destacaré justamente estos últimos elementos. Pese a ello, he tenido numerosas ocasiones de compartir estas ideas con pastores y líderes, y la respuesta ha sido alentadora. Por eso, en este último capítulo compartiré mi lista.

Es importante advertirle al lector desde un principio que se trata de una lista de reflexiones breves, sugerentes y evocativas. Algunas son reflexiones teológicas. Otras son anecdóticas. Se basan en mi propia experiencia pastoral y en mis intentos, junto con otros líderes y pastores, de implementar en iglesias tradicionales las ideas que están plasmadas en este libro. Obviamente, al presentar estas trece ideas sobre grandes temas en rápida sucesión, no pretendo hacer un examen sistemático o exhaustivo. Por el contrario, mi objetivo principal es el de incentivar el pensamiento animándolos a reflexionar sobre cómo puede la iglesia vivir como una comunidad misional fiel en la actualidad. ¿Cómo se expresarían estos principios en las congregaciones locales de Occidente?

Una iglesia cuya adoración nutre nuestra identidad misional

Coincido con Newbigin en que «la reunión semanal de adoración es, por mucho, lo más importante que hacemos».[1] La adoración es el llamado principal de la iglesia, en parte porque muestra al pueblo de Dios en qué concentrarse y lo orienta en la totalidad de su vida. De la adoración fluye toda la vida de la iglesia y en la adoración es donde toda la vida de la iglesia encuentra su verdadera finalidad. Por lo tanto, adorar de la forma correcta ha de ser la mayor de nuestras prioridades.

Paul Jones bien argumenta que la adoración forja nuestra identidad eclesial: «Somos *como adoramos*».[2] ¿Cómo podemos nutrir nuestra identidad misional con la adoración pública? Para dar una respuesta parcial a esta pregunta, bastará con dos comentarios breves, ahondando en lo que dije anteriormente acerca de los Salmos.

Primero, la adoración actual tiene que contar la historia verdadera del mundo, tal y como ha sido revelada en las portentosas obras de Dios, que hallan su punto culminante en Cristo. Las palabras de Jones nos ayudan a entender mejor este punto: «La Iglesia es una "comunidad forjada por una historia", arraigada en la crucifixión y resurrección de Jesús el Cristo [...]. Para que la comunidad de fe pueda sobrevivir a través de los siglos y pueda mantenerse firme ante la amenaza de la enculturación, el relato de lo que Dios ha hecho por el pueblo hebreo y por la comunidad cristiana tiene que relatarse constantemente, una y otra vez, en medio de la adoración congregacional».[3] La Biblia tiene que ser verdaderamente el relato sobre el mundo que guíe a la comunidad cristiana: la adoración en medio de la comunidad de creyentes es el primer lugar donde esto sucede. La estructura de la adoración, los himnos escogidos, la forma en que se introducen varios elementos y la relación que guardan entre sí, y la forma en que se predica el evangelio son puntos que dirigen nuestra atención hacia la historia de las poderosas obras de Dios —pasadas, presentes y futuras— y en esas obras es donde encontramos nuestro lugar.

El libro de Apocalipsis nos da un ejemplo canónico de cómo la adoración puede llamar al pueblo de Dios a vivir según el relato bíblico en vez de sucumbir ante cualquier otro relato alternativo.[4] La visión de Juan —el contenido del libro de Apocalipsis— viene en el día del Señor, es decir, el día de la adoración (Ap. 1:10). La iglesia de Asia Menor estaba siendo amenazada por el invencible poderío de Roma y corría el riesgo de ser domesticada por la visión romana del mundo. No obstante, el libro de Apocalipsis desafía el orden establecido y el poderío de Roma con audacia. Juan proclama que la verdadera historia del mundo se revela en un hombre que fue colgado en un madero a manos del Imperio romano pero que ahora reina sobre todas las cosas y está dirigiendo la historia universal a su destino final. El autor bíblico ofrece esta visión como un «mundo alternativo»[5] y así «construye un contrarrelato que opone resistencia al relato imperial y que devela así una nueva forma de ver el mundo».[6] Tal es el relato que se celebra en la liturgia, en los himnos y los cantos, y en las oraciones del pueblo de Dios en Apocalipsis.

Una segunda lección que se desprende de los Salmos es que debemos reorientarnos constantemente hacia el mundo incrédulo, viendo en él el horizonte final de nuestro llamado. Los mismos elementos litúrgicos bien conducir nuestra mirada hacia dentro de nosotros mismos o bien hacia afuera, a las naciones. Por ejemplo, necesitamos rescatar la santa cena y el bautismo de una orientación introvertida, que confina su significado exclusivamente a los beneficios para los creyentes individuales y, más bien, utilizar estos sacramentos para dirigir a la iglesia a cumplir su llamado en el mundo. Ambos deben ser escatológicos y misionales; nuestra celebración litúrgica debe fomentar esta perspectiva. Nuestra confesión del pecado —tal vez uno de los elementos más importantes de la adoración— nos permite vivir el evangelio y encontrar en él la fuente de la vida. Sin embargo, al igual que los sacramentos, este elemento litúrgico suele enmarcarse simplemente en los beneficios individuales del perdón y de la restauración. Por el contrario, la alternativa sería que la confesión de los pecados fuera un acto que nos diera la capacidad de apropiarnos una vez más de aquel evangelio que nos permite llevar adelante una vida conforme a la voluntad divina a fin de bendecir al mundo. La bendición final que se hace al finalizar el culto de adoración puede enviarnos al mundo con una consolación personal o bien darnos el poder para encarnar las buenas nuevas en un mundo que necesita verlas. La reorientación constante hacia el horizonte de nuestro llamado —el mundo que Dios ama— a través de la repetición y el redireccionamiento continuo en todos los elementos comunes de la adoración dominical, semana tras semana, seguramente hará que crezca en nosotros, paulatinamente, un pueblo misional.

Una iglesia investida del poder de la predicación del evangelio

La predicación es un elemento de la adoración que merece especial atención. En el libro de los Hechos, los apóstoles nombraron siete diáconos para que se encargaran de las necesidades desatendidas de las viudas, de modo que ellos pudieran dedicarse a la Palabra de Dios y la oración (Hch. 6:4; cf. Hch. 2:42). Pablo subraya los dones del ministerio de la Palabra que permiten que el pueblo de Dios crezca a la medida de la estatura de la plenitud de Cristo (Ef. 4:1-16). La predicación es un medio poderoso por el cual el pueblo de Dios se nutre y es investido de poder para llevar a cabo el llamado misional, pero gran parte de la predicación se ve opacada por varias corrientes idolátricas de la cultura occidental y así, tristemente, este canal de la poderosa gracia de Dios muchas veces queda obstruido.

La predicación que alimenta la identidad misional es narrativa, cristocéntrica y misional: todos estos rasgos están presentes en cada sermón. La predicación *narrativa* reconoce que la Biblia relata una historia que se despliega progresivamente y que constituye la verdadera historia del mundo, el marco en el que el pueblo de Dios debe vivir cada vez más. Newbigin bien dice: «No creo que podamos, efectivamente, tratar el evangelio como una palabra dirigida a nuestra cultura a menos que recobremos la comprensión de que las Escrituras son una totalidad canónica, la historia que nos dota del verdadero contexto necesario para entender el significado de nuestra vida, tanto personal como pública».[7] Por eso, él dice acerca de la predicación: «La predicación es la proclamación de una noticia, la narración de un relato. En una sociedad que tiene un relato distinto sobre sí misma, la predicación tiene que arraigarse con firmeza, sin culpa ni excusas, en la historia verdadera».[8] La predicación que no anima al pueblo de Dios a encarnar una cosmovisión diferente a la que ofrece la cultura dominante dejará al pueblo en una posición de vulnerabilidad frente a la historia idólatra que propone la cultura.

Nuestra predicación también ha de ser *cristocéntrica* y *misional*. N. T. Wright propone un modelo útil de la autoridad escritural en el que se subrayan ambas características.[9] De manera provocativa, él sugiere que la autoridad bíblica es una «rama [...] de la misión de la iglesia». Para entender la autoridad bíblica es menester preguntar: «¿Qué *papel* juega la Biblia *dentro* del cumplimiento del plan de Dios de [renovar la creación]?».[10] Frente a esta pregunta, Wright desenvuelve una respuesta de cuatro partes. Primero, las Escrituras del Antiguo Testamento fueron escritas con el fin de «preparar» al pueblo de Dios para su llamado misional: ser un pueblo distinto. «Preparar» es una forma abreviada de referirnos a las múltiples tareas que los diversos géneros de las Escrituras realizan para forjar un pueblo misional.

Segundo, Jesús cumple el propósito de las Escrituras del Antiguo Testamento, que por sí solas no pudieron forjar un pueblo misional debido a que el pueblo se vio debilitado por el poder del pecado (Ro. 8:3-4). Wright agrega al respecto: «Así, Jesucristo hace, de un modo culminante y decisivo, lo que las Escrituras [del Antiguo Testamento], en cierto sentido, intentaban hacer: *traer el nuevo orden del Reino de Dios primero a su pueblo y, en consecuencia, al mundo*».[11]

Tercero, la proclamación apostólica de las buenas nuevas de que Cristo ha consumado la historia de Israel hace que ahora Cristo y su poder salvífico sean asequibles a sus oyentes. El mensaje apostólico «es la historia de Jesús (en particular de su muerte y su resurrección), relatada como el clímax de la historia de Dios e Israel y presentándose así como la verdadera historia del mundo y como el fundamento y la fuerza que dan vigor a la iglesia en su misión».[12] Al proclamarse y enseñarse, el evangelio apostólico constituye la poderosa Palabra de Dios que da existencia a la comunidad misional, que convierte esa misma comunidad en un pueblo fiel y que obra por medio de este pueblo para atraer a otros a la fe.

Cuarto, esta proclamación y enseñanza de los apóstoles adopta forma literaria en el canon del Nuevo Testamento. Así, la palabra escrita de Dios sigue obrando de la misma manera en que obró la palabra viva de los apóstoles. Los autores del Nuevo Testamento se consideraban a sí mismos maestros, autorizados e investidos del poder del Espíritu Santo, que abrieron el evangelio a iglesias particulares con el fin de sostenerlas, vitalizarlas, moldearlas, juzgarlas y renovarlas en su llamado misional. Por consiguiente, la misma autoridad y el mismo poder para instruir a la iglesia que caracterizan los libros que ellos nos dejaron también definían la predicación oral de la Palabra.

Este breve resumen subraya lo que significa predicar a Cristo. Cabe destacar tres puntos. Primero, no importa de qué pasaje del canon prediquemos, nuestra predicación siempre partirá de Cristo y apuntará a Cristo. El objetivo de la predicación es mostrar a Cristo. Segundo, Cristo mismo se reviste del evangelio, de modo que el mensaje siempre es más que palabras: es el *poder* de Dios para salvación. No se trata simplemente de una nueva doctrina religiosa que debamos entender y afirmar. Es un anuncio de lo que Dios está haciendo en Jesucristo por medio del Espíritu. Así, el mensaje en sí se convierte en el poder de Dios para transformar vidas (Ro. 1:16; 1 Co. 1:18, 24; 2:4).

Una tercera implicancia de predicar a Cristo es que

nos lleva a reconocer el *alcance vasto e integral* del evangelio. «El propósito del sermón es llevar al oyente a la presencia de Cristo, cara a cara frente a él, *tal y como él es realmente.*»[13] Algunos sermones se concentran en la persona de Cristo, pero no lo retratan «tal y como él es realmente». Jesús no es tan solo un salvador personal. Es el Creador, el Señor de la historia, el Redentor de todas las cosas y el Juez final. En su ministerio terrenal, Jesús proclamó un evangelio *del reino*. El evangelio no es un mensaje que se pueda encastrar en un pequeño rincón privado, religioso, ético o teológico de nuestra vida. Tampoco trata únicamente de la esperanza futura de una salvación etérea. Si la predicación del evangelio minimiza a la persona de Jesucristo o las afirmaciones de alcance absoluto que proclama el evangelio del reino, está cortando la raíz que nutre el encuentro misionero entre las verdades integrales del evangelio y el relato cultural dominante.

Por lo tanto, el propósito de la predicación es llevar al oyente a un encuentro cara a cara con Jesucristo y con todo su poder salvífico, que nos prepara para nuestra extensa misión en el mundo. Por esa razón, los pastores mismos deben ser personas que estén cautivadas por este mensaje. C. John Miller lo dice de forma impactante. En la novela de John Updike *Corre, conejo*, un pastor luterano enfadado reprende a un sacerdote episcopal entrometido que se ha extraviado de su llamado pastoral: «Entonces, el domingo por la mañana, cuando nos presentemos ante ellos, debemos hacerlo no fatigados por el peso del sufrimiento, sino llenos de Cristo, ardiendo —cierra con fuerza los puños peludos— por Cristo, ardientes: hemos de quemarlos con la fuerza de nuestra fe. Por eso es que vienen a la iglesia. ¿Para qué más nos pagarían?». Miller agrega al respecto que «nada debe nutrir al pastor sino aquello que sirva para edificar su fe en Cristo. Cuando un hombre "arde por Cristo", entonces está listo para predicar por fe. Nada menos será suficiente».[14]

El modelo de N. T. Wright también exige que nuestra predicación sea *misional*. Los diversos libros de la Biblia fueron escritos para conformar un pueblo misional. Si no nos percatamos de esta intención original de las Escrituras, estamos perdiendo de vista el objetivo del texto. El mensaje principal de la Biblia no se trata de proveer beneficios salvíficos al individuo (aunque ese sea un aspecto importante del mensaje), sino que más bien se trata de formar un pueblo que encarne las buenas nuevas del reino para bendecir al mundo. Por eso, la predicación siempre ha de orientarnos hacia afuera. La predicación fiel siempre nos llevará desde Cristo a la misión porque «no podemos ser partícipes de Cristo sin ser partícipes de su misión».[15] Gracias a Dios, existe en la actualidad un movimiento creciente que busca desarrollar una hermenéutica misional que perciba la centralidad de la misión en el relato bíblico.[16]

Una iglesia comprometida con la oración en comunidad

Sencillamente, la iglesia que no aprenda a orar fervientemente y en comunidad nunca llegará a ser una iglesia verdaderamente misional. Al igual que Miller, estoy convencido de «la importancia suprema de la oración comunal para que la comunión inherente a la iglesia recobre la normalidad neotestamentaria».[17] Podemos formar una enorme multitud de cristianos entusiastas con ingeniosas técnicas de *marketing* y programas atractivos, pero eso no necesariamente nos volverá una comunidad que encarna el poder del evangelio. No hay nada de novedoso ni de sofisticado en esto; la oración es esencial a la misión de la iglesia porque estamos hablando de la misión *de Dios*. Lo sabemos bien, pero nuestra tendencia humanista siempre es apoyarnos en nuestros propios recursos y planes antes que en la oración. De alguna forma, tenemos que terminar con el poder de esta idolatría y creer que realmente esta es la misión *de Dios*.

Hay tres imágenes que me han ayudado a comprender la importancia de la oración para la misión de la iglesia. La primera es la que propone Juan Calvino: la oración es como una pala que desentierra los tesoros escondidos en el evangelio.[18] Todas las facetas y los beneficios de la salvación en Cristo nos son dados —en lo individual y como comunidad— por la obra del Espíritu en la medida en que los desenterramos por medio de la oración. En consonancia con Calvino, el Catecismo de Heidelberg dice que la oración es «la expresión máxima de la gratitud que Dios requiere de nosotros», a lo que añade la asombrosa declaración de que «Dios da su gracia y su Espíritu Santo *únicamente* a aquellos que oran continuamente y gimen en su interior, pidiéndole a Dios estos dones y dándole gracias por ellos».[19]

La segunda imagen, propuesta por Andrew Murray, es la de una posición estratégica.[20] En el léxico militar, la posición estratégica se refiere al lugar del campo de batalla que debe conquistarse y mantenerse a toda costa si lo que se quiere es ganar la batalla. Por ejemplo, Wellington reconoció en Napoleón un enemigo formidable y creyó que tomar y mantener una pequeña granja ubicada estratégicamente en medio del campo de batalla era la clave de su éxito. Dirigió a sus soldados hacia ese objetivo, tomó la granja y acabó prevaleciendo en la batalla. Lo mismo sucede en nuestra batalla espiritual: debemos tomar y mantener la posición estratégica de la oración (Ef. 6:18-20) para no caer presos de los espíritus de nuestra cultura.

Por último, Miller recurre a la imagen de la vanguardia militar y la aplica a la oración, en contraste con la oración de mantenimiento. La oración de mantenimiento se dedica simplemente a mantener en existencia la vida de la iglesia. En contraste, la oración de vanguardia es la que anhela que Dios obre de formas que cambien las vidas, cree que él puede hacerlo y espera con confianza en que él lo hará y orando con fervor por su obra poderosa.

Estos tiempos de oración deben forjarse con enorme paciencia y humildad, pero también con mucha intencionalidad. El ingrediente más importante es el líder que ha aprendido a orar así por cuenta propia y que lidera con el ejemplo. Muchas de nuestras oraciones giran alrededor de nosotros mismos y nuestras propias necesidades, pero incluso carecen de la expectativa de que Dios obrará de todos modos. Por eso, la oración se vuelve rutinaria y mecánica. A menudo le damos poca centralidad y le dedicamos poco tiempo en la adoración congregacional, en las reuniones de grupos pequeños y en las reuniones del liderazgo. Los líderes que quieran sentar las bases para su congregación pueden hacerlo priorizando la oración, separando un buen tiempo para ella y dando el ejemplo de una oración que espera una respuesta y que está orientada más allá de las necesidades personales en los tiempos de adoración congregacional y en el contexto de grupos pequeños.

Sería fácil catalogar nuestra falta de vida de oración simplemente como una debilidad. Murray subraya este peligro cuando dice que la falta de oración «suele considerarse tan solo una debilidad. Se habla tanto de la falta de tiempo y de todo tipo de distracciones que no reconocemos la sensación de profundo remordimiento que genera esta situación».[21] Una vida de oración saludable en la iglesia comienza con la confesión y el reconocimiento de que nuestra falta es más que una debilidad —es un pecado— y con una búsqueda de perdón y restauración.

Una iglesia que se esfuerza por vivir como una comunidad de contraste

De una vida comunal arraigada en el evangelio, que conoce el poder salvífico de Dios a través de la adoración, de la predicación y de la oración, emana una comunidad que encarna la vida nueva del reino de Dios en medio de la cultura particular que la rodea. Vivimos como parte de una cultura, pero a la vez somos una comunidad que contrasta con ella y desafía a los espíritus religiosos que son incompatibles con el reino de Dios. ¿Cuál sería el retrato de una comunidad de contraste en el siglo XXI?

La siguiente lista se destila de lo que yo creo que son las corrientes espirituales culturales que la iglesia necesita enfrentar con más urgencia y satisfacer en su propia vida. En otras palabras, esta lista es sumamente contextual: es la imagen de una iglesia que es fiel al evangelio en este contexto en particular y que se presenta como una comunidad alternativa atrayente, definida *en contraste* con las corrientes religiosas de la cultura occidental y como *consumación y cumplimiento* de las aspiraciones de las propuestas religiosas de Occidente. ¿Cuáles son las corrientes espirituales de nuestra cultura con las que debemos luchar en la vida diaria? ¿Qué revelan esas corrientes acerca del hambre religioso del prójimo, al que nuestra vida puede llevarle buenas nuevas? A modo ilustrativo, mencionaré brevemente siete características.

Una comunidad de contraste sería *una comunidad de justicia en un mundo de injusticia económica y ecológica*. Las estadísticas de la injusticia mundial en términos económicos y ecológicos son alarmantes. El pueblo de Dios, que vive en el mundo nuevo de justicia y *shalom* creado por Dios, no puede ser un pueblo que pase por alto estos problemas. Por el contrario, el pueblo de Dios siempre tiene que buscar formas de encarnar y encontrar la justicia según los preceptos del evangelio.

Una comunidad de contraste sería *una comunidad de generosidad y sencillez (en la que con poco basta) en medio de una sociedad consumista*. Steven Miles afirma que podría decirse que «el consumismo [...] es *la religión* de los últimos años del siglo XX».[22] En este contexto global, los miembros de la comunidad cristiana deben desarrollar un sistema de valores regido por una generosidad irrestricta con sus recursos financieros, con su tiempo y en la hospitalidad. Una vida de sencillez y contentamiento va a contracorriente frente al estilo de vida consumista que impera en la cultura occidental. ¿Pueden los cristianos ofrecer las buenas nuevas de un Dios generoso si su vida no se distingue de la de sus contemporáneos?

Una comunidad de contraste sería *una comunidad de generosidad abnegada en un mundo de egoísmo y autolegitimación*. La cultura occidental gira alrededor del núcleo del yo. La política se fundamenta en los derechos individuales y la economía se forja a partir de los intereses económicos del individuo. Hoy por hoy, vemos el fruto podrido de este núcleo cultural: un egoísmo que es indiferente ante la necesidad humana, un narcisismo ensimismado, un profundo sentido de autolegitimación, una victimización que se rehúsa a aceptar la responsabilidad personal, y una obsesión con los derechos, la autoestima y la realización personal. La sociedad consumista nos enseña a pensar primera y principalmente en nuestras propias necesidades. En una cultura que gira en torno de sí misma, la comunidad cristiana debe seguir a Jesús, quien dio toda su vida en servicio abnegado por los demás. Una vida de entrega y sacrificio por satisfacer las necesidades de los demás sería un testimonio poderoso para el mundo.

Una comunidad de contraste sería *una comunidad que da testimonio humilde y audaz de la verdad en un mundo de incertidumbres*. El mundo certero y confiado de la Ilustración se ha desmoronado. La incertidumbre, el relativismo, el pluralismo y la suspicacia definen los ánimos de la cultura actual. En tal contexto, ¿cómo puede ser luz la comunidad cristiana? El punto de partida tiene que ser el testimonio audaz de la verdad de las buenas nuevas de Cristo Jesús. Debe haber una plena confianza en que esta es *la verdadera historia* del mundo para todos y de que esta historia es liberadora. En un sistema de valores donde impera la sospecha y toda proclamación de una verdad es inherentemente opresiva y convenenciera, es importante que la iglesia tenga una comprensión profundamente humilde de la verdad. No hay lugar para la incertidumbre ni la especulación cuando se trata de la verdad de Jesucristo, pero sí hay mucho lugar para la humildad en *nuestro entendimiento* de esa verdad. En el mundo en el que vivimos, será indispensable tener una postura anclada tanto en la humildad como en la audacia.

Por otro lado, no debemos remitirnos a la idea griega de la verdad como una serie de ideas inmutables, y del evangelio como una de esas proposiciones teológicas que están por encima de la historia. Por el contrario, el evangelio es un anuncio de lo que Dios ha hecho en una persona y de los acontecimientos de la historia que dan forma a nuestro entendimiento de la historia cósmica. Ese tipo de aproximación narrativa nos provee de una forma eficaz de dialogar con otros credos sin negociar la validez universal del evangelio.

Una comunidad de contraste sería *una comunidad de esperanza en un mundo de desilusión y de saciedad consumista*. La cultura occidental se está volviendo, cada vez más, una cultura sin esperanza. Tememos al futuro debido a los peligros militares, ecológicos y económicos que amenazan nuestra existencia. Sospechamos de cualquiera que diga saber cuál es el rumbo y el destino de la historia universal. Nuestras riquezas y nuestra cultura consumista nos han brindado una variedad de bienes y experiencias que sirven para ahogar nuestra desilusión. Así, hemos colapsado nuestras vidas en el presente. Nos apartamos con el entretenimiento, intentamos distraernos con nuevas experiencias y nuevas tecnologías para saciar el vacío cada vez más grande que hay en nuestras vidas. Perdemos el sentido de la historia y del futuro, y esto hace que la esperanza decaiga. La esperanza genera un sentido de propósito por el cual vale la pena vivir y morir, razón por la cual la esperanza es un tema tan importante en el Nuevo Testamento. Una comunidad de esperanza y de propósito será una luz para un mundo que dice, de muchas maneras distintas: «no hay un futuro por el cual valga la pena vivir».

Una comunidad de contraste sería *una comunidad de gozo y gratitud en medio de un mundo hedonista que busca frenéticamente su propio placer*. El testimonio contemporáneo de *Nuestro mundo es de Dios* plasma una idea importante al describir el fruto del hedonismo en nuestra cultura actual: «al buscar los placeres, perdemos el don de la alegría».[23] No podemos vivir en gratitud por los numerosos dones que recibimos día a día de la mano de Dios. Nuestra cultura ejerce, cada vez más, una demanda de consumo tanto (o más) de experiencias como de bienes. Es una cultura hedonista que busca frenéticamente el placer en viajes, en nuevas formas de tecnología, en vacaciones, en jubilaciones, en entretenimiento y en más cosas. Sin embargo, en esta búsqueda frenética, el verdadero gozo y contentamiento es tan escurridizo como el viento. El verdadero gozo proviene de vivir de acuerdo con la forma en que nuestro Creador nos creó.

Por último, una comunidad de contraste sería *una comunidad que experimenta la presencia de Dios en medio de un mundo secular*. Puede que la palabra «secular» sea el mejor adjetivo para describir la cosmovisión humanista que yace en el centro de la cultura occidental. Cualquiera sea la acepción que se refiera, este adjetivo describe una cultura ajena a la presencia de Dios. La cultura occidental ha elaborado su cosmovisión basándose en un mundo al que se considera un nexo cerrado de relaciones de causa y efecto, que a su vez pueden conocerse a través de la ciencia y la razón y explotarse a través de la tecnología. Si Dios existe, existe por fuera de esta caja cerrada; tristemente, la comunidad cristiana a menudo ha adaptado su teología a este modelo deísta.

Pablo que dice que, si verdaderamente estamos viviendo en el relato bíblico, es en Dios en quien vivimos, nos movemos y somos (Hch. 17:28). Los salmistas veían la mano de Dios en cada parte de la naturaleza y en cada etapa de la historia. El cardenal Newman ha dicho acertadamente que Dios «se ha involucrado [en la creación] y la ha tomado en su propio pecho a través de su presencia en ella, su providencia en ella, sus impresiones sobre ella y su influencia en ella, hasta el punto de que no podemos contemplarla de forma real o plena sin, de alguna manera, contemplarlo también a él».[24]

Una iglesia que puede entrenarse para ver la obra de Dios en la creación, su providencia en el cuidado de ella y en su gobierno sobre la historia, y su obra renovadora en el Espíritu ofrecerá a la humanidad la clase de mundo «sagrado» que tanto anhela la espiritualidad posmoderna, que se ha cansado del desencanto científico del mundo secular pero que aún no ha encontrado con qué saciar su anhelo.

Si deseamos que nuestros contemporáneos crean en el evangelio, como iglesia tendremos que manifestar la salvación del reino de una forma más atractiva. Friedrich Nietzsche bien condenó a la iglesia por su falta de gozo, de vitalidad y de deleite en la vida creacional: «Tendrían que cantar mejores himnos para que yo aprendiera a tener fe en su Redentor; ¡y sus discípulos tendrían que lucir más como redimidos!».[25]

Una iglesia que entiende su contexto cultural

Vivir como una comunidad de contraste siempre implicará entablar un encuentro misionero con nuestra cultura. En un encuentro misionero, el evangelio desafía el relato cultural y no permite que ese relato lo absorba. Por eso, para ser misioneros fieles, es menester entender bien el contexto cultural particular en el que vivimos.

Hay cuatro aspectos del análisis cultural que es importante destacar. En primer lugar, la cultura es un todo cohesivo, una red unificada de instituciones, sistemas, símbolos y costumbres que dan orden a la vida humana en comunidad. En segundo lugar, las creencias fundamentales que subyacen a la cultura occidental y le dan forma son religiosas. Detrás de esta red unificada de costumbres e instituciones que conforman la cultura occidental, hay una serie de compromisos y supuestos fundacionales que son de corte religioso. Johann Bavinck lo expresa en términos simples: «La cultura es la expresión visible de la religión».[26] Por su parte, Harvie Conn enfatiza que la religión «no es simplemente un aspecto de la vida entre muchos otros, sino principalmente una *dirección* que adopta la vida».[27] Desafortunadamente, la iglesia en Occidente no siempre lo ha entendido y esto se debe a dos mitos: el mito de la cultura cristiana y el mito de la neutralidad secular o pluralista. La cultura occidental no es ni cristiana ni neutral. En la medida en que la iglesia cristiana ha creído alguno de estos engaños, está desprovista de los elementos necesarios para entablar un diálogo misionero con la creencias idolátricas de nuestra cultura.

En tercer lugar, estas creencias religiosas idolátricas también son creencias integrales. La religión no es simplemente un componente de nuestra vida entre muchos otros; es la fuerza directriz que da forma a toda nuestra vida cultural. Cuarto y último, estas creencias religiosas están plasmadas en la sociedad. O sea, la creencia idolátrica obtiene su expresión cultural en estructuras, instituciones, costumbres, prácticas, sistemas y símbolos de la sociedad. Las personas aprenden a vivir en conformidad con un relato determinado al participar en estructuras que acarrean las creencias de ese relato.

Si nos detuviéramos aquí, nuestra visión de la cultura resultaría algo pesimista, pero aun cabe hacer dos observaciones más. Primero, la revelación creacional de Dios, también llamada gracia común, sigue sosteniendo su creación —incluso el desarrollo cultural— e impide que la idolatría humana alcance su máxima expresión. Una segunda observación sobre la cultura occidental en particular es que esta cultura ha sido sazonada y forjada por el evangelio hasta cierto punto y por mucho tiempo. A lo largo de los mil años de la era de la cristiandad y aun más allá, el evangelio ha permeado muchos aspectos de la vida social, intelectual, política, moral y económica en Europa, y el Occidente continúa nutriéndose, hasta cierto punto, del capital de aquella época. No obstante, eso no nos debe llevar a concluir que la cultura occidental es cristiana, ni ahora ni en aquel entonces. Hay elementos idolátricos potentes que están y siempre han estado activos en la cultura occidental.

Nuestra cultura ha sido moldeada desde su mismo centro por creencias que son incompatibles con el evangelio. Esto produce a una tensión insostenible entre dos historias religiosas de alcance igualmente integral: ¿Cómo puede el creyente participar en un sistema económico o político, hablar un idioma, o pensar dentro de una tradición definida por creencias distintas a las del evangelio? Hendrik Kraemer bien dice que cuanto más fuerte sea la tensión entre el evangelio y el relato de la cultura idólatra, más fiel será la iglesia: «Entre más aguda sea la consciencia de la tensión y más fuerte sea el impulso a tomar sobre sí misma este yugo, más saludable será la iglesia. Entre más inconsciente sea la iglesia de esta tensión, más establecida y a gusto se sentirá en este mundo, y mayor será el peligro de que la sal pierda su sabor».[28]

Normalmente, la iglesia de Occidente no siente la tensión de la que habla Kraemer. Newbigin, quien fue influenciado profundamente por Kraemer, comenta que la iglesia de Occidente «en general no se ha dado cuenta de lo drástica que es la contradicción entre la visión cristiana y los supuestos que se respiran en cada parte de los espacios que compartimos con nuestra cultura».[29] Cuanto más honda sea la percepción de esta tensión, más fiel y saludable será la iglesia y mejor preparada estará para el encuentro misionero.

En la medida en que la iglesia siente de una forma más palpable la incompatibilidad entre dos relatos religiosos igual de abarcadores de la realidad, la pregunta que surge es: ¿Cómo resuelve la iglesia esta tensión insoportable? En primer lugar, la iglesia tiene que asumir una postura de *solidaridad* con su cultura. La iglesia siempre encarnará el evangelio en los términos de algún contexto cultural. Por lo tanto, tiene que moverse en ese contexto *como en casa*, pero a la vez y con las mismas fuerzas tiene que manifestar una *separación*. Puesto que las ideas idolátricas dan forma a cada aspecto de la cultura occidental, la iglesia no puede simplemente asentir y seguir la corriente cultural: tiene que oponerse al desarrollo cultural distorsionado y rechazarlo. La iglesia también tiene que mostrarse *en desacuerdo* con su entorno cultural. Cuando se sienta cómoda en su entorno cultural y a la vez sepa oponerse a su cultura, se convertirá, en primera instancia, en una comunidad contracultural que opone firme resistencia ante las corrientes espirituales de muerte que acechan a toda la cultura. A la vez, será una comunidad relevante que se afirme en las corrientes creacionales de la vida, que las acepte y las celebre. No obstante, parece difícil estar cómodos y al mismo tiempo en desacuerdo con nuestro entorno cultural.

Este breve análisis resalta la dificultad que entraña la tarea que nos espera si nuestras congregaciones se disponen a ahondar en esta tensión. Sin embargo, es esencial hacerlo y se puede lograr. Buena parte del análisis cultural que hago en mi libro *Living at the Crossroads* (Vivir en la encrucijada)[30] y en las diapositivas compiladas en el sitio web que lo acompaña surge de la experiencia de enseñar estos temas en entornos no académicos, para un público laico, con el fin de capacitar a la iglesia. Mi propio camino con el estudio de las cosmovisiones y de la relación entre el evangelio y la cultura desde la misiología comenzó cuando fui designado pastor de una iglesia local.[31] Cuando empecé a predicar un evangelio del reino que abarca toda la vida, la congregación empezó a hacerse preguntas: ¿Cómo se vive el evangelio en el mundo de los negocios, en el mundo académico y en el resto de los ámbitos? ¿Cuáles son las corrientes culturales que actualmente definen esas esferas de la vida? Estas preguntas me llevaron a preparar más clases y sermones sobre el tema, incluidos los estudios sobre la cultura occidental.

Esta tarea requiere que los líderes de la iglesia agudicen su entendimiento de la cultura y, así, que se vuelvan capaces de instruir a sus congregaciones sobre cómo se vive fielmente en medio de las corrientes idolátricas de la cultura que nos rodea. También requiere que la congregación asuma un compromiso con el evangelio y lo aborde con tal seriedad que esté dispuesta a transitar el largo camino del análisis cultural. No es un camino fácil, pero si no lo hacemos, como bien advierte Kraemer, «mayor será el peligro de que la sal pierda su sabor».[32]

Una iglesia preparada para el encuentro misionero en sus llamados en el mundo

«El poder salvífico de Dios, vivido y experimentado por la comunidad redimida, tiene que redundar en testimonios y toda clase de servicio en el mundo».[33] Cumplir con este propósito involucra al menos cuatro aspectos: la fidelidad en nuestros llamamientos semanales; palabras evangelísticas que apunten a Cristo; obras de misericordia y justicia a favor de nuestro prójimo; y una visión por los confines de la tierra. Newbigin critica «el persistente fracaso que se ha instalado en las iglesias, que no logran reconocer que el ámbito primario en el que tienen que proclamar el testimonio de la soberanía de Cristo es la esfera de la labor secular ordinaria de hombres y mujeres laicos: en los negocios, en la política, en el trabajo profesional, en las granjas, en las fábricas, y más».[34] Su convicción es que «la enorme preponderancia del testimonio de la iglesia es el testimonio de sus millares de miembros, que trabajan en el campo, la oficina, las fábricas y los tribunales».[35] Newbigin no se refiere principalmente a las oportunidades para hacer evangelismo que se les presentan en sus lugares de trabajo. El evangelismo es importante —volveremos sobre este punto—, pero él se refiere más bien a las formas en que los laicos personifican el señorío de Jesucristo en su trabajo, en los negocios, en el mundo académico, en el trabajo social, en las legislaturas y los tribunales, es decir, en ambientes seculares construidos sobre un relato distinto. En este punto es donde empezamos a ver la insoportable o dolorosa tensión que implica la fidelidad. ¿Cómo puede el empresario vivir fielmente dentro de un mundo motivado por las ganancias? ¿Cómo es posible que el trabajador social se desempeñe en su cargo en un ambiente constituido desde una comprensión humanista de la persona? ¿Cómo puede el académico ser fiel en una universidad que se define por creencias cientificistas o relativistas?

Cuando una congregación se esmera en entender mejor cómo se expresaría la fidelidad en los diversos sectores de la vida cultural, hay tres temas del Nuevo Testamento que se vuelven más evidentes. El primero es el sufrimiento: si el pueblo de Dios toma en serio su llamado al encuentro misionero en todos los orbes de su vida, el sufrimiento será inevitable. El segundo es la oración: si en su intento de transformar la cultura la iglesia no quiere caer en las garras de una arrogancia triunfalista y desea ser, más bien, un testigo fiel y eficaz, tendrá que aprender a orar pidiendo a Dios que él utilice sus esfuerzos frágiles e imperfectos. El tercer tema es la importancia de la comunidad. El papel de la congregación local es importante por al menos tres razones.[36]

Primero, la congregación local debe ser fiel en su tarea de alimentar la nueva vida en Cristo por medio del evangelio, la santa cena, la comunión y la oración, con la mirada puesta en el llamado general y más amplio que el pueblo de Dios tiene por delante. Segundo, la congregación local tiene que ser un cuerpo que secunde a los creyentes en la concreción de su llamado alentándolos y apoyándolos en la oración, con consejos, con la oportunidad de dialogar y, a veces, también con una ayuda económica. Tercero, la iglesia precisa estructuras y grupos que instruyan al pueblo de Dios con la visión que necesitan para cumplir su llamado. Podríamos estar hablando aquí de algo tan simple como grupos pequeños, congregacionales o ecuménicos, dispuestos a compartir sus luchas y comprometidos a orar unos por otros. Podrían ser grupos formados por un llamado en común, que ahonden en qué significa ser cristiano en determinado sector de la esfera pública. También podrían ser grupos bien organizados y financiados para preparar a la iglesia para la misión en la esfera pública.[37]

Una iglesia instruida en el evangelismo orgánico

Una iglesia que sale al encuentro misionero con su cultura es una iglesia que evangeliza. El evangelismo es la comunicación verbal de las buenas nuevas acerca de Cristo Jesús —su vida, muerte y resurrección—, que a la vez invita a otras personas a seguirlo con su vida entera. En el siglo XX, la iglesia se ha convertido en el escenario de un escandaloso dualismo que separa las palabras y los hechos, lo cual ha debilitado profundamente su testimonio. Newbigin se dirige con severidad a quienes sostienen este dualismo: si las obras de misericordia y justicia están divorciadas de las palabras, no son más que una *traición*; si las palabras del evangelio carecen de hechos que las sostengan, sencillamente son *falsas*.[38]

Esto no significa que cada hecho tiene que estar respaldado con una palabra, ni que cada palabra tenga que respaldarse con un hecho. Más bien, quiere decir que la sinergia entre palabras y hechos, plasmada en la totalidad del testimonio de la iglesia, es lo que vuelve creíble el evangelio. Según algunas estimaciones, la mayoría de las personas se vuelven creyentes después de haber tenido al menos ocho encuentros con alguna clase de testimonio cristiano. Las palabras y los hechos, en conjunto y respaldadas por la vida de la iglesia, pueden llegar a tener el efecto acumulativo de hacer que el mensaje de Jesús sea una buena noticia. Con esto enfatizamos no solo la importancia de palabras y hechos pequeños pero oportunos que den un testimonio fiel, sino también que, en última instancia, la conversión es obra del Espíritu Santo. El Espíritu orquesta soberanamente el testimonio de Cristo, utilizando aun las palabras y los hechos más débiles e insignificantes.

Muchos cristianos tiemblan cuando escuchan la palabra «evangelismo». Creen que por evangelismo se hace referencia a la abrumadora responsabilidad de hacer una presentación pulida y persuasiva del evangelio, junto con la habilidad de guiar al oyente arrepentido a realizar una oración triunfal donde la persona infaliblemente caiga a los pies de Cristo. Esta noción proviene, en gran medida, de la forma en que solemos entrenar a los creyentes para el evangelismo. Enseñamos varios métodos y técnicas que hacen que nuestro discurso parezca más una propaganda o la venta de un producto que una buena noticia. Nos sentimos presionados a llevar a las personas a Cristo. Así, es de esperarse que los creyentes se sientan incómodos. No todos somos vendedores natos, apologetas persuasivos u oradores elocuentes. Me pregunto si este modelo tecnicista del evangelismo no surgirá de una situación en la que los incrédulos raramente se preguntan qué hay de distinto en nosotros, lo cual crearía oportunidades para que verbalicemos nuestro testimonio de Cristo.

El modelo de evangelismo que debemos fomentar es algo más orgánico en la vida diaria. En este sentido, es útil escuchar a Kraemer: «Una de las leyes fundamentales para toda presentación de la verdad cristiana, en cualquier lugar del mundo, es que esta verdad tiene una conexión vital con todas las esferas y todos los problemas de la vida, desde lo más trivial hasta lo más elevado».[39] El modelo de evangelismo que propone Kraemer es una «charla sobre el evangelio» que se da de forma espontánea en medio de la vida. Esto quiere decir, en primer lugar, que entendemos y vivimos el evangelio de una forma holística que abarca todos los aspectos de la vida. El evangelio no se trata de un futuro místico que tiene poca relevancia para la mayor parte de la vida más allá de la ética personal. Por el contrario, si logramos entender las buenas nuevas en relación con nuestra vida, con los grandes temas de la agenda pública y con preocupaciones personales menores, el evangelio dejará de ser una intrusión incómoda: lo veremos entretejerse en el mismísimo entramado de nuestro caminar cotidiano y fluirá de nuestra boca de manera natural. El punto de contacto con nuestro prójimo será la vida que compartimos, con sus alegrías y tristezas.

Si entendemos, por ejemplo, la crisis económica mundial como un problema de avaricia colectiva e idolatría corporativa que hace que el desarrollo económico sea el objetivo principal de la cultura, no podremos ocultar el evangelio en nuestras conversaciones sobre la situación económica actual. Si percibimos en el deterioro del sistema educativo la falta de un relato convincente que le dé significado y creemos que solo la Biblia ofrece ese tipo de relato, nuestra participación en el sistema educativo necesariamente será una participación evangélica. Si nuestras luchas con la muerte, las enfermedades y las pérdidas se sostienen en la esperanza y el consuelo de las buenas nuevas de la obra de Cristo, es poco probable que hagamos silencio cuando nuestros vecinos y amigos atraviesen circunstancias similares. Si vivimos en la experiencia de la gracia y el perdón de Dios frente a nuestro pecado y nuestra rebeldía, entonces nuestras palabras para quienes están atrapados en adicciones y conductas autodestructivas apuntarán, con humildad y empatía, a nuestra fuente de perdón y renovación. No necesitamos ser teólogos para hacer ninguna de estas cosas; no necesitamos la destreza de relacionar el evangelio con la economía, la educación, el dolor y el pecado. Más bien, en estos casos podemos simplemente «charlar sobre el evangelio», señalando naturalmente la buena noticia que representan Cristo y el evangelio. Dios es quien usa nuestro testimonio, incluso cuando tartamudeamos.

El evangelismo orgánico —conectado de forma vital a nuestra cotidianeidad— también comunica el evangelio de tal manera que cala hasta los anhelos religiosos más profundos del corazón. Eso es lo que hace que el Evangelio de Juan sea una comunicación misionera brillante. El apóstol demuestra un entendimiento de los anhelos más profundos de la cultura griega de sus contemporáneos y los sacia con el evangelio; pero al hacerlo también se enfrenta con la idolatría que hay en su expresión cultural. Por eso, su mensaje responde a los anhelos de sus contemporáneos y a la vez los llama a arrepentirse por haber asumido otros compromisos ajenos al evangelio.

Para poder escuchar a nuestro prójimo, tenemos que dedicar tiempo para escucharlo con empatía. ¿Cuáles son los deseos más profundos que guardan las personas de nuestro mundo consumista actual y cómo los sacia el evangelio? Puede que en cierto modo los Rolling Stones hayan expresado parte de ese deseo: «No puedo obtener satisfacción [...] y lo intenté, lo intenté y lo intenté».[40] La vida en Cristo ofrece la clase de vida abundante que nuestra sociedad consumista anhela, pero también demanda arrepentimiento por las formas en que buscamos esa vida abundante. Un buen evangelismo ama y escucha al prójimo para conocer sus anhelos y le ofrece el evangelio con humildad, pero sin comprometer ni torcer su veracidad.

Una iglesia profundamente involucrada en las necesidades de su vecindario y del mundo

Quien legitima la actividad evangelística es, primero y sobre todo, una comunidad que experimenta el poder del evangelio para cambiar vidas (Hch. 4:32-35). Nuestras palabras también serán creíbles si son respaldadas por obras de misericordia y justicia. Por ende, el encuentro misionero exige que seamos «una comunidad que no vive para sí misma, sino que está sumamente involucrada en los asuntos que preocupan a su vecindario».[41] Cuando se le pregunta a los vecinos incrédulos de una iglesia local para qué creen que existe la iglesia, su respuesta comúnmente es: «existe para sí misma». Es precisamente lo opuesto a lo que querríamos escuchar. Miller cuenta la historia de una iglesia calvinista holandesa que tenía una relación distante, cuando no algo áspera, con sus vecinos. Un día, sobrevino una gran tormenta que voló el techo de la casa de una viuda del vecindario, y la iglesia se movilizó junto a sus diáconos para reparar la casa. Desde ese momento, la actitud de la comunidad local cambió drásticamente. La distancia y la desconfianza se convirtieron en respeto y aprecio.[42] Este relato subraya varios asuntos importantes.

Primero, los vecindarios suelen tener muchas necesidades, pero las iglesias no siempre las perciben. Miller llama a esto una «ceguera ante las oportunidades».[43] La iglesia que pastoreé en Hamilton es un buen ejemplo de este punto. Contratamos a un pastor encargado de la participación en la comunidad y él se encargó, por un tiempo, de realizar un estudio demográfico detallado de nuestra ciudad. Cuando presentó los resultados, todos nos sorprendimos al descubrir que había dos grandes grupos de personas con necesidades significativas insatisfechas que vivían a tan solo unas cuadras de nuestro edificio. Teniendo en vista estas necesidades, la iglesia se organizó para saciar esas necesidades en lo que acabó siendo un momento importante para la vida de la iglesia.

Segundo, tal como lo ilustra el relato de Miller, cuando una iglesia se involucra en las necesidades de su comunidad, se produce un cambio de actitud tanto en el vecindario como en la iglesia. La comunidad ya no ve a la iglesia como una invasión de personas extrañas e indeseables que se reúnen para satisfacer sus propios propósitos egoístas, sino que la percibe como una grata presencia que está en el vecindario para bendecirlo. Por su parte, la iglesia desarrolla un sentido de pertenencia en el lugar y asume la responsabilidad de encarnar las buenas nuevas en ese espacio.

Tercero, hace falta un liderazgo, pioneros que marquen el ritmo para el trabajo de la iglesia, personas cuyo llamado principal sea guiar a la congregación en el camino de la misericordia y la justicia en su relación con la comunidad que los rodea. Generalmente, este es el rol del diácono.[44] La iglesia necesita diáconos que estén imbuidos del poder del evangelio, que tengan la capacidad de ver las necesidades de la iglesia y la comunidad —junto con la creatividad necesaria para suplir esas necesidades—, dotados de amor y misericordia contagiosos por los necesitados: estos diáconos pueden convertirse en una parte invaluable de una congregación que quiere ser una buena nueva para su comunidad.

Por último, las obras de misericordia y de justicia, al

ser expresiones de un amor sacrificial, pueden ser un testimonio poderoso de la verdad del evangelio. La iglesia primitiva es un ejemplo brillante en este sentido. Las obras de amor por los necesitados fueron una de las principales razones por las que la iglesia primitiva creció en sus primeros tres siglos, dado que tanto cristianos como enemigos daban el mismo testimonio de ellos. A causa de este poderoso testimonio, muchos de los mártires de la iglesia primitiva fueron antes diáconos. También a causa de este poderoso testimonio, cuando el emperador Juliano (331-363) intentó revivir la religión pagana en el Imperio romano después de haberse «convertido» al cristianismo, reconoció que el amor y la caridad de la iglesia cristiana eran el principal motivo de su popularidad e intentó imitarlos. Como lo explica brevemente el papa Benedicto XVI en su primera encíclica: «Escribía [Juliano] en una de sus cartas que el único aspecto que le impresionaba del cristianismo era la actividad caritativa de la Iglesia. Así pues, un punto determinante para su nuevo paganismo fue dotar a la nueva religión de un sistema paralelo al de la caridad de la Iglesia. Los «galileos» —así los llamaba— habían logrado con ello su popularidad. Se les debía emular y superar».[45] Benedicto prosigue diciendo lo que toda tradición cristiana debería afirmar: «Para la Iglesia, la caridad no es una especie de actividad de asistencia social que también se podría dejar a otros, sino que pertenece a su naturaleza y es manifestación irrenunciable de su propia esencia».[46]

Una iglesia comprometida con las misiones

Newbigin hace una importante distinción entre la misión y las misiones. Uno se preguntará que diferencia podrían hacer un par de letras y una tilde. Para el caso, cabe recordar que, en el Credo de Nicea (325 d. C.), solo una letra evitaba que se comprometiera profundamente el evangelio. La palabra *homoousion* expresaba que Jesús *es*

Dios, mientras que la alternativa *homoiousion* significaba que Jesús es bastante *parecido a Dios*. El historiador inglés Edward Gibbon (1737-1794), autor de *Historia de la decadencia y caída del Imperio romano*, se burló del espectáculo que montó la iglesia al pelearse por un diptongo. No obstante, esta letra guardaba un elemento esencial para el evangelio. Del mismo modo, Newbigin cree que estas dos letras preservan algo indispensable para la misión de la iglesia. A juzgar por la ausencia de este aspecto de la misión de iglesia en gran parte de los escritos actuales sobre la iglesia misional, estas dos letras son realmente muy necesarias: la *misión* muchas veces ha eclipsado las *misiones*.

La misión consiste en la tarea completa que Jesús asignó a la iglesia al enviarla al mundo a dar testimonio de las buenas nuevas. Como tal, la misión es literalmente una perspectiva que abarca toda la vida: toda la vida del pueblo de Dios, como comunidad tanto reunida como dispersa que da testimonio del señorío de Jesucristo sobre la totalidad de los asuntos humanos. Las misiones son una parte de este papel más abarcador que la iglesia cumple en la narrativa de Dios. Su tarea es establecer un testimonio en lugares donde no hay ninguno. Las misiones suelen ser transculturales. No obstante, las misiones no solo son una *parte* esencial de la misión de la iglesia: son también su *horizonte* final. La misión del pueblo de Dios es dar a conocer las buenas nuevas hasta los confines de la tierra, y ese es su horizonte final.

Un problema que continúa debilitando el compromiso misionero de la iglesia es la separación entre las asociaciones misioneras y las congregaciones. Esta separación ha dado como resultados una misión que no se identifica con la iglesia y una iglesia que no tiene una misión orientada al mundo. Por el contrario, en el Nuevo Testamento la iglesia es el único cuerpo misionero establecido por Dios. Por lo tanto, es esencial que cada congregación empiece a asumir su rol en las misiones, la tarea de levantar un testimonio de Cristo en lugares y regiones donde aún no hay ninguno.

Sin embargo, esta participación en las misiones debe contrarrestar un malentendido generalizado. El uso de recursos transculturales sigue estando definido por la mentalidad colonialista del pasado. Durante aquel tiempo, la misión de la iglesia se reducía a las misiones: la misión era una expansión geográfica que llevaba el evangelio desde el Occidente cristiano hasta el resto del mundo no occidental y no cristiano. La misión era cualquier actividad que se realizara en una región foránea. Hoy en día, la respuesta a veces es seguir haciendo lo mismo: las misiones siguen estando definidas por la geografía y, por lo tanto, siguen siendo cualquier actividad que cruce barreras culturales, ya sea que eso implique establecer un testimonio del evangelio donde aún no hay ninguno o brindar apoyo a otras iglesias de distintas culturas. Esta situación ha motivado a Bryant Myers a decir que la distribución desproporcionada de los recursos misioneros es un escándalo.[47] Apenas más del 1 % de los recursos financieros y solo el 10 % de los recursos humanos que se destinan a la obra transcultural realmente sirven al propósito de las misiones: instalar un testimonio cristiano en regiones no evangelizadas. El resto de los recursos se usa para levantar iglesias en lugares del mundo donde la iglesia ya está bien establecida, iglesias que a veces acaban siendo más fuertes que la iglesia que envía. Este tipo de asistencia intereclesial no es poco relevante: de hecho, es una expresión de la naturaleza ecuménica de la iglesia. El escándalo radica en que hay una distribución desproporcionada de los recursos y un abandono relativo de las misiones en regiones no alcanzadas por el evangelio.

En la medida en que la iglesia asuma la tarea de involucrarse en las misiones, habrá un efecto reflexivo. En la medida en que la iglesia desarrolle una visión por las misiones hasta los confines de la tierra y empiece a involucrarse en ellas, es más probable que también empiece a ser misional para su propia localidad. Las misiones tienen el potencial de revitalizar una visión misional para todo el mundo, incluido el vecindario.

Una iglesia con líderes bien preparados
Para concretar este desafiante encuentro misionero con el mundo, las congregaciones locales necesitarán al menos tres cosas: líderes que transmitan y encarnen una visión misional y preparen a otras personas para seguirlos, familias que instruyan a la siguiente generación en lo que significa ser fiel, y grupos pequeños que puedan prestar asistencia en las diversas dimensiones del trabajo de la iglesia.

Es imposible que un pastor logre implementar la visión de una iglesia misional solo. Identificar e instruir líderes con los que puedan actuar juntos como agentes de cambio y caminar en pos de esa visión es esencial. Ahora bien, la forma en que concebimos el liderazgo determinará la instrucción que reciban los líderes. Newbigin sugiere que una gran parte de nuestro entendimiento sobre el liderazgo eclesiástico se ha definido en un contexto que no es misional. Su propia experiencia misionera lo llevó a replantearse cómo debería ser el liderazgo en la congregación local. En el Nuevo Testamento, el liderazgo estaba abocado principalmente a la misión, mientras que el ministerio en el contexto de la cristiandad consistía principalmente en el cuidado pastoral de comunidades prestablecidas: «En un caso, el ministerio está mirando a las personas —reuniéndolas, enseñándoles, alimentándolas y reconfortándolas—; en el otro caso, está guiando a las personas, caminando por delante de ellas en el camino hacia la cruz para desafiar a los poderes de este mundo de tinieblas».[48]

El liderazgo del Nuevo Testamento se define mejor

en palabras de Pablo: «Imítenme a mí, así como yo imito a Cristo» (1 Co. 11:1). Los líderes son aquellas personas que se esfuerzan por seguir a Jesús y ayudan a otros a hacer lo mismo. Son aquellos que encabezan con su propio ejemplo el intercambio misional y luego preparan a otras personas para que también participen en la misión de Dios. Hay dos imágenes que ilustran este tipo de liderazgo, que es necesario para toda congregación misionera. La primera es la de la *vanguardia* en la batalla. Los líderes son la vanguardia, los que van delante de los demás, quienes marcan el ritmo para el resto de la congregación e invitan y animan a otras personas a seguirlos.[49] La segunda imagen es la de un *pionero*. El pionero es el primero que se aventura a lo desconocido y al territorio que aún no ha sido explorado, de modo que los demás puedan seguirlo o seguirla hacia allí. Jesús fue un pionero: trazó un camino en su vida e invitó a otras personas a unirse a él en su misión. Los líderes de la iglesia hacen lo mismo.[50]

Para que la congregación asuma una identidad misional, los líderes deben manifestar esa visión y trabajar para formar estructuras que despierten ese llamado. Si lo que deseamos es que la congregación viva el evangelio como el poder de Dios para salvar, los líderes deben encarnar ese compromiso en su propia vida. Para que la congregación aprenda a orar "en la vanguardia", los líderes deben guiar sus pasos. Si queremos que la congregación asuma un papel más radical en la formación de la siguiente generación para que siga a Cristo, los líderes tienen que mostrar lo que eso significa en su propio hogar. Para que la congregación entable un intercambio con los poderes de la esfera pública, los líderes ya deben estar de antemano sumamente involucrados en esa esfera por sí mismos. En efecto, la clave para que una congregación sea misional es que cuente con líderes que ya están siguiendo a Cristo en su misión y buscando formas de capacitar e instruir al resto de la congregación para que ella también siga a Cristo con mayor fidelidad.

Una iglesia con padres preparados para asumir la responsabilidad de criar a sus hijos instruyéndolos en el camino de la fe

En un capítulo anterior, observamos que Deuteronomio advierte de dos amenazas que impedirían al pueblo de Dios convertirse en una luz para las naciones: la idolatría y no haber transmitido su fe a la siguiente generación. Las alarmantes estadísticas, que apuntan al rápido éxodo de la generación más joven de la iglesia occidental, subrayan estas advertencias. El poco tiempo que los jóvenes dedican al crecimiento cristiano parece insignificante frente al extraordinario poder de la tecnología para moldear su cosmovisión y, a la par, la enorme cantidad de tiempo que los jóvenes pasan frente a las múltiples formas de avances tecnológicos. La mejor predicación, adoración y educación que una iglesia pueda dar simplemente no compite con la televisión, las películas, Internet, el teléfono celular, Facebook, Twitter y la lista siempre creciente de tecnologías que determinan nuestra visión del mundo. Si no enseñamos a las familias a comprometerse de forma más radical con la crianza de sus hijos, sin reparar en los costos y dedicándoles más tiempo, el futuro de la iglesia como comunidad misional en Occidente será lúgubre.

En este punto prosigo con un testimonio personal. Recuerdo haberme estremecido en el bautismo de mis dos hijos mayores ante el enorme peso de la responsabilidad que recaía sobre mí: instruirlos en el conocimiento de las promesas, los mandatos y las advertencias del pacto. En aquel momento, mi esposa y yo nos comprometimos a dar los pasos necesarios, por drásticos que fuesen, para ser fieles a este llamado. Quiero comentar brevemente algunas de esas medidas que con el tiempo se materializaron.

La primera es la *adoración familiar*.[51] Empezamos a

aplicarla pronto y ninguno de nuestros hijos recuerda algún momento en que esta práctica no haya sido una parte central de nuestras noches. Separamos entre una hora y una hora y media para la adoración familiar, cinco veces a la semana (de lunes a jueves y los sábados). Era importante separar un tiempo y mantenernos constantes en nuestro compromiso a preservar esos momentos a toda costa frente a cualquier otra intrusión. Eso significó empezar otros encuentros más tarde o no planificar ninguna otra actividad para la noche. Durante este tiempo, enseñamos a nuestros hijos la verdadera historia del mundo conforme a las Escrituras, valiéndonos de libros y métodos apropiados para su edad. Pasamos tiempos significativos cantando y orando juntos. Memorizamos y conversamos secciones de *Nuestro mundo es de Dios: un testimonio contemporáneo*.[52] También usamos el libro *Operación mundo* para hablar sobre la iglesia de todo el mundo y orar por ella.[53] A menudo tomaba a cada uno de mis hijos sobre mi regazo y oraba por él o ella. Todo esto hizo que la adoración familiar fuera uno de nuestros momentos preferidos del día.

Lo segundo es la *educación*. No pasó mucho tiempo hasta que como familia nos dimos cuenta de que el evangelio del reino tenía el propósito de moldear toda la vida. Queríamos que nuestros hijos tuvieran una educación *cristiana*, pero no sabíamos lo que eso significaba. Entonces dimos con un libro titulado *No Icing on the Cake* (Sin la frutilla del postre) y leímos lo siguiente: «Relacionar el evangelio con la educación no se trata simplemente de tomar una torta educativa secular y espolvorearle algo de religión como si se tratase únicamente de la frutilla del postre. Quienes confiesan el Nombre de Cristo son llamados a crecer en la clase de aprendizaje y enseñanza que están basados en la Palabra de Dios. Al reconocer que la redención de Cristo es tan grande como la creación misma, los cristianos podrán generar enfoques nuevos y originales sobre la educación: más que la frutilla del postre, ¡toda una torta nueva!».⁵⁴ Nuestra comprensión del significado de la educación cristiana se volvió más profunda y nos comprometimos a educar a nuestros hijos mediante la modalidad de *homeschooling* o educación en casa. Desde luego, esta no es la única forma de asumir la responsabilidad por la educación de los hijos. Tampoco es la única forma de lograr que el evangelio tenga relevancia en la educación. Es el camino que nosotros elegimos. En la lista de las principales formas en que la siguiente generación se nutrirá de un relato, de una forma de pensar el mundo y de una forma de vivir en el mundo, probablemente en segundo lugar después de la tecnología encontremos la educación. Por esa razón, las decisiones que tomemos tendrán implicaciones sumamente trascendentes. La educación actual —sea pública, cristiana o en casa— muchas veces está consagrada a los dioses de la utilidad económica, el consumismo, el multiculturalismo y la tecnología.⁵⁵ Comprometernos a buscar maneras de educar a nuestros hijos de un modo que contemple a Jesús como el Señor de toda la vida no es una opción, sino más bien una profunda responsabilidad. Exige intencionalidad y sacrificio, esfuerzos que pueden sostenerse solo cuando entendemos la importancia de esta tarea.

Un tercer punto es un *uso consciente de la tecnología*. No hay dudas de que las poderosas formas de tecnología con las que nos encontramos a principios del siglo XXI están definiendo, más que ninguna otra cosa, la mirada que la siguiente generación tendrá del mundo. Pasar por alto esta potente fuerza, que ya se ha abierto paso en nuestros hogares, es lisa y llanamente algo ridículo. En nuestro hogar leímos *Technopoly* (Tecnópolis), de Neal Postman, y cuando alguna nueva tecnología entraba a la casa, hablábamos de ella entre todos y nos preguntábamos: ¿Qué nos dará esta tecnología y qué nos quitará? ¿Cuáles son los beneficios y los peligros que conlleva?

Tuvimos algunos éxitos y, tristemente, también algunos fracasos. No obstante, es necesario que haya un plan intencional de charlar sobre estos temas para ayudar a nuestros hijos a aprender a usar la tecnología con sabiduría.

Un cuarto punto que tuvimos en cuenta es la importancia de *entender nuestro contexto cultural*. Como ya vimos antes, es esencial entender las corrientes espirituales que dan forma a nuestra cultura. Con los niños pequeños, esto solo puede lograrse enseñándoles a desconfiar de la publicidad, que quizás sea la profetiza más poderosa de la religión consumista. Hace mucho tiempo, cuando todavía veíamos televisión en casa, permitíamos a nuestros hijos ver parte de la programación infantil en tanto que cumplieran con una regla simple después de cada comercial. Tenían que preguntar (bien alto para que pudiéramos escucharlos): «¿Y a quién creen que están engañando?». Descubrimos también que la mejor manera de reflexionar sobre nuestra cultura es conversar sobre la tecnología, las películas, la música y los temas de actualidad. Las oportunidades abundan, solo hace falta que los padres sean sensibles a ellas cuando se presenten y estén dispuestos a crecer ellos mismos y a dialogar con sus hijos.

Una quinta medida que adoptamos es ayudar a nuestros hijos a convertirse en *miembros del cuerpo de Cristo*. Los niños están excluidos en muchos sentidos de la adoración y la vida de las congregaciones locales. Los líderes de iglesia deben encontrar maneras de integrarlos, pero la responsabilidad primaria es de los padres. En nuestro hogar, destinamos la noche de los sábados para tratar los diversos elementos del servicio de adoración y enseñarles a nuestros hijos cómo adorar. Mi esposa lo llama «criar a los niños en el banco de la iglesia», es decir, hacer un trabajo intencional destinado a preparar a nuestros hijos para que puedan participar de la adoración comunal.[56] Podríamos mencionar muchas cosas, pero llevar un cuaderno para tomar notas en las prédicas es una muy buena forma de alentar a nuestros hijos a escuchar los sermones. Antes de que sepan escribir, ya estarán haciendo dibujos sobre lo que escucharon.

Estas son solo algunas de las formas en que las familias deben asumir la responsabilidad de educar a sus hijos en el relato de la Biblia. Requieren oración, tiempo, compromiso y sacrificio, pero ¿qué ganancia tendrían los padres si ganaran el mundo entero y perdieran a sus hijos? La congregación necesita hallas formas de preparar a los padres para encarar esta difícil tarea.

Una iglesia con grupos pequeños que instruyen a sus miembros con miras a la misión en el mundo

Si tomamos un tiempo para reflexionar en los pasajes del Nuevo Testamento que hablan de realizar una acción «unos por otros» y pensamos en lo profundo del compromiso que esos pasajes exigen que tengamos hacia los demás miembros del cuerpo —la importancia de la oración en comunidad, la difícil tarea de entender nuestro contexto cultural, la necesidad de prepararnos para cumplir nuestros llamados misionales en el mundo o educar a nuestros hijos, o las formas en que podemos involucrarnos en las necesidades de nuestro vecindarios—, de inmediato se volverá evidente que estas cosas pueden lograrse solo si desarrollamos más formas de reunirnos en grupos pequeños como cristianos.

El desafío para estos grupos pequeños es convertirse en instrumentos de la misión de Dios, orientados hacia el mundo.[57] A menudo, los grupos pequeños se vuelven reuniones cerradas donde los miembros disfrutan de las bendiciones de la salvación de forma egoísta o concentrándose en una actividad social desarraigada del evangelio. Hay dos prácticas que pueden ayudar a estos grupos a cambiar su enfoque y orientarse en torno a su llamado misional. La primera es mantener la presencia continua de cuatro elementos: la oración, el estudio bíblico, la comunión y el compromiso con el mundo o una mirada orientada hacia el mundo. Concentrarse solo en los primeros tres elementos nos dejará expuestos al peligro del egocentrismo; de haber un énfasis exclusivo en este último elemento, corremos el riesgo de caer en el activismo. La segunda práctica es esforzarse por lograr una unidad ecuménica que trascienda congregaciones diversas. Si estos grupos pequeños se definen por estar compuestos de creyentes de una localidad en particular y no solo por quienes pertenecen a una determinada congregación local, se reduce el riesgo de que los grupos caigan en la comodidad de encerrarse en sí mismos.

Hay varios tipos de grupos que pueden facilitar a la iglesia el cumplimiento fiel de su llamado misional. El primero es el *grupo del vecindario*, que puede reunir a creyentes del mismo vecindario para estudiar las Escrituras, orar juntos, tener un momento de comunión y buscar formas de alcanzar a la comunidad juntos. Es esencial que el horizonte o la orientación hacia el mundo empape el sistema de valores del grupo. Por ejemplo, el grupo podría encuestar al vecindario para preguntarles a los vecinos si tienen motivos de oración o necesidades en las que podamos ayudarlos. Una medida más radical sería empezar a compartir muchas más actividades de la vida de sus miembros juntos —comidas, compras, entretenimiento, etc.— con el objetivo de invitar a los incrédulos del vecindario a participar de esta vida comunal que comparten en Cristo.

Un segundo tipo de grupo pequeño es el *grupo de acción*, que se organiza en torno a un ámbito de participación particular, ya sea evangelístico o de caridad y justicia. Estos grupos están organizados de forma mucho más intencional para realizar la misión, pero no deben pasar por alto la oración y las Escrituras. El tercer tipo de grupo es uno al que ya hemos aludido antes: el *grupo de profesionales*. Estos grupos reúnen a personas de campos y profesiones diversos para estudiar las Escrituras, orar juntos y dialogar sobre qué significa ser fieles en el llamado de cada uno a vivir el evangelio en este aspecto de la vida. Un cuarto tipo de grupo es el *grupo de interés*, formado en torno a un propósito específico. En este tipo de grupo, los miembros pueden pasar un año juntos, con un enfoque específico, concentrados en cómo ser mejores padres, cómo entender la propia cultura, cómo orar, etc. Un último tipo de grupo es el *grupo de trabajo*. Este grupo pequeño se compone de creyentes que trabajan en un lugar en particular, por ejemplo, en un estudio jurídico, en una fábrica determinada o en un banco en particular. Estos creyentes se reúnen en su lugar de trabajo para orar por sus colegas y por el ambiente de trabajo, y para conversar formas de ser luz en ese contexto. Deben tener el cuidado de mostrarse como células que bendicen el lugar de trabajo y no como reuniones sectarias que perturban el orden laboral.

Una iglesia que busca y expresa la unidad del cuerpo de Cristo

Pablo dice que Dios nos ha dado a conocer su voluntad, que se propuso consumar en Cristo, «para que cuando llegara el tiempo señalado reuniera todas las cosas en Cristo, tanto las que están en los cielos, como las que están en la tierra» (Ef. 1:10). Si la iglesia ha de ser un anticipo del destino al que Dios está conduciendo la historia, tiene que exponer ese tipo de reconciliación y unidad. Este énfasis sobre la unidad armoniza con la oración en que Jesús pide que sus seguidores sean uno explicitando el propósito: «para que el mundo crea que tú me enviaste» (Jn. 17:21). Por ende, la desunión es un escándalo, no porque es desafortunada sino porque contradice el mismísimo evangelio que proclamamos. Una iglesia misional no puede más que preocuparse por expresar la unidad de la iglesia. Ahora bien, ¿por dónde comenzar en este punto de la historia, cuando hay cerca de treinta mil denominaciones cristianas?

Nuestro mundo es de Dios: un testimonio contemporáneo expresa de una forma hermosa cómo sería una respuesta fiel a nuestra falta de unidad.

Nos duele que la iglesia,
la cual comparte un Espíritu, una fe, una esperanza
y abarca todo tiempo, lugar, raza e idioma,
se haya vuelto una comunión dividida en un mundo fracturado.
Cuando luchamos por cumplir con la verdad del evangelio
y la justicia que Dios demanda,
oramos por sabiduría y valentía.
Cuando nuestro orgullo o ceguera
dificultan la unidad de la familia de Dios,
pedimos perdón.
Maravillados, contemplamos cómo el Señor agrupa
las piezas rotas para realizar su obra
y aún nos bendice
con gozo, con nuevos creyentes
y con una sorprendente evidencia de unidad.
Nos comprometemos a buscar y expresar
la unidad de todos los que siguen a Jesús
[...].[58]

El extracto empieza con lamento por una iglesia quebrada a la par del sobrio reconocimiento de que a veces la desunión proviene de la valentía de defender la verdad del evangelio. Aun así, asume una actitud de arrepentimiento por las numerosas divisiones que hay dentro de la iglesia y que emanan del orgullo y la ceguera. Expresa asombro de que Dios use piezas rotas para llevar adelante su misión y aun nos bendiga con el don de la vida nueva y sorprendentes pruebas de unidad. Concluye con un compromiso a buscar y expresar la unidad de la iglesia.

¿Por dónde podría una congregación local siquiera empezar tan grande tarea? Páginas atrás describí la forma en que el ministerio de participación en la comunidad de nuestra iglesia de Hamilton identificó dos áreas del ministerio a pocos metros de la iglesia: la salud mental y los refugiados. Esta participación en la comunidad del vecindario con el tiempo se convirtió en una obra ecuménica que reunió a iglesias que compartían el mismo interés en las necesidades de la ciudad. Seis iglesias de distintas denominaciones fueron pioneras en los esfuerzos ecuménicos y la participación de nuevas congregaciones ha ido en aumento.

Así es como se describe este movimiento en su sitio web: «TrueCity es un movimiento de iglesias de la región de Hamilton comprometidas a materializar las buenas nuevas de la paz, la justicia, la misericordia y la reconciliación que tenemos en Jesús. Creemos que, en la medida en que lo hagamos, veremos cómo nuestros vecindarios y nuestra ciudad serán transformados». Este ministerio está comprometido con una visión tripartita: congregaciones que abrazan su identidad misional; congregaciones que se entienden a sí mismas en un vínculo integral y esencial unas con otras como parte de la misión de Dios; y un número creciente de congregaciones comprometidas con el bien común de la ciudad. En su trabajo juntas, se han concentrado en seis áreas: la participación en los vecindarios, los refugiados y recién llegados a la comunidad, la salud mental, las artes, la plantación de iglesias y el cuidado del medio ambiente. Esta iniciativa muestra una de las formas en que una visión misional y ecuménica se ha fusionado mientras que el pueblo de Dios de este lugar se compromete a buscar y expresar la unidad que buscan en Cristo.[59]

Conclusión

Esta lista sugiere qué podría significar hoy en día ser un pueblo que llama a las personas a acercarse y unirse a él y a todos los invita a unirse en el camino y la materialización de la *shalom* de Dios en el clímax de la historia. También apunta a lo que significaría ser un pueblo que vive y es para un propósito: ser bendecido para a su vez ser una bendición para el mundo. Sin embargo, avanzar siquiera de a pequeños pasos en esta dirección implicará que nuestras vidas echen raíces más profundas en la cruz y la resurrección y clamen por la obra del Espíritu, que nos da el poder para cumplir esta tarea. En la medida en que lo hagamos así, tal vez podamos recitar con humildad las palabras del antiguo himno: «medita de nuevo en lo que el Todopoderoso puede hacer mientras con amor te ofrece su amistad».[60]

Notas

1. Lesslie Newbigin, *The Good Shepherd: Meditations on Christian Ministry in Today's World* (Grand Rapids: Eerdmans, 1977), 37.
2. Paul H. Jones, «We Are *How* We Worship: Corporate Worship as a Matrix for Christian Identity Formation», *Worship* 69, nro. 4 (julio de 1995): 346-360.
3. Ibíd., 353.
4. Rodney Clapp, «The Church as Worshiping Community: Welcome to the (Real) World», en *A Peculiar People: The Church as Culture in a Post-Christian Society* (Downers Grove, IL: InterVarsity, 1996), 95-96.
5. Johannes Nissen, *New Testament and Mission: Historical and Hermeneutical Perspectives*, 3ra ed. (Frankfurt am Main: Peter Lang, 2004), 147.
6. Richard Bauckham, *Bible and Mission: Christian Witness in a Postmodern World* (Grand Rapids: Baker Academic, 2003), 104.
7. Lesslie Newbigin, «Response to 'Word of God?' John Coventry, SJ», *Gospel and Our Culture Newsletter* 10, nro. 3 (1991).
8. Lesslie Newbigin, «Missions», en *Concise Encyclopedia of Preaching*, ed. William Willimon y Richard Lischer (Louisville: Westminster John Knox, 1995), 336.
9. N. T. Wright, *The Last Word: Beyond Bible Wars to a New Understanding of the Authority of Scripture* (San Francisco: Harper Collins, 2005), 35-59.
10. Ibíd., 30.
11. Ibíd., 43 (énfasis mío).
12. Ibíd., 48.
13. Lesslie Newbigin, *The Good Shepherd: Meditations on Christian Ministry in Today's World* (Grand Rapids: Eerdmans, 1977), 24 (énfasis mío).

14. C. John Miller, *Outgrowing the Ingrown Church* (Grand Rapids: Zondervan, 1986), 127.
15. Norman Goodall, ed., *Missions under the Cross: Addresses Delivered at the Enlarged Meeting of the Committee of the International Missionary Council at Willingen, in Germany, 1952; with Statements Issued by the Meeting* (Londres: Edinburgh House Press, 1953), 190.
16. George Hunsberger, «Proposals for a Missional Hermeneutic: Mapping the Conversation», consultado en <http://www.gocn.org/resources/articles/proposals-missional-hermeneutic-mapping-conversation> (4 de noviembre de 2009); Michael W. Goheen, «Continuing Steps toward a Missional Hermeneutic», *Fideles* 3 (2008): 49-99.
17. C. John Miller, *Outgrowing the Ingrown Church* (Grand Rapids: Zondervan, 1986), 100.
18. John Calvin, *Institutes of the Christian Religion* 20.3, ed. John T. McNeill, trad. Ford Lewis Battles (Filadelfia: Westminster), 850-851.
19. Catecismo de Heidelberg, «El día del Señor» 45, pregunta y respuesta 116.
20. Andrew Murray, *The Prayer Life: The Inner Chamber and the Deepest Secret of Pentecost* (Grand Rapids: Zondervan, n.d.), 27.
21. Ibíd., 17.
22. Steven Miles, *Consumerism as a Way of Life* (Thousand Oaks, CA: Sage, 1998), 1.
23. *Nuestro mundo es de Dios* (2008), párrafos 14 y 15, en <https://www.crcna.org/welcome/beliefs/contemporary-testimony/our-world-belongs-god/nuestro-mundo-es-de-dios>.
24. John Henry Newman, *The Idea of a University* (Londres: Longmans, Green, 1923), 50-51.
25. Friedrich Nietzsche, *Thus Spoke Zarathustra: A Book for None and All*, trad. Walter Kaufman (Nueva York: Penguin Books, 1978), 92. En español: Friedrich Nietzsche, *Así habló Zaratustra* (Madrid: Valdemar).
26. Johann H. Bavinck, *The Impact of Christianity on the Non-Christian World* (Grand Rapids: Eerdmans, 1949), 57.
27. Harvie Conn, «Conversion and Culture: A Theological Perspective with Reference to Korea», en *Down to Earth: Studies in Christianity and Culture*, ed. John Stott y Robert Coote (Grand Rapids: Eerdmans, 1980), 149-150.
28. Hendrik Kraemer, *The Communication of the Christian Faith* (Filadelfia: Westminster, 1956), 36.
29. Lesslie Newbigin, «The Pastor's Opportunities 6: Evangelism in the City», *Expository Times* 98 (septiembre de 1987), 4.
30. Michael W. Goheen y Craig G. Bartholomew, *Living at the Crossroads: An Introduction to Christian Worldview* (Grand Rapids: Baker Academic, 2008).
31. Cuando se publicó *Living at the Crossroads*, di una conferencia pública en Regent College, Vancouver, BC, y más adelante en Trinity College, Bristol, RU, titulada «Is Worldview Important for the Local Congregation?» (¿Es importante la cosmovisión para la congregación local?). Las diapositivas que acompañaron esa presentación están disponibles en inglés en <http://www.biblicaltheology.ca/Regent_Talk.ppt>.
32. Hendrik Kraemer, *The Communication of the Christian Faith* (Filadelfia: Westminster, 1956), 36.
33. Lesslie Newbigin, «Our Task Today» (presentación del cuarto encuentro del concilio diocesano en Tirumangalam, India, 18 al 20 de diciembre de 1951).

34. Lesslie Newbigin, «The Work of the Holy Spirit in the Life of the Asian Churches», en *A Decisive Hour for the Christian World Mission*, ed. Norman Goodall et al. (Londres: SCM, 1960), 28.

35. Lesslie Newbigin, «Our Task Today» (presentación del cuarto encuentro del concilio diocesano en Tirumangalam, India, 18 al 20 de diciembre de 1951).

36. Michael W. Goheen, *"As the Father Has Sent Me, I Am Sending You": J. E. Lesslie Newbigin's Missionary Ecclesiology* (Zoetermeer, Holanda: Boekencentrum, 2000), 311-314.

37. Vea los siguientes sitios web (disponibles en inglés), que pertenecen a dos organizaciones de este tipo, una de Canadá y la otra de Nueva Zelanda: <http://www.cardus.ca>; <http://www.maxim.org.nz>.

38. Lesslie Newbigin, «Crosscurrents in Ecumenical and Evangelical Understandings of Mission», *International Bulletin of Missionary Research* 6, nro. 4 (1982): 148.

39. Hendrik Kraemer, *The Christian Message in a Non-Christian World* (Edinburgo: Edinburgh House Press, 1938), 304.

40. Nota de la traductora: traducción de la canción «(I Can't Get No) Satisfaction» de los Rolling Stones.

41. Lesslie Newbigin, *The Gospel in a Pluralist Society* (Grand Rapids: Eerdmans, 1989), 229.

42. C. John Miller, *Outgrowing the Ingrown Church* (Grand Rapids: Zondervan, 1986), 151-152.

43. Ibíd., 152.

44. Dos lecturas excelentes para introducirse a este tema son: Timothy Keller, *Resources for Deacons: Love Expressed through Mercy Ministries* (Decatur, GA: Presbyterian Church in America, 1985); Timothy Keller, *Ministries of Mercy: The Call of the Jericho Road*, 2nd ed. (Phillipsburg, NJ: P&R, 1997).

45. Papa Benedicto XVI, *Deus Caritas Est* (primera encíclica, fechada el 25 de diciembre de 2005 y publicada el 25 de enero de 2006), 25. En español, se encuentra disponible en el siguiente enlace: <http://w2.vatican.va/content/benedict-xvi/es/encyclicals/documents/hf_ben-xvi_enc_20051225_deus-caritas-est.html>.

46. Ibíd., 25, a.

47. Bryant Myers, *The New Context of World Mission* (Monrovia, CA: Mission Advanced Research and Communication Center, 1996), 48, 55.

48. Lesslie Newbigin, «How Should We Understand Sacraments and Ministry?» (artículo escrito para la Comisión Internacional Anglicana Reformada, conformada en conjunto por Anglican Consultative Council y World Alliance of Reformed Churches, reunidos en Woking, Londres, del 10 al 15 de enero de 1983).

49. C. John Miller, *Outgrowing the Ingrown Church* (Grand Rapids: Zondervan, 1986), 109.

50. Anthony Tyrell Hanson, *The Pioneer Ministry* (Londres: SPCK, 1975).

51. Escribo sobre nuestra experiencia en más detalla en el siguiente artículo: «Hope for the Christian Family: Family Worship», *Clarion: The Canadian Reformed Magazine* 49, nro. 6 (17 de marzo de 2000), 125-129.

52. *Nuestro mundo es de Dios* (2008), disponible en: <https://www.crcna.org/welcome/beliefs/contemporary-testimony/our-world-belongs-god/nuestro-mundo-es-de-dios>.

53. Patrick Johnstone y Jason Mandryk, con la colaboración de Robyn Johnstone, *Operation World* (Minneapolis: Bethany House, 2001). En español bajo el título *Operación mundo*.

54. Jack Mechielsen, prefacio a *No Icing on the Cake: Christian Foundations for Education*, ed. Jack Mechielsen (Melbourne: Brookes-Hall, 1980), vi.

55. Neal Postman, *The End of Education: Redefining the Value of School* (Nueva York: Vintage Books, 1996).

56. No fue sino mucho más adelante cuando descubrimos que había un libro que llevaba ese título: Robbie Castleman, *Parenting in the Pew: Guiding Your Children into the Joy of Worship*, ed. exp. (Downers Grove, IL: InterVarsity, 2002).

57. Michael W. Goheen, *"As the Father Has Sent Me, I Am Sending You": J. E. Lesslie Newbigin's Missionary Ecclesiology* (Zoetermeer, Holanda: Boekencentrum, 2000), 238-241.

58. *Nuestro mundo es de Dios* (2008), párrafo 40, disponible en:<https://www.crcna.org/welcome/beliefs/contemporary-testimony/our-world-belongs-god/nuestro-mundo-es-de-dios>.

59. Ver el siguiente enlace (disponible en inglés): <http://www.truecity.ca>.

60. Joachim Neander (1680), «Praise to the Lord, the Almighty». Traducido de la traducción inglesa de Catherine Winkworth, 1863, *Psalter Hymnal* (Grand Rapids: CRC Publications, 1987), himno #253, v. 3.

Lecturas Sugeridas

En español

Bosch, David J. *Misión en transformación: Cambios de paradigma en la teología de la misión.* Grand Rapids: Libros Desafio, 2000.

Chester, Tim & Stephen Timmis. *Iglesia radical: Evangelio y comunidad.* Barcelona: Publicaciones Andamio, 2015.

Driver, Juan. *La Obra redentora de Cristo y la misión de la iglesia.* Grand Rapids: Eerdmans, 1994.

Küng, Hans. *La Iglesia católica.* Madrid: Debolsillo, 2014.

Newbigin, Lesslie. *Confianza apropiada: La fe, la duda y la certeza en el discipulado cristiano.* Tampa: Editorial Doulos, 2017.

Van Engen, Carlos. *El Pueblo misionero de Dios.* Grand Rapids: Libros Desafio, 2004.

Wright, Christopher. *La Misión de Dios: Descubriendo el gran mensaje de la Biblia.* Buenos Aires: Ediciones Certeza, 2009.

En inglés

Bailey Wells, Jo. *God's Holy People: A Theme in Biblical Theology.* Sheffield, UK: Sheffield Academic Press, 2000.

Bartholomew, Craig G., and Michael W. Goheen. *The Drama of Scripture: Finding Our Place in the Story of the Bible*. Grand Rapids: Baker Academic, 2004.

Bauckham, Richard. *Bible and Mission: Christian Witness in a Postmodern World*. Grand Rapids: Baker Academic, 2003.

Belcher, Jim. *Deep Church: A Third Way beyond Emerging and Traditional*. Downers Grove, IL: InterVarsity, 2009.

Berkouwer, Gerrit C. *The Church*. Translated by James E. Davison. Studies in Dogmatics. Grand Rapids: Eerdmans, 1976. Especially pp. 391–420.

Bosch, David. *Transforming Mission: Paradigm Shifts in Theology of Mission*. Maryknoll, NY: Orbis Books, 1991. Especially pp. 15–178, 368–93.

Chester, Tim, and Steve Timmis. *Total Church: A Radical Reshaping around the Gospel*. Wheaton: Crossway, 2008.

Clapp, Rodney. *A Peculiar People: The Church as Culture in a Post-Christian Society*. Downers Grove, IL: InterVarsity, 1996.

De Ridder, Richard R. *Discipling the Nations*. Grand Rapids: Baker Academic, 1971.

Driver, John. *Images of the Church in Mission*. Scottdale, PA: Herald Press, 1997.

Goheen, Michael W. *As the Father Has Sent Me, I Am Sending You: J. E. Lesslie Newbigin's Missionary Ecclesiology*. Zoetermeer, Netherlands: Boekencentrum, 2000.

Guder, Darrell, ed. *Missional Church: A Vision for the Sending of the Church in North America*. Grand Rapids: Eerdmans, 1998.

Küng, Hans. *The Church*. Garden City, NY: Image Books, 1976.

Legrand, Lucien. *Unity and Plurality: Mission in the Bible*. Translated by Robert R. Barr. Maryknoll, NY: Orbis Books, 1990.

Lohfink, Gerhard. *Jesus and Community: The Social Dimension of the Christian Faith*. Translated by John P. Galvin. Philadelphia: Fortress Press, 1984.

Martin-Achard, Robert. *A Light to the Nations: A Study of the Old Testament Conception of Israel's Mission to the World*. Translated by John Penney Smith. London: Oliver and Boyd, 1962.

Miller, C. John. *Outgrowing the Ingrown Church*. Grand Rapids: Zondervan, 1986.

Minear, Paul. *Images of the Church in the New Testament*. Philadelphia: Westminster, 1960.

Nessan, Craig L. *Beyond Maintenance to Mission: A Theology of the Congregation*. Minneapolis: Fortress Press, 1999.

Newbigin, Lesslie. *Foolishness to the Greeks: The Gospel and Western Culture*. Grand Rapids: Eerdmans, 1986.

———. *The Good Shepherd: Meditations on Christian Ministry in Today's World*. Grand Rapids: Eerdmans, 1977.

———. *The Gospel in a Pluralist Society*. Grand Rapids: Eerdmans, 1989.

———. *Household of God: Lectures on the Nature of the Church*. New York: Friendship Press, 1954.

Schnackenburg, Rudolf. *The Church in the New Testament*. Translated by W. J. O'Hara. New York: Seabury Press, 1965.

Shenk, Wilbert R. *Write the Vision: The Church Renewed*. Valley Forge, PA: TrinityPress International, 1995.

Van Engen, Charles. *God's Missionary People: Rethinking the Purpose of the Local Church*. Grand Rapids: Baker Academic, 1991.

Van Gelder, Craig. *The Essence of the Church: A Community Created by the Spirit*. Grand Rapids: Baker Academic, 2000.

Wright, Christopher J. H. *The Mission of God: Unlocking the Bible's Grand Narrative*. Downers Grove, IL: InterVarsity, 2006.

———. *Salvation Belongs to Our God: Celebrating the Bible's Central Story*. Downers Grove, IL: InterVarsity, 2007.

Colección de Estudios de Ministerio y Teología Misional

Volumen 1
Michael W. Goheen. *Luz a las Naciones: La iglesia misional y el relato bíblico*

Aquiéralos en su librería cristiana más cercana o a través de Editorial Doulos en www.editorialdoulos.com

www.ingramcontent.com/pod-product-compliance
Lightning Source LLC
Chambersburg PA
CBHW032031150426
43194CB00006B/226